PSICOLOGIA QUALITATIVA

Dados Internacionais de Catalogação na Publicação (CIP)
(Câmara Brasileira do Livro, SP, Brasil)

Psicologia qualitativa : um guia prático para métodos de pesquisa / [editor] Jonathan A. Smith ; tradução de Caio Liudvik. – Petrópolis, RJ : Vozes, 2019.

Título original Qualitative psychology : a practical guide to research methods

Bibliografia.

ISBN 978-85-326-6230-9

1. Pesquisa qualitativa 2. Psicologia – Pesquisa – Metodologia I. Smith, Jonathan A.

19-28096 CDD-150.72

Índices para catálogo sistemático:
1. Psicologia : Pesquisa qualitativa   150.72

Cibele Maria Dias – Bibliotecária – CRB-8/9427

Jonathan A. Smith

PSICOLOGIA QUALITATIVA

UM GUIA PRÁTICO PARA MÉTODOS DE PESQUISA

Tradução de Caio Liudvik

EDITORA VOZES

Petrópolis

Título do original em inglês: *Qualitative Psychology – A Practical Guide to Research Methods*.
Third edition, 2015

Edição e capítulo 1© Jonathan A. Smith 2015
Capítulo 2 © Peter Ashworth 2015
Capítulo 3 © Jonathan A. Smith e Mike Osborn 2015
Capítulo 4 © Kathy Charmaz 2015
Capítulo 5 © Michael Murray 2015
Capítulo 6 © Paul Drew 2015
Capítulo 7 © Carla Willig 2015
Capítulo 8 © Sarah Riley e Peter Reason 2015
Capítulo 9 © Sue Wilkinson 2015
Capítulo 10 © Victoria Clarke, Virginia Braun e Nikki Hayfield 2015
Capítulo 11 © Michael Larkin 2015
Capítulo 12 © Lucy Yardley 2015

Tradução autorizada e publicada mediante acordo com Sage Publications, Ltda. – Estados Unidos, Reino Unido e Nova Delhi.

Direitos de publicação em língua portuguesa – Brasil:
2019, Editora Vozes Ltda.
Rua Frei Luís, 100
25689-900 Petrópolis, RJ
www.vozes.com.br
Brasil

Todos os direitos reservados. Nenhuma parte desta obra poderá ser reproduzida ou transmitida por qualquer forma e/ou quaisquer meios (eletrônico ou mecânico, incluindo fotocópia e gravação) ou arquivada em qualquer sistema ou banco de dados sem permissão escrita da editora.

CONSELHO EDITORIAL

Diretor
Gilberto Gonçalves Garcia

Editores
Aline dos Santos Carneiro
Edrian Josué Pasini
Marilac Loraine Oleniki
Welder Lancieri Marchini

Conselheiros
Francisco Morás
Ludovico Garmus
Teobaldo Heidemann
Volney J. Berkenbrock

Secretário executivo
João Batista Kreuch

Editoração: Elaine Mayworm
Diagramação: Sheilandre Desenv. Gráfico
Revisão gráfica: Nilton Braz da Rocha / Nivaldo S. Menezes
Capa: Estúdio 483

ISBN 978-85-326-6230-9 (Brasil)
ISBN 978-1-4462-9845-9 (Reino Unido)

Editado conforme o novo acordo ortográfico.

Este livro foi composto e impresso pela Editora Vozes Ltda.

Sumário

Prefácio à terceira edição, 7

1 Introdução, 9
   Jonathan A. Smith

2 Fundamentos conceituais da psicologia qualitativa, 13
   Peter Ashworth

3 Análise fenomenológica interpretativa, 44
   Jonathan A. Smith e Mike Osborn

4 Teoria fundamentada nos dados, 78
   Kathy Charmaz

5 Psicologia narrativa, 122
   Michael Murray

6 Análise conversacional, 152
   Paul Drew

7 Análise do discurso, 191
   Carla Willig

8 Investigação cooperativa: Uma experiência de pesquisa-ação, 224
   Sarah Riley e Peter Reason

9 Grupos focais, 266
Sue Wilkinson

10 Análise temática, 295
Victoria Clarke, Virginia Braun e Nikki Hayfield

11 Escolhendo sua abordagem, 328
Michael Larkin

12 Demonstrando a validade em psicologia qualitativa, 339
Lucy Yardley

Referências, 361

Índice, 397

Notas sobre os colaboradores, 407

Prefácio à terceira edição

O princípio condutor na preparação desta terceira edição de *Psicologia qualitativa* foi novamente a evolução ao invés da revolução. O livro funciona bem, é o que o *feedback* nos diz. Contudo, algumas melhorias foram feitas.

Esta edição tem um novo capítulo sobre a análise temática e, em coerência com o traço distintivo do livro, tenho a alegria de ter recrutado duas das expoentes no desenvolvimento da análise temática em psicologia, Victoria Clarke e Virginia Braun, para escrever esse capítulo juntamente com o colega Nikki Hayfield.

Também há um novo capítulo mais ao final do livro, "Escolhendo sua abordagem", por Michael Larkin. A função primária do livro é apresentar guias claros e acessíveis para praticar diferentes metodologias qualitativas. Pareceu ser um acréscimo útil ter um capítulo que ajude o leitor (após aprender sobre as diferentes abordagens) a decidir como escolher a mais adequada para o projeto de pesquisa em que está para embarcar.

Um aprimoramento estrutural foi feito no livro. Como dito acima, uma das características absolutamente distintivas da obra é que cada capítulo é escrito por autoridades de destaque na respectiva abordagem. E o leitor pode realmente ganhar, portanto, ao ouvir as vozes de *experts* guiando-o no processo de utilização de uma abordagem particular. Como um equilíbrio útil para isso, que ajude o leitor a navegar pelo livro, há agora uma série consistente de cabeçalhos em cada capítulo.

Um esforço considerável foi despendido no *design* desta edição. Estou realmente satisfeito com sua aparência e creio que ela ajudará o leitor a aproveitar plenamente o conteúdo.

Finalmente, todos os capítulos foram atualizados para incorporar desenvolvimentos desde a última edição. Desse modo, o livro permanece dotado de credibilidade e frescor.

1 Introdução
Jonathan A. Smith

Nós continuamos a testemunhar uma expansão do interesse pela psicologia qualitativa. Isso marcou uma guinada significativa em uma disciplina que historicamente enfatizou a importância da metodologia quantitativa. Essa mudança se reflete de várias maneiras: números crescentes de estudantes de graduação e de pós-graduação em psicologia realizando projetos de pesquisa qualitativos; o crescimento dos cursos de psicologia que ensinam metodologias qualitativas; o enorme aumento de artigos de psicologia qualitativa sendo publicados em revistas especializadas; e o desenvolvimento de sessões profissionais dentro, por exemplo, da *American Psychological Association* e da *British Psychology Society* para apoiar e promover a psicologia qualitativa.

Este livro pretende facilitar um ainda maior desenvolvimento deste interesse ativo ao oferecer orientação prática para aqueles que estão realizando pesquisa qualitativa em psicologia. É escrito de um modo acessível e se propõe, primordialmente, como um livro-texto para graduandos e pós-graduados, embora possa também ser útil para pesquisadores mais avançados. *Psicologia qualitativa* inclui as principais abordagens qualitativas hoje em uso na psicologia, e cada capítulo oferece ao leitor um passo a passo para a realização de pesquisa usando aquele método em particular.

O que é psicologia qualitativa? Uma definição de dicionário pode sugerir que a análise qualitativa se preocupa em descrever as propriedades constitutivas de um ente, enquanto que a análise quantitativa busca determinar o quanto há do ente. De fato, muito da pesquisa psicológica reflete a essência dessa distinção. Grande parte da pesquisa qualitativa visa oferecer relatos descritivos ricos ou "densos" (Geertz, 1973) do fenômeno sob investigação, enquanto que a pesquisa quantitativa está mais preocupada, geralmente, em contabilizar as ocorrências, volumes ou o tamanho das associações entre entes.

As abordagens qualitativas e quantitativas claramente diferem no modo como os dados são analisados. A pesquisa quantitativa requer a redução do fenômeno a valores numéricos, para a realização de análises estatísticas. Assim, embora muita pesquisa quantitativa comece com dados verbais – por exemplo, respostas a questionários –, a natureza da resposta é prescrita pela necessidade da análise quantitativa, e este material verbal deve ser transformado em números para que essa análise quantitativa seja realizada.

Por contraste, a pesquisa qualitativa envolve a reunião de dados na forma de relatos verbais naturalistas – por exemplo, transcrições de entrevistas ou registros escritos – e a análise textual deles. Assim, a preocupação é a de interpretar o que um pedaço de texto significa, ao invés de descobrir propriedades numéricas dele. A interpretação é assim veiculada através de relatos narrativos detalhados das percepções, compreensões ou versões dos participantes sobre um fenômeno. Para a maioria dos pesquisadores qualitativos, esta abordagem é coerente com um compromisso teórico com a importância da linguagem como uma propriedade fundamental da comunicação, interpretação e compreensão humanas. Dado que nós tendemos a inferir sentido do nosso mundo social e expressar essa inferência para nós mesmos e para outrem linguisticamente, pesquisadores qualitativos enfatizam o valor das estratégias analíticas que permaneçam o mais próximo possível do sistema simbólico em que essa inferência de sentido ocorre.

Abordagens qualitativas em psicologia geralmente se engajam na exploração, descrição e interpretação das experiências pessoais e sociais dos participantes. Geralmente se tenta compreender o quadro de referência ou visão de mundo de um número relativamente pequeno de participantes, ao invés de tentar testar uma hipótese preconcebida numa amostra grande. Para alguns pesquisadores qualitativos, a ênfase primária é em como os significados são construídos e moldados discursivamente. Claro, há um alicerce teórico importante para a pesquisa qualitativa, e o contexto histórico e principais temas deste nexo teórico é tratado por Peter Ashworth no capítulo 2 deste livro.

Embora seja verdade que projetos de pesquisa qualitativos e quantitativos em geral diferem consideravelmente em termos de questões, orientação e execução, é na verdade difícil fazer distinções categóricas entre métodos qualitativos e quantitativos. Assim, por exemplo, alguns pesquisadores quantitativos produzem relatos estatísticos descritivos, e alguns pesquisadores qualitativos buscam relações causais. De modo similar, Hayes (1997) argumenta que o processo de análise na pesquisa qualitativa frequentemente evoca propriedades quantitativas, pois os pesquisadores fazem julgamentos, implícita ou explicitamente, sobre a força ou não de uma categoria ou propriedade que é relatada, e indivíduos são comparados entre si em várias dimensões. Além disso, pode-se argumentar que a pesquisa quantitativa sempre envolve interpretação pelo pesquisador e que este processo é essencialmente qualitativo. Assim, embora este livro seja escrito com um reconhecimento da, e compromisso com, a pesquisa qualitativa como uma abordagem específica da investigação psicológica, ele reconhece que a diferença não é tão categórica quanto às vezes é retratada.

É também verdade que a psicologia qualitativa não é uma entidade homogênea. Há várias abordagens diferentes, com ênfases teóricas e/ou metodológicas diversas, ainda que se tangenciem. E o crescimento da psicologia qualitativa implicou que esse reconhecimento se tornasse cada vez mais importante. Os estudantes precisam saber que tipo particular de método qualitativo eles estão lendo ou usando, quais os compromissos teóricos dele, e como ele difere de outras abordagens qualitativas que podem encontrar. Assim, por exemplo, a análise fenomenológica interpretativa se preocupa em explorar a experiência vivida do participante ou em entender como os participantes interpretam seu mundo pessoal e social. Por outro lado, a análise do discurso e a análise conversacional se preocupam em descrever os recursos linguísticos que os participantes empregam nas conversações, os padrões que essas conversações assumem, e o trabalho interativo social que é desempenhado nelas.

Este livro quer ajudar o leitor a navegar por essas diferentes perspectivas e procedimentos. A intenção é que o leitor novato, mas curioso acerca da psicologia qualitativa, aprenda sobre as diferentes abordagens qualitativas em termos tanto de seus pressupostos teóricos subjacentes quanto de seus procedimentos práticos. Cada capítulo oferece uma curta introdução teórica e, então, um guia passo a passo para se conduzir uma pesquisa psicológica por aquele método. Todos os colaboradores são especialistas com reconhecimento internacional; de fato, muitos deles são figuras-chave no estabelecimento ou no desenvolvimento de sua abordagem, todos têm extensa experiência no uso, no ensino e na escrita a respeito. Ao mesmo tempo, o objetivo foi que os capítulos fossem escritos de modo acessível, para que os recém-chegados ao campo possam entender as principais características deste método particular e se sintam encorajados e testá-lo por si mesmos. Ajudando a montar o cenário para esses capítulos práticos, o livro começa com um capítulo de Peter Ashworth delineando os fundamentos conceituais da psicologia qualitativa e sua conexão com o campo contemporâneo. Embora a psicologia qualitativa, enquanto força empírica vibrante, seja relativamente nova, ela na verdade tem uma história longa e distinta, e Peter Ashworth oferece uma introdução e panorama desta história, bem como uma ponte com as abordagens oferecidas no restante do livro.

2 Fundamentos conceituais da psicologia qualitativa

Peter Ashworth

Neste capítulo, quero apontar o desenvolvimento gradual, na história da psicologia, de certos modos de pensar que levaram, relativamente há pouco tempo, à emergência de abordagens especificamente qualitativas de questões psicológicas. Pois, por trás do uso de métodos qualitativos está um conjunto de concepções distintas da natureza da psicologia humana, e eu vou delinear aqui algumas das fontes dessas concepções.

Há várias abordagens diferentes de psicologia qualitativa, como os capítulos deste livro comprovam, mas é subjacente a cada abordagem uma preocupação em revelar a apreensão do seu mundo, pelas pessoas. Eu uso esse desajeitado termo "apreensão do seu mundo" para evitar alguma terminologia que fosse inaceitável para uma ou outra das tradições dentro da psicologia qualitativa. Há diferenças de opinião importantes sobre como o tema da pesquisa qualitativa deve ser conceptualizado.

Em primeiro lugar, as "qualidades" procuradas na elucidação da apreensão, pela pessoa, do mundo dela, podem ser vistas como um sistema de *variáveis* objetivas. Para alguns, a pesquisa qualitativa visa descobrir as variáveis implicadas em alguma situação humana e não discorda da visão ortodoxa da pessoa como sendo parte de um sistema natural de causas e efeitos (à maneira positivista). Tal abordagem não é o foco deste livro, embora não seja incomum, por exemplo, ao usar uma investigação qualitativa como parte do processo de projetar o questionário a ser depois aplicado no bojo de um estudo experimental.

Segundo, a apreensão pela pessoa de seu próprio mundo pode ser conceptualizada como uma série de *proposições* quase-linguísticas (que podem ou não ser vistas como abertas à escolha pessoal) pelas quais a pessoa interpreta ou constrói seu mundo. Esses psicólogos qualitativos frequentemente voltam a atenção para o leque de interpretações sociais de eventos disponível a uma pessoa, argumentando que essas interpretações são o que dá forma e conteúdo à apreensão de seu mundo pelo indivíduo (o gênero, p. ex., sendo embalado para nós de modos particulares). Esses autores tendem a evitar o uso de termos como "experiência", por sentir que apontam excessivamente para o indivíduo; o que deve ser estudado, ao invés disso, é a natureza social das construções do mundo que guiam o pensamento e a ação.

Terceiro, os psicólogos qualitativos podem encarar a apreensão do próprio mundo pelas pessoas em termos de "percepções" ou *significados* (sejam eles socialmente partilhados ou idiossincráticos). Este é um importante aspecto do ponto de vista fenomenológico, no qual os pesquisadores qualitativos falam com frequência do "mundo-da-vida" pessoal, e tentam descrever uma experiência do indivíduo dentro desta esfera de sentido específica.

Nos dois últimos tipos de estudo qualitativo, a psicologia qualitativa não faz descobertas do tipo que a psicologia experimental busca – descobrir novos fatores causais no comportamento humano ou aprimorar nosso entendimento dos efeitos conhecidos. Ao invés disso, o que descobrimos na psicologia qualitativa são os significados supostamente indiscutíveis pelos quais apreendemos nosso mundo. Trazê-los à consciência explícita pode nos permitir ficar menos perplexos sobre nós mesmos (este é o objetivo primário). Contudo, como a primeira das abordagens mencionadas acima indica, os métodos qualitativos também podem oferecer evidências importantes para a psicologia experimental, ao ajudar a construir modelos causais que permaneçam conectados à experiência vivida. Assim, os métodos qualitativos e quantitativos podem ser combinados de várias maneiras na pesquisa de "modo misto" (Todd et al., 2004).

O nascimento da psicologia e a questão da "experiência"

Dentro da psicologia contemporânea, pois, aqueles que querem investigar em detalhe a apreensão pelas pessoas do seu próprio mundo tendem a se voltar para métodos qualitativos. Uma concentração na *experiência* humana como o tópico central da psicologia ou um foco na *construção* ou *interpretação* parece, para nós, levar quase inevitavelmente à pesquisa qualitativa. Porém, a história da psicologia não mostra uma ligação necessária entre o estudo da experiência e a metodologia qualitativa. Às vezes se esquece que, quando a psicologia experimental foi fundada na segunda metade do século XIX, ela foi *definida* como a ciência da experiência, e – talvez surpreendentemente – a metodologia empregada replicava o mais que pudesse as ciências físicas. Os filósofos e fisiólogos que começaram a estabelecer a psicologia como uma disciplina tinham visto os imensos progressos feitos pelas ciências físicas no entendimento da natureza do mundo exterior. A psicologia complementaria isso desenvolvendo uma compreensão científica do "mundo interior" da experiência, e essa esfera interior seria abordada experimental e quantitativamente. O principal interesse desses primeiros experimentalistas, de fato, era descobrir qual exatamente era a relação entre o mundo externo e o mundo interno.

Gustav Fechner (1801-1887), por exemplo, pretendia descobrir as leis que relacionavam a natureza física de um estímulo físico com a experiência interna que ele produzia. O livro de Fechner *Elemente der Psychophysik* (1860/1966) poderia, de fato, ser considerado como a publicação fundadora da psicologia experimental. Fechner ali relatou suas descobertas no tocante a temas como a relação entre estímulo e sensação. Por exemplo, uma mudança mensurável na intensidade da luz seria comparada com a extensão da mudança da experiência do brilho por uma pessoa. Assim, variações na energia física objetiva poderiam ser contrapostas às variações na sensação subjetiva de brilho. O brilho da luz é, em certo sentido, uma experiência.

As limitações da psicofísica de Fechner, do ponto de vista da psicologia qualitativa contemporânea, são bem óbvias. Qual era o significado da "experiência" em um trabalho experimental como o de Fechner? Era simplesmente o relato individual de algum aspecto de uma sensação. Mas bem poderíamos objetar que a experiência de variações no brilho estava dentro de um contexto controlado e muito específico, com um significado social particular (os participantes da pesquisa viviam numa cultura e época histórica em que fazia sentido o papel de "sujeito de pesquisa" e voltar a atenção exclusivamente para o aspecto especificado da sensação). Poderíamos nos indagar sobre o vocabulário disponível para os participantes para o relato da sensação visual. Poderíamos investigar as relações de poder entre o experimentador e o sujeito. Poderíamos especular sobre a passagem de tempo percebida durante essas sessões possivelmente tediosas. Mas esses aspectos mais amplos da experiência como um todo não eram de interesse para Fechner.

Desde logo houve controvérsia científica em torno do livro de Fechner. Parte dela visava os detalhes da metodologia. Mas William James foi um dos psicólogos importantes que consideraram a empreitada da "psicofísica" como totalmente destituída de valor.

A capacidade humana de relatar verbalmente sensações do tipo elementar, investigadas por Fechner ("Qual luz é mais brilhante? A da esquerda."), pode parecer que não suscita problemas, dado o foco restrito de interesse da investigação experimental. Quando investigadores posteriores desenvolveram estudos psicológicos que tinham objetivos mais complexos, as dificuldades da abordagem adotada por Fechner se tornaram cada vez mais insistentes. Uma tentativa mais elaborada de análise da experiência se encontra na *Physiologische Psychologie* (1874/1904) de Wundt, em que vários métodos novos foram usados, mas Wundt notavelmente focalizou a investigação laboratorial usando uma *auto-observação* treinada e sistemática. Embora sistemático ao extremo e sujeito a controle experimental cuidadoso, o método dependia do relato verbal dos participantes da pesquisa sobre suas *introspecções* (um termo falacioso). Os relatos da estrutura da experiência variavam entre os laboratórios conforme a abordagem de Wundt começou a ser adotada por outros pesquisadores na nova ciência.

Não foi apenas pela inconfiabilidade do método de auto-observação experimental quando aplicado à descrição da constituição da consciência que o trabalho de Wundt sobre a estrutura da experiência imediata foi desafiada. Em particular, Franz Brentano (1838-1917) desenvolveu uma abordagem bem diferente da experiência imediata. Ele via a experiência consciente como um processo; experimentar era um ato, de modo que diferentes tipos de experiência devem ser diferenciados pelo modo particular pelo qual ganhamos consciência do objeto da experiência. Em especial, o "tipo" de ato consciente envolvido no nosso relacionamento com algo, de modo a formar um juízo a respeito, é diferente do ato consciente pelo qual realizamos uma percepção de algo. Assim, o juízo, a percepção e outros modos de experiência consciente envolvem diferentes orientações para com o objeto.

O traço-chave da atividade consciente, para Brentano (1874) (e isso foi assumido por Husserl e os fenomenólogos) era a sua *intencionalidade*, um termo técnico que aponta para a natureza intrinsecamente relacional da consciência ante o objeto de sua atenção. O fato de que a consciência tenha esse atributo exclusivo da intencionalidade era definitivo, ou seja, *toda consciência é consciência de algo*. E a psicologia, para Brentano, tinha a tarefa de delinear os vários modos pelos quais a consciência poderia se relacionar com os seus objetos.

A psicologia do ato, de Brentano, não obteve uma ressonância significativa fora da Alemanha, embora tenha tido um impacto na teoria da Gestalt. A psicologia de Wundt, com sua técnica da auto-observação e seu foco no conteúdo mental, deu lugar ao funcionalismo e especialmente à forma behaviorista no mundo anglo-americano. Mas as impressionantes descrições psicológicas de William James (1842-1910) merecem atenção.

Primeiro crítico – William James e o "fluxo da consciência"

No volume I dos seus *Principles of Psychology* (1890), James delineia uma psicologia básica da experiência, focando primariamente no fluxo do pensamento, mas também elaborando dois significados de *self*. James não nos oferece novas evidências de pesquisa, mas detalha visões muito sistemáticas sobre problemas psicológicos que de algum modo foram mais influentes do que o trabalho dos experimentalistas contemporâneos de James.

O que distingue a descrição de James da experiência daquela de Wundt é que o primeiro rejeitou o atomismo em prol de uma tentativa de descrever aspectos-chave do campo da consciência tomado em sua inteireza. James descreveu a consciência como um processo contínuo, tendo seus próprios temas dentro dos quais os focos de atenção em vigor adquirem seu significado. Portanto, o conteúdo da consciência é, num dado momento, uma fase de um "fluxo" pessoal. A importância de um objeto particular de consciência se deve não só a sua referência à coisa externa, mas também a sua relação com os temas contínuos de minha consciência – sua relevância pessoal para mim, o experienciador.

James constrói uma argumentação geral em defesa da importância do que ele chama de a "franja" do objeto focal do qual somos conscientes. Um objeto da consciência adquire seu significado em grande medida a partir do "halo de relações" com o qual está conectado – sua "tonalidade psíquica". Husserl mais tarde também apontou para uma ideia semelhante: o "horizonte" de um fenômeno. Ou seja, um objeto da consciência é afetado intrinsecamente por toda a rede de suas conexões significativas dentro do mundo da experiência. Para James, a escolha também é uma característica da consciência. Dentre os objetos disponíveis à atenção, um se torna focal num dado momento, enquanto os outros são reduzidos à periferia da atenção. Aqui temos algo semelhante à distinção pelos psicólogos da Gestalt entre a figura e o fundo da atenção.

James prossegue a abordagem da consciência no capítulo seguinte dos *Principles*, que é dedicado ao *self*. James vê este como um tópico muito difícil, mas ele discute em detalhe a distinção entre o *self* como um objeto do pensamento (o autoconceito [*self-concept*], por assim dizer) e o *self* como *quem* é consciente deste autoconceito. Portanto o *self* é "duplex" (como James coloca) – envolvendo tanto (a) o *self* que podemos conceptualizar, o *self* como conhecido, o mim [*me*], e (b) o *self* como aquilo que "tem" esse conhecimento, o Eu (*I*). O *mim*, em particular, é mostrado como tendo uma estrutura complexa. Assim, James começa a desenvolver uma fenomenologia do *self*, depois levada adiante por autores como G.H. Mead e Gordon Allport.

A descrição básica da consciência e do *self* foi um avanço valioso. James, muito depois, prolongou a tendência descritiva de seu trabalho de um modo que envolveu também uma espécie de pesquisa qualitativa. Trata-se do revolucionário *Varieties of Religious Experience* (1902). Nesse livro, James apresenta um vasto leque de textos e relatos pessoais, que são interpretados como percepções subjetivas. Assim, ele deixa de lado a questão de saber se o relato de uma pessoa sobre sua experiência de Deus se refere a qualquer realidade externa, e ao invés disso a descreve nos termos empregados pela própria pessoa.

James deu uma contribuição considerável para o tipo de pensamento que subjaz à psicologia qualitativa, através de suas descrições do campo do pensamento e de sua análise da noção do *self*. E entre outras restrições metodológicas que James fez nos *Principles*, houve um forte alerta contra o que ele chamou de a *falácia do psicólogo*. Trata-se da suposição de que a experiência do participante da pesquisa deve ser compreendida nos termos das categorias previamente à disposição do pesquisador. Fazer isso é confundir as perspectivas do pesquisador e do pesquisado. O "mundo subjetivo" do participante da pesquisa deve ser compreendido em seus próprios termos. São muitas as ramificações desta ideia (Ashworth, 2009), como veremos.

A rejeição da experiência no behaviorismo e no cognitivismo

Na geração seguinte dos teóricos norte-americanos, nós encontramos as críticas de James ao tipo de auto-observação empreendida por Wundt e sua escola amadurecendo numa escola alternativa de psicologia, o *behaviorismo*. J.B. Watson (1878-1958) publicou uma declaração de princípios no artigo "Psychology as a behaviorist views it" ["A psicologia como um behaviorista a vê"] (Watson, 1913), na qual reivindicava uma substituição do método da auto-observação pelo estudo do comportamento [*behaviour*]. Afirmou-se que os processos mentais não podiam ser objeto de estudo científico porque não eram abertos à observação. Em parte, essa foi uma reação impaciente às descobertas irremediavelmente contraditórias dos psicólogos anteriores. "Objetividade" era a palavra de ordem, e isso significava focar em eventos que (a) pudessem ser reportados confiavelmente e não fossem suscetíveis à idiossincrasia e (b) fossem abertos à observação por alguém que não a pessoa submetida à experiência.

Watson reconheceu que isso significava que a psicologia não poderia mais ser a ciência da consciência (que, como vimos, havia sido sua área definida de investigação), mas ele parece ter visto isso como meramente uma consequência da exigência de que a psicologia adotasse uma metodologia "científica". O problema aparente não era nem que a consciência tivesse sido anteriormente malformulada, nem que a consciência pudesse ser descartada como algo irreal. A consciência era simplesmente incompatível com a análise objetiva. Nos Estados Unidos, especialmente, o behaviorismo foi a forma dominante da psicologia acadêmica por 40 ou 50 anos.

Essa guinada histórica foi desafortunada, porque tirou de cena várias linhas de investigação que, quando elaboradas, levam ao desenvolvimento da psicologia qualitativa. Quando o psicólogo se concentra em estímulos objetivos e respostas mensuráveis, a atenção é tirada do seguinte:

- *A perspectiva da "primeira pessoa"*. Proposições sobre eventos psicológicos podem ser estabelecidas apenas na terceira pessoa – do ponto de vista do observador, e não dos próprios atores.
- *A abordagem perceptual*. O behaviorismo não poderia considerar as percepções do participante da pesquisa. Do mesmo modo, outros modos de intencionalidade da consciência – pensamento, juízo, prestar ou deslocar a atenção etc. – não poderiam ser adequadamente diferenciados e pesquisados, porque o behaviorismo não poderia se permitir considerar a relação entre a consciência e seus objetos.
- *Ideografia*. A pesquisa behaviorista, embora permita "diferenças individuais" decorrentes de variações nas histórias de reforço dos indivíduos, não poderia observar o estudo das pessoas em sua singularidade como uma empreitada científica justificável. A objetividade ficaria ameaçada.
- *Significado*. O significado era sacrificado pelo behaviorismo. Na busca pelas causas objetivas e observáveis do comportamento, o significado que uma situação tem para a pessoa desaparecia como um tema de pesquisa. De modo semelhante, os relatos das pessoas sobre sua experiência eram vistos como *comportamento verbal* – ou seja, respostas que precisavam ser explicadas em termos de suas causas, ao invés de compreensíveis e significativas em seus próprios termos.
- *A especificidade no uso da linguagem*. Evidentemente que o uso da linguagem é um comportamento observável. Contudo, sua função comunicativa no expressar da experiência pessoal era atenuada no behaviorismo.
- *Os vínculos sociais*. Os outros são uma fonte importante de estímulo, e minhas respostas a eles provavelmente têm repercussões importantes, mas as pessoas não eram vistas como de uma natureza diferente dos objetos físicos que constituem o ambiente de uma pessoa. Os behavioristas não eram capazes de reconhecer a *natureza social*

do ser humano. Em especial, eles não eram capazes de reconhecer plenamente a *construção* social da realidade humana.

Com efeito, o catálogo de coisas que o behaviorismo negligenciava oferece uma lista valiosa de itens que são, em graus variados, centrais à sensibilidade qualitativa na psicologia.

Contudo, dentro do behaviorismo, são realizados de tempos em tempos desenvolvimentos numa direção cognitiva, numa tentativa de restabelecer a psicologia como, em certo sentido, uma ciência da vida mental. Talvez *Plans and the Structure of Behavior*, de Miller, Gallanter e Pribram (1960) seja a mais óbvia dessas tentativas, na medida em que os autores se autoclassificaram como "behavioristas cognitivos". Na época, uma psicologia cognitiva autoconfiante e autônoma se desenvolveu, notadamente no revolucionário *Cognitive Psychology* (1967), de Neisser, efetivamente substituindo o behaviorismo como a tendência dominante da psicologia experimental.

A psicologia cognitiva pode ser vista como uma crítica da negligência behaviorista em relação aos processos interiores, na medida em que permite o estudo da percepção, da memória, do pensamento, e assim por diante. O trabalho de Miller et al. e de Neisser desafiou o behaviorismo em seu centro nevrálgico norte-americano. Na Inglaterra, que nunca foi tão prisioneira desta teoria, trabalhos cognitivos respeitados foram levados a cabo – como o testemunham Bartlett (1932), Broadbent (1958) e Welford (1968). Mas, como mostrei em detalhe (Ashworth, 2000), a psicologia cognitiva em geral mantém um compromisso metodológico quase-behaviorista com variáveis externas, mensuráveis e observáveis. Em essência, a novidade da psicologia cognitiva consiste em desenvolver modelos de processos interiores na base do que era exteriormente observável. Vendo a "atividade mental" como um processo de *fluxo de informação*, a psicologia cognitiva começou a testar modelos de operação do mecanismo mental (atenção, percepção, pensamento, memória etc.).

Vale a pena levar em conta a abordagem metodológica da psicologia cognitiva porque frequentemente se pensa que esta abordagem representou um avanço em relação ao objetivismo estéril dos behavioristas e permitiu que a pesquisa se voltasse novamente para o estudo científico de toda a extensão da apreensão do seu mundo pelas pessoas. Mas, se considerarmos mais uma vez a lista de questões que o behaviorismo se recusou a pesquisar, podemos ver que a psicologia cognitiva aborda apenas alguns deles diretamente. Além disso, behaviorismo e cognitivismo compartilham de um positivismo subjacente (cf. Quadro 2.1).

O lugar do behaviorismo na história se deve à quebra de paradigma acarretada por sua crítica à auto-observação em psicologia. Outras linhas de crítica falharam em capturar o campo naquela época; nós agora nos voltamos para uma abordagem alternativa que não rejeitou a experiência, mas, ao invés disso, buscou uma aproximação mais sutil a ela. Esse ponto de vista foi um que imediatamente reclamou uma psicologia qualitativa.

QUADRO 2.1 POSITIVISMO

O ponto de vista metodológico geralmente suposto inquestionável nas ciências naturais, e predominante também nas ciências sociais, é o positivista. A ideia central é que só eventos que possam ser observados, ou só proposições que sejam (pelo menos em princípio) testáveis, podem pretender a verdade (a menos que, como na lógica, elas sejam verdadeiras por definição).

Entre suas características – conforme vistas na psicologia –, estão as seguintes:

- Existe um único e unitário mundo *real*, dentro do qual os eventos de interesse para a psicologia acontecem. Isso é realismo.

- O indivíduo é parte deste mundo real, e assim processos tais como a memória, a emoção e o pensamento são eventos no mundo real com *características duradouras definidas*.

- O propósito da ciência é organizar situações experimentais nas quais as características desses processos psicológicos possam se revelar, e isso permitirá que os processos sejam modelados.

- O mundo pode ser descrito em termos de variáveis mensuráveis que, por sua vez, podem interagir umas com as outras de modos determinados.

- Os modelos (formulados matematicamente, se possível) mostrarão como as variáveis se inter-relacionam, especialmente como elas se relacionam umas com as outras em termos de causa e efeito.

- O propósito da pesquisa é testar hipóteses referentes às relações entre as variáveis, e obter, por aproximações cada vez mais precisas, teorias que podem começar a ser vistas como tendo o *status* de leis científicas. (Este senso de um desenvolvimento permanente dá ao positivismo seu otimismo histórico característico, e especificamente o senso de que cada estudo, baseado no que é *conhecido* e disponível na literatura estabelecida, é potencialmente uma contribuição ao "conhecimento total" do futuro.)

Ao rejeitar o positivismo neste sentido, os psicólogos qualitativos deixam de lado a preocupação com a ideia de um inequívoco mundo real, para atentar aos relatos que as pessoas formulam da realidade *delas*.

Fenomenologia e existencialismo

O fundador da fenomenologia como um movimento filosófico, Edmund Husserl (1859-1938), tinha um objetivo fundamental, que é necessário ter claramente em mente ao avaliarmos sua obra e a relevância dela para a psicologia. Embora ele fosse crítico tanto da psicologia experimental de Wundt quanto da alternativa behaviorista subsequente, seu propósito não era primordialmente reformar a psicologia. Ao invés disso, ele queria oferecer um fundamento firme para *todas* as disciplinas – Ciências, Artes e Humanidades – ao estabelecer o significado de seus conceitos mais básicos. Pois ele acreditava que não apenas à Psicologia, mas a todas as disciplinas acadêmicas, faltava um método que estabelecesse a natureza de seus conceitos fundamentais. O que tipicamente acontecia, segundo Husserl, era que termos do senso comum eram postos em uso como se fossem termos técnicos, ou outros modos grosseiros de desenvolver conceitos eram empregados. Assim, se perguntados sobre o que é a *percepção*, os psicólogos não teriam nenhuma definição precisa da noção, mas teriam de responder de um modo arbitrariamente calcado num senso comum não analisado.

Husserl, então, propôs o método da *fenomenologia*, que permitiria que conceitos básicos fossem estruturados de um modo rigoroso que daria uma base firme para cada ciência.

Considerando especificamente a psicologia, Husserl (1925/1977, 1931/1960) via a disciplina como viciada em seus esquemas conceituais pela tendência dos psicólogos a ignorar a experiência concreta e desenvolver prematuramente conceitos abstratos e irrefletidos. Por não serem fundamentados na experiência, esses conceitos eram gravemente privados de clareza e de adequação aos temas que pretendiam refletir. Qual era a solução, então? No *slogan* husserliano, era *voltar às coisas mesmas*, conforme experimentadas.

A base filosófica essencial do programa de Husserl era uma rejeição do pressuposto de que há algo *por trás* ou *subjacente* ou *mais fundamental que* a experiência, e que devesse ser imediatamente buscado. Não, Husserl insistia; o que aparece é o ponto de partida: devemos começar nossa investigação com o que é experimentado. Na consecução deste método fenomenológico, quaisquer pressupostos que tendessem a distrair o pesquisador em relação ao foco de sua experiência, devem ser deixados de lado, ou submetidos à "epochē" (Husserl, 1913/1983). Para a psicologia, isso pode ser compreendido como evitar ao máximo a falácia do psicólogo sobre a qual William James alertara. Assim, a questão da correspondência da experiência de uma pessoa à realidade, a causa dessa experiência, ou sua motivação, e quaisquer reivindicações feitas na literatura sobre a natureza de tais experiências – tudo deve ser deixado de lado. Qualquer pressuposição de que um aspecto do fenômeno tem precedência sobre qualquer outro deve também ser suspensa antes da evidência experimental. É preciso ressaltar que deixar essas e outras questões de lado, para prestar a devida atenção à experiência nela mesma, não significa de modo algum que elas não possam reaparecer nas descobertas. Mas isso acontecerá só se transparecer na experiência. Não pode ser pressuposto ou imposto sobre a descrição da experiência.

A fenomenologia não é apenas uma questão de realizar algum processo mecânico de "análise" dos dados qualitativos e assim produzir uma descrição da experiência. A leitura dos dados é em profundidade. Por exemplo, é correto relatar (como parte da experiência dos participantes da pesquisa) aspectos não explicitados da consciência das pessoas que o pesquisador nota que eles estão pressupondo, considerando óbvios, para que a experiência seja consistente. Para dar um exemplo clássico, qualquer experiência envolvendo interação social implica que uma das pessoas pressuponha que a outra é um ser senciente como ela própria (Husserl, 1931/1960; Ashworth, 2013).

Embora isso dê um aperitivo do trabalho de clarificação fenomenológica dos conceitos psicológicos, é claro que um processo muito árduo está envolvido. Algo afim ao relato de James da rede de significados em torno de uma experiência deve ser descrito (Ashworth, 1996). É importante notar que, embora a fenomenologia inicialmente se preocupasse com a clarificação dos conceitos básicos de cada disciplina, não é surpresa – dado o modo como Husserl insistia na importância da experiência para esta finalidade – que a empreitada logo tenha descoberto implicações especiais para a prática da pesquisa psicológica. Husserl estabeleceu que a experiência humana em geral *não* é uma resposta nomotética às "variáveis" que se supõem presentes na operação. Ao invés disso, a experiência é um sistema de significados inter-relacionados – uma Gestalt –

que se articula numa totalidade denominada "mundo-da-vida" (Husserl, 1936/1970). Noutras palavras, o campo humano essencialmente implica relações encarnadas e conscientes com um mundo pessoal de experiência. A abordagem científica natural é inadequada. Os significados humanos, e não variáveis causais, são a chave da experiência vivida. Em suma, a fenomenologia insiste que os narcisos são de fato diferentes para um poeta andarilho e para um horticultor atarefado.

Para a fenomenologia, pois, o indivíduo é um agente consciente, cuja experiência deve ser estudada da perspectiva da "primeira pessoa". A experiência é de um mundo-da-vida significativo. Subsequentemente, "fenomenólogos existenciais", tais como o primeiro Heidegger (1927/1962), Merleau-Ponty (1962) e Sartre (1958; cf. Ashworth, 2000) desenvolveram a fenomenologia de um modo que enfatizou o mundo-da-vida. Ao mesmo tempo, eles tenderam a deixar de lado a preocupação de Husserl de desenvolver, para cada uma das disciplinas acadêmicas, um conjunto de conceitos fenomenologicamente estruturados.

Tensões e divergências podem ser vistas na psicologia fenomenológica. A ênfase pode ser posta na *descrição* exaustiva ou no desenvolvimento das estruturas essenciais da experiência (cf. Giorgi, 1970; van Manen, 1997), e a ênfase descritiva pode ser ideográfica (Smith et al., 1995). E há um debate sobre se a compreensão empática requerida pelo trabalho fenomenológico pode passar à interpretação (mais sobre isso a seguir).

Especialmente no contexto norte-americano, a fenomenologia e o existencialismo foram ligados à "psicologia humanista" (Misiak & Sexton, 1973). O propósito deste amplo grupo de psicólogos era desenvolver um modo de buscar a disciplina que evitasse o determinismo do behaviorismo e (como eles acreditavam) da psicanálise. O que "determinismo" significa aqui é a visão de que o comportamento e a experiência humana devem ser vistos como o resultado inevitável de um conjunto de variáveis (algumas internas, outras ambientais) que estão em ação na pessoa num dado período. No determinismo, estritamente entendido, não há lugar para uma contribuição das pessoas no modo como elas agem. Uma profunda preocupação de que a psicologia não deveria ser determinista neste sentido levou vários autores, notadamente Bühler (1971), Maslow (1968) e Rogers (1967) – vários dos quais eram psicoterapeutas – a conclamar uma "terceira força" do pensamento psicológico (Bugental, 1964) para se contrapor às tendências anti-humanistas do *mainstream* psicológico.

A abordagem que eu pessoalmente abracei por cerca de 30 anos é a fenomenologia existencial, com seu conceito fundamental do mundo-da-vida. Em detalhe, a experiência vivida das pessoas de sua situação deve ser muito específica, mas todos os mundos-da-vida têm características universais tais como temporalidade, especialidade, encarnação subjetiva, intersubjetividade, individualidade, projeto pessoal, disposição afetiva e discursividade (Ashworth, 2006; Ashworth & Chung, 2006).

Para a fenomenologia existencial, os seres humanos são considerados livres em virtude de serem conscientes (sendo que a consciência implica a capacidade de encarar alternativas ao que atualmente *é*), e recursos como a linguagem são ferramentas do pensamento ao invés de, primordialmente, coerções sobre ele. Isso não quer dizer que as pessoas são totalmente capazes de exercer a liberdade que a consciência oferece. Vários autores dentro da tradição fenomenológico-existencial, como Hannah Arendt (1998), enfatizaram que os arranjos sociais (tanto os intersubjetivos locais como as estruturas políticas de grande escala) são necessários para o exercício prático da liberdade.

Em seu sentido mais amplo, a abordagem fenomenológica tem a tarefa de elucidar os pressupostos tidos como inquestionáveis pelos quais as pessoas navegam em seu mundo-da-vida. Descrever o que todo mundo sabe pode parecer uma ambição muito vazia! Mas essa impressão é errada. Argumentou-se que: (a) as pessoas *não* "sabem" – nós agimos conforme compreensões supostamente inquestionáveis sobre nosso mundo que são, na sua maior parte, pré-reflexivas, portanto, elucidá-las pode frequentemente ser uma revelação; e (b) "todo mundo" pode ter compreensões supostamente inquestionáveis que permitem que se compartilhe *grosso modo* uma vida comunal – mas há espaço para muita idiossincrasia.

De fato, o que é único na experiência humana foi o foco de outra fonte de psicologia qualitativa.

Psicologia ideográfica – G.W. Allport

Dos escritores mais antigos para os quais os psicólogos humanistas olhavam com admiração especial, Gordon Willard Allport (1897-1967) é notável por sua preocupação de que a psicologia não deveria negligenciar o que é único na experiência e comportamento individuais. Allport era integrante de uma geração para a qual o behaviorismo era quase que a definição da psicologia americana, pelo menos nos Estados Unidos, embora ele fosse marcadamente independente e, em contraste com qualquer coisa que pudesse ser como *mainstream* na época, desenvolveu uma teoria da personalidade que enfatizava a configuração específica de traços e tendências que constitui a unicidade de cada indivíduo:

> Eu sou fortemente contrário [...] a um ponto de vista que é usual na psicologia. Eysenck o formula desse modo: *Para o cientista, o indivíduo único é meramente o ponto de intersecção de diversas variáveis quantitativas.*
> O que essa formulação significa? Que o cientista não se interessa pela interdependência mútua das partes do sistema dentro do sistema da personalidade como um todo... [e] não se interessa pela maneira pela qual sua introversão interage com seus outros traços, com seus valores e com seus planos de vida. O cientista, segundo esta visão, pois, não se interessa pelo sistema da personalidade, mas só pelas dimensões comuns. A pessoa é descartada como um mero "ponto de interseção" com nenhuma estrutura, coerência ou animação interiores. Não posso concordar com esta visão (Allport, 1961: 8, itálicos dele).

Nesta argumentação, o holismo da abordagem de Allport é claro, e seu interesse na abordagem *ideográfica* da pesquisa psicológica é um corolário lógico. O indivíduo pode ser estudado como um caso único. A psicologia da personalidade não precisa ser exclusivamente *nomotética* (ou seja, com a atenção restrita às dimensões gerais nas quais os indivíduos variam). A abordagem nomotética presume que o comportamento de uma pessoa particular é o resultado de leis que se aplicam a todas, e o objetivo da ciência é revelar essas leis gerais. A abordagem ideográfica, em contraste, focaliza a interface de fatores que podem ser específicos do indivíduo. Pode ser que os fatores tomem sua forma específica apenas nesta pessoa; elas são certamente padronizadas de modo único na vida de uma dada pessoa (Allport, 1962).

Como tende a ser o caso com psicólogos que assumem uma linha humanista, Allport considera com certa profundidade o significado do *self*. Ele tentou cobrir muito do que na linguagem ordinária é ligado, de uma maneira ou outra, à noção de *self*, cunhando o termo "proprium" – para incluir (a) a *concepção* de *self* das pessoas e os aspectos do mundo delas que podemos dizer que se identificam com ela; e (b) a função mental "integrativa" que pode ser denominada "individualidade" [*"selfhood"*].

A despeito de sua insistência na importância da abordagem ideográfica, Allport não adotou uma abordagem de pesquisa exclusivamente quantitativa. Antes, sua recomendação era a de estudar uma pessoa individual usando o maior e mais variado número de meios possíveis. Mas ele de fato foi pioneiro em algumas abordagens qualitativas interessantes, como a análise dos "documentos pessoais" e o uso de "autorrelatos" como um meio de compreender o indivíduo (Allport, 1961: 401-414; 1965).

Gordon Allport usou métodos qualitativos devido a sua preocupação com o estudo do indivíduo como uma totalidade. Ele próprio reconheceu que seu interesse holístico e ideográfico tinha afinidades com a teoria da Gestalt e com o existencialismo. Mas Allport não parece ter se interessado por uma psicologia qualitativa organizada a partir do ponto de vista das próprias pessoas. No fim das contas, a sua psicologia descreverá a pessoa em sua complexidade individual, certamente, mas seria realizada a partir da perspectiva estratégica de um psicólogo para quem documentos pessoais e outros materiais "subjetivos" podem ser usados como evidências.

O mundo como construção

Que imagem da vida psicológica é sugerida como uma base para a pesquisa qualitativa? Vimos a descrição por James da consciência, o foco da fenomenologia existencial na experiência e a ideografia de Allport. Tudo isso implicitamente nos convida a pensar na pessoa como uma *perceptora*:

> Todas as outras formas de experiência consciente são, de um modo ou de outro, *fundados* na consciência sensorial, perceptual. Em termos gerais, Husserl contrasta a *autoevidência* da percepção [...] com a de uma classe muito grande de formas de consciência que são "representacionais" [...] ou que operam através de uma modificação da presença sensível [*presencing*], que Husserl denomina [...] "presentificação", "presentação" ou "evocação mental" [*"calling to mind"*]

(não apenas na memória, mas também na fantasia, no anseio etc.). Quando relembramos, imaginamos ou fantasiamos sobre um objeto, não temos precisamente o mesmo senso da presença imediata, real, corporal e temporal do objeto (Moran, 2005: 166-167).

E a percepção não é uma construção ou representação, mas oferece acesso direto ao objeto experienciado.

Claro, os indivíduos são muito ativos em sua percepção – eles buscam, prestam atenção seletivamente, fazem escolhas, e sua percepção sempre tem um significado que se relaciona com seu mundo-da-vida. Mas as abordagens a serem discutidas no restante deste capítulo não veem tanto a pessoa como uma perceptora, e mais como uma *conceptora* ou *construtora*. A pesquisa focaliza não tanto a percepção pelos indivíduos de um mundo-da-vida, mas a sua construção. A pessoa é uma fazedora de sentido.

Dois autores são ilustrativos da passagem para a ideia de construção como o modo como os pesquisadores qualitativos abordam a investigação da apreensão pelos indivíduos de seu mundo. Lidarei com eles invertendo a ordem histórica porque o anterior, George Herbert Mead (1863-1931), tem seguramente um impacto mais profundo na atual pesquisa qualitativa, através do movimento "interacionista simbólico", do que o posterior, George Kelly (1905-1967). Mead oferece um link adequado com as seções posteriores deste capítulo.

George Kelly (1905-1967)

A abordagem de Kelly (1955) se centrou na concepção, ao invés de na percepção. Para Kelly, as pessoas agem segundo não o modo como o mundo realmente é, mas segundo a "construção" que fazem dele. Contudo, Kelly não nos deu uma teoria detalhada do desenvolvimento na infância da capacidade de construir o mundo, nem aparentemente priorizou a base social do pensamento e da individualidade (embora ele dê muita atenção às relações com os outros, e aos vários modos pelos quais a forma de ver o mundo do indivíduo coincide com a das outras pessoas). Portanto, embora Kelly seja indubitavelmente um construtivista, seria controverso rotulá-lo como um construtivista social; e é discutível se os constructos devem ser vistos como correspondendo ou não a estruturas discursivas.

O "postulado fundamental" da teoria de Kelly dos constructos pessoais expressa fortemente a perspectiva construtivista – "os processos de uma pessoa são canalizados psicologicamente pelo modo como ele [sic] antecipa eventos". Kelly quer que consideremos a pessoa como alguém que age como um cientista informal, que vê o mundo ("eventos") através de categorias de interpretação ("constructos") que são abertos a modificações à luz da experiência. Uma vez que se considera ser possível a reavaliação mediante a reflexão consciente sobre nossa construção do mundo, temos aqui o que Kelly chamou de "alternativismo construtivo".

Kelly defende que todos temos nossa própria construção dos eventos. Mas há limitações muito fortes pesando sobre o grau no qual meu sistema de constructos e o seu podem diferir. Embora cada sistema de constructos seja individual, Kelly fala da necessidade de que os colaboradores façam uma atividade conjunta para serem capazes de "construir/interpretar [*construe*] os processos de construção dos outros participantes. Noutras palavras, embora possamos não compartilhar as perspectivas dos outros, para que a ação conjunta ocorra devemos saber quais *são* as perspectivas dos outros. Assim Kelly nota que os indivíduos podem incluir no seu próprio sistema de cognição o conhecimento das perspectivas de outrem. Interagir com outra pessoa, evidentemente, requer um conhecimento desse tipo. Muitos constructos *são* partilhados pelas pessoas – de fato, na medida em que os constructos podem ser comunicados, eles podem ser partilhados.

Essencialmente, Kelly vê as pessoas se relacionando com a realidade (uma noção que ele enfatiza fortemente) através de seus próprios sistemas de constructos, e esse sistema é materialmente afetado pela coexistência e interação com as outras pessoas. Vale mencionar que Kelly não discorda da visão de *self* que observamos nos outros autores. O *eu* é um constructo como outro qualquer.

Kelly ofereceu uma nova técnica de pesquisa valiosa, um esquema lógico pelo qual o pesquisador pode especificar de um modo organizado o sistema individual de constructos. Pretendia-se assim facilitar a avaliação sem sacrificar a individualidade nem a mutabilidade. Trata-se da *grade de repertório de constructos de papéis* [*role construct repertory grid* ("*Rep Grid*")] em que as associações e dissociações entre certos objetos da experiência – geralmente pessoas bem conhecidas do indivíduo – são mapeados em termos de constructos particulares (talvez um constructo desses fosse caloroso/frio). Essa ferramenta excessivamente flexível tem sido usada num amplo leque de investigações (Bannister & Fransella, 1971). Ela pode ser usada ideograficamente, mas há maneiras de basear nela procedimentos nomotéticos. Por exemplo, podem-se derivar características matemáticas das grades, e a variação em coisas tais como a complexidade com a qual as pessoas interpretam uma certa região da experiência pode ser investigada.

Deve ser enfatizado que Kelly via a Rep Grid meramente como uma ferramenta; ele e subsequentes psicólogos construtivistas pessoais valorizam os relatos pessoais como meio de apurar constructos pessoais. Deve-se dizer, tendo em vista as alegações de que Kelly representa a posição fenomenológica (p. ex., Mischel, 1971), que ele dissociava a teoria dos constructos pessoais da fenomenologia (embora haja evidência em sua obra de que ele não conhecia a literatura fenomenológica em certa profundidade; cf. Ashworth, 1973); e fenomenólogos (p. ex., Bolton, 1977) por sua vez também tomam distância do trabalho dele, argumentando (entre outras coisas) que é demasiadamente cognitivo e que o postulado e os corolários fundamentais implicam pressuposições para as quais a justificação fenomenológica está ausente. Podemos ver, de todo modo, à luz do argumento que está sendo desenvolvido neste capítulo, que a ênfase de Kelly é no *construir*, não no *perceber*.

George Herbert Mead (1863-1931)

A obra de G.H. Mead é uma fonte importante da orientação construtivista na psicologia qualitativa (Mead, 1934; cf. Ashworth, 1979, 2000); ela foi absorvida durante as décadas de 1950 e 1960 na escola de pesquisa social referida como "interacionismo simbólico".

O interacionismo é radicalmente social. Mead (1934: 186) nos conta:

> O que eu quero particularmente enfatizar é a preexistência temporal e lógica do processo social ao indivíduo autoconsciente que emerge nele.

A mente e o *self* são produtos da interação social, portanto. Está quase que cravado no nome da disciplina, "Psicologia", que o foco está na pessoa individual. Mead, ao invés disso, defendeu a prioridade da *relação de comunicação* entre o cuidador e a criança como a fonte da mentalidade da criança. Ele argumentou (mas sem basear seu pensamento em evidência sistemática) que uma comunicação de tipo rudimentar entre criança e cuidador vem antes do desenvolvimento da capacidade infantil de pensar. De fato, vem antes da capacidade da autorreflexão. Assim, as crianças interagem com os cuidadores antes de elas "saberem o que estão fazendo" ou "quem elas são". O *significado* da ação da criança se torna "conhecido" com a gradual internalização das expectativas sobre como os outros na situação irão reagir. Assim, o pensamento emerge num processo social, e a *individualização* do pensamento é um desenvolvimento posterior, que sempre dependerá grandemente do uso da ferramenta social, a linguagem.

É importante notar o quão a linguagem e outros sistemas de símbolos são para Mead. (Deve ficar claro agora por que a escola de pensamento é chamada de "interacionismo simbólico".) E, o que é crucial, os símbolos linguísticos são um sistema de significados socialmente compartilhados, e não idiossincráticos.

Há duas consequências fundamentais da ideia de que a interação social vem antes do pensamento e da individualidade, e que estes dois são moldados com materiais sociais. Primeiramente, o pensamento interior e a comunicação exterior são basicamente similares. Eles são feitos do mesmo estofo. Mead não prevê nenhum problema de tradução do pensamento em palavras. Note também que, ao internalizar a linguagem, a criança não está apenas internalizando um sistema de símbolos, mas o sistema de atividade. O processo de conversação está sendo internalizado; os símbolos são parte da interação, ou do discurso. Em segundo lugar, o *self* é parte disso. Tendo adquirido a capacidade de refletir sobre suas próprias ações, pode-se construir uma autoconcepção ou identidade. E a capacidade de autorreflexão se desenvolve através das reações dos outros ao comportamento da criança.

A visão de Mead e dos outros interacionistas simbólicos – o termo se deve a Herbert Blumer (1900-1987) – dá à psicologia qualitativa uma perspectiva altamente social: a pessoa é antes de tudo um membro da sociedade e só posteriormente (no contexto de outras pessoas) se torna um indivíduo. Portanto, é adequado à psicologia qualitativa observar os sistemas simbólicos da sociedade – tanto os que são linguísticos no sentido simples do termo quanto os incorporados nas formas de atividade, nas práticas, da cultura. A perspectiva de Mead é uma fonte importante da abordagem da *análise do discurso* e da *psicologia discursiva*. Outros pensadores fundamentais nesta área são Goffman (1959) (para a relação entre Goffman e os existencialistas, cf. Ashworth, 1985) e Garfinkel (1967). A metodologia qualitativa (frequentemente etnográfica, i. é, "observação participante") é normalmente vista como a abordagem adequada para pesquisas oriundas do interacionismo simbólico e de teorias correlatas.

Uma maneira de ler Mead, portanto, é como um primeiro teórico socioconstrutivista. O *self* individual e os processos mentais emergem num contexto social, e o "conteúdo" do pensamento e da individualidade deve ser compreendido à luz dos significados disponíveis dentro da cultura na qual a pessoa está imersa. Contudo, há uma outra ênfase, igualmente presente em Mead (Ashworth, 1979; Natanson, 1973). Pois, se a mente e o *self* são produtos da interação social, é igualmente verdade dizer que é a interação individual que constitui a sociedade. Mead não visa um meio social feito de atores autômatos – longe disso. Tendo desenvolvido a capacidade para a mente e o *self* como um resultado de interação, o indivíduo é, portanto, apto, de modo relativamente autônomo – embora num contexto social contínuo – a desenvolver a individualidade e tendências pessoais de pensamento. Mead oferece uma teoria de psicologia social com implicações que incluem um elemento de agência individual. As pessoas são construídas e *são também* construtoras.

A distinção entre as perspectivas *perceptual* e *construtivista* não é absoluta. Berger e Luckmann (1967), no seu influente livro *The Social Construction of Reality* [*A Construção social da realidade*, lançado no Brasil pela Editora Vozes (N.T.)], assumem seu direcionamento teórico especialmente a partir do fenomenólogo Alfred Schutz (e.g., Schutz, 1972). Contudo, vale notar as tendências diferentes. A psicologia qualitativa pode estar mais preocupada em tentar revelar o mundo-da-vida (a tendência perceptual) ou como o senso da realidade de uma pessoa é construído.

Teoria da interpretação – Hermenêutica

Nós notamos a distinção – por mais aproximativa que ela possa ser – entre as formas de psicologia qualitativa que tendem a adotar uma abordagem perceptual e aquelas que são de orientação construtivista. Se remontarmos o pensamento construtivista à questão da natureza da pesquisa qualitativa em si, dificilmente evitaríamos confrontar a questão: "Que processos de construção os próprios pesquisadores empregaram para obter as descobertas apresentadas?" Para um construtivista, tudo é construção. Mead e Kelly afirmavam que toda ciência, inclusive todas as formas de psicologia, são uma questão de construção. Mais que isso, as conclusões de uma atividade de pesquisa devem ser vistas como *interpretações*. A psicologia será uma atividade interpretativa.

Em seu incomparável estudo *Freud and Philosophy – An Essay on Interpretation* (1970), Paul Ricoeur distinguiu dois tipos de interpretação (usando o termo "hermenêutica" para se referir ao uso de uma teoria da interpretação):

- A *hermenêutica da restauração do sentido* visa um desvelamento fidedigno. Por exemplo, estudos preocupados com o mundo-da-vida de pessoas com uma certa deficiência, que intencionam informar a outrem sobre a natureza da experiência delas, seriam exemplos de interpretação que visa a "restauração do sentido".

- A *hermenêutica da suspeita* visa descobrir, por trás da coisa em análise, uma outra realidade que permite que uma interpretação mais profunda seja feita, e que pode desafiar o relato superficial. Evidentemente, a psicanálise é definitivamente um exemplo de "suspeita"; possivelmente o feminismo também seja.

A hermenêutica da restauração do sentido se aplica a qualquer relato da vida psicológica, é claro. Está pouco explícita. De fato, embora a pesquisa qualitativa que adote um modelo perceptual da vida psicológica geralmente rejeitasse o rótulo hermenêutico como um todo, ela certamente estaria incluída na ampla definição de Ricoeur da hermenêutica da restauração do sentido. Poder-se-ia argumentar que esta definição é ampla demais. Note que estaria em consonância com a hermenêutica da restauração do sentido que uma metodologia de pesquisa psicológica envolvesse entrevistar participantes da pesquisa sobre algum aspecto de sua experiência, analisando as transcrições de modo a trazer à tona sua experiência de forma extremamente fiel, e então checar com os próprios participantes, após a análise, para garantir que o relato da pesquisa é fidedigno ao significado deles. Claro, este é um passo frequente em pesquisa qualitativa.

Seja ou não a interpretação a forma forte que vemos plenamente desenvolvida na prática psicanalítica – a hermenêutica da suspeita –, Palmer (1969) caracteriza proveitosamente a hermenêutica, a teoria geral de atividade interpretativa, como o método pelo qual

> algo estrangeiro, estranho, separado no tempo, ou na experiência, é tornado familiar, presente, compreensível; algo que requer representação, explicação ou tradução é de algum modo "trazido à compreensão" – é "interpretado" (Palmer, 1969: 14).

Tal interpretação pode ser uma questão de elucidação (no modo da "restauração do sentido"), ou radical (no modo da suspeita).

Martin Heidegger (1889-1976) foi mencionado páginas atrás, mas uma discussão reconhecidamente prévia do método hermenêutico se encontra em seu trabalho inicial. Em *Ser e tempo* (1927/1962) [obra lançada no Brasil pela Editora Vozes (N.T.)]), ele tentou uma análise da maneira cotidiana pela qual os seres humanos lidam com sua construção interpretativa de sentido. Para ele, como para os construtivistas, nós vivemos num *mundo interpretado* e somos nós próprios *hermenêuticos*; somos intérpretes, agentes de compreensão. Para a pesquisa qualitativa, a abordagem hermenêutica oferece uma nova visão do sentido dos dados. A pesquisa de entrevista é o registro de um processo pelo qual o pesquisador interpreta as construções, pelos participantes, da pesquisa do mundo deles. Isso se reflete no modo como Jonathan Smith faz análise fenomenológica (cf. cap. 3).

É, em parte, a divergência entre Husserl e Heidegger, sobre se a fenomenologia é verdadeiramente uma descrição disciplinada da experiência ou se a interpretação é inevitável, que levou a um racha na fenomenologia (semelhante, mas não idêntica à divisão percepção/construção) que ainda afeta a psicologia fenomenológica.

A virada discursiva e uma tendência ao Pós-modernismo

A primeira metade do século XX viu uma notável mudança em vários modos diversos da filosofia ocidental, que começou a focar o *uso da linguagem* como algo ontologicamente primordial. O novo entendimento é de que a linguagem não apenas reflete o mundo da experiência, mas, antes, que o mundo para nós é constituído por nossa linguagem compartilhada. A linguagem, em certo sentido, é a realidade primordial.

Nós já vimos uma linha de pensamento que assume essa posição – G.H. Mead e a tradição interacionista simbólica. Uma linha ancestral à parte também implicada na ascensão de uma psicologia discursiva se encontra na filosofia da linguagem ordinária derivante da obra tardia *Philosophical Investigations* (1953) de Wittgenstein (1889-1951). A rejeição por Wittgenstein da ideia de que possa haver uma "linguagem privada" (com o que ele criticava a visão de que o entendimento é um processo interior), e seu reconhecimento de que as fronteiras do meu mundo são coextensivas ao alcance de minha linguagem, são evidentemente importantes para a psicologia discursiva.

A versão wittgensteiniana do mundo social em termos de "jogos de linguagem" discretos, compondo ou sendo correlatos a "formas de vida", também é importante (Austin, 1962, deve ser mencionado neste contexto).

Assim, para Wittgenstein:

• Um modo de vida e a linguagem empregada combinam, ou são a mesma coisa.

• Precisamos pensar no uso do discurso como um jogo de linguagem delimitado e apropriado a certas circunstâncias.

• É da natureza de uma linguagem ser coletiva – não há "linguagem particular".

• A ideia de sensações cruas nas quais a linguagem "atua" para produzir percepções dotadas de significado deve ser abandonada.

Num campo da filosofia muito diverso daquele dos filósofos da linguagem comum, nós encontramos Heidegger, um ex-protegido e depois dissidente de Husserl, avançando a visão de que a experiência não "presentifica" o mundo diretamente, mas que o presentificar-se é fruto de um ato de interpretação no qual o uso da linguagem é fundamental.

A linguagem foi certa vez chamada de "morada do Ser". É a guardiã da presença na medida em que a luminosidade desta permanece confiada ao mostrar-se apropriativo do dizer. A linguagem é a casa do Ser pois, como o dizer, ele é o modo da apropriação (Heidegger, 1957/1993: 424).

Essa citação dá um aperitivo da escrita do Heidegger tardio. Eu o leio como significando que tudo o que podemos dizer que "é" tem forma linguística. É a linguagem que, nesse sentido, o "abriga" e "traz" à presença vívida. A importância disto para nós é que também nos mostra a virada discursiva – mas agora na filosofia fenomenológica. O interpretativismo está envolvido na orientação de Heidegger, portanto, mas a virada discursiva, mais fortemente enfatizada nos capítulos deste livro (talvez, dos cap. 5 ao 7) também pode ser vista em seu pensamento. Outras fontes da análise do discurso são mencionadas por Willig no capítulo 7.

Podemos também ver uma ligação aqui com a virada construtivista discutida acima. Aqui, contudo, uma forma particularmente "forte" de construtivismo está implicada. Em particular, (1) a linguagem e outros sistemas de signos culturais adquirem especial importância como, pelo menos, os *meios* pelos quais o indivíduo constrói a realidade, e talvez como o coração ou fundação dessa construção, de modo que a apreensão pelos indivíduos de seu mundo é *feita* das possibilidades de tais recursos culturais; (2) a pessoa é compreendida menos como um indivíduo único, e mais como um membro da sociedade, com modos de conceber a realidade que são típicos de uma época histórica de uma certa cultura; e (3) o psicólogo é fortemente parte desta rede de construção cultural. A terceira dessas novas ênfases significa que a pesquisa deve ser vista como um produto conjunto do pesquisador e dos pesquisados (parte do que é frequentemente denominado "reflexividade"). Também significa que a própria psicologia precisa ser vista como parte da atividade cultural – uma ciência que emergiu de um período particular na história de uma certa sociedade, e que não pode ser desvinculada dos interesses e preocupações desta sociedade.

O socioconstrutivismo e a ideia de que a interpretação é universal nos levam ao limiar do pensamento *pós-moderno*. Kenneth Gergen resumiu a orientação construtivista, estendendo-a a todo o movimento pós-moderno, na seguinte afirmação:

> Se quiséssemos selecionar, do substancial *corpus* dos escritos pós-modernos, uma única linha argumentativa que (a) gere uma ampla concordância dentro dessas fileiras e (b) sirva como uma divisão crítica entre o que *grosso modo* distinguimos como o moderno *versus* o pós-moderno, essa linha seria a do abandono do compromisso tradicional com o representacionismo (Gergen, 1994: 412).

Por representacionismo, Gergen parece apontar a suposição, que eu anteriormente chamei de "tendência perceptual", de que nós podemos descrever diretamente a experiência. Gergen assevera que isso não é possível. Pondo-se ao lado dos construtivistas, ele argumenta que a experiência é sempre moldada por nossas interpretações dos eventos. Na verdade, ele está fazendo uma afirmação ainda mais forte do que esta. Para Gergen, a psicologia qualitativa não revela propriamente um mundo-da-vida, e um sistema pessoal de constructos não põe o indivíduo em relação com a realidade. Ao invés disso, tudo o que pode ser descoberto pela psicologia qualitativa é uma espécie de rede de elementos (vamos chamá-la de segmentos de discurso), cada um dos quais ganhando seu significado meramente a partir de sua posição dentro do sistema total.

Gergen aponta que esta radicalização da perspectiva socioconstrutivista, em que nossas concepções não tocam o mundo, mas tudo é construção ou *tudo é texto* (Derrida, 1976), é uma noção central do pós-modernismo. Ela tem muitas implicações importantes para a psicologia qualitativa.

Uma consequência epistemológica inescapável é que a virada discursiva abala inteiramente a teoria da *verdade como correspondência* que se supunha como um fundamento para muito da psicologia. Esta é a visão de que a verdade de uma hipótese ou teoria ou ideia deve ser descoberta em sua correspondência com a "realidade exterior". O projeto experimental, por exemplo, gira em torno desta noção. Mas se a realidade não é acessível senão através de práticas discursivas, então a separatividade entre a ideia e o real se perde. (Sugestivamente, a falta de separatividade entre a ideia e o real também é o caso na fenomenologia, a despeito do fato de grande parte da fenomenologia não passar pela virada discursiva, pois a "realidade" é posta entre parênteses para que se revelem as estruturas da consciência e do mundo-da-vida.)

O modernismo supõe como inquestionável que nossas percepções e interpretações se relacionam com o mundo real e ele também permite a suposição de que o *progresso* contínuo é possível na pesquisa. Isso porque a Modernidade tem a noção fundamental de que há uma verdade ou realidade sólida e inegociável sobre a qual é possível atingir um conhecimento cada vez mais preciso. O pesquisador pode elaborar a estrutura dos constructos científicos numa direção que se aproxima cada vez mais da verdade ou da realidade efetiva.

O modernismo caracteriza tanto o mundo da ciência natural e da tecnologia quanto o mundo social e político. Ele supõe que haja critérios reconhecidos de pesquisa científica ou de atividade erudita pelos quais o conhecimento avança. Em marcante contraste, a Pós-modernidade pode ser vista como um movimento cultural para o qual tais critérios fortes de validade não existem mais (uma vez que a conexão entre a "realidade" e os constructos humanos foi descartada). A ideia de progresso não tem nada a que se referir, pois não há padrão segundo o qual se possa julgar uma inovação da teoria, prática, produto ou política que possa nos capacitar a ver uma melhoria em relação ao que existia antes.

Evidentemente, a maior parte da psicologia é modernista em seus pressupostos. Há uma realidade verdadeira a ser desvelada pelas atividades de seus pesquisadores, e as descobertas num dado momento são o trampolim para descobertas mais refinadas posteriormente. O pensamento pós-moderno questiona isso (Kvale, 1992), e uma importante implicação é que a psicologia não pode mais se apresentar como "fora da sociedade humana, observando". Não está descolada, é, isso sim, um dos muitos discursos dentro da cultura – um espaço de discurso, uma região particular de cognição social e de atividade prática com sua própria racionalidade. Nesta visão, a psicologia qualitativa não deveria pretender revelar progressivamente natureza humana verdadeira e universal, mas sim nos tornar conscientes dos pressupostos implícitos (sobre a "natureza humana" e os tipos de experiência humana) que estão disponíveis aos membros de um grupo social em determinado período.

Uma figura-chave neste modo de pensamento foi Michel Foucault (1926-1984). Como outros pensadores pós-modernos, ele afirmou a primazia das construções sociais, ou do discurso (p. ex., Foucault, 1971,

1973a, 1973b). O construtivismo de Foucault (como o de todos os pós-modernistas) é totalmente social. O poder do discurso não vem do falante-agente individual, mas da cultura. E o discurso *constitui* o indivíduo.

Talvez a maior contribuição de Foucault à ciência social pós-moderna tenha sido enfatizar a relação entre conhecimento e poder, ou entre discurso e controle. A última, e inacabada, obra de Foucault, *História da sexualidade* (vol. 1, 1981), enfatiza o controle pelo discurso, argumentando que o indivíduo se define a si mesmo no espaço-discurso da sexualidade. Foucault considera que não é por acaso que a moralidade é tratada mais centralmente como moralidade sexual, pois no autoexame que a consciência da moralidade implica, um processo de automonitoramento é estabelecido.

Enquanto Foucault se interessava, pelo menos numa etapa, pela relação entre o discurso e outros aspectos do mundo social, Derrida (1981) vê tudo como, ao final, discurso. Tal soberania discursiva também contrasta com a hermenêutica de Freud, para quem a interpretação se funda nos processos primários, biológicos, da libido. Para Derrida, não há campo hermeneuticamente privilegiado – não há área do conhecimento na qual a certeza da verdade absoluta possa ser encontrada.

Conclusão e pontes com os capítulos deste livro

Este capítulo mostrou o lento e subterrâneo desenvolvimento dos modos de pensamento que, juntos, constituem a sensibilidade qualitativa na psicologia. Eu não me dispersei para longe das fronteiras da disciplina estabelecida, embora nossas vizinhanças eruditas nas ciências sociais tenham sido, em alguns casos, a fonte das ideias que vêm sendo parcimoniosamente incorporadas na psicologia qualitativa. Uma tendência a ser encorajada, pois, é o crescente intercâmbio dos psicólogos qualitativos com os vizinhos, tanto metodologicamente quanto em termos dos conteúdos. As divisões disciplinares não resistem ao escrutínio fenomenológico ou discursivo.

Algumas correntes históricas dentro da disciplina foram negligenciadas por falta de espaço. O impacto da psicanálise merece reconhecimento adequado, devido ao seu foco em relatos da experiência e também devido aos perigos da hermenêutica da suspeita à qual ela pode sucumbir, a qual coloca riscos à psicologia qualitativa mais amplamente. De modo similar, a forte relação entre fenomenologia e a teoria da Gestalt (Gurwitsch, 1964) foi muito importante historicamente. Eu negligenciei o impacto da psiquiatria existencial (Binswanger, 1963; Boss, 1979; Laing, 1965). Por fim, não discuti um dos movimentos mais fortes a clamar pela sensibilidade qualitativa nas últimas décadas – o feminismo (Gergen & Davis, 1997; Tong, 1991; Ussher, 1997; Wilkinson & Kitzinger, 1995), em sua conquista de elevado fundamento epistemológico, em sua busca de *voz*, em sua preocupação de que a pesquisa psicológica reconheça a centralidade do *poder*, e com a necessidade de equalização da relação entre pesquisadores e pesquisados.

Eu usei a expressão "a sensibilidade qualitativa" neste capítulo, embora haja evidência o bastante para duvidar da unidade de mentalidade dos psicólogos qualitativos. As tendências *perceptual* e *discursiva* parecem muito distintas em sua compreensão da condição humana e do propósito da pesquisa qualitativa. De fato, há intersecções. Mas seria verdadeiro dizer, *grosso modo*, que o socioconstrutivismo vai para a direção pós-moderna, e que isso leva a uma forma de psicologia qualitativa. Uma outra forma parece se originar da compreensão husserliana da pesquisa fenomenológica, que procura universais da experiência humana (uma empreitada que tem traços modernistas). Contudo, a fenomenologia existencial, por exemplo, não é bem caracterizável nem em termos modernistas nem em pós-modernistas. Assim podemos ver uma diversidade de abordagens, um florescimento da diferença, mas também podemos ver uma unidade, uma sensibilidade qualitativa.

Deixem-me concluir com um mapeamento aproximativo dos capítulos que se seguem, em relação ao campo conceitual que eu estipulei. Claro, este não é um modelo definitivo e é possível que alguns dos autores vissem algo disso diferentemente:

• A análise fenomenológica interpretativa (delineada por Jonathan Smith e Mike Osborn no cap. 3) focaliza a experiência, permitindo que tanto o participante da pesquisa quanto o pesquisador entrem na interpretação. Eles também assinalam a importância de atentar ao ideográfico.

• Com o capítulo 4, por Kathy Charmaz, somos introduzidos na teoria fundamentada – uma técnica de análise que emerge da tradição interacionista simbólica na qual "o que as próprias pessoas dizem" é da maior importância na constituição da análise. Contudo, como Charmaz assinala, há diferentes versões da teoria fundamentada, o que significa que o pesquisador pode ter uma de várias abordagens teóricas que guiam a compreensão das estruturas que emergem – eles podem ser construtivistas ou experienciais ou mais positivistas na sua perspectiva.

• A apresentação por Michael Murray da psicologia narrativa (cap. 5) enfatiza a ideia de que há uma característica humana primordial de entender nossas circunstâncias pela construção de histórias. A psicologia narrativa está claramente na intersecção do mundo como construção e da virada discursiva.

• Em sua introdução à análise conversacional (cap. 6), Paul Drew observa que o resultado da pesquisa psicológica qualitativa é uma constituição conjunta do pesquisador e do pesquisado como um *tema* de pesquisa, remetendo ao trabalho dos etnometodologistas. Aqui, talvez, a realidade primordial seja o processo de interação e o processo do discurso.

• Carla Willig (cap. 7) chama a atenção para dois modos particulares de análise do discurso: a abordagem da psicologia discursiva (na qual o indivíduo é um agente que se utiliza de discursos socialmente disponíveis) e a inspirada pela obra de Michel Foucault, na qual o indivíduo é *constituído* pelos discursos disponíveis da pessoa. No segundo caso, podemos ver a influência do Heidegger tardio e de sua noção de *enframing* [termo que remete, no alemão de Heidegger, a *Ges-tell*, traduzido entre nós ora como "armação", ora como "com-posição" (N.T.)], na qual uma cultura pode ter um modo de vida tal que há um entendimento circundante sobre *como é a realidade*.

• No capítulo 8, Peter Reason e Sarah Riley levam esta questão da ontologia adiante, pois a investigação cooperativa vai o mais longe que puder para eliminar a distinção de papéis entre o pesquisador e o pesquisado. A investigação cooperativa é geralmente uma questão intensamente prática – em que *nós* experimentamos nossa situação e consideramos os resultados.

• Os grupos focais são considerados por Sue Wilkinson (cap. 9) como uma técnica qualitativa e, como a técnica da teoria fundamentada discutida no capítulo 4, há alguma flexibilidade na abordagem teórica que o pesquisador pode usar. De novo, nós temos uma questão-chave da pesquisa qualitativa em geral: onde está a prioridade ontológica – no indivíduo, no grupo, na interação entre os membros do grupo, na sociedade mais ampla?

• A análise temática é introduzida por Victoria Clarke, Virginia Braun e Nikki Hayfield no capítulo 10. Elas argumentam que este leque de diversas abordagens pode ser visto, de certo modo, como fundamental, na medida em que o uso de qualquer método qualitativo pode acarretar o estabelecimento, a partir dos dados empíricos brutos (quaisquer que sejam), de uma estrutura de temas na qual o pesquisador pode então trabalhar.

• Como vimos, há diversidade nos métodos qualitativos. Há uma profunda distinção, por exemplo, entre uma visão subjacente da pessoa como enredada na linguagem em termos da qual o mundo é construído, e a visão da pessoa como uma perceptora que habita num mundo-da-vida pessoal. No capítulo 11, Michael Larkin oferece uma orientação prática sobre como tomar a decisão sobre qual abordagem usar no contexto de um interesse de pesquisa específico.

• Finalmente, Lucy Yardley aborda, no capítulo 12, a questão da validade tal como emerge novamente para os pesquisadores que adotam uma posição qualitativa.

É importante destacar o valor da variedade de abordagens dentro da psicologia qualitativa. É possível dizer que a riqueza da condição humana é tal que nenhuma tendência abrangeria o todo. A psicologia ideográfica de Allport é necessária para abordar a apreensão pelas pessoas de seu mundo. A fenomenologia enfatiza o mundo-da-vida pessoal, mas também se interessa em tentar desvelar as estruturas gerais de significado que todos compartilham. E muito deste significado compartilhado pode ser expresso em termos do sociocentrismo de alguns tipos de construtivismo. O pluralismo na psicologia qualitativa deve ser valorizado. O pluralismo da perspectiva qualitativa combina com a consciência da complexidade humana. Nesse contexto é que a psicologia qualitativa, qualquer que seja sua tendência, deve ser julgada.

3 Análise fenomenológica interpretativa

Jonathan A. Smith
Mike Osborn

A análise fenomenológica interpretativa [*Interpretative phenomenological analysis*] (IPA) é uma abordagem que se dedica à exploração detalhada do significado pessoal e da experiência vivida. Mais especificamente, o objetivo da IPA é explorar em detalhe como os participantes compreendem seu mundo pessoal e social, e a maior riqueza de um estudo de IPA são os significados que experiências, eventos e estados particulares têm para os participantes. A IPA é usada agora para um amplo leque de questões de pesquisa na psicologia e em disciplinas correlatas. O objetivo deste capítulo é oferecer ao leitor iniciante neste modo de trabalhar uma apresentação detalhada das etapas envolvidas numa análise fenomenológica interpretativa. Ele dá detalhes de cada etapa e as ilustra com material emprestado de um estudo conduzido pelos autores. Ao mesmo tempo, deve-se reconhecer que, como é geralmente o caso na pesquisa qualitativa, não há um modo único e definitivo de fazer IPA. Nós estamos oferecendo sugestões, modos que descobrimos funcionar para nós. Esperamos que isso seja útil em auxiliar o recém-chegado à IPA a seguir adiante, mas vale ressaltar que, conforme você pratica, e especialmente conforme se torna mais experimentado, você pode se ver adaptando o método a seu próprio modo particular de trabalhar e ao tópico particular que você está investigando.

História e *background* teórico

A IPA foi desenvolvida como uma metodologia de pesquisa experimental especificamente psicológica 20 anos atrás (Smith, 1996) e é parte de uma pequena família de métodos informados pela filosofia fenomenológica. Aqui iremos delinear os alicerces teóricos da IPA e então brevemente descrever sua relação com outras abordagens correlatas.

A IPA é fenomenológica no que envolve o exame detalhado da experiência vivida dos participantes; ela tenta explorar a experiência pessoal e se ocupa da percepção pessoal de um indivíduo ou de sua versão acerca de um objeto ou evento, em contraposição com uma tentativa de produzir uma afirmação objetiva sobre o objeto ou evento em si. Isso decorre da declaração de Edmund Husserl da fenomenologia como um esforço de "voltar às coisas mesmas" (Husserl, 1900/2001: 168); isto é, tanto quanto possível, ver as coisas tais como se apresentam em seus próprios termos, e não como definidas por hipóteses científicas ou conceptualizações abstratas *a priori*. Ao mesmo tempo, a IPA também enfatiza que o exercício de pesquisa é um processo dinâmico com um papel ativo para o pesquisador. Tenta-se chegar perto do mundo pessoal do participante, assumir, nas palavras de Conrad (1987), uma "perspectiva do *insider*", mas não se pode fazer isto direta nem completamente. O acesso depende das, e é complicado, pelas próprias concepções do pesquisador; de fato, estas são requeridas para o entendimento desse outro mundo pessoal através de um processo de atividade interpretativa. Isso se alinha com o desenvolvimento interpretativo ou hermenêutico da fenomenologia de Heidegger (1927/1962). Assim, um processo de interpretação em duas etapas, ou uma dupla hermenêutica, está envolvida. Os participantes estão tentando entender o mundo deles; o pesquisador está tentando entender a tentativa dos participantes de entender o mundo deles. A IPA está, pois, intelectualmente conectada à hermenêutica e às teorias da interpretação (Packer & Addison, 1989; Smith, 2007; cf. tb. o cap. 2 deste volume).

Diferentes posturas interpretativas são possíveis; como argumentou Ricoeur (1970; cf. tb. o cap. 2 neste volume), a IPA combina uma hermenêutica empática com uma hermenêutica questionadora. Assim, coerente com suas origens fenomenológicas, a IPA se preocupa em tentar compreender o ponto de vista dos participantes. Ao mesmo tempo, uma análise IPA detalhada também pode envolver o fazer questões críticas sobre os textos dos participantes, tais como: O que a pessoa está tentando realizar aqui? Está escapando aqui algo não intencionado? Tenho um senso de algo acontecendo aqui de que os participantes estejam talvez menos conscientes? Diríamos que ambos os estilos de interpretação fazem parte de uma investigação qualitativa consistente, mas que o grau de ênfase dependerá das particularidades de cada estudo IPA. O termo comum "compreensão" captura proveitosamente esses dois aspectos da interpretação-compreensão no sentido de se identificar ou empatizar com, e compreender como tentar entender. Permitir ambos os aspectos na investigação provavelmente leva a uma análise mais rica e a fazer uma maior justiça à totalidade da pessoa, nos seus aspectos "positivos e negativos". A IPA também reconhece um débito com o interacionismo simbólico (Denzin, 1995) com sua preocupação sobre como os significados são construídos pelos indivíduos num mundo tanto social quanto pessoal.

A IPA tem um compromisso teórico com a pessoa como um ser cognitivo, linguístico, afetivo e físico, e supõe uma cadeia de conexão entre a fala das pessoas e o pensamento e estado emocional delas. Ao mesmo tempo, os pesquisadores da IPA percebem que esta cadeia de conexão é complicada – as pessoas lutam para expressar o que estão pensando e sentindo; há muitas razões para não quererem se abrir; e o pesquisador tem que interpretar o estado mental e emocional das pessoas pelo que elas dizem.

A ênfase da IPA na atividade interpretativa tanto do participante como do pesquisador significa que ela pode ser descrita como tendo a cognição enquanto uma preocupação analítica central, e isso sugere uma aliança teórica interessante com o paradigma cognitivo que é predominante na psicologia contemporânea. A IPA compartilha, com as abordagens da psicologia cognitiva e sociocognitiva na psicologia social e clínica, uma preocupação com os processos mentais. Contudo, a IPA diverge fortemente do *mainstream* da psicologia no que tange à metodologia adequada para tais questões. Enquanto o *mainstream* da psicologia é ainda fortemente apegado à metodologia quantitativa e experimental, a IPA emprega a análise qualitativa em profundidade. Portanto, a IPA e o *mainstream* da psicologia convergem no interesse de examinar como as pessoas pensam no que acontece com elas, mas divergem na decisão de como este pensamento pode ser mais bem estudado.

De fato, diríamos que o compromisso da IPA com a exploração do significado e da interpretação a liga muito intimamente com as preocupações originais da psicologia cognitiva, em sua rejeição do paradigma positivista que havia dominado longamente esta disciplina. É interessante ver como Bruner (1990), um dos fundadores da abordagem cognitiva, lamenta que ela tenha passado rapidamente de uma preocupação central com o significado e a construção do significado para uma ciência do processamento de informações.

O último alicerce teórico importante para a IPA é a ideografia (Smith, Harré & van Langenhove, 1995). A IPA é interessada no exame detalhado de casos particulares, na compreensão de como determinadas pessoas experimentaram determinados eventos. Ela não evita generalizações mas trabalha meticulosamente a partir de casos individuais rumo a afirmações mais gerais. Na prática, um estudo IPA geralmente apresentará seus resultados como um conjunto de convergências e divergências dentro dos relatos dos participantes. Este modo ideográfico de investigação contrasta com a abordagem nomotética que predomina na psicologia. Num estudo nomotético, a análise se coloca no nível dos grupos e populações, e só se podem fazer afirmações probabilísticas sobre os indivíduos: por exemplo, há 70% de chance de que a pessoa X responda desta maneira. Num estudo ideográfico, por ter derivado do exame de estudos de casos individuais, também é possível fazer afirmações específicas sobre esses indivíduos.

A IPA se tornou agora amplamente estabelecida e há muitos estudos publicados em psicologia, e cada vez mais em outras disciplinas, aplicando a IPA no exame de temas da esfera da experiência vivida. A outra abordagem fenomenológica muito conhecida em psicologia é a fenomenologia descritiva de Giorgi (1997). Obviamente as duas metodologias têm muito em comum ao tentar articular métodos de pesquisa empírica para examinar questões de pesquisa experiencial. Contudo, há duas grandes diferenças entre as duas abordagens. Enquanto a IPA se alinha com a articulação por Heidegger de uma fenomenologia hermenêutica, a metodologia de Giorgi é confessadamente descritiva e tenta ser uma fenomenologia mais puramente husserliana. Também, em contraste com a ênfase da IPA na importância da experiência individual na análise, a abordagem de Giorgi se preocupa mais em trazer à tona a estrutura geral da experiência do grupo sob exame. A IPA não é a única metodologia influenciada pela fenomenologia hermenêutica. Van Manen (1990) eloquentemente delineia uma abordagem para a educação e as relações familiares, e Benner (1994) descreve uma forma de investigação especialmente influenciada por Heidegger e aplicada na enfermagem. (Para mais detalhes sobre os fundamentos teóricos da IPA, cf. Smith, Flowers & Larkin (2009).)

Formulando uma questão de pesquisa e projetando um estudo

Como ficará patente, a IPA é uma abordagem adequada quando se está tentando descobrir como indivíduos percebem as situações particulares que estão enfrentando – como eles entendem seu mundo pessoal e social. A IPA é especialmente útil quando se está preocupado com complexidade, processo ou originalidade. O Quadro 3.1 ilustra o tipo de questões de pesquisa que têm sido levantadas pela IPA. As questões de pesquisa em projetos IPA são em geral estruturadas de modo amplo e aberto. Não se busca testar uma hipótese predeterminada do pesquisador; antes, o objetivo é explorar, de modo flexível e detalhado, uma área de preocupação.

QUADRO 3.1 EXEMPLOS DE QUESTÕES DE PESQUISA PSICOLÓGICA LEVANTADAS POR ESTUDOS IPA

- Como as pessoas lidam com a morte de um parceiro? (Golsworthy & Coyle, 1999).
- Como é experimentar a depressão? (Smith & Rhodes, 2014).
- Como as pessoas no estágio inicial do Mal de Alzheimer percebem e administram o impacto sobre seu senso de si? (Clare, 2003).
- Como as pessoas entendem as possíveis causas de seu ataque cardíaco? (French et al., 2005).

Os estudos IPA são conduzidos com grupos amostrais pequenos. A análise detalhada caso a caso de transcrições individuais leva muito tempo e, como indicado acima, o objetivo do estudo é dizer algo em detalhe sobre as percepções e compreensões deste grupo particular, ao invés de prematuramente fazer afirmações mais gerais.

Os pesquisadores na IPA geralmente tentam encontrar uma amostra razoavelmente homogênea. A lógica básica é que se se está entrevistando, por exemplo, seis participantes, não é muito útil pensar em termos de amostras aleatórias ou representativas. A IPA, pois, vai na direção oposta e, através de amostras orientadas, encontra um grupo mais bem definido para o qual a questão da pesquisa seja significativa. Como a especificidade da amostra é definida dependerá do estudo; em alguns casos, o tópico sob investigação pode, por si próprio, ser raro e definir as fronteiras da amostra relevante. Noutros casos, onde uma questão menos específica está em foco, a amostra pode ser extraída de uma população com perfis demográfico e socioeconômico semelhantes. A lógica é similar à empregada pelo antropólogo social que conduz pesquisa etnográfica numa determinada comunidade. O antropólogo então faz um relato em detalhe sobre aquela cultura particular, mas não afirma ser capaz de dizer algo sobre *todas* as culturas. Com o tempo, claro, será possível conduzir estudos subsequentes com outros grupos, e assim, gradualmente, afirmações mais gerais podem ser feitas, mas cada qual fundada no exame detalhado de um conjunto de estudos de caso. Também é possível pensar em termos de uma generabilidade teórica ao invés de empírica. Neste caso, os leitores podem fazer links entre as descobertas de um estudo IPA, suas próprias experiências pessoais e profissionais e as afirmações da literatura existente. A força do estudo IPA é julgada pela luz que ele lança neste contexto mais amplo.

Uma nota final sobre amostras: vale lembrar que devemos sempre ser pragmáticos ao fazermos pesquisa; nossa amostra será em parte definida por quem está preparado para ser incluído nela!

Não há uma resposta correta para a questão do tamanho da amostra. Ele depende, em parte, de vários fatores: o grau de compromisso com o nível da análise e do relato do estudo de caso, a riqueza dos casos individuais, e as limitações com as quais se está operando. Por exemplo, estudos IPA foram publicados com amostras de uma, quatro, nove, quinze ou mais pessoas. Recentemente tem havido uma tendência de alguns estudos IPA serem conduzidos com um número muito pequeno de participantes. Uma característica distintiva da IPA é seu compromisso com um relato interpretativo detalhado dos casos incluídos, e muitos pesquisadores estão reconhecendo que isso só pode ser feito realisticamente numa amostra pequena – assim, em termos simples, se tem sacrificado a extensão pela profundidade. O quão pequeno é pequeno? Isso obviamente depende dos objetivos da pesquisa. Nós agora geralmente recomendamos que graduandos tenham uma amostra de três pessoas. Mesmo com este número, boas entrevistas IPA irão gerar um grande montante de dados detalhados, e pela nossa experiência isso é o bastante para realizar uma boa análise IPA. Ela permite um engajamento suficientemente profundo com cada caso individual mas também permite um exame detalhado da semelhança e diferença, da convergência e divergência. Para a pesquisa de pós-graduação, as amostras geralmente serão maiores, mas isso depende das limitações específicas da situação, bem como da qualidade dos dados obtidos. O perigo para o novato é que, se a amostra for grande demais, ele seja esmagado pelo vasto montante de dados gerados por um estudo qualitativo, e não seja capaz de produzir uma análise suficientemente penetrante.

O processo de pesquisa num estudo IPA pode ser visto como um ciclo interpretativo. O pesquisador começa em sua base de operação, escritório ou biblioteca, em um lado do ciclo de pesquisa, pensando e lendo sobre o tema da investigação. Ele então se move em torno do círculo e começa a entrar no mundo dos participantes. Como preparativo para tal, ele põe de lado, ou entre parênteses, o conhecimento e pressupostos que tinha adquirido sobre o fenômeno a ser estudado. Este processo é fortalecido no encontro real com os participantes através do engajamento intensivo com o que estes estão dizendo. O pesquisador se torna um ouvinte curioso e atento, mas "ingênuo", conforme os participantes desvelam sua história em seus próprios termos. Após a entrevista, ele volta para sua base de operações e começa o processo de interpretar formalmente o que os respondentes disseram. Aqui ele tenta entender o que os participantes experenciaram e esta análise deve sempre ser fundamentada nos mundos reais dos participantes. Contudo, a análise também será informada pelos interesses pessoais e *expertise* do pesquisador, que são trazidos à leitura do texto (para mais sobre este ciclo, cf. Smith, 2007).

Coletando dados

Os pesquisadores em IPA querem analisar em detalhe como os participantes percebem e entendem as coisas que lhes acontecem. É necessário, pois, um instrumento flexível de coleta de dados. Embora seja possível obter dados adequados à análise IPA de várias maneiras, tais como os relatos pessoais e os diários (cf., p. ex., Smith, 1999), a maioria dos estudos IPA tem sido conduzida através das entrevistas semiestruturadas. Esta forma de entrevistar permite ao pesquisador e aos participantes se engajarem num diálogo em que as questões iniciais são modificadas à luz das respostas dos participantes, e o investigador é capaz de sondar áreas interessantes e importantes que emergem. Por isso discutiremos em detalhe a entrevista semiestruturada neste capítulo. Isso também é necessário porque o entrevistar de alta qualidade é absolutamente importante à IPA de alta qualidade. De fato, a qualidade da entrevista realizada é um claro indicativo do quão boa poderá ser a análise subsequente. Fazer boas entrevistas é uma habilidade específica e geralmente leva tempo para ser desenvolvida.

É útil em primeiro lugar contrastar as principais características de uma *entrevista semiestruturada* com as de uma *entrevista estruturada*. A entrevista estruturada compartilha muito da lógica do experimento psicológico. Geralmente, o investigador decide de antemão exatamente o que constitui os dados requeridos e constrói as questões de um modo que apure as respostas correspondentes a, e facilmente encaixáveis, em categorias predeterminadas, que podem então ser numericamente analisadas. Para fortalecer a confiabilidade, o entrevistador deve se manter muito próximo ao roteiro da entrevista, e se comportar com a menor variação possível entre as entrevistas. O entrevistador pretenderá:

- usar questões curtas e específicas;
- ler a questão exatamente como está no roteiro;
- fazer as questões na ordem exata especificada pelo roteiro;
- idealmente ter categorias de respostas precodificadas, capacitando o questionador a encaixar o que o respondente diz numa daquelas categorias.

Por vezes o investigador oferecerá ao respondente um leque de respostas possíveis para escolher entre elas. Por vezes se permite que o respondente escolha livremente uma resposta, que pode então ser categorizada.

Assim, de várias maneiras, a entrevista estruturada é como o questionário; de fato, ambos coincidem, na extensão em que a entrevista é simplesmente o investigador percorrendo um questionário na presença de um respondente, com o entrevistador preenchendo as respostas na folha do questionário com base no que o respondente diz.

As vantagens alegadas da entrevista estruturada são controle, confiabilidade e velocidade. Ou seja, o investigador tem controle máximo sobre o que acontece na entrevista. Também se argumenta que a entrevista será confiável no sentido de que o mesmo formato será usado com cada respondente, e que a identidade do entrevistador deverá ter impacto mínimo sobre as respostas obtidas.

A entrevista estruturada tem desvantagens que emergem das coerções impostas ao respondente e à situação. A entrevista estruturada deliberadamente limita aquilo sobre o que o respondente pode falar – tendo isto sido decidido de antemão pelo investigador. Portanto, a entrevista pode desperdiçar um aspecto novo do tema, uma área considerada importante pelo respondente, mas não prevista pelo investigador. E os temas incluídos são abordados de um modo que torna improvável o desvelamento da complexidade ou ambiguidade da posição do respondente. A entrevista estruturada também pode se tornar artificial devido à necessidade de fazer questões exatamente no mesmo formato e sequência para cada participante.

Com entrevistas semiestruturadas, o investigador terá um leque de questões num roteiro de entrevista, mas a entrevista será guiada pelo roteiro ao invés de ser ditada por ele. Aqui, pois:

• há uma tentativa de estabelecer uma conexão com o respondente;
• a ordem das questões é menos importante;
• o entrevistador é mais livre para sondar áreas interessantes que emergirem;
• a entrevista pode seguir os interesses e preocupações do respondente.

Essas diferenças decorrem das mesmas preocupações básicas de uma abordagem tal como a da IPA. O investigador tem uma ideia da área de interesse e algumas questões a perseguir. Ao mesmo tempo, há um desejo de tentar entrar, tanto quanto possível, no mundo psicológico e social do respondente. Assim, o respondente compartilha mais intimamente da direção que a entrevista assume, e pode introduzir um problema em que o investigador não tinha pensado. Neste relacionamento, os respondentes podem ser percebidos como os *experts* experienciais no assunto e, assim, deve-se-lhes permitir a máxima oportunidade de contar sua própria história.

Portanto, podemos resumir as vantagens da entrevista semiestruturada: ela facilita a conexão/empatia, permite uma maior flexibilidade e abrangência e possibilita que a entrevista vá para âmbitos originais, tendendo a produzir dados mais ricos. No lado das desvantagens, esta forma de entrevistar reduz o controle do investigador sobre a situação, leva mais tempo para ser realizada e é mais difícil de ser analisada.

Construindo o roteiro de entrevista

Embora um investigador que realiza uma entrevista semiestruturada provavelmente a veja como uma interação codeterminada, ainda assim vale a pena, ao trabalhar deste modo, produzir antecipadamente um roteiro de entrevista. De fato, para novatos na IPA, acreditamos que isso é quase que essencial. Por quê? Produzir um roteiro de antemão nos força a pensar explicitamente sobre o que pensamos/esperamos que a entrevista abranja. Mais especificamente, nos permite pensar nas dificuldades que podem aparecer, por exemplo, em termos do enunciado das questões ou de áreas sensíveis, e refletir sobre como essas dificuldades podem ser manejadas. Pensar de antemão sobre as diferentes maneiras pelas quais a entrevista pode proceder permite, quando chega o momento da entrevista em si, que nos concentremos mais completa e confiantemente no que o respondente está realmente dizendo.

QUADRO 3.2 ROTEIRO DE ENTREVISTA – EXPERIÊNCIA DE DIÁLISE RENAL DE UM PACIENTE	
A.	**Diálise**
1.	Você pode me fazer um breve histórico do seu problema renal, desde o início até você começar a fazer a diálise, em suas próprias palavras?
2.	Você pode me descrever o que acontece na diálise?
3.	O que você faz quando está em diálise?
4.	Como você se sente na diálise? Lembrete: fisicamente, emocionalmente, mentalmente.
5.	O que você pensa sobre?
6.	Como você se sente sobre fazer diálise? Lembrete: algumas pessoas/alívio da doença/constrangimento.
7.	Como a diálise/doença renal afeta sua vida diária? Lembrete: trabalho, interesses, relacionamentos.
8.	Se você tivesse de descrever o que a máquina de diálise significa para você, o que diria? *Lembrete: Que palavras lhe vêm à mente, que imagens? Tem um apelido para ela?*

Continua

Continuação

	Identidade
B.	
9.	Como você se descreveria enquanto pessoa?
	Lembrete: Que tipo de pessoa você é? Traços mais importantes: feliz, temperamental, nervosa.
10.	A doença renal e a diálise fizeram alguma diferença em como você se vê?
	Lembrete: Se sim, como você se vê diferente agora em relação a antes de começar a diálise? Como você diria que mudou?
11.	E quando comparado(a) a antes da doença renal?
12.	E quanto ao modo como os outros veem você?
	Lembrete: membros da sua família, amigos? Mudou?
C.	**Lidando**
13.	O que a palavra "doença" significa para você? Como você a define?
14.	O quanto você pensa sobre sua própria saúde física?
15.	Você se vê como doente?
	Lembrete: sempre, às vezes? Você diria que é uma pessoa doente?
16.	No dia a dia, como você lida com o fato de ter a doença renal (a enfermidade)?
	Lembrete: Você tem estratégias particulares para lhe ajudar? Meios de lidar: práticos, mentais?
17.	Você pensa muito no futuro?

Por exemplo, o Quadro 3.2 apresenta um roteiro de um projeto que um de nós conduziu sobre as respostas de pacientes com problemas renais a suas doenças. Os participantes estão se submetendo ao tratamento por diálise para sua doença renal – um regime de tratamento extremamente exigente, que implica ir ao hospital de três a quatro vezes por semana e ficar preso a uma máquina de diálise por cerca de três horas.

A seguinte lista sugere uma sequência para a produção de um roteiro de entrevista. Isso pretende ser sugestivo, não prescritivo. Note também que fazer esse tipo de trabalho é frequentemente algo mais iterativo do que linear, e você pode ver suas ideias sobre o que a entrevista deve abranger ir mudando ou se desenvolvendo conforme você trabalha com o roteiro.

1) Tendo determinado a área geral a ser abordada na entrevista, pense no leque amplo de problemas em que você quer que sua entrevista toque. Os três problemas no projeto da diálise renal são a descrição da diálise, o efeito no *self* e as estratégias para lidar.

2) Coloque os tópicos na sequência mais apropriada. Duas questões podem ajudar aqui: Qual é a ordem mais lógica na qual abordar essas áreas? Qual é a área mais delicada? Em geral, é uma boa ideia deixar tópicos delicados para mais tarde na entrevista, de modo a permitir que o respondente se sinta relaxado e confortável ao falar com você. Assim, uma entrevista sobre filiações políticas pode começar com questões sobre o que os diferentes partidos políticos representam, e então passar para a questão das atitudes societais em relação à política, antes de, na seção final, perguntar sobre o comportamento de voto da pessoa – assim deixando a área mais pessoal e potencialmente mais delicada por último. No projeto da diálise, poder-se-ia dizer que todo o material é delicado – mas nesse caso os respondentes sabem que o projeto é sobre sua condição de saúde e concordaram em falar a respeito. Decidiu-se que falar sobre a doença em si era o melhor caminho de entrada, deixando a discussão do efeito no senso de si do respondente para depois.

3) Pense nas questões apropriadas relativas a cada área, para abordar o problema em que você está interessado.

4) Pense sobre possíveis sondagens e lembretes que poderiam se seguir às respostas a algumas de suas questões.

Uma estratégia frequentemente empregada neste tipo de entrevista é encorajar a pessoa a falar sobre o tópico com a menor prevenção possível em relação ao entrevistador. Poder-se-ia dizer que você está tentando chegar o mais perto possível do que seu respondente pensa sobre o tópico, sem que ele seja demasiadamente sugestionado por suas questões. A boa técnica de entrevista envolve muitas vezes, pois, um empurrão suave da parte do entrevistador ao invés de ser explícito demais. Este aspecto da metodologia vai na contramão da maioria do treinamento prescrito pelas metodologias mais ortodoxas da psicologia. Assim, você bem pode achar que, no curso da construção do seu roteiro, algumas das primeiras questões formuladas são explícitas demais. Ao refazê-las, elas se tornam mais suaves e menos carregadas, mas suficientes para que os respondentes fiquem sabendo qual é a área de interesse e reconheçam ter algo a dizer a respeito. Pode ser útil testar as possíveis questões com um colega e obter algum *feedback* sobre o nível de dificuldade e o tom.

Às vezes a questão inicial será insuficiente para obter uma resposta satisfatória. Isso pode acontecer por várias razões – o problema é complexo ou a questão é genérica ou vaga demais para este participante específico. Para se preparar para isso, você pode construir *lembretes* [*prompts*] que são estruturados mais explicitamente. De fato, algumas das suas primeiras questões esboçadas podem servir como esses lembretes. Você não tem que preparar lembretes para cada questão, só para aquelas que você pensa que podem ter mais dificuldade. Assim por exemplo, após a questão 4 no roteiro da diálise (Quadro 3.2), há um lembrete para que o entrevistador pergunte sobre cada um desses domínios. Após a questão 8, um lembrete é dado para o caso de o respondente ter dificuldade com a questão principal em si.

Assim, o entrevistador começa com a questão mais geral possível e espera que ela seja suficiente para permitir ao respondente falar sobre o assunto. Se os respondentes tiverem dificuldade, digamos, não compreendam, ou deem uma resposta curta ou tangencial, o entrevistador pode passar para o lembrete, que é mais específico. Espera-se que isso seja o bastante para que o participante fale. As questões mais específicas estão lá para lidar com os casos mais difíceis, em que o respondente é mais hesitante. Provavelmente uma entrevista bem-sucedida incluirá perguntas e respostas tanto de nível genérico como específico, e transitará entre as duas de modo harmonioso. Se uma entrevista é feita com material totalmente derivado de questões adicionais, você pode precisar se perguntar o quão comprometido está o respondente. Você está realmente entrando no mundo-da-vida pessoal/social dos participantes, ou os está forçando, talvez relutantemente e sem êxito, a entrar no seu?

O *afunilamento* é uma técnica correlata. Para certos problemas, pode ser que você esteja interessado em apurar tanto visões gerais dos respondentes quanto a reação deles a preocupações mais específicas. Construir esta parte do roteiro como um funil lhe permite fazer isso. Assim, no Quadro 3.3, a primeira questão tenta apurar a visão geral dos respondentes sobre política governamental. Tendo estabelecido isto, o entrevistador sonda problemas mais específicos. O ponto geral é que, ao fazer as questões nesta sequência, você terá permitido aos respondentes exporem suas próprias visões antes de as afunilar para questões mais específicas, de interesse particular para você. Conduzida na sequência inversa, a entrevista tem mais chance de produzir dados na direção das preocupações prioritárias e específicas do investigador. Claro, é possível que, ao responder a primeira questão, o respondente pode também abordar o problema em tela e assim tornar redundante para você fazer questões mais específicas.

QUADRO 3.3 AFUNILAMENTO
1. O que você pensa das atuais políticas do governo?
2. O que você pensa das atuais políticas do governo em relação à saúde e ao bem-estar social?
3. Você acha que o desempenho do governo nesta área está bom ou deveria fazer algo diferente?
4. Se sim, o quê?
5. Tem-se sugerido que o governo tem passado a uma linha de autossuficiência, o sistema de bem-estar restando só como uma rede de segurança para pessoas incapazes de financiar sua própria provisão. O que você pensa dessa política?

A seguir, damos algumas dicas sobre a boa conduta na construção de um roteiro de entrevista:

• *As questões devem ser neutras ao invés de enviesadas.*

Ruim: Você acha que o primeiro-ministro está trabalhando bem?

Melhor: O que você acha do desempenho do primeiro-ministro até agora?

• *Evite jargões ou pressuposições de proficiência técnica.* Tente pensar da perspectiva e na linguagem dos participantes do seu estudo, e estruture suas questões de uma maneira que lhes permita sentirem-se familiarizados e confortáveis.

Ruim: O que você acha do projeto genoma humano?

Melhor: O que você sabe sobre os recentes desenvolvimentos na genética?

Obviamente, a primeira questão seria boa se estivéssemos falando com biólogos!

• *Use questões abertas, não fechadas.* Questões fechadas encorajam respostas do tipo Sim/Não, ao invés de deixarem os respondentes mais abertos sobre seus pensamentos e sentimentos.

Ruim: O *manager* deveria renunciar?

Melhor: O que você acha que o *manager* deveria fazer?

Tudo, porém, depende da intenção e do contexto. É possível fazer o que parece ser uma questão fechada de um modo e em tal ponto da entrevista que fique realmente improvável a resposta ser fechada.

Tendo construído seu roteiro, você deve tentar aprendê-lo de cor antes de começar a entrevista, de modo que, quando chegar a hora, o roteiro possa atuar meramente como um lembrete mental, em caso de necessidade, ao invés de você ter que constantemente se referir a ele.

Entrevistando

Entrevistas semiestruturadas geralmente levam um tempo considerável (uma hora ou mais) e podem se tornar intensas e envolventes, dependendo do tópico particular. É, portanto, sensato tentar se certificar de que a entrevista possa acontecer sem interrupção, tanto quanto possível, e geralmente é melhor que seja realizada a sós com o respondente. Ao mesmo tempo, pode-se pensar em exceções quando isso não for prático nem sensato. Por exemplo, pode não ser aconselhável com crianças. A locação da entrevista também pode fazer diferença. As pessoas geralmente se sentem mais confortáveis em um ambiente familiar, como em suas próprias casas, mas pode acontecer de isso não ser praticável e um lugar diferente precisará ser escolhido.

No início da entrevista é sensato se concentrar em deixar os respondentes à vontade, permitir que se sintam confortáveis falando com você, antes que qualquer das áreas substantivas do roteiro seja introduzida. Espera-se, então, que este "set" positivo e responsivo continue durante a entrevista.

O papel do entrevistador numa entrevista semiestruturada é facilitar e guiar, ao invés de ditar exatamente o que acontecerá durante o encontro. Se o entrevistador aprendeu o roteiro previamente, pode se concentrar, durante a entrevista, no que o respondente está dizendo, e ocasionalmente monitorar a abrangência dos tópicos programados. Assim, o entrevistador usa o roteiro para indicar a área geral de interesse e oferecer pistas quando o participante tiver dificuldades, mas o respondente deve ter um papel importante na determinação de como a entrevista evolui.

A entrevista não tem que seguir a ordem do roteiro, e tampouco todas as questões têm de ser feitas, ou pelo menos feitas do mesmo modo para todos os respondentes. Assim, o entrevistador pode decidir se seria apropriado fazer uma questão antes da sequência em que aparece no roteiro, porque ela se segue ao que o respondente acabou de dizer. Similarmente, o modo como uma questão é formulada, e o quão ela é explícita, agora dependerá em parte de como o entrevistador sente que o participante está respondendo.

A entrevista pode se afastar das questões do roteiro, e o entrevistador deve decidir o quanto este movimento é aceitável. É bastante possível que a entrevista entre numa área que não havia sido prevista pelo investigador, mas que é extremamente pertinente e esclarecedora para a questão geral do projeto. De fato, essas novas veredas são frequentemente as mais valiosas, precisamente porque elas vieram espontaneamente dos respondentes e, portanto, são provavelmente de especial importância para eles. Assim, uma grande latitude deve ser permitida. Por outro lado, é claro, o entrevistador precisa se certificar de que a conversa não se afaste demais da região combinada.

Aqui vão algumas dicas de técnicas de entrevista:

• *Tente não apressar demais*. Dê ao respondente tempo para acabar uma questão antes de passar para a próxima. Frequentemente, as questões mais interessantes requerem algum tempo para serem respondidas, e respostas mais ricas e completas podem ser desperdiçadas se o entrevistador pula rápido demais.

• *Use estímulos mínimos*. Se o respondente está entrando numa área interessante, estímulos mínimos são frequentemente tudo o que é necessário para ajudá-lo a prosseguir, por exemplo: "Você pode me contar mais sobre isso?" ou "Como você se sentiu sobre isso?"

• *Faça uma pergunta por vez*. Questões múltiplas podem ser difíceis para o respondente separar, e ainda mais difíceis para você posteriormente, quando estiver tentando deduzir, na transcrição, a qual questão o respondente está se referindo.

- *Monitore o efeito da entrevista no respondente.* Pode ser que os respondentes se sintam desconfortáveis com uma linha particular de questionamento, e isso pode ser expresso no comportamento não verbal deles ou no modo como eles respondem. Você precisa estar pronto para reagir a isso, por exemplo, recuando e tentando novamente, de modo mais suave, ou decidindo que seria inadequado insistir nesta área com este respondente. Como entrevistador, você tem responsabilidades éticas perante o respondente.

Nós oferecemos uma amostra de uma transcrição de entrevista no Quadro 3.4. Repare no ritmo do desdobrar-se da entrevista e em como isso facilita o desenvolvimento do relato pelo participante de sua experiência.

Gravação de áudio e transcrição

É necessário decidir quanto a gravar ou não a entrevista. Nossa visão é que não é possível realizar o tipo de entrevista requerido pela IPA sem a gravação de áudio. Ao se tentar transcrever tudo o que o participante está dizendo durante a entrevista, vai-se conseguir capturar só a essência, perdendo importantes nuanças. A gravação também ajuda para que a entrevista transcorra mais suavemente e que se estabeleça conexão entre entrevistador e respondente.

Claro, o respondente pode não gostar de ser gravado, ou até não concordar em dar a entrevista se for gravada, embora em nossa experiência isso seja extremamente raro. Também é importante não reificar a gravação. Embora o registro se torne mais completo, não é absoluto nem "objetivo". O comportamento não verbal é excluído, e a gravação ainda assim requer um processo de interpretação por parte de quem transcreve ou de qualquer outro ouvinte.

Se você decidir gravar e transcrever a entrevista, a convenção normal é transcrever a entrevista por inteiro, inclusive as questões do entrevistador (cf. o Quadro 3.4 novamente, para uma amostra de como isso é feito). Deixe uma margem ampla o bastante nos dois lados da página do questionário para fazer seus comentários analíticos. Para a IPA, o nível da transcrição está geralmente no nível semântico: é preciso ver todas as palavras faladas, inclusive os falsos começos; e as pausas significativas, risos e outras características que valem a pena registrar. Contudo, para a IPA, não é preciso uma transcrição mais detalhada das características prosódicas da conversa, conforme requeridas na análise conversacional (cf. cap. 6). A transcrição de entrevistas leva muito tempo, dependendo da clareza da gravação e da habilidade de digitação. Como orientação geral, é preciso reservar à transcrição entre cinco e oito horas para cada hora de entrevista.

	QUADRO 3.4 AMOSTRA DE TRANSCRIÇÃO DO PROJETO DA DIÁLISE
Q	Eu gostaria de começar com algumas questões sobre a diálise, ok? E uma questão muito básica, para começar, você pode me contar o que faz, fisicamente, quando faz uma diálise?
R	O que realmente faço comigo mesmo enquanto estou sentado lá?
Q	Sim.
R	Bem, o que eu sempre tendo a fazer é, eu sempre tenho um papel, ou assisto TV, você quer dizer realmente quando sento lá?
Q	Sim.
R	Eu leio os papéis eu sempre levo dois papéis do trabalho ou uma revista e leio.
Q	Você quer dizer papéis do trabalho ou?
R	Não, só papéis normais, do dia a dia, pois o problema que eu tenho é que eu sou destro e a fístula (?) é do lado direito, que é o único incômodo, mas eu não consigo escrever.
Q	Porque você não consegue escrever, sim.
R	Senão eu poderia, assim eu leio os papéis ou levo quantas revistas for possível e sempre me mantenho ocupado ou assisto TV. Se eu consigo um ponto bom para o som da TV, eu vejo o noticiário, eu sempre faço isso do mesmo jeito, leio os jornais, qualquer revista que eu tiver, então se a TV está num volume bom eu vejo o noticiário das seis e meia às sete e meia, isso durante a semana, quando estou lá, no domingo agora eu faço isso de manhã, eu simplesmente compro um jornal dominical e eu sempre leio o jornal ou leio uma revista. Sempre o mesmo, assim eu consigo manter minha mente ocupada. Eu sempre preciso fazer isso.
Q	Então você consegue se concentrar o bastante para conseguir fazer?
R	Sim. E às vezes se estou cansado eu posso dormir por uma hora.
Q	Certo.
R	Ou se eu acabei os jornais e às vezes eu fecho meus olhos por uma hora, e eu posso pegar no sono, mas normalmente se eu posso eu sempre me certifico de ter uma revista ou um jornal e leio isso e faço alguma coisa.
Q	E parece que de todo modo é uma rotina bem determinada.

Continua

Continuação

R	Sim.
Q	Você, o que está por trás disso, o que... o que... por que você sente a necessidade de ser tão metódico?
R	Eu penso o que eu tento e faço é, sim, assim eu trato isso como parte da rotina normal, eu penso que é isso que eu faço para, eu às vezes, eu sempre levo um papel do trabalho, os mesmos papéis, sempre tento e pego emprestada uma revista e leio e me mantenho, um jeito de não pensar sobre isso enquanto estou lá, por isso eu faço isso e assisto TV, assim eu não penso sobre ela a máquina ou eu fico aborrecido se eu estou simplesmente sentado lá fazendo, mas principalmente não então eu não penso em nada.

Análise

Na IPA o pesquisador quer aprender algo sobre a experiência vivida do participante. É o significado da experiência que é importante e o objetivo é tentar compreender o conteúdo e a complexidade desses significados, ao invés de mensurar-lhes a frequência. Isso implica que o investigador se engaje numa relação interpretativa com o transcrito. Embora se esteja tentando capturar e fazer justiça aos significados dos respondentes, para apreender sobre seu mundo mental e social, esses significados não estão disponíveis de modo transparente – eles devem ser obtidos através de um engajamento consistente com o texto e um processo de interpretação.

A seção seguinte descreve uma abordagem passo a passo para a análise na IPA, ilustrada com um exemplo trabalhado de um estudo sobre o impacto da dor benigna crônica, sobre o autoconceito dos participantes. A dor lombar crônica é um tema útil para a IPA, na medida em que o contexto e os significados pessoais da dor para os que a sofrem são fundamentais para sua experiência. Os participantes foram entrevistados no estilo delineado acima e as transcrições submetidas à IPA. O estudo completo é relatado em Smith e Osborn (2007).

Esta não é uma metodologia prescritiva. É um modo de fazer IPA que foi trabalhado por nós e por nossos alunos, mas está aí para ser adaptado pelos pesquisadores, que terão seu próprio modo pessoal de trabalhar. Vale lembrar também que a análise qualitativa é inevitavelmente um processo pessoal, e a própria análise é o trabalho interpretativo que o investigador faz em cada uma das etapas.

Um projeto pode assumir a forma de um caso único ou envolver vários participantes. Na IPA, contudo, deve-se sempre começar observando em detalhes a transcrição de uma entrevista antes de passar ao exame das outras, caso a caso. Isso segue a abordagem ideográfica da análise, começando com exemplos particulares e só lentamente avançando para afirmações mais gerais.

Um modo poderoso de pensar no que acontece na IPA é em termos de círculo hermenêutico. O círculo hermenêutico se refere ao modo como a interpretação envolve um movimento dinâmico entre olhar para a parte e olhar para o todo. Parte do dinamismo vem do fato de que o que conta como uma parte e o que conta como um todo estão em fluxo durante a análise. Assim, ao ler uma sentença, interpretamos cada palavra em relação com a sentença inteira na qual está inserida, mas essa palavra por sua vez ilumina a interpretação da sentença inteira. Então, ao nos movimentarmos, a sentença se torna uma parte dentro de um todo maior do parágrafo. Assim cada sentença contribui para o entendimento do parágrafo como um todo, mas o parágrafo por sua vez ajuda a interpretar cada sentença. E então o parágrafo se torna uma parte dentro do todo da entrevista, esta entrevista se torna uma parte dentro do todo do *corpus* de entrevistas, e assim por diante.

Na realidade, há vários círculos hermenêuticos em ação quando estamos conduzindo este tipo de pesquisa experiencial. Vamos pensar em outro. A parte inicial do processo de pesquisa, na IPA, é prioritariamente fazer *zoom*/focalizar. Nós nos concentramos nesta pessoa em particular, neste contexto particular, conforme ela apresenta este relato particular. Então, durante a análise, começamos a olhar em detalhe para os detalhes microscópicos que vão constituir o caso como um todo, e isso pode ser visto como envolvendo uma fragmentação considerável. Importante, porém, é que este seja um processo circular; portanto, na segunda parte da empreitada os pedaços individuais da análise lentamente se juntam em aglomerados (*clusters*) e padrões, e assim chegamos a uma outra totalidade – uma análise completa da experiência desta pessoa ou deste grupo. E essa nova totalidade é diferente, mas também intimamente conectada, com o todo com o qual começamos – a pessoa individual entrevistada.

Analisando o primeiro caso

O transcrito é lido várias vezes, uma margem sendo usada para anotar o que é interessante ou significativo no que o respondente disse. É importante na primeira etapa da análise ler e reler o transcrito atentamente, para se tornar o mais familiarizado possível com o relato. Cada leitura tem o potencial de alcançar novos *insights*. Isso está perto de se tornar uma análise textual livre. Não há regras sobre o que é comentado, e nenhuma exigência, por exemplo, de dividir o texto em unidades de sentido e fazer um comentário para cada unidade. Algumas partes da entrevista serão mais ricas do que outras e por isso justificam maior comentário. Alguns dos comentários são tentativas de resumir ou parafrasear, alguns serão associações ou conexões que vêm à mente, e outros podem ser interpretações preliminares. É crucial ter em mente qual é a proposta. Você está tentando entender o que é importante na experiência dos participantes, e suas notas iniciais são tentativas de documentar esta compreensão. Você também pode se ver comentando o uso da linguagem pelos participantes e/ou o sentido com que as próprias pessoas estão se deparando. Conforme você se movimenta pela transcrição, provavelmente comentará semelhanças e diferenças, ecos, amplificações e contradições no que uma pessoa está dizendo.

O extrato que se segue mostra esta primeira etapa da análise de uma pequena seção da entrevista com Helen, que foi a primeira participante em nosso estudo:

	Perg. Há quanto tempo está desse modo?
Agressão *Não sou eu – identidade* *Sendo rude* *Não consigo evitar – sem controle* *Eu fazendo mas não sou eu* *Conflito, tensão* *Eu versus legal* *Vergonha, se você soubesse – nojo* *Medo de ser conhecido*	*H.* Desde que começou a piorar, eu fiquei sempre mal-humorada mas não gostava disso, não é quem eu sou é quem eu estou se você entende o que quero dizer, não é quem realmente sou, eu fico assim e eu sou como, você está sendo má agora mas não consigo evitar. É a dor, sou eu, mas sou eu, eu fazendo isso mas não sou eu você entende o que estou dizendo, se eu fosse descrever a mim mesma como você disse, eu sou uma pessoa legal, mas então eu não sou eu, e há outras coisas, coisas que eu não te disse, se você soubesse ficaria enojado de como eu posso ser tão odiosa.
	Perg. Quando você fala sobre você e então às vezes não você, o que você quer dizer?

Análise fenomenológica interpretativa

Nem sempre eu, parte dela que é rejeitada – odiosa, a "não eu"	H. Eu não sou eu nesses dias, eu sou às vezes, eu estou bem, mas então eu pego esse pedaço mau, esse pedaço odioso, não sou eu.
	Perg. O que é esse pedaço?
Não eu = dor; se defendendo contra as implicações de que isso sou "eu" *Impotente* *Mau/amargo – pior que a dor*	H. Não sei, é o pedaço da dor, eu sei que você vai dizer – é tudo eu, mas não consigo evitar mesmo assim eu não gosto. É meu eu mau, minha cabeça má tudo amargo e horrível, eu não consigo lidar com esse pedaço, eu lido melhor com a dor.
	Perg. Como você lida com ela?
Lacrimejante/angustiada, evitativa/resistente *Insuportável, espantada consigo mesma*	H. Saia do caminho [lacrimejando], sente na minha sala, saia, veja você se importa se pararmos agora, eu não pensei que seria assim, eu não quero falar mais.

Esse processo continua ao longo de toda a primeira transcrição. Então voltamos ao começo da transcrição, e a outra margem é usada para documentar temas emergentes. Aqui as notas iniciais são transformadas em expressões concisas que visam capturar a qualidade essencial do que foi encontrado no texto. Os temas movem a resposta para um nível ligeiramente mais alto de abstração e podem invocar uma terminologia mais psicológica. Ao mesmo tempo, remonta-se ao que o participante realmente disse, e sua resposta inicial deve ficar patente. Assim, a habilidade nesta etapa é de encontrar expressões que são de um nível alto para permitir conexões teóricas nos e através dos casos, mas que ainda assim permaneçam ancoradas na particularidade da coisa específica que foi dita. De nossa análise do relato de Helen, mencionado acima, os seguintes temas emergiram:

Perg. Há quanto tempo tem sido assim?

H. Desde que começou a piorar, eu fiquei sempre mal-humorada mas não gostava disso, não é quem eu sou é quem eu sou se você entende o que quero dizer, não é quem realmente sou, eu fico assim e eu sou como, você está sendo má agora mas não consigo evitar. É a dor, sou eu, mas sou eu, eu fazendo isso mas não sou eu você entende o que estou dizendo, se eu fosse descrever a mim mesma como você disse, eu sou uma pessoa legal, mas então eu não sou eu, e há outras coisas, coisas que eu não te disse, se você soubesse ficaria enojado de como eu posso ser tão odiosa.	*Raiva e dor* *Luta para aceitar o self e a identidade – self indesejado* *Falta de controle sobre o self* *Responsabilidade, self versus dor* *Self vergonhoso – luta com o self indesejado* *Medo de julgamento*

Perg. Quando você fala sobre você e então às vezes não você, o que você quer dizer?

H. Eu não sou eu nesses dias, eu sou às vezes, eu estou bem, mas então eu pego esse pedaço mau, esse pedaço odioso, não sou eu.

Perg. O que é esse pedaço?

H. Não sei, é o pedaço da dor, eu sei que você vai dizer – é tudo eu, mas não consigo evitar mesmo assim eu não gosto. É meu eu mau, minha cabeça má tudo amargo e horrível, eu não consigo lidar com esse pedaço, eu lido melhor com a dor.

Perg. Como você lida com ela?

H. Saia do caminho [lacrimejando], sente na minha sala, saia, você se importa se pararmos agora, eu não pensei que seria assim, eu não quero falar mais.

Self *indesejado rejeitado como verdadeiro* self

Atribuição do self *indesejado à dor*
Defesa do self *original*
Pressão, self versus *dor*

Vergonha da exposição

Esta transformação das notas iniciais em temas continua ao longo de toda a transcrição. Pode ser que temas semelhantes emerjam conforme você atravesse a transcrição, e quando isso acontece o mesmo título temático é repetido. Durante esta etapa, toda a transcrição é tratada como dados, e não se tenta nenhuma omissão ou seleção de passagens particulares para atenção em especial. Ao mesmo tempo, não há exigência de que cada vez sejam gerados temas. O número de temas emergentes reflete a riqueza da passagem particular.

Os temas emergentes são listados numa folha de papel para que apareçam na transcrição (Quadro 3.5).

QUADRO 3.5 LISTA INICIAL DE TEMAS

Raiva e dor
Luta para aceitar o *self* e a identidade – *self* indesejado
Falta de controle sobre o *self*
Responsabilidade, *self versus* dor
Self vergonhoso – luta com o *self* indesejado
Medo de julgamento
Self indesejado rejeitado como verdadeiro *self*
Atribuição do *self* indesejado à dor
Defesa do *self* original

Pressão, *self versus* dor
Vergonha da exposição
Rejeição à mudança
Evitação das implicações
Luta para aceitar novo *self*
Self indesejável, destrutivo
Vergonha
Comportamento indesejado atribuído à dor
Falta de compaixão
Conflito de *selves*, eu *versus* não eu
Viver com um novo "eu"

Portanto, na lista inicial, a origem providenciada é cronológica – baseia-se na sequência que ocorre na transcrição. A próxima etapa envolve um ordenamento mais analítico ou teórico, pois o pesquisador tenta entender as conexões entre os temas que estão emergindo.

Alguns dos temas irão se reunir, e alguns poderão emergir como conceitos supraordenados. Imagine um magneto com alguns dos temas puxando outros e ajudando a entendê-los.

O modo tradicional de fazer esta parte da análise é recortando os temas individuais e pondo-os numa grande superfície, e então ir fisicamente mexendo-os enquanto se procuram padrões. Nós ainda recomendaríamos este método para o iniciante. Claro, há diferentes modos de procurar padrões, e alguns pesquisadores mais experientes optarão, por exemplo, por fazer esta parte do trabalho no computador.

QUADRO 3.6 AGLOMERADOS DE TEMAS

Comportamento indesejado atribuído à dor
Luta para aceitar o *self* e a identidade – *self* indesejado
Self vergonhoso – luta com o *self* indesejado, medo de julgamento
Vergonha da exposição
Luta para aceitar novo *self*
Self indesejável, destrutivo
Conflito de selves, eu *versus* não eu
Viver com um novo "eu"
Self indesejado rejeitado como verdadeiro *self*
Atribuição do *self* indesejado à dor

Continua

Continuação

Defesa do *self* original
Falta de controle sobre o *self*
Rejeição à mudança
Evitação das implicações
Responsabilidade, *self versus* dor
Vergonha
Falta de compaixão
Raiva e dor
Pressão, *self versus* dor
Vergonha da exposição

QUADRO 3.7 TABELA DE TEMAS DA PRIMEIRA PARTICIPANTE

1. *Vivendo com um self indesejado*

• Comportamento indesejado atribuído à dor	1.16*	"é a dor"
• Luta para aceitar o *self* e a identidade – *self* indesejado	24.11	"quem sou eu"
• *Self* indesejado rejeitado como verdadeiro *self*	24.24	"pedaço odioso"
• Luta para aceitar novo *self*		
• *Self* indesejável, destrutivo	1.8	"difícil acreditar"
• Conflito de *selves*, eu *versus* não eu	5.14	"mau"
• Viver com um novo "eu"	7.11	"eu não eu"
•	9.6	"novo eu"

2. *Um self que não pode ser compreendido ou controlado*

• Falta de controle sobre o *self*	24.13	"não consigo"
• Rejeição à mudança	1.7	"ainda igual"
• Evitação das implicações	10.3	"sem diferença"
• Responsabilidade, *self versus* dor	25.25	"compreendo"

3. *Sentimentos indesejados*

• Vergonha	5.15	"nojento"
• Raiva e dor	24.09	"mal"
• Falta de compaixão	6.29	"não me importo"
• Confusão, falta de controle	2.17	"não faço ideia"
• Pressão, *self versus* dor	25.01	"lidar"
• Vergonha da exposição	25.06	"falar"

(*1.16 = página 1, linha 16)

Na nossa amostra de estudo, os temas se juntaram como mostrado no Quadro 3.6. Neste caso particular, ver-se-á que muitos dos temas registrados na entrevista como um todo ocorreram na passagem que observamos. Isso é bastante inusual, mas aconteceu neste caso que este extrato individual fosse denso de sentido e resumisse a maioria dos temas importantes da entrevista como um todo.

Conforme o agrupamento de temas emerge, é checado com a transcrição para assegurar que as conexões funcionem para a fonte material primária – as palavras reais dos participantes. Esta forma de análise é iterativa e envolve uma interação detalhada entre o leitor e o texto. Enquanto pesquisadores, nos valemos dos recursos interpretativos para entender o que a pessoa está dizendo, mas ao mesmo tempo checamos constantemente nosso próprio entendimento em relação ao que a pessoa realmente disse. Como um acréscimo ao processo de aglomeração, pode ser útil compilar listas das frases dos participantes que apoiam temas correlatos. Isso pode ser feito facilmente com as funções copiar e colar num programa de computador padrão. O material pode ser impresso para ajudar na aglomeração, e conforme a aglomeração se desenvolve, o material extraído pode ser movido, condensado e editado.

A próxima etapa é converter a aglomeração numa tabela de temas (Quadro 3.7). Assim, o processo acima terá identificado alguns aglomerados de temas que capturam mais fortemente as preocupações do respondente neste tópico em particular. Os aglomerados recebem um nome e, neste nível, essas unidades de nível superior podem ser chamadas de temas supraordenados. A tabela lista os temas que acompanham cada tema supraordenado, e um identificador é acrescentado em cada instância para ajudar a organização da análise e facilitar o encontro da fonte original subsequentemente. O identificador indica onde, na transcrição, instâncias de cada tema podem ser encontradas, ao dar palavras-chave do extrato específico, junto com o número da página da transcrição. Durante esse processo, certos temas podem ser deixados de lado: os que não se encaixam bem na estrutura emergente nem são muito ricos em evidências dentro da transcrição. O Quadro 3.7 apresenta a tabela final de temas de Helen.

Continuando a análise com outros casos

A transcrição de um único participante pode ser convertida num estudo de caso válido por si só, ou, mais frequentemente, a análise pode prosseguir para incorporar entrevistas com diferentes indivíduos. Caso se esteja analisando mais de uma entrevista, então de uma perspectiva da IPA é importante começar cada transcrição do zero, permitindo que o material fale em seus próprios termos ao invés de ser excessivamente influenciado pelo que outros participantes disseram. Abaixo, vemos a primeira etapa do processo de análise da transcrição de Tony:

	T. Sim, você conhece aquele *Desert Island Discs*?
Retração, alívio	*Int.* O programa de rádio? [transmitido pela BBC de Londres, desde 1942, e que a cada semana conversa com um convidado sobre oito gravações (geralmente, mas nem sempre, músicas), um livro e um item de luxo que ele levaria se tivesse que ficar isolado numa ilha deserta (N.T.)].
Mudança de papel, uma encenação *Sem pessoas = felicidade*	*T.* Eu adoraria, não me entenda mal eu sentiria falta dos meus filhos e eu não quero dizer isso, mas estar longe das pessoas e não ter que ser alguma coisa que você não é, isso seria a felicidade.
	Int. Você seria mais feliz desse modo?
Miserável mas sem custar *Pessoas = dureza* *Pessoas = não poder ser você mesmo* *Máscara, fachada, exigências do papel social e da convenção*	*T.* Sim, não, bem, eu ainda assim seria um miserável velho estúpido, mas não importa, é só quando outras pessoas aparecem que importa, se você pode simplesmente ser você mesmo não importa o que você faz, eu provavelmente gritaria e xingaria o dia todo, mas não importaria eu não teria que vestir aquela máscara, portanto seria mais fácil.
	Int. Então em grande parte o modo como você se sente depende de quem está perto?
Dor e relacionamentos, filhos afetaram a experiência	*T.* Suponho que sim, mas não a dor, que simplesmente acontece. Lidar com a dor, suponho, é diferente. Você poderia dizer que se eu não tivesse filhos eu não estaria assim.

Esses comentários iniciais foram transformados nos seguintes temas.

T. Sim, você conhece aquele *Desert Island Discs*?

Int. O programa de rádio?

T. Eu adoraria, não me entenda mal eu sentiria falta dos meus filhos e eu não quero dizer isso, mas estar longe das pessoas e não ter que ser alguma coisa que você não é, isso seria a felicidade.

Dor e contexto social
Conflito de identidade
Conformidade a um papel apesar da dor

Int. Você seria mais feliz desse modo?

T. Sim, não, bem, eu ainda assim seria um miserável velho estúpido, mas não importaria, é só quando outras pessoas aparecem que importa, se você pode simplesmente ser você mesmo não importa o que você faz, eu provavelmente gritaria e xingaria o dia todo, mas não importaria eu não teria que vestir aquela máscara, portanto seria mais fácil.

Self *no domínio público*
Administrando o self *em público*
Consequências sociais destrutivas da dor

Int. Então em grande parte o modo como você se sente depende de quem está perto?

T. Suponho que sim, mas não a dor, que simplesmente acontece. Lidar com a dor, suponho, é diferente. Você poderia dizer que se eu não tivesse filhos eu não estaria assim.

Self *independente da dor*
Self/*identidade e relacionamentos definem a experiência da dor*

Continua-se, do mesmo modo que no primeiro caso, documentando conexões entre temas e produzindo uma tabela de temas em separado para cada caso. Uma vez que a transcrição tenha sido analisada pelo processo interpretativo, uma tabela mestra final de grupos de temas é construída. Decidir quais temas focalizar exige que o analista priorize os dados e comece a reduzi-los, o que é desafiador. Os temas finais não são selecionados puramente na base de sua prevalência nos dados. Outros fatores, incluindo-se a riqueza das passagens particulares que sublinham os temas e como os temas iluminam outros aspectos do relato, também são levados em conta. Da análise dos casos neste estudo, quatro grupos principais de temas foram articulados (Quadro 3.8).

Pode-se ver como a análise da dor e da identidade evoluiu e, conforme o processo analítico neste exemplo prosseguiu, o tema do "vivendo com um *self* indesejado" e "sentimentos indesejáveis" se transformou em "vivendo com um *self* indesejado em segredo" e "vivendo com um *self* indesejado em público". O quarto tema, "um corpo separado do *self*", emergiu mais tarde na análise. Em consonância com o processo iterati-

QUADRO 3.8 TABELA MESTRA DE TEMAS PARA O GRUPO

	Helen	Tony
1. Vivendo com um self *indesejado em segredo*		
Comportamento indesejável atribuído à dor	1.16	3.27
Luta para aceitar o *self* e a identidade-*self* indesejado	24.11	2.13
Self rejeitado e verdadeiro	6.3	7.15
Self indesejável e destrutivo	5.14	2.17
Conflito de selves	7.11	12.13
Vivendo com um novo *self*	9.6	2.14
2. Vivendo com um self *indesejado em público*		
Vergonha	5.15	10.3
Falta de compaixão	6.29	3.7
Consequências sociais destrutivas da dor	8.16	10.9
3. Um self *que não pode ser compreendido*		
Falta de controle sobre o *self*	24.13	11.8
Rejeição da mudança	1.7	4.16
Responsabilidade, *self versus* dor	25.15	13.22
4. Um corpo separado do self		
Autoevidente	21.15	15.14
Corpo excluído do *self*	23.5	16.23
Presença *versus* ausência corporal	18.12	19.1

vo da IPA, conforme a análise continuou, transcrições mais antigas foram revistas à luz deste novo tema supraordenado, e elementos dessas transcrições mais antigas foram incluídas na análise em andamento. O Quadro 3.8 mostra identificadores para os temas dos dois participantes observados no capítulo. Na prática, cada um dos sete participantes no estudo foi representado por cada tema supraordenado.

Às vezes os alunos se preocupam por não conseguirem encontrar convergências entre suas tabelas de temas individuais. Em nossa experiência, isso é uma oportunidade intelectual ao invés de uma dificuldade. É frequentemente possível ver convergências de um nível superior entre casos aparentemente díspares, de modo que esse processo empurra a análise para um nível ainda mais alto. A análise resultante respeita tanto a convergência teórica quanto, dentro dela, a idiossincrasia individual na qual a convergência se manifesta.

Vale pensar sobre terminologia por um momento. Nós estamos usando o tema como uma unidade primária de análise e isso tem claramente certa intersecção com a análise temática (cap. 10). Na psicologia qualitativa, frequentemente encontramos esses tipos de intersecção conceitual. Então, o que torna um tema da IPA distintivo? Primeiramente, a análise temática pode ser usada para abordar um grande leque de questões de pesquisa e com um amplo espectro de perspectivas teóricas, e assim tem parâmetros bem amplos para o conteúdo dos temas. Para a IPA, um tema é sempre experiencial – é um modo de marcar ou capturar um elemento da experiência vivida e entendimento pelos participantes desta experiência.

Em segundo lugar, devido à análise ideográfica e microscópica da IPA, ela inicialmente se preocupa com o que se pode pensar como microtemas – pequenos pedaços de material experiencial. Assim, uma única entrevista torna manifesto um grande número de temas experienciais para esse participante. Na fase seguinte da análise, a padronização dos temas é capturada dentro do caso. Só numa terceira fase começamos a observar as relações entre os temas e os temas supraordenados entre os casos. Porque a análise temática tem uma lente menos microscópica em ação e se preocupa mais com características patentes no nível do grupo, os temas são geralmente evocados em algo semelhante a esta terceira fase da IPA. Claro, isso não é uma camisa de força e, na prática, podemos encontrar consideráveis pontos em comum no trabalho com práticas de diferentes abordagens qualitativas. De fato, ao usar uma abordagem qualitativa específica, podemos às vezes proveitosamente nos valermos de sugestões técnicas oferecidas por outras metodologias. O que é importante ter em mente é com qual posição teórica estamos trabalhando e a qual questão de pesquisa estamos tentando responder.

Escrita

Nesta seção a preocupação é com a passagem dos temas finais à escrita e à proposição final delineando os significados inerentes à experiência dos participantes. Esta etapa se ocupa em traduzir os temas num relato narrativo. Aqui a análise se torna expansiva novamente, conforme os temas são explicados, ilustrados e matizados. A tabela de temas é a base para o relato das respostas dos participantes, que toma a forma de um argumento narrativo intercalado com extratos literais das transcrições para respaldar a proposição. Toma-se cuidado em distinguir claramente entre o que respondente disse e a interpretação ou relato do analista.

A divisão entre análise e escrita é, até certo ponto, falsa, dado que a análise será expandida durante a fase da escrita. Quando vemos de novo os extratos dentro da narrativa desdobrada, frequentemente somos compelidos a estender o comentário analítico deles. Isso é congruente com a característica processual e criativa da psicologia qualitativa. O dinamismo circular do processo de escrever e pensar significa que a estrutura da própria análise pode passar por mudanças consideráveis durante a escrita. Isso aconteceu no estudo da dor lombar. Conforme escrevíamos, nos tornamos conscientes de um processo desenvolvimental no impacto debilitante da dor crônica sobre o sentido do *self* sendo articulado nos relatos, e modificamos nossa escrita para refletir este processo. Um breve extrato da versão final é mostrado no Quadro 3.9. A análise completa pode ser encontrada em Smith e Osborn (2007).

QUADRO 3.9 EXTRATO DA ESCRITA FINAL DO ESTUDO DA DOR LOMBAR

O impacto negativo da dor sobre o *self*

Vamos começar com o exame detalhado de uma passagem de uma participante – Helen. Estamos colocando isso aqui, pois ilustra todas as características principais que também ocorrem nos outros relatos, embora, claro, cada exemplo tenha seu sabor idiossincrático. O efeito da passagem é demonstrar vividamente a tese central deste artigo – que a dor pode ter efeito dramático sobre o senso pelo paciente do *self* e da identidade:

> Não é quem eu sou é quem eu estou se você entende o que quero dizer, não é quem realmente sou, eu fico assim e eu sou como, você está sendo má agora mas não consigo evitar. É a dor, sou eu, mas sou eu, eu fazendo isso mas não sou eu você entende o que estou dizendo? Se se eu fosse descrever a mim mesma como você disse, eu sou uma pessoa legal, mas então eu não sou eu, sou? E há outras coisas, coisas que eu não te disse, se você soubesse ficaria enojado de como eu posso ser tão odiosa. [...] eu sei que você vai dizer – é tudo eu, mas não consigo evitar mesmo assim eu não gosto. É meu eu mau, minha cabeça má tudo amargo e horrível, eu não consigo lidar com esse pedaço, eu lido melhor com a dor. [...] [Lacrimejando] Olha, você se importa se pararmos agora, eu não pensei que seria assim, eu não quero falar mais.

Há muita coisa acontecendo neste extrato. Helen introduz dois *selves*, "uma pessoa legal" e o "eu mau, minha cabeça má tudo amargo e horrível", e parece estar comprometida numa luta acerca do grau ao qual cada um se aplica para ela. Neste ponto o *status* dos diferentes *selves* parece de alguma maneira um equívoco. Pode ser que Helen esteja convencida de que ela ainda é uma pessoa legal, mas está preocupada que publicamente outras pessoas a percebam como alguém diferente – e essa imagem negativa pode assim ser atribuída a algo externo ao *self* – a dor em si. Alternativamente e de modo mais angustiante, ela pode se ver como engajada numa luta pela sua própria identidade, uma tentativa de reter o velho *self* "legal" contra a ofensiva do novo *self* "mau". O que é notável no extrato é até que ponto vai a autodepreciação. Ela já está se descrevendo em termos consideravelmente pejorativos e ainda assim insiste que na verdade é até pior, mas que a vergonha a impede de revelar toda a extensão da depravação.

    O modo como a passagem se desenrola sugere fortemente que este não é um relato frio e despreendido sobre a Helen com a qual ela veio a ter que conviver, mas sim que é algo com que ela ainda está lutando no presente. Isso se reflete em como ela trabalha com as contradições em tempo real no começo do extrato, e então no modo como ela chama o entrevistador ao debate: "Coisas que eu não te contei [...]. Eu sei que você vai dizer" e depois, mais dramaticamente, no final, quando ela pede que a entrevista pare. A luta de Helen se aviva na própria entrevista com o pesquisador.

    Helen habilmente resume a essência de sua aflição quando diz: "Eu não consigo lidar com esse pedaço, eu lido melhor com a dor". Lembremos que esta é uma pessoa que sofre um alto grau de incapacitação devido à dor. Ainda assim ela argumenta que a dor em si não é o maior problema. Antes, o que é pior é o impacto que está tendo em seu senso do *self* e a luta dela para conservar um bom *self*.

    Conforme sugerido antes, esta passagem de algum modo fala por todos os participantes – cada um deles ecoa a luta de Helen. Veja esta passagem de Kevin:

> Os pedaços que não são eu, eu não consigo ser eu. A pior parte é a dor, obviamente, mas o fato de que eu sou como este monstro, eu fico mau, eu faço coisas e penso coisas que são más, coisas que eu nunca contaria a ninguém e que eu não vou contar a você, então não pergunte [...], essa é pior parte, agora que você perguntou.

Vemos uma luta mental semelhante em relação com a identidade. Há a mesma vergonha indescritível; a mesma invocação do entrevistador. E finalmente uma mesma alegação de que o efeito sobre o *self* é mais aflitivo do que a própria dor.

(Cf. Smith & Osborn, 2007: 522-523)

    Esta passagem ilustra o comentário interpretativo detalhado que encontramos numa boa IPA. Mostra também como extratos específicos dos relatos dos participantes desempenham um papel central e integral no desenvolvimento da análise. Isso pode ser visto como se relacionando com o conceito de *gema* que Jonathan tem articulado. Ainda mais fortemente do que nesta ilustração, pequenos trechos dos textos dos participantes podem se tornar componentes-chave na análise do *corpus* como um todo (cf. Smith, 2011, onde a ideia da gema é apresentada e ilustrada integralmente).

Uma nota final sobre organização: Geralmente na IPA, a seção com os resultados apresenta nossa análise interpretativa apoiada em extratos dos participantes. Então, na seção de discussão, fazemos links entre esta análise e a literatura existente, ajudando assim a localizar o trabalho num contexto e apontando o processo de mútuo esclarecimento que pode ocorrer conforme o novo trabalho ajuda a lançar luzes sobre o que veio antes, e esse trabalho anterior ajuda a entender as novas descobertas. Uma estratégia alternativa é discutir os links com a literatura conforme apresentados cada tema supraordenado, numa única seção de "resultados e discussão".

Conclusão

Este capítulo pretendeu apresentar ao leitor uma introdução acessível à IPA. Nós delineamos uma série de passos para conduzir uma pesquisa segundo esta abordagem. Fazer pesquisa qualitativa pode parecer complicado a princípio, mas, no final das contas, é extremamente compensador. Esperamos que você possa se sentir encorajado pelo que escrevemos para tentar formular um projeto usando a IPA. O Quadro 3.10 apresenta três bons exemplos de IPA em ação.

QUADRO 3.10 TRÊS BONS EXEMPLOS DE IPA

Migração e ameaça à identidade

Este artigo de Timotijevic e Breakwell (2000) explora o impacto da migração sobre a identidade. Imigrantes da ex-Iugoslávia para o Reino Unido foram entrevistados sobre suas percepções dos países que abandonaram, sobre o país ao qual se juntaram, e sobre a decisão de se mudar. Seus relatos apontam para um rico padrão de identificações. Diferentes pessoas usaram diferentes estratégias de filiação categorial, com relação a seu antigo lar. Alguns enfatizaram sua própria identidade étnica em detrimento da iugoslava nacional mais ampla, enquanto outras se identificaram como iugoslavos e enfatizaram seu próprio grupo étnico como sendo um elemento importante nesta identidade iugoslava. Portanto, a categoria iugoslava não estava fixada, e podia assim ser invocada de diferentes modos como parte do processo de autoafirmação identitária. Sua relação com o Reino Unido era semelhantemente complexa. O artigo captura engenhosamente o processo multifacetado e dinâmico de identificação e o relaciona com várias teorias da identidade, inclusive a teoria do processo da identidade e a teoria da identidade social.

Raiva e agressão em mulheres

Eatough e Smith (2006) apresentam um detalhado estudo de caso sobre o relato de uma mulher sobre raiva e agressão. É, portanto, uma ilustração útil do compromisso da IPA com o ideográfico. O artigo pretende mostrar as tentativas individuais de encontrar sentido para eventos e experiências dentro do contexto da vida dela e como essa construção de sentido pode ser difícil e conflitiva. A análise começa demonstrando como discursos culturais dominantes são usados para explicar a raiva e a agressão. Eles incluem hormônios, álcool e a influência de relacionamentos passados na ação presente. Prossegue examinando como a construção de sentido pela participante é frequentemente ambígua e confusa, e como ela variavelmente aceita e confronta significados que lhe são disponíveis. Finalmente, a análise mostra como a construção de sentido pode se romper e as consequências disto para o senso individual do *self*.

O impacto psicológico da síndrome da fadiga crônica

Dickson, Knussen e Flowers (2008) oferecem uma análise tocante da experiência vivida da síndrome da fadiga crônica, baseando-se em entrevistas com 14 participantes. A metodologia é apresentada com clareza e os resultados estão muito bem escritos. O artigo é capaz de manejar com habilidade um equilíbrio entre falar dos padrões gerais do grupo de participantes enquanto preserva uma preocupação com a nuance individual. Os três principais temas no artigo são "Crise de identidade: agenciamento e incorporação", "Ceticismo e o *self*" e "Aceitação, ajuste e o lidar". O primeiro é particularmente forte. Por exemplo, um participante diz: "Foi como que uma armadilha mortal – não havia mais nenhuma vida continuando" (2008: 464). Várias citações poderosas como esta oferecem evidência vívida para o relato do pesquisador.

Leituras adicionais

Moran, D. (2000). *Introduction to Phenomenology*. Londres: Routledge.
Esta é uma introdução muito acessível à literatura da fenomenologia filosófica.

Smith, J.A. (1996). "Beyond the divide between cognition and discourse: Using interpretative phenomenological analysis in health psychology". *Psychology and Health*, 11: 261-271.
Este artigo é o documento de afirmação original da IPA, delineando suas bases teóricas e destacando o que ela pode oferecer à psicologia.

Smith, J.A., Flowers, P. & Larkin, M. (2009). *Interpretative Phenomenological Analysis* – Theory, Method and Research. Londres: Sage.
Este é o texto definitivo sobre a IPA, oferecendo um guia sobre sua posição teórica e orientação detalhada para a realização de um estudo.

Eatough, V. & Smith, J.A. (2008). "Interpretative phenomenological analysis". In: C. Willig & W. Stainton-Rogers (eds.). *Handbook of Qualitative Psychology*. Londres: Sage.
Este capítulo discute os fundamentos teóricos da IPA e considera um leque de questões pertinentes.

4 Teoria fundamentada nos dados

Kathy Charmaz

Considere a seguinte afirmação, feita numa extensa entrevista sobre experimentar doença crônica[1]. Susan Nelson, uma mulher de 47 anos, tem múltiplos problemas médicos crônicos, incluindo-se diabetes, depressão, perda de visão e miopatia congênita (uma doença que afeta seus músculos). Sua saúde declinante afeta sua vida cotidiana e mostra como ela se vê a si mesma. Ao responder à primeira questão do entrevistador sobre a saúde dela, Susan explicou o que significava miopatia congênita:

> A minha é de adulto, por isso é mais branda – é mais comum em crianças. Mas elas não chegam à idade adulta, porque ela acaba afetando os músculos do sistema respiratório – e então elas morrem, porque não conseguem continuar a respirar. A minha só afeta basicamente minhas extremidades. Dor muscular extrema, cansaço extremo. Qualquer uso repetitivo de qualquer conjunto de músculos causa quase instantaneamente dor e cansaço. Agora eu consegui resolver isso – trabalhando e descansando e trabalhando e descansando e trabalhando e descansando – *humm*, mas eu não consegui fazer um exercício de bicicleta e pedalar por 30 segundos. Apenas, é – eu nunca entendi por que quando eu fosse caminhar com meus amigos, sabe, você deveria aumentar sua re-

---

1. A entrevista foi realizada por um aluno-assistente treinado, para uma pesquisa intitulada "Identity Hierarchies and Identity Goals: Adaptation to loss among the chronically Ill" ["Hierarquias de Identidade e Metas de Identidade: Adaptação à perda entre doentes crônicos"], premiada pela *Sonoma State University*. Todos os nomes dos entrevistados foram alterados.

sistência, sabe, e eu nunca cheguei a me sentir melhor. Eu sempre senti tanta dor depois de chegar em casa, eu tinha de me deitar e no dia seguinte eu estava, sabe, eu não conseguia fazer um monte de coisas, e eu pensei que isso é realmente estranho, sabe. Eu não entendo isso, e eu me queixei de um monte de sintomas por um monte de anos e levou muito tempo para os médicos me levarem a sério. Por eu ser uma técnica de laboratório, eu descobri sozinha ao fazer meus próprios exames de sangue.

A afirmação de Susan contém detalhada informação médica, mas também revela sentimentos, implica uma perspectiva sobre o *self* e a situação, e oferece *insights* sobre a história de sua doença. Note sua clareza quando explica primeiramente sua condição de saúde e seu desconcerto quando, depois, descreve a experiência dos sintomas. As palavras de Susan auguram uma entrevista repleta de informação detalhada e visões intrigantes.

Como um(a) pesquisador(a) iniciante, como você pode analisar as visões e experiências de participantes de uma pesquisa, tais como as de Susan? Como você pode realizar uma leitura correta de todos os seus dados? Quais diretrizes metodológicas podem ajudá-lo(a) durante o processo de pesquisa?

Este capítulo responde a essas questões mostrando-lhe como usar a teoria fundamentada nos dados para coletar e analisar dados qualitativos. A teoria fundamentada nos dados é um método comparativo, iterativo e interativo que oferece um modo de estudar processos empíricos. Consiste em estratégias metodológicas flexíveis para a construção de interpretações a partir de dados indutivos. Como método qualitativo, a teoria fundamentada mantém você interagindo com os dados e com as ideias que eles lhe suscitam. Você pode comparar as afirmações de Susan sobre a experiência da dor e da fadiga com afirmações semelhantes de outras pessoas que também não tinham nenhum respaldo médico, bem como com as que receberam um diagnóstico rápido. Ao examinar as afirmações de Susan, você as classifica com códigos, tais como "experimentando dor crescente", "se sentindo mistificada", "resolvendo" e "falta validação". Subsequentemente, você pode comparar esses códigos com códigos de outras entrevistas com participantes da pesquisa. Conforme a pesquisa avança, você pode comparar esses dados e códigos com as categorias aproximativas que desenvolve a partir dos seus códigos.

A teoria fundamentada desmistifica a realização da investigação qualitativa. Ao invés de aplicar uma estrutura teórica preconcebida, suas ideias sobre os dados guiam a maneira como você constrói a análise teórica. As características distintivas da teoria fundamentada (cf. Glaser, 1992; Glaser & Strauss, 1967) incluem:

• coletar e analisar os dados simultaneamente;

• desenvolver códigos e categorias analíticas a partir dos dados, não de hipóteses preconcebidas;

• construir teorias de médio alcance para compreender e explicar o comportamento e os processos;

• *memo-writing* – ou seja, fazer notas analíticas para explicar e preencher categorias;

• fazer comparações entre dados e dados, dados e conceitos, e conceitos e conceitos;

• coleta de amostras teóricas – ou seja, prover a construção teórica de amostragem para checar e refinar as categorias conceituais, não pela representatividade de uma dada população;

• postergar a revisão bibliográfica até consolidar a análise.

A lógica da teoria fundamentada influencia todas as fases do processo de pesquisa, embora o método focalize a análise, que eu enfatizo aqui. Antes de delinear as estratégias analíticas da teoria fundamentada nos dados, ofereço um breve histórico do método e uma introdução à perspectiva teórica com a qual ela é mais intimamente alinhada. Os métodos qualitativos estimulam descobertas imprevistas que alteram questões e propósitos de pesquisa anteriores, assim eu descrevo como os teóricos fundamentados nos dados formulam as questões e constroem projetos de pesquisa. Em seguida, discuto como a teoria fundamentada molda a coleta de dados de modos essenciais que fazem avançar a análise teórica. Subsequentemente, eu detalho estratégias específicas da teoria fundamentada e mostro como elas estimulam a construção teórica. Uma breve discussão dos critérios para avaliar estudos de teoria fundamentada encerra o capítulo, ao lado de vários exemplos de como os pesquisadores têm usado o método.

História e *background* teórico

A emergência e desenvolvimento da teoria fundamentada nos dados

Os métodos da teoria fundamentada emergiram da colaboração dos sociólogos Barney G. Glaser e Anselm L. Strauss (1965, 1967) durante a década de 1960 e ganharam forma no livro pioneiro *The Discovery of Grounded Theory* [A descoberta da análise fundamentada nos dados] (1967). A sociologia havia tido uma longa tradição de trabalho de campo etnográfico, e estudos de caso desde seus inícios até o presente (cf., p. ex., Adler & Adler, 2011; Allahyari, 2000; Dunn, 2002, 2010; Fine, 2010; Glaser & Strauss, 1965; Goffman, 1959; Lois, 2010; Thomas & Znaniecki, 1918; Whyte, 1943/1955). Contudo, esta tradição havia se erodido nos anos de 1960, com o predomínio de sofisticados métodos quantitativos.

Os métodos quantitativos se enraizavam no positivismo, ou na pressuposição de um método científico unitário de observação, experimentação, lógica e evidência. Os métodos positivistas pressupunham um observador neutro e passivo, a separação entre fato e valor, a existência de um mundo externo separado dos observadores científicos e de seus métodos, e a acumulação de conhecimento sobre o tema estudado. Assim, o positivismo levou a uma busca por instrumentos válidos, projetos de pesquisa replicáveis e descobertas confiáveis.

A divisão entre a construção de teoria e a realização de pesquisa cresceu na sociologia dos anos de 1950 e 1960. Na época, a teoria informava a pesquisa quantitativa através do modelo lógico-dedutivo de investigação, que se apoiava na dedução de hipóteses testáveis a partir de uma teoria preexistente. Mas esta pesquisa raramente levava à construção de teoria.

A teoria fundamentada ocupa um lugar especial na história da investigação qualitativa. Em seu livro revolucionário, Glaser e Strauss (1967) se opuseram a noções tradicionais sobre pesquisa, métodos e teoria e ofereceram novas justificações para a investigação qualitativa. Eles desafiaram:

- a divisão arbitrária entre teoria e pesquisa;
- visões prevalecentes da pesquisa qualitativa como precursora de métodos quantitativos mais "rigorosos";
- crenças de que os métodos qualitativos eram impressionistas e assistemáticos;

- a separação entre o levantamento de dados e as fases de análise na pesquisa;
- pressuposições de que a pesquisa qualitativa não era capaz de gerar teoria;
- visões que limitavam a teorização a uma elite intelectual.

Glaser e Strauss partiram das estratégias analíticas implícitas de seus predecessores qualitativos e as tornaram explícitas. Como assinala Paul Rock (1979), os primeiros pesquisadores qualitativos haviam ensinado os alunos através da orientação e imersão na experiência de campo. As diretrizes escritas de Glaser e Strauss para a realização de pesquisa qualitativa mudaram esta tradição oral. E, além disso, Glaser e Strauss justificaram e legitimaram a realização de pesquisa qualitativa segundo seus próprios cânones, e não pelos critérios da pesquisa quantitativa.

A formação quantitativa rigorosa de Glaser na Universidade de Colúmbia imbuiu a teoria fundamentada de seus pressupostos epistemológicos positivistas, lógica e abordagem sistemática originais. A formação de Strauss na Universidade de Chicago ligou a teoria fundamentada à pesquisa etnográfica e ao interacionismo simbólico, o descendente sociológico da filosofia pragmatista. Essa perspectiva enfatiza a reflexão, escolha e ação humanas e é parte da tradição interpretativa na sociologia.

A teoria fundamentada contém elementos positivistas e interpretativos. Sua ênfase no uso de técnicas sistemáticas para o estudo de um mundo externo permanece coerente com o positivismo. Sua ênfase em como as pessoas constroem ações, significados e intenções está alinhada às tradições interpretativas. Cada vez mais, teóricos fundamentados se juntam a mim (cf., p. ex., Bryant, 2003; Clarke, 1998, 2003, 2005; Keane, 2011, 2012; Thornberg, 2007, 2009, 2010, 2012; Thornberg & Charmaz, 2014) na pressuposição de que as propensões disciplinares e teóricas, relações e interações de um pesquisador com os respondentes, tudo isso molda coleta, conteúdo e análise dos dados. A teoria fundamentada pode superar a distância tradicional entre os métodos positivistas e interpretativos em disciplinas que, como a psicologia, abraçaram a quantificação. A teoria fundamentada permite aos psicólogos estudarem aspectos da experiência humana que permanecem inacessíveis aos métodos de verificação tradicional. Porque a teoria fundamentada facilita o estudo de processos, os psicólogos podem usá-la para estudar como processos individuais e interpessoais se desenvolvem, se mantêm ou mudam.

A despeito de sua utilidade, a teoria fundamentada nos dados é um método contestado. O livro autopublicado por Glaser, *Theoretical Sensitivity* (1978), contém a afirmação inicial mais definitiva de como usar o método e o estabeleceu como um tipo de análise variável. Seu livro, porém, não teve o enorme impacto dos livros de Strauss em coautoria com Juliet Corbin, *Basics of Qualitative Research* (1990, 1998). Os livros de Strauss e Corbin revisaram de modo significativo a teoria fundamentada. Ironicamente, poucos leitores perceberam a disjunção entre seus livros e as afirmações originais do método (Bryant & Charmaz, 2007). Diferentemente de Glaser, que enfatizava os conceitos emergentes e a construção teórica, Strauss e Corbin levaram a teoria fundamentada rumo à verificação e acrescentaram procedimentos técnicos a serem aplicados *aos* dados ao invés de emergirem *da* análise deles. Em sua resposta mordaz, Glaser (1992) argumenta que os procedimentos de Strauss e Corbin forçam os dados e a análise a se encaixarem em categorias preconcebidas, ignoram a análise comparativa, usurpam o método e impõem complexidade desnecessária ao processo analítico.

Talvez o maior desafio aos primeiros trabalhos de teoria fundamentada seja a revisão construtivista (Bryant, 2002, 2003; Charmaz, 2000, 2006, 2014; Clarke, 2005; Mills, Bonner & Francis, 2006) que eu articulei explicitamente pela primeira vez em 2000 (Charmaz, 2000). A teoria fundamentada construtivista continua a abordagem iterativa, comparativa, emergente e aberta da formulação original de Glaser e Strauss (1967); adota a ênfase pragmática na linguagem, significado e ação; combate aplicações mecânicas do método; e responde as críticas sobre as influências positivistas das primeiras versões da teoria fundamentada.

A teoria fundamentada construtivista preserva as estratégias metodológicas úteis da teoria fundamentada, mas as inscreve num fundamento epistemológico relativista (cf. Charmaz, 2000, 2009, 2014). Ela também leva em conta os desenvolvimentos metodológicos das últimas cinco décadas, cujo foco é:

• participar da coleta de dados;

- examinar a representação pelos pesquisadores dos participantes da pesquisa;
- reconhecer nossa construção em comum dos dados com os participantes;
- reconhecer a subjetividade, preconcepções e localizações sociais do pesquisador;
- analisar a situação e processo da pesquisa;
- comprometer-se na reflexividade.

A abordagem construtivista ilumina o que os pesquisadores trazem para seus estudos e fazem ao se engajarem neles. Os construtivistas analisam as ações do pesquisador, examinam a situação da pesquisa, e localizam o processo de pesquisa nas condições sociais, históricas e situacionais de sua produção.

Vários dos principais teóricos fundamentados tentaram usar o método para estudar processos nos níveis organizacional e societal. Strauss (1987, 1993) iniciou esta direção, de modo independente e também em coautoria com Juliet Corbin (Strauss & Corbin, 1990, 1998). Adele Clarke (2003, 2005, 2007) expandiu os esforços deles em seu livro de 2005, *Situational Analysis*, que constrói um novo método a partir dos preceitos anteriores da teoria fundamentada.

Duas tendências atuais prometem influenciar os futuros estudos em teoria fundamentada: o crescente interesse em métodos mistos e a guinada para a investigação da justiça social (Charmaz, 2005, 2011b, 2012). Os métodos da teoria fundamentada combinam bem com métodos de pesquisa mistos (Johnson, McGowan & Turner, 2010). A flexibilidade da teoria fundamentada a torna suscetível a acolher instrumentos quantitativos, a buscar descobertas quantitativas e a oferecer uma visão em profundidade da experiência estudada. A guinada à justiça social gerou diversos estudos em teoria fundamentada que partem de uma orientação de valor ou decorrem de um envolvimento no processo de pesquisa (cf., p. ex., Furlong & McGilloway, 2012; Karabanow, 2008; Keane, 2011; Mcintyre, 2002; Mitchell & McCusker, 2008; Thornberg, 2007; Thornberg & Jungert, 2014; Veale & Stavrou, 2007; Wasserman & Clair, 2010).

Interacionismo simbólico como uma perspectiva teórica orientadora

Pesquisadores de diversas perspectivas teóricas adoram o método da teoria fundamentada. Assim, os teóricos fundamentados contribuíram para correntes tão diversas quanto o realismo crítico, a teoria feminista, a hermenêutica e a psicologia transpessoal – contudo, o método é mais intimamente entrelaçado ao interacionismo simbólico.

Enquanto perspectiva teórica, o interacionismo simbólico se apoia em vários pressupostos importantes e oferece conceitos gerais para a observação do mundo empírico, ao invés de oferecer uma teoria explicativa. Os interacionistas simbólicos subscrevem o seguinte pressuposto fundamental: as pessoas constroem *selves*, mundos sociais e sociedades através da interação (Charmaz, 1980). Devido ao fato de a perspectiva enfatizar a compreensão dos motivos e modos como as pessoas pensam, sentem e agem segundo os pontos de vista *delas*, os interacionistas simbólicos focalizam o modo de as pessoas construírem significados e ações na vida cotidiana.

O interacionismo simbólico vê os símbolos, significados culturais e linguagem compartilhadas como parte da vida coletiva. Nossas interações dependem desses significados compartilhados, e nossas identidades e *selves* derivam deles mas podem mudar conforme a experiência muda. Os interacionistas simbólicos compartilham as seguintes visões:

• a vida humana é fluida – em processo – e consiste de constante ação;

• significado e ação influenciam-se mutuamente;

• a construção de significado, o processo e a ação constituem os focos de estudo do interacionismo simbólico, ao invés da estrutura e da estabilidade sociais;

• os indivíduos podem escolher suas ações e exercerem algum controle sobre suas vidas;

• os seres humanos interpretam o que acontece a eles e em torno deles e podem assim alterar suas ações;

• estruturas e coerções sociais existem, mas as pessoas constroem e reproduzem essas estruturas e coerções através de suas ações rotineiras.

Os interacionistas simbólicos têm um conceito positivo da natureza humana, que vê as pessoas como seres sociais, ativos, reflexivos e criativos. Nesta visão, nós, humanos, não somos meras reproduções de nossas culturas, filiações e situações. Antes, nossa capacidade de refletir e interpretar nos torna criativos e permite a mudança pessoal. De uma perspectiva interacionista simbólica, possibilidades emergem da criação de novas interpretações e ações. Ao articular três premissas básicas do interacionismo simbólico, Herbert Blumer (1969: 3) clarifica como os indivíduos constroem essas novas interpretações e ações, mas dentro de um contexto social.

1) Os seres humanos agem em relação às coisas com base nos significados que as coisas têm para eles.

2) O significado de tais coisas deriva ou emerge da interação social que cada um tem com seus parceiros.

3) Esses significados são manejados e modificados num processo interpretativo usado pela pessoa ao lidar com as coisas que ela encontra.

A primeira das premissas de Blumer vira do avesso os entendimentos convencionais do que é o significado. As pessoas *conferem* significados às coisas – sejam tais coisas objetos, eventos ou pessoas. Os significados não são inerentes às coisas, ao contrário do que os indivíduos comumente presumem. Nem os significados são os mesmos e compartilhados por todos. Antes, os significados são múltiplos e situados em contextos específicos. O que você faz com algo deriva do que esse algo significa para você – e esses significados têm consequências. Por exemplo, enquanto uma jovem pôde definir sua fadiga e falta de ar como um problema brando, ao invés de uma doença cardíaca crônica, ela se recusou a tomar remédios para o coração. Os significados que ela atribuía aos seus sintomas moldaram sua ação e inação para com eles.

A segunda premissa revela a visão de Blumer de que os significados são sociais, ao invés de individualísticos. Mas essa premissa sugere também que a ação e o significado se moldam mutuamente, e assim defende o pressuposto pragmatista de que os significados emergem do que as pessoas fazem com as coisas – de suas ações. A terceira premissa de Blumer fala diretamente sobre este ponto. Nós interpretamos o que as coisas significam quando estamos envolvidos no lidar com elas. Não somos robôs sociais; podemos pensar, sentir e agir. As pessoas têm a capacidade de avaliar e reavaliar as coisas que encontram ao pensar sobre elas.

A descrição de Blumer do interacionismo simbólico pode dar aos leitores a impressão de que os indivíduos estão constantemente indicando para si mesmos o que as coisas significam. Estão mesmo? Não, muito da vida é rotina e nós agimos de acordo com isso – até que nossos significados e ações ordinárias sejam postos em xeque ou novas situações ou oportunidades apareçam. Nesse caso, nossos significados e ações tidos como autoevidentes não mais se encaixam em nossa situação corrente, e então nós reinterpretamos o que está acontecendo. A conclusão lógica da perspectiva do interacionismo simbólico combina com a afirmação de Blumer de que a interação social *forma* a conduta ao invés de meramente expressá-la.

O interacionismo simbólico tem sido associado muito intimamente com a psicologia social, embora os pesquisadores também o tenham utilizado para estudar movimentos sociais, a vida organizacional e subculturas, como as gangues. Mas os psicólogos podem se identificar mais com os estudos interacionistas simbólicos da construção do *self*, da identidade, significado, sexualidades e emoções (cf., p. ex., Charmaz, 2011a; Eastman, 2012; Garrett-Peters, 2009; Haworth-Hoeppner & Maines, 2005; Lois, 2010).

Formulando uma questão de pesquisa e projetando um estudo

A teoria fundamentada é um método emergente (Charmaz, 2008). Um método emergente começa com o mundo empírico e constrói uma compreensão indutiva dele, conforme os eventos se desenrolam e o conhecimento aumenta. Afora umas poucas diretrizes flexíveis, a teoria fundamentada é indeterminada e aberta. Você pode se valer de, e desenvolver, ferramentas metodológicas específicas para responder questões teóricas e empíricas emergentes durante o processo de pesquisa. Suas questões de pesquisa e projeto de estudo evoluem conforme você procede, ao invés de emanarem da dedução de uma hipótese a partir de uma teoria existente ou seguindo-se um plano rigidamente preconcebido.

Os teóricos fundamentados devem manter em aberto suas questões de pesquisa e projetos de pesquisa. Nós pretendemos estudar problemas importantes que encontramos em campo. Bancas de exames de dissertações, comitês de revistas acadêmicas e agências de fomento, contudo, frequentemente requerem que teóricos fundamentados produzam propostas de pesquisa usando uma questão e projeto de pesquisa convencionais. Assim os teóricos fundamentados precisam equilibrar a construção de questões de pesquisa iniciais gerais que satisfaçam públicos externos com a construção de possibilidades que refinem seu projeto de pesquisa. Em certo estudo (Charmaz, 1991a), eu comecei com questões gerais sobre como doenças crônicas graves afetavam as vidas de pessoas e como elas experimentam esse tempo. Passei ao desenvolvimento de ideias mais refinadas sobre *self*, identidade, tempo e sofrimento. Esta abordagem levou ao uso de entrevistas intensivas como método principal de levantamento de dados.

Que tipo de questões de pesquisa os métodos da teoria fundamentada podem abordar? Glaser e Strauss (1967) poderiam responder "todo tipo". Eles argumentam que os pesquisadores podem adotar a teoria fundamentada para estudar diversos processos. Psicólogos podem usar métodos da teoria fundamentada para estudar processos individuais, relações interpessoais e os efeitos recíprocos entre indivíduos e processos sociais mais amplos. Por exemplo, você pode estudar tópicos psicológicos típicos como motivação, experiência pessoal, emoções, identidade, atração, preconceito e cooperação e conflito interpessoais.

Com a teoria fundamentada, você começa explorando questões gerais sobre um tópico de pesquisa de interesse. Você reúne dados sobre o que pessoas relevantes para este tópico dizem ou fazem a respeito.

Como você poderia divisar suas questões de pesquisa iniciais? Os pressupostos de fundo e interesses disciplinares dos teóricos fundamentados os alertam para certos problemas e processos nos dados que possuem, a partir dos quais eles podem desenvolver questões de pesquisa. Coerentemente com a descrição por Herbert Blumer (1969) dos "conceitos sensibilizadores", teóricos fundamentados frequentemente começam seus estudos com conceitos gerais que oferecem ideias em aberto a serem perseguidas e questões a propor sobre o tópico. Meus interesses condutores sobre viver com doença crônica e experimentar o tempo trouxeram conceitos como autoconceito, identidade e duração para o estudo. Eu usei esses conceitos como *pontos de partida* para formular as questões de entrevista, observar os dados, ouvir os entrevistados e pensar analiticamente sobre os dados. Interesses condutores devem oferecer modos de desenvolver, ao invés de limitar, suas ideias. Então você desenvolve conceitos específicos através do estudo dos seus dados e das ideias emergentes durante as sucessivas etapas da análise. Recentemente, participei de um projeto de demonstração em psicologia qualitativa no qual cinco diferentes pesquisadores analisaram os mesmos dados (Wertz et al., 2011). Nosso autor líder, Fred Wertz, nos pediu para usar o conceito de resiliência para guiar nossas análises. Embora a resiliência seja um conceito útil, eu o via como definitivo demais – e, portanto, restritivo demais – para começar uma análise em teoria fundamentada, e não pude adotá-lo.

Conceitos sensibilizadores oferecem um lugar para começar, não para terminar. As perspectivas disciplinares oferecem tais conceitos, mas os teóricos fundamentados devem usá-los com um olho crítico. Pesquisadores profissionais já sustentam pressupostos epistemológicos sobre o mundo, perspectivas disciplinares, e frequentemente uma familiaridade íntima com o tema da pesquisa e a literatura pertinente. Mas os teóricos fundamentados devem permanecer abertos tanto quanto possível para novas visões durante a pesquisa, e examinar criticamente como suas próprias visões podem entrar na pesquisa. A abordagem aberta da teoria fundamentada dá a você uma oportunidade de aprender coisas que nunca esperava e adquirir uma compreensão em profundidade do mundo empírico. Pegue esta oportunidade mas examine suas visões e ações a cada passo ao longo do caminho.

Coletando dados

A lógica da coleta de dados na teoria fundamentada

Os métodos da teoria fundamentada se apoiam simultaneamente no levantamento de dados e na análise. Seu trabalho analítico inicial leva-o a levantar mais dados em torno dos temas e questões emergentes. Por exemplo, nós percebemos os esforços de Susan Nelson para relatar sua dor e fadiga no excerto de entrevista acima. Suas observações alertam o entrevistador para que pergunte sobre a descoberta dos outros problemas dela e que explore como outras pessoas respondem tanto à pesquisa como às conclusões dela. Acompanhar os comentários de um participante da pesquisa permite formular novas questões para as entrevistas subsequentes com outros participantes.

O envolvimento simultâneo no levantamento de dados e na análise ajuda você a manejar seu estudo sem ser esmagado por volumes de dados sem foco que não levam a nada de novo. Se você já levantou uma quantidade substancial de dados, comece por eles, mas subsequentemente, levante dados adicionais sobre seus interesses e categorias emergentes. Desse modo, você pode acompanhar os tópicos que estão explícitos numa entrevista ou observação, mas que permanecem implícitos ou ausentes em outras. Por exemplo, uma mulher com esclerose múltipla mencionou ter "dias ruins".

Ela disse: "Eu lido com o tempo diferentemente [durante um dia ruim, quando ela se sente mal], e o tempo tem um significado diferente para mim" (Charmaz, 1991a: 52). Quando discutimos os significados do tempo, eu vi o quanto ela conectava a experiência do tempo com imagens do *self*. Num dia ruim, seu dia encurtava porque todas as rotinas diárias dela – como tomar banho, se vestir, se exercitar e descansar – se alongavam substancialmente. Conforme suas rotinas diárias se estendiam, seu *self* preferido se encolhia. Depois que eu vi como ela se definia a si mesma em relação com suas rotinas diárias, eu fiz perguntas que abordavam esta relação.

Os componentes centrais dos estudos em teoria fundamentada são as categorias analíticas que o pesquisador desenvolve estudando os dados ao invés de conceitos ou hipóteses preconcebidas. Essas categorias levam o estudo rumo a análises abstratas, embora simultaneamente elucidem o que acontece no mundo empírico.

Desde o início, os pesquisadores constroem ativamente seus dados com os participantes do estudo. A primeira questão a fazer é: "O que está acontecendo aqui?" (Glaser, 1978, 1992; Glaser & Strauss, 1967). Então você tem que pensar em modos de descobrir. Talvez o entusiasmo por desenvolver um método de construção de teoria tenha levado Glaser e Strauss (1967; Glaser, 1978) a inferir que as categorias são inerentes aos dados e podem até ficar à vista. Eu discordo. As categorias refletem, isso sim, as interações entre o observador e o observado. Certamente, as visões de mundo, os pressupostos disciplinares, inclinações teóricas e interesses de pesquisa dos pesquisadores sociais influenciam suas observações e categorias emergentes (cf. Charmaz, 2006, 2014; Clarke, 2005; Dey, 1999; Thornberg, 2010; Thornberg & Charmaz, 2014).

Construir diretrizes de entrevista com questões de tipo aberto é particularmente útil para iniciantes. Um guia bem-construído estimula a formulação de questões abertas, oferece um ritmo lógico de tópicos e questões, evita questões sobrecarregadas e enviesadas, e dá a você direção, bem como aos participantes das entrevistas (cf. Charmaz, 2014; Josselson, 2013; Olson, 2011). A construção de questões de entrevista também ajuda você a se tornar consciente de suas preconcepções.

Os teóricos fundamentados seguem pistas que definimos nos dados, mas que podemos não ter antevisto. Assim, eu também persigo outros tópicos que os meus respondentes definiram como cruciais. Conforme eu escutava suas histórias, me sentia compelida a explorar suas preocupações sobre a divulgação da doença, embora não tenha sido preciso me mover nessa direção. Eu estudei como, quando e por que as pessoas falam sobre seus problemas. Meu interesse no tempo, contudo, me alertou a ver se os relatos das pessoas sobre a revelação de seus problemas mudava conforme o tempo.

Que tipo de dados você deveria reunir para estudos em teoria fundamentada? Na medida do possível, eu defendo entrar no fenômeno estudado e reunir dados extensos e ricos sobre ele, e ao mesmo tempo usar estratégias da teoria fundamentada para direcionar o levantamento de dados. Dados ricos revelam pensamentos, sentimentos, intenções e ações dos participantes, bem como o contexto e a estrutura. Meu apelo por dados detalhados e ricos significa buscar a descrição plena ou "densa" (Geertz, 1973), tal como escrever extensas notas de campo sobre observações, reunir relatos escritos dos próprios respondentes, e compilar narrativas detalhadas de experiência (p. ex., gravações transcritas de entrevistas). Seidman (2006) defende entrevistas sequenciais intensivas para conquistar confiança e apurar dados detalhados. Gravações transcritas fornecem detalhes nuançados. Eu penso que estudar as transcrições me dá novos *insights* e mais códigos com os quais trabalhar. Em contraste, Glaser (1998) argumenta que a transcrição nos faz perder tempo e ficarmos perdidos nos dados.

Teóricos fundamentados optam por abordagens diferentes, por vezes contraditórias, dos dados levantados, embora todos pressuponham que a força da teoria fundamentada esteja em sua fundamentação empírica. Glaser (1992, 1998, 2013) coerentemente enfatiza descobrir o que está acontecendo no ambiente sem forçar os dados a se encaixarem em categorias preconcebidas. Para ele, forçar os dados inclui: aplicar teorias existentes aos dados; pressupor a importância de variáveis demográficas (tais como idade, sexo, raça, situação conjugal e ocupação; também chamadas de variáveis de folha de rosto) *antes* de começar o estudo; e impor regras probatórias (prescrições *a priori* sobre o que vale como evidência suficiente) aos dados. Ele também defende atalhos como passar rapidamente de um mundo empírico a outro para desenvolver uma categoria e, até recentemente, incentivava a aceitação de afirmações ostensivas de um grupo sobre si mesmo. Esta última prática pode ofuscar as preocupações fundamentais dos membros ou justificar a imagem pública por eles desejada. Tais atalhos podem causar problemas. Os pesquisadores podem obter apenas uma visão superficial de um grupo, quando passam rapidamente de um local de pesquisa a outro, e os procedimentos institucionais de revisão tipicamente proíbem fazê-lo. Além disso, as pessoas podem apenas afirmar um ponto de vista de relações públicas até que confiem no pesquisador. E mais, os membros podem revelar seus valores e prioridades através de ações e pressupostos, não mediante afirmações cuidadosas. De fato, atalhos podem reduzir as descobertas, perder de vista processos sociais básicos, negligenciar significados sutis e forçar dados a se encaixarem em categorias prematuramente.

Dados ricos permitem visões da experiência humana que a etiquetam, as convenções sociais e a inacessibilidade escondem ou se minimizam no discurso ordinário. Para obter dados ricos:

• descreva as visões e ações dos participantes em detalhe;

• registre observações que revelam intenções não verbais dos participantes;

• construa questões de entrevista que permitam aos participantes refletir de novo sobre o tópico da pesquisa;

• procure e explore significados e ações autoevidentes.

Questões do tipo "me fale sobre", "como", "o que" e "quem" propiciam dados ricos, particularmente quando você as sustenta com pedidos de elaborar ou de especificar, como "Você poderia descrever mais isso?" (para uma amostra de guia de entrevista, cf. Charmaz, 2014). Atente para os "*humms*" e "você sabe"; explore o que eles indicam. O quanto eles podem refletir uma luta para encontrar palavras? Quando um "você sabe" pode assinalar significados tidos como autoevidentes? O que longas pausas indicam? Quando o "você sabe" pode buscar a anuência do entrevistador ou sugerir que o respondente está lutando para articular uma experiência? Na minha pesquisa, contudo, as histórias dos respondentes sobre doença frequentemente jorravam sem parar. Por exemplo, Christine Danforth, uma das participantes da minha pesquisa, afirmou:

> Se você tem lúpus, quero dizer, um dia é o meu fígado; um dia são minhas articulações; um dia é a minha cabeça, e é como se as pessoas realmente pensassem que você é um hipocondríaco se você fica se queixando sobre diferentes doenças. [...] É tipo você não quer dizer nada porque as pessoas vão começar a pensar, você sabe, "Deus, não chegue perto dela, tudo o que ela está – está se queixando disso". E eu penso que é por isso que eu nunca digo nada, porque eu sinto tipo que tudo o que eu tenho se relaciona de um jeito ou de outro com o lúpus, mas a maioria das pessoas não sabe que eu tenho lúpus, e mesmo os que sabem não vão acreditar que dez doenças diferentes são a mesma coisa. E eu não quero que ninguém diga, você sabe, eles não me querem por perto porque eu me queixo (citado em Charmaz, 1991a: 114-115).

Obter dados ricos dá aos pesquisadores o material para desenvolver um conhecimento completo dos mundos empíricos de seus estudos ou dos problemas de pesquisa. Uma fundamentação empírica completa nos dados ajuda você a discernir os significados que as experiências têm para os participantes de sua pesquisa, e a interpretar esses dados a partir das situações deles. Você também pode ver outras coisas nos dados, porque você traz a eles perspectivas e preocupações diferentes daquelas de seus participantes. (Aqui eu pressuponho que os pesquisadores deveriam, tanto quanto possível, descobrir o que está "acontecendo", e que podemos descobri-lo, porque compartilhamos linguagem e significados com aqueles que estamos estudando, ou podemos aprendê-los. Em última instância, contudo, nossas interpretações moldam tudo o que descobrimos e registramos, e devemos estar cientes de nossos processos interpretativos, bem como daqueles das pessoas que estudamos.)

Através de um projeto de pesquisa em teoria fundamentada, você cada vez mais focaliza seus dados, porque seu trabalho analítico indica quais dados adicionais você precisa. *O envolvimento simultâneo dos teóricos fundamentados no levantamento de dados e na análise visa explicitamente o desenvolvimento da teoria.* Etnógrafos na teoria fundamentada, por exemplo, passam da tentativa de capturar a totalidade da vida para áreas específicas a explorar, observar e analisar. Entrevistadores na teoria fundamentada adaptam seus guias de entrevista iniciais; eles acrescentam áreas a explorar e deletam questões alheias.

Teóricos fundamentados seguem pistas para desenvolver suas categorias teóricas emergentes (Glaser, 1978). Outros pesquisadores qualitativos podem produzir descrição densa de comportamentos concretos sem preencher, estender ou refinar conceitos teóricos ou fazer conexões teóricas. Em contraste, teóricos fundamentados usam a descrição densa para fazer perguntas teóricas. Por exemplo, adultos jovens se desesperam ao ter de contar a seus colegas de quarto, conhecidos ou namorados, sobre seus problemas. Suas histórias despertaram meu interesse para os dilemas de revelar a doença. Ao invés de obter descrição densa apenas de suas dificuldades em se abrir, eu comecei a fazer questões analíticas sobre a revelação como um processo, e então juntei dados que iluminavam esse processo. Essas questões analíticas incluíam:

- Quais são as propriedades desse revelar?
- Que condições sociopsicológicas favorecem o revelar? Quais o inibem?
- Como a revelação se compara com outras formas de contar?
- Como a revelação muda, se é que muda, após a pessoa se acostumar com seu diagnóstico?
- Quais estratégias as pessoas usam, se é que usam, para revelarem? Quando elas as usam?

Os pesquisadores podem adotar várias estratégias de teoria fundamentada para reunir relatos descritivos sem seguir os passos analíticos que tornam teórico o seu trabalho. Ouça cuidadosamente seus respondentes, tente aprender significados não verbais e tácitos em suas afirmações, e molde suas questões de pesquisa emergentes para obter dados que iluminem suas categorias teóricas. Então você estará fazendo teoria fundamentada.

Levantamento de dados e estudo de significados e processos

A ênfase da teoria fundamentada em estudar processos afasta a pesquisa de análises estáticas. Nós enfatizamos o que as pessoas estão fazendo, uma ênfase que também leva a compreender as múltiplas camadas de significados de suas ações. Essas camadas poderiam incluir (1) a explicação explícita da pessoa sobre sua ação, (2) os pressupostos tácitos, (3) as intenções da pessoa em se engajar nessa ação, (4) efeitos sobre os outros, e (5) consequências para sua ação individual posterior e para as suas relações interpessoais. Ao longo do processo de pesquisa, ver a ação em relação com o significado ajudará você a obter uma descrição densa e desenvolver suas categorias.

Como você estuda o significado? Alguns teóricos fundamentados acreditam que possam rapidamente descobrir o que é importante no cenário da pesquisa simplesmente ao olhar ou perguntar. Contudo, os problemas mais importantes a serem estudados podem estar escondidos, tácitos ou elusivos. Nós provavelmente lutamos para captá-los. Os dados que "descobrimos" e os significados que atribuímos a eles refletem essa luta. Nem os dados, nem as interpretações significativas deles estão simplesmente à espera do pesquisador. Nós somos parte dos significados que observamos e definimos. Em resumo, nossa compreensão dos significados dos respondentes emerge de um ponto de vista particular e do vocabulário que mobilizamos para entendê-los.

Um pesquisador tem tópicos a investigar; participantes da pesquisa têm metas, pensamentos, sentimentos e ações. Suas questões de pesquisa e forma de investigação moldam seus dados e análises subsequentes. Assim, você deve se tornar autoconsciente sobre por que e como reúne os dados. Você aprende a sentir quando está reunindo dados ricos e úteis que não minam nem humilham seu(s) respondente(s). Não causa surpresa, então, eu acreditar que o método da teoria fundamentada funcione melhor quando os teóricos fundamentados se envolvem no levantamento de dados tanto quanto nas fases de análise de dados da pesquisa. Desse modo, você pode explorar nuances de significados e do processo que uma mão de obra contratada poderia facilmente desperdiçar.

Pode calhar de as histórias de seus respondentes ou os processos em que as pessoas estão envolvidas saltarem à vista. Às vezes, porém, os respondentes podem não ser tão comunicativos, nem os processos mais importantes serem tão óbvios. Mesmo se forem, pode dar trabalho descobrir a sutileza e a complexidade das intenções e ações dos respondentes. O pesquisador pode ter entrado no mundo implícito do significado, no qual as palavras faladas dos participantes podem apenas aludir ao significado, sem articulá-lo.

Muitos dos meus participantes falaram de incidentes nos quais seu senso de valor social e pessoal se enfraqueceu. Eles reclamaram, relataram conversas dolorosas, e expressaram incredulidade sobre como outras pessoas os trataram. Eu comecei a ver seus relatos como histórias de sofrimento (Charmaz, 1999). Essas histórias refletiam mais do que uma identidade estigmatizada – mas o quê? Eu reconstituí significados por trás de suas histórias numa hierarquia de *status* moral que emergem conforme a saúde declina, os recursos minguam e a diferença aumenta. As pessoas em sofrimento falaram sobre perdas, não sobre *status* moral. Ainda assim, tudo que diziam pressupunha um *status* moral declinante.

Quanto mais avançamos rumo aos significados implícitos, mais podemos conceptualizá-los com ideias abstratas que trazem à tona esses significados. Por exemplo, eu defini os significados implícitos de "dias ruins" segundo as avaliações dos meus participantes sobre a intrusividade intensificada da doença; controle reduzido sobre a mente, o corpo e as ações; e escolhas e ações restringidas. Eu sintetizei, condensei e conceptualizei as afirmações dos participantes para explicitar suas interpretações tácitas.

Neste ponto, nós, teóricos fundamentados nos dados falamos em nossas categorias analíticas ao invés de reproduzir as palavras dos participantes. Alguns significados são tão bem compreendidos que permanecem pressupostos e não formulados. Outros significados são sentidos, mas os participantes não têm palavras para vocalizá-los. Para certos tópicos, o estudo atento e o questionamento direto podem bastar. Para outros tópicos, você pode precisar redirecionar a investigação. Porque nossa linguagem contém poucas palavras com as quais se pode falar sobre o tempo, muitas das atitudes e ações dos participantes da minha pesquisa para com o tempo permaneciam não faladas e tidas como autoevidentes. Ainda assim, suas histórias sobre a doença frequentemente dependiam de concepções do tempo e se referiam a qualidades implícitas do tempo experenciado. A afirmação citada acima, de Christine Danforth, se referia à qualidade e desigualdade de seus dias. Se os pesquisadores planejam explorar tais áreas, então precisam divisar caminhos para observações relevantes ou para questões que estimulem respostas pertinentes. Para ilustrar, eu fiz aos participantes da minha pesquisa questões tais como, "Ao relembrar sua doença, quais eventos aparecem em sua mente?" e "Você poderia me contar como é para você um fim de semana típico?" Em qualquer nível em que atente aos significados, intenções e ações de seus participantes, você pode criar uma análise coerente ao usar métodos da teoria fundamentada. Portanto, o método é útil para a descoberta de fatos, estudos descritivos bem como formulações teóricas conceptualmente desenvolvidas.

Talvez a regra básica mais importante seja: *Estude seus dados emergentes* (Glaser, 1978, 1992). Estudar os dados aguça sua percepção dos significados implícitos e preocupações autoevidentes dos respondentes. Como você estuda os dados? Desde o início, transcreva você mesmo(a) suas gravações ou escreva suas próprias notas de campo ao invés de, por exemplo, ditá-las para outra pessoa. Estudar seus dados permite que você aprenda nuanças da linguagem e significados dos participantes da pesquisa. Subsequentemente, você aprende a definir as direções para as quais seus dados podem levá-lo(a). Através do estudo das entrevistas gravadas, por exemplo, você atenta intimamente aos sentimentos e opiniões de seus respondentes. Eles viverão na sua mente conforme você escute cuidadosamente, diversas vezes, o que eles estão dizendo. Por exemplo, um aluno em minha aula observou:

> Que impacto as palavras tiveram em mim quando eu sentei em casa, a sós, e transcrevi as fitas. Eu fui mais capaz de ouvir e sentir o que essas mulheres estavam me dizendo. Eu percebi como, às vezes, eu estava preocupado com pensamentos sobre qual era a minha questão seguinte, como estava meu contato visual, ou preocupado que estivéssemos falando alto o bastante para o gravador (Charmaz, 1991b: 393).

Se você atenta à linguagem dos respondentes, você pode adaptar suas questões para combinarem com as experiências deles. Então você pode aprender sobre os significados deles ao invés de fazer suposições sobre o que eles querem dizer. Por exemplo, quando meus respondentes com doença crônica frequentemente falavam sobre terem "dias bons" e "dias ruins", eu sondei mais e fiz mais perguntas sobre o que meus respondentes entendiam por dias bons e ruins. Eu fiz perguntas como: "O que um dia bom significa para você?" "Você poderia descrever o que é um dia ruim?" "Que tipos de coisas você faz num dia bom?" e "Como essas atividades se comparam com as de um dia ruim?" Ao comparar os relatos nas entrevistas, descobri que dias bons significava que os horizontes temporais e espaciais dos participantes se expandiam e que as possibilidades aumentavam para que realizassem os *selves* que eles queriam ser. Mas se eu não tivesse insistido e perguntado sobre os significados que os respondentes davam a esses termos, suas propriedades específicas teriam permanecido implícitas.

Certamente ajuda ter habilidade na coleta de dados. Um pesquisador habilidoso sabe quando e como fazer mais questões e observações mais focadas. Contudo, iniciantes podem obter ganhos notáveis em habilidade em curto prazo atentando intimamente a seus métodos e estudando seus dados. Ao reunir dados ricos e tornar os significados explícitos, você terá material sólido com o qual criar a sua análise.

Análise

O método da teoria fundamentada nos dados consiste de algumas das principais estratégias delineadas acima. Muitos dos teóricos fundamentados atualmente se utilizam do auxílio de softwares de processamento de dados qualitativos. Vários desses programas foram projetados para projetos em teoria fundamentada nos dados. O software pode ajudar você a organizar os materiais para uma pronta recuperação e síntese, mas não pode fazer a análise para você.

Codificando os dados

A codificação é o processo para definir sobre o que são os dados. Diferentemente dos dados quantitativos, nos quais categorias ou códigos *preconcebidos* são aplicados aos dados, os teóricos fundamentados *criam* seus códigos ao definir o que eles veem nos dados. Os códigos emergem conforme você analisa seus dados e define os significados dentro deles.

Essa codificação ativa força você a interagir novamente com seus dados e fazer perguntas a eles. (Portanto, a natureza interativa da teoria fundamentada não é limitada à coleção de dados, mas também se processa ao longo do trabalho analítico.) Como resultado, a codificação pode levar você a áreas imprevistas e a novas questões de pesquisa.

A codificação é o link essencial entre o levantamento de dados e o desenvolvimento de uma teoria emergente que os explique. Ela consiste em ao menos duas fases: uma inicial, que envolve a nomeação de cada linha de dados, seguindo-se uma fase focada e seletiva que usa os códigos iniciais mais significativos ou frequentes para ordenar, sintetizar e organizar grandes quantidades de dados.

Enquanto codifica, você usa "métodos comparativos constantes" (Glaser & Strauss, 1967) para estabelecer distinções analíticas – e assim fazer comparações a cada nível do trabalho analítico. Primeiramente, você compara dados com dados para encontrar semelhanças e diferenças. Por exemplo, compara afirmações de uma entrevista dentro da mesma entrevista e com comentários de diferentes entrevistas. Ao realizar observações de uma atividade, compara o que acontece num determinado dia com a mesma atividade nos dias subsequentes. Depois, você pode fazer duas importantes questões analíticas de Glaser, que separam a codificação na teoria fundamentada em dados de outros tipos de codificação qualitativa:

- Que categoria ou propriedade de uma categoria o incidente indica? (Glaser, 1992: 39).
- Estes dados são o estudo do quê? (Glaser, 1978: 57; Glaser & Strauss, 1967).

Essas questões capacitam você a pensar analiticamente sobre os fragmentos de dados ou incidentes que você está codificando. Você começa a ligar os dados concretos a ideias mais abstratas e a processos gerais desde o início, ao invés de permanecer num nível tópico ou descritivo. Mesmo deixar de lado afirmações mundanas e observar seus significados implícitos irá aprofundar sua compreensão e suscitar o nível abstrato de sua análise emergente.

A codificação inicial acarreta o exame de cada linha dos dados e a definição das ações ou eventos que você vê ocorrendo neles ou representados por essa – codificação linha por linha (cf. Quadro 4.1). Compare incidente com incidente; então, conforme suas ideias se consolidam, compare incidentes com sua conceptualização dos incidentes codificados anteriormente. O código lhe dá uma ferramenta com a qual comparar outros dados. Desse modo você pode identificar propriedades de seu conceito emergente.

QUADRO 4.1 CODIFICAÇÃO INICIAL: CODIFICAÇÃO LINHA POR LINHA

	Excerto 1 *Christine Danforth, 37 anos, lúpus eritematoso, Síndrome de Sjögren, lesões nas costas.* O lúpus eritematoso é uma doença sistêmica, inflamatória autoimune, do tecido conjuntivo que afeta os órgãos vitais e as articulações, músculos e nervos. A Síndrome de Sjögren é uma doença autoimune e inflamatória correlata, caracterizada por membranas mucosas secas dos olhos e boca.
Sintomas inconstantes, tendo dias inconsistentes Interpretando imagens do *self* dadas por outros	Se você tem lúpus, quero dizer, um dia é o meu fígado; um dia são minhas juntas; um dia é a minha cabeça, e é como se as pessoas realmente pensassem que você é um hipocondríaco se você fica se queixando sobre diferentes doenças...
Evitando a revelação Prevendo a rejeição	É tipo você não quer dizer nada porque as pessoas vão começar a pensar, você sabe, "Deus, não chegue perto dela, tudo o que ela está – está se queixando disso".
Mantendo os outros sem saberem Vendo os sintomas como conectados Tendo os outros sem saberem Antecipando descrença Controlando as opiniões alheias Evitando o estigma Avaliando potenciais perdas e riscos na revelação	E eu penso que é por isso que eu nunca digo nada, porque eu sinto tipo que tudo o que eu tenho se relaciona de um jeito ou de outro com o lúpus, mas a maioria das pessoas não sabe que eu tenho lúpus, e mesmo os que sabem não vão acreditar que dez doenças diferentes são a mesma coisa. E eu não quero que ninguém diga, você sabe, [que] eles não me querem por perto porque eu me queixo.
	Excerto 2 *Joyce Marshall, 60 anos, problema cardíaco menor, pequeno AVC, ou acidente vascular cerebral (derrame), recente.* No caso dela, o derrame a deixou com fraqueza, fadiga e respostas lentas quando cansada.
Significado do AVC	Eu tenho que ver isso [o AVC] como um alerta.

Sentindo-se forçada a viver um dia de cada vez Tendo um passado preocupado Perdas anteriores Difícil viver um dia de cada vez; concentrando-se no hoje Desistindo de orientação pelo futuro	Não posso me deixar ficar tão ansiosa. Eu tenho que viver um dia de cada vez. Tenho estado tão preocupada com John [seu marido, que tinha tido ataques do coração com risco de morte e perdido o emprego três anos antes de se aposentar] e me preparando para conseguir um emprego [o primeiro em 38 anos]... É tão difícil com todo esse *stress* [...] me concentrar no que posso fazer hoje. Eu sempre fui acostumada a olhar para o futuro.
Administrando as emoções ao viver um dia de cada vez Reduzindo o risco de morte	Agora não posso; isso me entristece demais. Eu tenho que viver um dia de cada vez agora, senão pode não restar mais nada.

A codificação linha por linha significa nomear cada linha de cada página de seus dados escritos (Glaser, 1978) – embora esses dados nem sempre possam aparecer em sentenças completas. Mediante uma codificação linha por linha, você assume uma postura analítica diante do seu trabalho e, simultaneamente, se mantém próximo aos dados. A codificação leva diretamente ao desenvolvimento de categorias teóricas, algumas das quais você pode definir em seus códigos iniciais. Você constrói sua análise pisando em solo firme, sem derivar para voos da fantasia.

Além do mais, a codificação linha por linha reduz a probabilidade de você atribuir seus próprios motivos, medos, ou questões pessoais malresolvidas aos seus respondentes e aos seus dados. Alguns anos atrás, um rapaz no meu seminário de graduação realizou uma pesquisa sobre adaptação à deficiência. Ele próprio tinha ficado paraplégico ao ser atingido por um carro quando andava de bicicleta. Suas dez entrevistas em profundidade ficaram repletas de histórias de coragem, esperança e inovação. Sua análise delas foi uma narrativa de pesar, raiva e perda. Quando notei que sua análise não refletia o material levantado, ele percebeu como seus sentimentos tingiram suas percepções das deficiências das outras pessoas. Foi uma percepção importante. Contudo, se ele tivesse feito uma codificação assídua, linha por linha, ele poderia ter chegado a essa constatação antes de ter entregue seu artigo.

Do ponto de vista da teoria fundamentada nos dados, cada ideia que você adapta de uma teoria ou pesquisa prévia deve merecer estar na sua análise (Glaser, 1978). Se você aplica conceitos teóricos da sua disciplina, deve ter certeza de que esses conceitos funcionam. Eles te ajudam a compreender o que os dados indicam? (Caso contrário, use outros termos que o façam.) Você consegue explicar o que está acontecendo nesta linha dos dados?

A codificação linha por linha o força a pensar sobre o material de novos modos que diferem das interpretações dos participantes da sua pesquisa. Para Thomas (1993), um pesquisador deve tomar o familiar, rotineiro e mundano e torná-lo não familiar e novo. A codificação linha por linha ajuda você a ver o familiar com novos olhos. Você também ganha distância tanto dos seus próprios quanto dos pressupostos autoevidentes de seus participantes acerca do material, de modo a poder vê-los a partir de novas posições estratégicas.

Se os seus códigos definem outra visão de um processo, ação ou crença em relação à sustentada pelos seus respondentes, registre isso. Sua tarefa é chegar a um entendimento analítico do material. Como você entende analiticamente as ricas histórias e descrições que está compilando? Primeiramente, procure e identifique o que você vê acontecendo nos dados. Algumas questões básicas podem ajudar:

- O que está acontecendo?
- O que as pessoas estão fazendo?
- O que a pessoa está dizendo?
- O que essas ações e afirmações tomam como pressuposto inquestionável?
- Como a estrutura e o contexto servem para apoiar, manter, impedir ou mudar essas ações e afirmações?

Tente colocar seus códigos em termos os mais específicos possíveis – e os deixe curtos. Faça-os ativos. Gerúndios nos dão ferramentas linguísticas para preservar as ações porque um gerúndio é a forma nominal do verbo. Códigos curtos, específicos, ativos ajudam você a definir processos nos dados que de outro modo permaneceriam implícitos. O que você vê nesses dados deriva de suas perspectivas *a priori* e do novo conhecimento que você adquire durante sua pesquisa. Ao invés de ver suas perspectivas como a verdade, tente vê-las como uma visão entre muitas. Desse modo, você adquire mais consciência dos conceitos que emprega. Por exemplo, tente não pressupor que os respondentes reprimem ou negam "fatos" significativos sobre as vidas deles. Ao invés disso, procure como eles compreendem suas situações, antes de você julgar as atitudes e ações deles com seus próprios pressupostos. Ver o mundo através dos olhos deles e compreender a lógica de suas experiências traz a você novos *insights*. Depois, se você ainda invocar perspectivas anteriormente sustentadas como códigos, você as usará mais consciente do que automaticamente.

No exemplo da codificação linha por linha do Quadro 4.1, meu interesse no tempo e no autoconceito aparece nos dois primeiros códigos. Note como eu deixo os códigos ativos e próximos aos dados.

Códigos iniciais muitas vezes abrangem diversos tópicos. Pelo fato de mesmo uma afirmação ou excerto curtos poderem abordar vários pontos, eles podem ilustrar várias categorias diferentes. Eu poderia usar o excerto no Quadro 4.1 para mostrar como a evitação da revelação serve para controlar a identidade. Eu poderia também usá-lo para mostrar seja como um participante aprende que as outras pessoas veem sua doença como inexplicável, seja como cada dia é imprevisível. Ter múltiplas entrevistas me permite ver como o isolamento social e emocional começa e progride.

Códigos iniciais ajudam você a separar os dados em categorias e ver processos. A codificação linha por linha o liberta de imergir tão profundamente na visão de mundo dos seus respondentes que você a aceitaria sem questionamento. Nesse caso, você fracassaria em olhar seus dados crítica e analiticamente. Ser crítico sobre seus dados não necessariamente significa ser crítico dos participantes da sua pesquisa.

Ao invés disso, ser crítico força você a fazer *a si mesmo* questões sobre seus dados. Essas questões o ajudam a ver as ações e a identificar os processos significativos. Tais questões incluem:

- Que processo está em questão aqui? Como posso defini-lo?
- Sob quais condições esse processo se desenvolve?
- Como o(s) participante(s) da pesquisa pensa(m), sente(m) ou age(m) enquanto envolvido(s) neste processo?
- Quando, por que e como o processo muda?
- Quais são as consequências do processo?

Através da codificação de cada linha dos dados, você conquista *insights* sobre os tipos de dados a procurar depois. Assim, você destila os dados e direciona a futura investigação logo cedo no levantamento dos dados. A codificação linha por linha dá a você pistas a seguir. Se, por exemplo, você identifica um processo importante ao codificar sua décima quinta entrevista, você pode voltar aos respondentes anteriores e ver se esse processo explica eventos e experiências em suas vidas. Se você não pode voltar a eles, pode procurar novos respondentes que possam iluminar esse processo. Assim, seu levantamento de dados se torna mais focado, como também sua codificação.

Após ter estabelecido algumas direções analíticas fortes através de sua codificação linha por linha, você pode começar uma codificação focada para sintetizar e explicar segmentos maiores de dados. Codificação focada significa usar os códigos anteriores mais importantes e/ou frequentes para peneirar quantidades maiores de dados. Portanto, a codificação focada é mais direcionada, seletiva e conceitual que a codificação linha por linha (Glaser, 1978). A codificação focada requer decisões sobre quais códigos iniciais fazem mais sentido analiticamente e categorizam seus dados mais acurada e completamente. Ainda assim, passar para a codificação focada não é um processo totalmente linear. Alguns respondentes ou eventos deixam explícito o que era implícito em afirmações ou eventos ligados a respondentes anteriores. Uma experiência do tipo "Aha! Agora entendi" alerta você para estudar novamente seus dados anteriores. Então você pode retornar a respondentes anteriores e explorar tópicos que tinham ficado encobertos, ou que podiam estar implícitos ou tácitos demais para serem discernidos.

A força da teoria fundamentada deriva de seu envolvimento ativo e concentrado no processo. Você *age* sobre os dados ao invés de ler passivamente seu material. Através de suas ações, novas linhas de análise vêm à tona. Eventos, interações e perspectivas em que você não tinha pensado antes entram na sua alçada de análise. A codificação focada verifica suas preconcepções sobre o tema.

No primeiro excerto, no Quadro 4.2, eu escolhi o código "evitando a revelação" e "avaliando potenciais perdas e riscos na revelação" para capturar, sintetizar e compreender os principais temas na afirmação. No segundo, os seguintes códigos foram mais úteis: "sentindo-se forçada a viver um dia de cada vez", "concentrando-se no hoje", "desistindo de orientação futura", "administrando as emoções" e "reduzindo o risco de morte". De novo, eu tentei manter os códigos ativos e próximos aos dados. Através da codificação focada, você pode se mover entre as entrevistas e as observações e comparar as experiências, ações e interpretações das pessoas. Note como os códigos condensam os dados e oferecem um modo de lidar com eles.

QUADRO 4.2 CODIFICAÇÃO FOCADA	
	Excerto 1 *Christine Danforth, 37 anos, lúpus eritematoso, Síndrome de Sjögren, lesões nas costas*
Evitando a revelação Avaliando potenciais perdas e riscos na revelação	Se você tem lúpus, quero dizer, um dia é o meu fígado; um dia são minhas juntas; um dia é a minha cabeça, e é como se as pessoas realmente pensassem que você é um hipocondríaco se você fica se queixando sobre diferentes doenças [...]. É tipo você não quer dizer nada porque as pessoas vão começar a pensar, você sabe, "Deus, não chegue perto dela, tudo o que ela está – está se queixando disso". E eu penso que é por isso que eu nunca digo nada, porque eu sinto tipo que tudo o que eu tenho se relaciona de um jeito ou de outro com o lúpus, mas a maioria das pessoas não sabe que eu tenho lúpus, e mesmo os que sabem não vão acreditar que dez doenças diferentes são a mesma coisa. E eu não quero que ninguém diga, você sabe, [que] eles não me querem por perto porque eu me queixo.
	Excerto 2 *Joyce Marshall, 60 anos, problema cardíaco leve, pequeno AVC (derrame) recente*
Sentindo-se forçada a viver um dia de cada vez Concentrando-se no hoje Desistindo de orientação futura Administrando as emoções Reduzindo risco de morte	Eu tenho que ver isso [o AVC] como um alerta. Não posso me deixar ficar tão ansiosa. Eu tenho que viver um dia de cada vez. Tenho estado tão preocupada com John [seu marido, que tinha tido ataques do coração com risco de morte e perdido o emprego três anos antes de se aposentar] e me preparando para conseguir um emprego [o primeiro em 38 anos]... É tão difícil com todo esse *stress* [...] me concentrar no que posso fazer hoje. Eu sempre fui acostumada a olhar para o futuro. Agora não posso; isso me entristece demais. Eu tenho que viver um dia de cada vez agora, senão pode não restar mais nada.

Strauss e Corbin (1990, 1998) também introduzem um terceiro tipo de codificação, a codificação axial, para especificar as dimensões de uma categoria. O propósito é dispor, sintetizar e organizar grandes quantidades de dados e reagrupá-los de novos modos após a codificação aberta (Cresswell, 1998). Quando engajado na codificação axial, o pesquisador também liga categorias com subcategorias, e pergunta sobre como elas estão relacionadas. Se a codificação axial ajuda ou atrapalha, ainda não se sabe. Se ela difere de comparações cuidadosas também é algo questionável. Na melhor das hipóteses, ela ajuda a clarificar; na pior, ela impõe uma sobrecarga tecnológica aos dados. Embora pretenda obter uma apreensão mais completa dos fenômenos estudados, a codificação axial pode complicar demasiadamente a teoria fundamentada (Robrecht, 1995).

A codificação axial é um procedimento *a priori* a se aplicar aos dados. Em contraste, você pode descobrir que direções e decisões metodológicas emergentes surgem quando você estuda os seus dados. Ao estudar a revelação da doença, eu reexaminei os dados que tinha codificado durante a codificação aberta. Então eu codifiquei o leque entre afirmações espontâneas e os pronunciamentos planejados. Eu liguei as formas de contar explicitamente à relativa ausência ou presença de estratégia. Após descobrir que as pessoas se valiam de diferentes maneiras de contar, eu observei mais detidamente o contexto da revelação e as condições que afetam como e a quem elas contaram, bem como suas intenções explícitas ao contar. Codifiquei como, quando e por que elas mudavam suas formas anteriores de contar. Essas estratégias podem levar à atribuição de causas e condições aos fenômenos observados.

Dos códigos focados às categorias conceptuais

A codificação focada move sua análise para dois passos cruciais: (1) ela estabelece o conteúdo e a forma de sua análise nascente; (2) ela alerta você para avaliar e clarificar suas categorias e as relações entre elas. Em primeiro lugar, avalie quais códigos captam melhor o que você vê acontecer nos seus dados. Transforme-os em categorias conceptuais para o desenvolvimento de sua estrutura analítica – dê-lhes definição conceptual e tratamento analítico em forma narrativa. Assim, você vai além do uso de um código como uma ferramenta descritiva para visualizar e sintetizar os dados.

As categorias explicam as ideias, eventos ou processos nos seus dados – e fazem isso em palavras certeiras. Uma categoria pode subsumir temas e padrões comuns a vários códigos. Por exemplo, minha categoria para "mantendo a doença contida" incluía "empacotando a doença" (ou seja, tratando-a "como se estivesse controlada, delimitada e confinada a regiões específicas, como a vida privada") e "passando" (o que significa "escondendo a doença, mantendo uma autoapresentação convencional, e atuando como colegas irrepreensíveis") (Charmaz, 1991a: 66-68). Novamente, faça suas categorias o mais conceptual possível – com poder abstrato, alcance geral, direção analítica e formulação precisa. Simultaneamente, permaneça coerente com os seus dados. Ao fazer os códigos focados serem breves e ativos (para refletirem o que está acontecendo ou o que as pessoas estão fazendo), você pode vê-los como categorias potenciais. Os processos adquirem visibilidade quando você mantém os códigos ativos. Códigos sucintos e focados levam a categorias agudas e claras. Desse modo, você consegue estabelecer critérios para suas categorias de forma a permitir posteriores comparações.

Os teóricos fundamentados procuram processos substantivos que eles desenvolvem a partir de seus códigos. "Mantendo a doença contida, "empacotando a doença" e "vivendo um dia de cada vez" são processos desse tipo. Ao criarem chaves para explicar o que está acontecendo, os teóricos fundamentados podem passar a processos genéricos mais definidores (Prus, 1987). Um processo genérico atravessa diferentes cenários e problemas empíricos; ele pode se aplicar a áreas substantivas e variadas. Os dois códigos acima, "evitando a revelação" e "avaliando potenciais perdas e riscos da revelação", refletem processos genéricos e fundamentais de controle de informação pessoal. Embora esses processos descrevam escolhas que pessoas com doenças fazem sobre revelar informações, pessoas com outros problemas podem tratar o controle de informação de modo semelhante. Assim, um teórico fundamentado pode elaborar e refinar o processo genérico ao reunir mais dados das diversas arenas em que o processo é evidente. No caso da revelação, homossexuais, sobreviventes de abuso sexual, usuários de drogas e ex-presidiários frequentemente enfrentam questões problemáticas quanto ao controle de informação pessoal e decisões difíceis a fazer sobre revelarem-se, assim como pessoas com problemas crônicos e deficiências invisíveis.

Concentre-se em analisar um processo genérico que você define em seus códigos; então você pode transformar códigos relevantes em categorias teóricas que levam a explicações do processo e predições a respeito dele. Essas categorias refletem o que você pensa sobre os dados bem como o que você descobre neles. Como observa Dey (1999), a categorização na teoria fundamentada é mais complexa e problemática do que seus originadores sugerem, e envolve fazer inferências, bem como classificações.

Conforme você transforma um código numa categoria, começa a escrever afirmações narrativas em memorandos que:

- explicam as propriedades da categoria;
- especificam as condições sob as quais a categoria surge, se mantém e muda;
- descrevem suas consequências;
- mostram como esta categoria se relaciona com outras.

As categorias podem consistir de códigos *in vivo* que você toma diretamente do discurso dos seus respondentes, ou podem representar sua definição teórica ou substantiva do que está acontecendo nos dados. Por exemplo, meus termos "dias bons e dias ruins" e "vivendo um dia de cada vez" vieram diretamente das vozes de meus respondentes. Em contraste, minhas categorias "recapturando o passado" e "tempo em imersão e imersão no tempo" refletiam definições teóricas de ações e eventos. Além disso, categorias como "puxando", "enfrentando a dependência" e "fazendo concessões" abordam as realidades substantivas de meus respondentes no lidar com doenças graves. Eu criei esses códigos e os usei como categorias, mas eles refletem as preocupações e ações de meus respondentes. Pesquisadores novatos podem descobrir que se apoiam sobretudo em códigos *in vivo* e substantivos. O que resulta é frequentemente uma descrição fundamentada, mais do que uma teoria. Contudo, estudar como esses códigos se juntam em categorias pode ajudar você a tratá-las mais teoricamente.

Através da codificação focada, você constrói e clarifica sua categoria examinando todos os dados que ela cobre e identificando variações dentro dela e entre outras categorias. Você também se conscientiza de lacunas em sua análise. Por exemplo, eu desenvolvi minha categoria "existindo dia após dia" quando percebi que "vivendo um dia de cada vez" não cobria totalmente o nível de desespero das pessoas empobrecidas.

Em suma, eu tinha dados sobre uma luta diária pela sobrevivência que não estavam subsumidos na minha primeira categoria de viver um dia de cada vez. A narrativa definitiva pode ser vista no Quadro 4.3.

QUADRO 4.3 A CATEGORIA "EXISTINDO DIA APÓS DIA"

Existir dia após dia ocorre quando uma pessoa desaba em crises contínuas que destroem a vida. Isso reflete uma perda de controle da saúde e dos meios necessários à manutenção da vida íntegra.

Existir dia após dia significa uma luta constante pela sobrevivência diária. Pobreza e falta de uma rede de apoio acirram e complicam essa luta. Assim, pessoas pobres e isoladas geralmente desabam mais completa e rapidamente do que indivíduos ricos com famílias preocupadas. A perda de controle se estende à incapacidade de obter o indispensável – comida, abrigo, aquecimento e cuidados médicos.

A luta para existir mantém as pessoas no presente, especialmente se elas têm problemas contínuos para obter os bens de primeira necessidade que adultos de classe média consideram garantidos. Ainda assim, outros problemas podem assumir maior importância para essas pessoas do que sua doença – um marido violento, um filho fugitivo, uma esposa alcoólatra ou o aluguel vencido.

Viver um dia de cada vez é diferente de existir dia após dia. Viver um dia de cada vez fornece uma estratégia para controlar as emoções, administrar a vida, obliterar o futuro e atravessar um período problemático. Envolve administrar o *stress*, a doença, o regime, e lidar com essas coisas a cada dia para controlá-las da melhor forma possível. Significa concentrar-se no aqui e agora e abandonar outros objetivos, buscas e obrigações (Charmaz, 1991a: 185).

Note as comparações entre as duas categorias acima. Para gerar categorias através da codificação focada, você precisa comparar dados, incidentes, contextos e conceitos. Fazer as seguintes comparações ajuda:

- comparar diferentes pessoas (em termos de suas crenças, situações, ações, relatos ou experiências);
- comparar dados dos mesmos indivíduos em diferentes pontos no tempo;
- comparar dados específicos com os critérios para a categoria;
- comparar as categorias na análise com outras categorias.

Conforme comparava as experiências de diferentes pessoas, eu percebi que as situações de algumas pessoas as empurravam para o presente. Então observei como minha interpretação do viver um dia por vez não se aplicava a eles. Eu revisei entrevistas anteriores e comecei a procurar relatos publicados que pudessem clarificar a comparação. Conforme fica evidente nas distinções entre as duas categorias acima, a codificação focalizada capacita você a começar a ver as relações e padrões entre as categorias.

Escrita de memorandos (memo-writing)

Em teoria fundamentada nos dados, preparar *memo-writing* [memos] consiste em desmontar as categorias ao reduzi-las a seus componentes. Os teóricos fundamentados nos dados escrevem memos ao longo do processo de pesquisa para examinar, comparar e analisar dados, códigos e categorias emergentes. A escrita de memos se torna o passo intermediário essencial entre a definição de categorias e a escrita do primeiro resumo de sua análise completa. Este passo incentiva você a desenvolver suas ideias em plenitude e formar narrativas iniciais no processo analítico. A escrita de memos é o próximo passo lógico após você definir as categorias; contudo, também é útil para a clarificação e direção ao longo da sua codificação. Escrever memos o prepara para elaborar processos, pressupostos e ações abrangidas por seus códigos ou categorias. Os memos o ajudam a identificar que códigos tratar como categorias analíticas, se você ainda não os tiver definidos. (Então você depois desenvolve sua categoria através dos memos.)

Considere incluir os seguintes pontos em seus memos:
- definir cada código ou categoria por suas propriedades analíticas;
- especificar e detalhar processos subsumidos pelos códigos ou categorias;
- fazer comparações entre dados e entre códigos e categorias;
- levar dados brutos ao memo;
- fornecer evidência empírica suficiente para apoiar suas definições da categoria e afirmações analíticas sobre ela;
- oferecer conjecturas para verificar através de pesquisa empírica adicional;
- identificar lacunas em sua análise emergente.

Os teóricos fundamentados procuram padrões, mesmo quando focalizam um único caso (Strauss & Glaser, 1970). Pelo fato de enfatizar padrões identificadores, os teóricos fundamentados tipicamente evocam histórias dos respondentes para ilustrar pontos – ao invés de fornecer retratos completos das vidas deles. Ao trazer dados brutos para seu memo, você preserva evidências reveladoras para suas ideias desde o começo de suas narrativas analíticas. Através de amplo material literal, você não apenas fundamenta a análise abstrata, mas também assenta as bases para fazer afirmações a respeito. Incluir material literal de diferentes fontes permite a você fazer comparações precisas. Portanto, a escrita de memos leva seu trabalho para além de casos individuais através de padrões definidores.

Comece seu memo com definições cuidadosas de cada categoria. Isso significa que você identifica as propriedades ou características dela, procura seus pressupostos subjacentes, e mostra como e quando a categoria se desenvolve e muda. Para ilustrar, eu descobri que as pessoas frequentemente se referem a viver um dia de cada vez quando estão sofrendo uma crise médica ou enfrentam incerteza contínua. Assim, eu comecei a fazer questões sobre o que significa viver um dia de cada vez para elas. A partir de suas respostas, bem como de seus relatos autobiográficos publicados, passei a definir a categoria e suas características. O termo "vivendo um dia de cada vez" condensa toda uma série de significados e pressupostos implícitos. Torna-se uma estratégia para administrar sentimentos desordenados, por exercer algum controle sobre uma vida agora incontrolável, para enfrentar incerteza, e para administrar um futuro possivelmente encurtado. A escrita de memos o estimula a escavar significados implícitos, tácitos e condensados.

Comece a escrever memos assim que tiver algumas ideias e categorias interessantes a perseguir. Se estiver confuso(a) sobre o que escrever, elabore melhor os códigos que você adotou repetidamente. Continue a levantar dados, a codificar e refinar suas ideias através de outros e mais desenvolvidos memos. Alguns pesquisadores que usam métodos da teoria fundamentada fazem algumas poucas descobertas interessantes no início do levantamento de dados e então truncam a pesquisa. Falta ao trabalho deles a "familiaridade íntima" com o ambiente ou experiência que Lofland e Lofland (1995) declaram corresponder aos padrões da boa pesquisa qualitativa. Aborde em profundidade o seu tema ao explorar casos o suficiente e ao elaborar plenamente suas categorias.

A escrita de memos libera você para explorar suas ideias sobre suas categorias. Trate os memos como parciais, preliminares e eminentemente corrigíveis. Apenas note onde você está em chão firme e onde está fazendo conjecturas. Então volte ao campo para checar suas conjecturas. A escrita de memos se parece com a "*free writing*" [uma técnica que escritores adotam para gerar ideias ou conectar conceitos, numa espécie de fluxo de consciência sem preocupação em observar regras gramaticais (N.T.)] ou pré-escrita (Elbow, 1981), porque os memos são só para os seus olhos; eles oferecem um meio de expressar suas ideias rápida e claramente; e eles preservam sua voz natural. Ao escrever memos, tempos verbais errados, abuso de frases preposicionais e sentenças longas não importam. Você está escrevendo para interpretar os dados, não para comunicá-los a um público.

Use memos que ajudem você a pensar sobre os dados e a descobrir suas ideias a respeito deles. Mais tarde, ao transformar um memo numa seção de um artigo, revise-o para seus leitores em potencial. Você pode escrever memos em níveis diferentes de abstração – desde o concreto ao altamente teórico. Alguns dos seus memos encontrarão espaço diretamente no primeiro esboço de sua análise. Deixe de lado outros com um foco diferente e desenvolva-os mais tarde.

Direcione muito da sua produção de memos para comparações, o que Glaser e Strauss (1967: 105) chamam de "métodos comparativos constantes". Essa abordagem enfatiza a comparação de incidentes indicados em cada categoria, a integração de categorias pelo delineamento de suas relações, a delimitação do escopo e alcance da teoria emergente e a escrita da teoria. Conforme eu sugeri com o excerto de entrevista de Susan Nelson, você compara as crenças, postura, ações e situações de um respondente com as de outro, ou uma experiência com a outra. Se você tem dados longitudinais, compare uma resposta, experiência ou situação de um mesmo participante em um dado momento com aquela de um outro momento. Então, conforme você se torna mais analítico, comece a fazer comparações detalhadas entre as categorias e as enquadre numa afirmação teórica. Através dos memos, você distingue entre categorias principais e secundárias. Assim, você direciona o molde e a forma de sua análise emergente.

A cada nível mais analítico e abstrato da produção de memos, traga seus dados para sua análise. Mostre como você constrói sua análise a partir de seus dados em cada memo. Trazer seus dados para os sucessíveis níveis de memos acaba economizando tempo: você não precisa escavar pilhas de material para ilustrar seus argumentos. Uma seção de um memo é oferecida no Quadro 4.4. Note que eu primeiro defini a categoria, "vivendo um dia de cada vez", e assinalei suas principais características. Então eu desenvolvi aspectos do viver um dia de cada vez, tais como sua relação com a perspectiva de tempo, que é mencionada aqui, e a administração de emoções. O memo também abrange como as pessoas viviam um dia de cada vez, os problemas que isso trazia (bem como aqueles que resolvia) e as consequências de agir assim.

QUADRO 4.4 EXEMPLO DE *MEMO-WRITING* (MEMO)

Vivendo um dia de cada vez

Viver um dia de cada vez significa lidar com a doença na base do dia a dia, suspender planos futuros e mesmo atividades cotidianas enquanto a pessoa e, frequentemente, outros, lidam com a doença. Ao viver um dia de cada vez, a pessoa sente que seu futuro permanece incerto, que ela não pode prever o futuro ou se haverá um futuro. Viver um dia de cada vez permite à pessoa focar na doença, no tratamento e no regime sem se tornar totalmente imobilizada pelo medo ou por implicações futuras. Ao se concentrar no presente, a pessoa pode evitar ou minimiza o pensar sobre a morte ou sobre a possibilidade de morrer.

Relação com a perspectiva de tempo

A necessidade sentida de viver um dia de cada vez com frequência altera drasticamente a perspectiva de tempo de uma pessoa. Viver um dia de cada vez empurra a pessoa para o presente e afasta futuros passados (os futuros que a pessoa projetou antes da doença ou antes desta etapa da doença), de modo que ela retrocede sem prantear [sua perda]. Esses futuros passados podem deslizar, talvez quase que desapercebidos. [Eu então comparo situações, afirmações e perspectivas de tempo de três respondentes.]

Amostragem teórica

A produção de memos leva diretamente à *amostragem teórica* – ou seja, a coletar mais dados para preencher as propriedades de suas categorias teóricas. Aqui, você faz uma amostra com o propósito de *desenvolver* sua teoria emergente, não para a representação de uma população ou para aumentar a generabilidade de seus resultados. Realizar amostragem teórica requer ter de antemão categorias aproximativas a serem desenvolvidas – e testadas – através do rigoroso escrutínio de novos dados. Assim, você busca mais casos ou interroga participantes anteriores sobre experiências que você pode não ter abrangido antes. Você precisa de mais dados para ter certeza de que sua categoria descreve adequadamente a qualidade subjacente das experiências dos seus respondentes. Em contraste, pesquisadores quantitativos precisam ter amostras aleatórias cujas características sejam representativas da população em estudo. Enquanto pesquisadores de enquetes tipo *surveys* querem usar dados amostrais para fazer inferências estatísticas sobre uma determinada população-alvo, os teóricos fundamentados se interessam primordialmente pelo encaixe entre seus dados e a teoria emergente.

Quando estava tentando imaginar como as pessoas com doenças crônicas definiam a passagem do tempo, eu voltei a vários participantes que tinha entrevistado antes e lhes fiz perguntas mais focadas sobre como eles percebiam os tempos de crises anteriores e quando o tempo parecia ficar mais lento, acelerar, flutuar ou se arrastar. Como esses tópicos ressoavam na experiência deles, eles até responderam a questões esotéricas. Por exemplo, quando estudei suas histórias, percebi que adultos com doença crônica implicitamente localizavam seus autoconceitos no passado, presente ou futuro. Essas estruturas temporais refletiam a forma e conteúdo do *self* e espelhavam esperanças e sonhos para o *self*, bem como crenças e interpretações sobre o *self*. Portanto, eu fiz de "o *self* no tempo" uma categoria central. Desde então, eu explicitamente perguntei a mais pessoas se elas se viam no passado, presente ou futuro. Uma mulher idosa da classe trabalhadora disse sem hesitação:

> Eu me vejo no futuro agora. Se você me perguntasse onde eu me via oito meses atrás, eu teria dito, "no passado". Eu estava tão furiosa na época, porque tinha sido tão ativa. E decair tão rapidamente – eu sentia que a vida tinha sido terrivelmente cruel comigo. Agora eu me vejo no futuro porque há algo que o Senhor quer que eu faça. Aqui eu me sento toda amassada nesta cadeira sem ser capaz de fazer nada por mim mesma e mesmo assim há um propósito para eu estar aqui. [Risos] Eu queria saber qual poderia ser (Charmaz, 1991a: 256).

Através da amostragem teórica você pode elaborar o significado das suas categorias, descobrir variações dentro delas e definir lacunas entre si. A amostragem teórica se baseia em métodos comparativos para descobrir essas lacunas e encontrar modos de preenchê-las. Eu recomendo que você realize amostragem teórica após ter deixado que dados significativos emerjam. Caso contrário, uma amostragem teórica prematura pode implicar fechamento precoce para sua análise.

Engajar-se em amostragem teórica provavelmente tornará a variação visível dentro do processo ou fenômeno em estudo. Uma das minhas principais categorias foi "imersão na doença" (Charmaz, 1991a). As propriedades centrais da imersão incluíam reposicionar a vida em torno da doença, deslizar para as rotinas da doença, ir para o círculo interno da pessoa, encarar a dependência e experimentar uma perspectiva alterada (retardada) de tempo. Contudo, nem todos tiveram a perspectiva de tempo alterada. Como eu poderia explicar isso: Ao retornar aos meus dados, obtive algumas pistas. Então eu falei com mais pessoas sobre experiências e eventos específicos que influenciavam sua perspectiva de tempo. A amostragem teórica me ajudou a refinar a análise e deixá-la mais complexa. Eu então acrescentei uma categoria, "variações na imersão", para sublinhar e dar conta de diferentes experiências de imersão na doença. Eu preenchi esta categoria através de amostragem teórica porque percebi variação anteriormente, ao comparar as experiências de pessoas com diferentes doenças, diferentes situações de vida e diferentes idades, mas não tinha deixado claro o quanto a imersão na doença variava e afetava o modo como aquelas pessoas experimentavam o tempo. Subsequentemente, por exemplo, eu tentei aprender como a doença e o tempo diferiam para pessoas que gastavam meses em quartos escuros e como ambos variavam quando as pessoas antecipavam melhorias posteriores ou enfrentavam incerteza contínua. Assim, variações demográficas iniciais na imersão levaram a interpretações teóricas úteis sobre a própria imersão. Tornar as comparações explícitas através de sucessivos memos me permitiu traçar conexões que eu não tinha percebido inicialmente. O memo se tornou uma pequena seção de um capítulo que começa como no Quadro 4.5 e então prossegue detalhando cada ponto restante.

> **QUADRO 4.5 VARIAÇÕES NA IMERSÃO**
>
> Uma longa imersão na doença molda a vida diária e afeta o modo como se experimenta o tempo. Reciprocamente, modos de experimentar o tempo dialeticamente afetam as qualidades da imersão na doença. O quadro acima sobre imersão e tempo tem nítidas linhas-mestras. Que fontes de variação atenuam ou alteram o quadro da imersão e tempo? O quadro pode variar, de pessoa para pessoa, conforme (1) o tipo de doença, (2) o tipo de medicação, (3) a perspectiva de tempo anterior, (4) a situação de vida, e (5) os objetivos.
>
> O tipo de doença molda a experiência e o modo de se relacionar com o tempo. Claramente, tentar administrar a diabetes requer a aquisição de uma consciência ampliada de sincronização das rotinas diárias. Mas os efeitos da doença podem permanecer muito mais sutis. Pessoas com a Síndrome de Sjögren, por exemplo, podem ter períodos de confusão quando se sentem totalmente fora de sincronia com o mundo ao redor. Para elas, as coisas acontecem rapidamente demais, justamente quando seus corpos e mentes funcionam devagar demais. Subsequentemente, elas podem querer se refugiar em rotinas que as protejam. Pacientes com lúpus geralmente se recolhem porque não podem tolerar o sol. Sara Shaw cobria suas janelas com cobertores pretos quando estava muito mal. Portanto, seu senso do tempo cronológico se tornava mais distorcido conforme o dia e a noite se misturavam num fluxo infinito de enfermidade (Charmaz, 1991a: 93).

A amostragem teórica o ajuda a construir memos mais precisos, analíticos e incisivos. Por ela forçar você a checar ideias com realidades empíricas diretas, você tem materiais sólidos e ideias consistentes com as quais trabalhar. Você ganha confiança em suas percepções sobre seus dados e no seu desenvolvimento de ideias sobre eles.

Quando você interrompe a coleta de dados? A resposta padrão é que você para quando as propriedades das suas categorias estão "saturadas" e novos dados já não deflagram *insights* novos acerca de sua teoria fundamentada emergente. Mas pesquisadores discordam sobre o significado de saturação. Como sugere Janice Morse (1995), pesquisadores proclamam a saturação, ao invés de provar que a atingiram. Assim como outros pesquisadores qualitativos, os teóricos fundamentados podem pressupor que suas categorias estão saturadas quando, na verdade, elas podem não estar. Os tipos de questões analíticas e o nível conceptual das categorias subsequentes importam. Questões mundanas podem produzir rapidamente categorias saturadas, porém comuns, enquanto que questões novas podem exigir categorias mais completas e investigação mais duradoura (Charmaz, 2014; Lois, 2010).

Escrita

Após você definir plenamente suas categorias teóricas, apoiá-las com evidências e ordenar seus memos acerca dessas categorias, comece a escrever o primeiro esboço de seu artigo. Escrever é mais do que meramente relatar. Antes, o processo analítico acontece enquanto você escreve o relato. Use suas categorias recém-desenvolvidas para formar seções no artigo. Mostre os relacionamentos entre essas categorias. Quando você tiver estudado um processo, suas categorias refletirão suas fases. Você ainda precisa argumentar para seu leitor por que esse processo é importante. Isso significa explicitar a *sua* lógica e propósito. Isso pode demandar um rascunho ou dois. Então delineie seu rascunho para identificar seus pontos principais e refinar o modo de organizá-los. (Mas não comece seu rascunho a partir de um esboço – use seus memos.) Conforme seu argumento se torna mais claro, continue a circunscrevê-lo, reorganizando as seções do seu artigo em torno dele.

Que lugar têm, no corpo do seu artigo, dados brutos como excertos de entrevista ou notas de campo? Os teóricos fundamentados geralmente oferecem material literal suficiente para demonstrar a conexão entre os dados e a análise, mas enfatizam os conceitos que construíram a partir dos dados. Os pesquisadores qualitativos em geral discordam sobre o quanto de material literal é necessário. Em comparação com os estudos qualitativos que primordialmente sintetizam descrições, os estudos em teoria fundamentada são substancialmente mais analíticos e conceptuais. Diferentemente de alguns teóricos fundamentados, eu prefiro apresentar citações de entrevistas e exemplos detalhados no corpo do meu trabalho. Esta abordagem mantém a história humana em primeiro plano na mente do leitor e torna a análise teórica mais acessível a um público mais amplo.

Após você ter desenvolvido sua análise dos dados, vá à literatura de seu campo e compare como e onde seu trabalho se encaixa nela – seja específico. Neste ponto, você deve cobrir a literatura completamente, e amarrá-la a seu trabalho explicitamente. Então revise e retrabalhe seu rascunho para fazer dele um artigo final sólido. Use o processo de escrita para moldar, clarificar e integrar sua análise em desenvolvimento. Através da escrita e reescrita, você pode, simultaneamente, tornar sua análise mais abstrata e sua apresentação dela mais concreta e precisa. Em suma, você aperfeiçoa sua análise abstrata para definir propriedades, pressupostos, relações e processos essenciais e ao mesmo tempo oferecer dados efetivos suficientes para demonstrar como a sua análise é fundamentada na experiência das pessoas.

Conclusão

A natureza indutiva dos métodos da teoria fundamentada pressupõe uma abordagem aberta e flexível que faz você se mover, para frente e para trás, entre a coleta de dados e a análise. Suas estratégias metodológicas tomam forma durante o processo de pesquisa, e não antes de você começar a coletar dados. Assim também, você molda e altera o levantamento de dados para perseguir o material mais interessante e relevante sem menosprezar as visões e ações dos participantes da pesquisa. Ao desenvolver e checar suas ideias conforme avança, você não apenas se mantém próximo ao mundo empírico, como também entende se, e até que ponto, suas ideias analíticas são compatíveis com as pessoas que você estuda.

Os teóricos fundamentados pretendem desenvolver uma análise teórica útil que seja compatível com seus dados. As estratégias sistemáticas da teoria fundamentada permitem aos pesquisadores qualitativos gerarem ideias. Por sua vez, essas ideias podem, depois, serem verificadas através de métodos quantitativos tradicionais. Contudo, como Glaser e Strauss (1967) afirmaram originalmente, os estudos qualitativos em teoria fundamentada têm valor por si sós porque esses trabalhos: (1) explicam processos básicos (genéricos) nos dados; (2) analisam um campo ou problema substancial; (3) entendem o comportamento humano; (4) oferecem análises flexíveis, embora duráveis, que outros pesquisadores podem refinar ou atualizar; e (5) têm potencial para uma maior generabilidade (p. ex., quando conduzidas em múltiplos lugares) do que outros trabalhos qualitativos.

Mas a maioria dos pesquisadores que afirmam fazer pesquisa em teoria fundamentada realmente constroem teoria? Não, não neste momento. No presente, a maioria constrói análises conceptuais de uma experiência particular ao invés de criar teoria substancial ou formal. Esses pesquisadores perseguem questões básicas dentro do mundo empírico e tentam compreender os quebra-cabeças que ele apresenta. Eles enfatizam categorias analíticas que sintetizam e explicam processos nos mundos que estudam, ao invés de teorias firmemente estruturadas que gerem hipóteses e explicitem predições. Muitos pesquisadores se engajam na teoria fundamentada codificando e fazendo memos, mas, como assinala Hood (2007), não realizam amostragem teórica nem perfazem análises extensas de suas categorias. Contudo, os métodos da teoria fundamentada oferecem ferramentas poderosas para levar análises conceptuais a um desenvolvimento teórico. Por essa razão, os métodos da teoria fundamentada oferecem aos psicólogos possibilidades empolgantes para reverem a teoria psicológica, bem como estratégias úteis para repensarem os métodos da pesquisa psicológica. O quadro 4.6 mostra três bons exemplos de estudos em teoria fundamentada nos dados.

QUADRO 4.6 TRÊS EXEMPLOS DE ESTUDOS EM TEORIA FUNDAMENTADA NOS DADOS

Regiões da mente: A pesquisa cerebral e a busca da certeza científica

Susan Leigh Star (1989) analisa como a teoria da localização conquistou aceitação como a explicação dominante sobre como o cérebro funciona. Ao estudar o trabalho rotineiro de pesquisadores cerebrais pioneiros, Star questiona os pressupostos fundantes da ciência. Localizacionistas enfrentaram oposição, mas Star mostra que seu predomínio teórico não se apoia em prova científica indiscutível. Podem ser percebidas lacunas em sua pesquisa e em seu raciocínio. A hegemonia localizacionista aconteceu devido a suas afirmações e ações estratégicas consistentes durante um contexto histórico particular, no qual os cientistas enfrentaram e tentaram resolver vários tipos de incerteza, tais como a pressão para padronizarem os critérios de classificação e diagnóstico de doenças. Star explica como as ações e estratégias rotineiras dos localizacionistas criaram definições de certeza. Eles controlaram os termos do debate, deslocaram incertezas de um campo para outro, combinaram dados dessemelhantes, generalizaram estudos de caso, focaram em problemas seletivos, e ignoraram descobertas ambíguas. Através de seus esforços rotineiros, os localizacionistas estabeleceram fronteiras que impedem que outras teorias do funcionamento cerebral ganhem credibilidade. Ao explicar os processos interativos e desenvolvimentais que fizeram avançar a teoria localizacional, Star constrói uma nova explicação teórica para a mudança e a estabilidade na teorização científica. Seu estudo conclui que a teorização científica não resulta de evidência inquestionável, mas, sim, emerge de inclinações ideológicas dos cientistas e das exigências de seu trabalho rotineiro.

O corpo, a identidade e o *self*: Adaptando-se à deficiência

Kathy Charmaz (1995) delineia o processo de alteração da vida e do *self* com vistas à acomodação a perdas físicas e para reunificar o corpo e o *self*. Esse processo começa no modo como as pessoas com doenças crônicas experimentam mudanças físicas notáveis e diminuição de funções corporais, as definem como reais e lidam com as mudanças na aparência corporal. As mudanças corporais e seus significados afetam as metas das pessoas com doenças crônicas e estimulam a busca de contrapartidas na identidade. As visões e ações

Continua

Continuação

de outras pessoas figuram de modo proeminente aqui. Quando as pessoas cronicamente doentes se sentem desvalorizadas, elas pesam os custos interacionais e ponderam as atividades necessárias e as possíveis contrapartidas na identidade. Durante crises da doença, contudo, a luta para perceber metas de identidade pode cessar e as pessoas podem se render a seus corpos doentes. Neste ponto, a busca de controle sobre a doença cessa e a pessoa doente flui com seu corpo. Talvez, paradoxalmente, as pessoas que descreveram este tipo de rendição sentiram-se unas consigo mesmas e capazes de enfrentar a incerteza e a possibilidade da morte. Este estudo mostra como as relações entre corpo e metas de identidade mudam conforme a doença avança, e também questiona crenças comuns na luta contra a doença durante as crises.

Mantendo a integridade diante da morte: Uma teoria fundamentada para explicar as perspectivas de pessoas afetadas por câncer de pulmão sobre a expressão de seus desejos para os cuidados de fim de vida

Gillian Horne, Jane Seymour e Sheila Payne (2012) constroem uma teoria fundamentada, "mantendo a integridade diante da morte", na qual pacientes com câncer de pulmão avançado e suas famílias tentam equilibrar as demandas contraditórias de simultaneamente viver no presente e enfrentar a morte. As autoras argumentam que realizar este equilíbrio exige que os pacientes e suas famílias ajam e falem com integridade. Assim, esses participantes da pesquisa quiseram agir e falar de modos que permitiram a indivíduos à beira da morte permanecerem "reais" ou "normais" e evitarem discussões sobre a morte enquanto eles se sentiam relativamente bem e podiam trabalhar e se desincumbir de suas responsabilidades habituais. As autoras construíram as seguintes categorias principais a partir de seus dados: (1) "enfrentar a morte quando vier"; (2) "planejando a morte, não morrer"; (3) "só meses de vida", e (4) "discussões clínicas sobre o futuro". Ao "seguindo adiante como normal" e focando no presente, as pessoas podiam manter um senso de propósito e de esperança para si mesmas e para os parentes próximos. Horne, Seymour e Payne descobriram que as preocupações sobre a família, por parte dos participantes da pesquisa, permearam suas respostas e os estimularam a viver no presente. Conforme as condições de moribundos pioravam, sua preocupação com a família frequentemente incentivava planos práticos para lidar com a morte. Em alguns casos, os pacientes evitavam falar de morrer com suas famílias para poupá-las de preocupação e dor.

Agradecimentos

Este capítulo passou por várias iterações. Ele se tornou parte do fundamento para a escrita do meu livro *Constructing Grounded Theory* (Charmaz, 2006), que não poderia ter se materializado sem o interesse precoce de Jonathan Smith pelo meu trabalho. Eu tive o prazer de receber seu apoio ao longo de duas décadas e agradeço a ele e a revisores anônimos pelas críticas úteis a versões deste capítulo. Agradecimentos também são devidos aos seguintes alunos e membros da *Sonoma State University Faculty Writing Program* por comentários sobre vários esboços: Judith Abbott, Emiliano Ayala, Tina Balderrama, Jennifer Bethke, Lynn

Cominsky, Jennifer Dunn, Carole Heathe, Jane Hood, Sheila Katz, Sachiko Kuwaura, Erich Lehmann, Catherine Nelson, Jim Robison, Rocky Rohweddere e Tom Rosin.

Leituras adicionais

Charmaz, K. (2009). "Shifting the grounds: Constructivist grounded theory methods for the twenty-first century". In: J. Morse, P. Stern, J. Corbin, B. Bowers, K. Charmaz & A. Clarke. *Developing Grounded Theory* – The Second Generation. Walnut Creek, CA: Left Coast Press, p. 127-154.

Este capítulo defende a mudança dos fundamentos epistemológicos da teoria fundamentada nos dados, a partir de suas origens objetivistas para os pressupostos construtivistas que levam em conta as condições históricas, sociais, situacionais e subjetivas da pesquisa.

Charmaz, K. (2014). *Constructing Grounded Theory*. 2. ed. Londres: Sage.

A segunda edição expande consideravelmente as explicações anteriores do método da teoria fundamentada, fornece discussões detalhadas da entrevista intensiva, oferece diretrizes claras e exemplos variados, e inclui um capítulo sobre o interacionismo simbólico enquanto perspectiva teórica.

Clarke, A.E. (2005). *Situational Analysis* – Grounded Theory after the Postmodern Turn. Thousand Oaks, CA: Sage.

Este livro trata das implicações do pós-modernismo e apresenta uma versão revisada da teoria fundamentada que se apoia no legado pragmático de Anselm Strauss, localizando a pesquisa nas condições e situações de sua produção.

Corbin, J. & Strauss, A. (2008). *Basics of Qualitative Research*. 3. ed. Los Angeles, CA: Sage.

A versão atualizada de Corbin da teoria fundamentada reflete suas novas perspectivas epistemológicas e ontológicas e a integração de desenvolvimentos recentes na investigação qualitativa.

Glaser, B.G. (1978). *Theoretical Sensitivity*. Mill Valley, CA: Sociology Press.

Este livro contém a afirmação definitiva por Glaser de como usar o método da teoria fundamentada original.

Glaser, B.G. & Strauss, A.L. (1967). *The Discovery of Grounded Theory*. Chicago, IL: Aldine.

Glaser e Strauss oferecem a afirmação original do método da teoria fundamentada e apresentam o embasamento dele e para a pesquisa qualitativa, de modo mais geral.

Strauss, A.L. (1987). *Qualitative Analysis for Social Scientists*. Nova York: Cambridge University Press.

Este livro oferece uma descrição prática de como Anselm Strauss ensinava a teoria fundamentada para pós-graduandos através da participação de grupo.

5 Psicologia narrativa
Michael Murray

A narrativa permeia nossa vida cotidiana. Nascemos em um mundo narrativo, vivemos nossas vidas através da narrativa, e posteriormente elas são descritas em termos de narrativa. Até relativamente pouco tempo, o estudo da narrativa era considerado como de interesse apenas para pesquisadores literários ou do folclore, mas ele assumiu uma importância cada vez maior nas ciências sociais. A narrativa se refere aos meios humanos de entender um mundo sempre em mutação. É através da narrativa que podemos trazer um sentido de ordem à desordem aparente de nosso mundo, e é através da narrativa que podemos começar a nos definir como tendo algum senso de continuidade temporal e como sendo distintos dos outros. O objetivo deste capítulo é considerar algumas das questões teóricas em torno da psicologia narrativa e algumas questões metodológicas sobre as formas da pesquisa narrativa.

História e *background* teórico

O interesse pelo estudo da narrativa emergiu como parte da guinada geral para a linguagem, que aconteceu nas ciências sociais nos anos de 1980. Dentro da psicologia, quatro textos clássicos marcaram especificamente a guinada narrativa. O primeiro foi *Narrative Psychology – The Storied Nature of Human Conduct*, organizado por Theodore Sarbin (1986). Esta coletânea equivaleu a um manifesto pela transformação da psicologia. Sarbin contrastou a metáfora da máquina que, argumentou, subjaz a grande parte do *mainstream* da psicologia, com a da metáfora narrativa. Ele resumiu as implicações do modelo alternativo:

> Ao fazermos relatos de nós mesmos ou de outrem, somos guiados por enredos narrativos. Seja para biografias ou autobiografias formais, para a psicoterapia, para a autorrevelação ou por diversão, nós fazemos bem mais do que catalogar uma série de eventos. Ao invés disso, nós transformamos os eventos numa história (Sarbin, 1986: 23).

Em uma entrevista tardia com Heaven (1999), Sarbin descreveu como esta ideia surgiu em sua discussão com teóricos das humanidades. A princípio, lembrou, ele não distinguia entre a narrativa como um modo de representação e a narrativa como uma forma ontológica. Contudo, com o tempo, ele foi se convencendo de que a segunda forma de narrativa, mais forte, era mais adequada. Conforme salientou em sua entrevista com Heaven (1999), "as histórias têm *status* ontológico. Somos sempre envolvidos em histórias. A narrativa para os seres humanos é análoga ao oceano para os peixes" (1999: 301). Segundo este argumento, as narrativas não são apenas modos de ver o mundo; nós construímos ativamente o mundo através de narrativas e também vivemos através das histórias contadas por outros ou por nós mesmos – elas têm *status* ontológico.

O livro organizado por Sarbin (1986) também contém um capítulo de Ken e Mary Gergen (1986) sobre a estrutura das narrativas, no qual eles argumentam que as narrativas são construções sociais desenvolvidas na interação social do dia a dia. Elas são um meio compartilhado de entender o mundo. Elas também têm uma certa estrutura. Gergen e Gergen identificaram três estruturas primárias: a progressiva, na qual há movimento rumo a uma meta; a regressiva, na qual o oposto acontece; e a estável, na qual há pouca mudança. Esta análise é semelhante à divisão clássica da narrativa em comédia, romance, tragédia e sátira (Frye, 1957). A comédia é uma história de progresso rumo a um final feliz; o romance é também uma história progressiva na qual o protagonista supera adversidade e reconquista o que tinha perdido; a tragédia é mais uma história regressiva na qual o protagonista sofre adversidade apesar da melhor das intenções; enquanto que a sátira adota uma postura mais estável e considera o absurdo da vida.

O segundo livro importante foi *Acts of Meaning*, de Jerome Bruner (1990), que se seguiu a *Actual Minds, Possible Worlds* (Bruner, 1986). Nesses livros, Bruner argumentou que há duas formas de pensamento: a paradigmática e a narrativa. A primeira é o método da ciência e se baseia na classificação e na categorização. A abordagem narrativa alternativa organiza as interpretações cotidianas do mundo em forma de história. O desafio da psicologia contemporânea é compreender esta forma cotidiana de pensamento. Bruner identificou várias propriedades definidoras da narrativa, incluindo as seguintes:

- É composta por uma série única de eventos, estados mentais e acontecimentos envolvendo seres humanos como personagens ou atores.
- Pode ser "real" ou "imaginária".
- Especializa-se na construção de links entre o excepcional e o ordinário.

Essas propriedades nos ajudam a entender a narrativa como modos de construir a realidade, de dar sentido a algo que é obscuro ou incomum.

O terceiro livro influente foi *Narrative Knowing and the Human Sciences*, de Donald Polkinghorne (1988). Embora esse livro tenha um escopo vasto, talvez uma de suas mais importantes características seja a abertura da filosofia hermenêutica, em especial a obra do fenomenólogo francês Paul Ricoeur, para uma discussão mais ampla dentro da psicologia. Ricoeur desenvolveu um imenso corpo de trabalho sobre a centralidade da narrativa para a construção de sentido. Em seu clássico *Tempo e narrativa*, Ricoeur (1984) argumentou que, uma vez que vivemos num mundo temporal, precisamos criar narrativas para dar ordem e sentido ao fluxo constantemente mutável. E mais, nós não apenas criamos narrativas sobre o mundo, mas também a narrativa é central para como concebemos a nós mesmos, para a nossa identidade. É através da narrativa que não apenas damos uma conexão particular a nossas ações, mas também nos distinguimos dos outros. Esse trabalho foi retomado e estendido por Freeman (1993, 2010) em uma série de livros.

Finalmente, o livro intitulado *Research Interviewing: Context and Narrative*, de Elliot Mishler (1986), foi uma intervenção deliberada no crescente debate sobre a pesquisa qualitativa. Mishler argumentou que muitos pesquisadores qualitativos, no seu entusiasmo para identificar temas em suas entrevistas, frequentemente atrapalhavam a natureza de "contação de história" das entrevistas ou ignoravam a qualidade narrativa das entrevistas transcritas.

Durante as décadas de 1980 e 1990, o estudo da narrativa se tornou muito mais extenso em vários campos da psicologia. Nos estudos sobre personalidade e desenvolvimento humano, Dan McAdams (1985: 11) argumentou que a narrativa é central a nossa autodefinição: "Somos todos contadores de histórias. Cada um de nós procura fornecer um senso de coerência a nossas experiências dispersas e muitas vezes confusas, ao arrumar os episódios de nossas vidas em histórias". McAdams também desenvolveu uma abordagem do estudo da narrativa baseada num modelo desenvolvimental. A primeira forma é o *tom narrativo*, que pode ser otimista ou pessimista. A segunda é característica de narrativas cômicas e românticas, enquanto a última é característica da tragédia ou da sátira. Isso é seguido pelo *imaginário*, que ele descreve como um "tesouro abundante de símbolos personalizados e objetos fantasiados" (McAdams, 1995: 55), que se desenvolve conforme amadurecemos. Num nível mais avançado há o *tema* de história, que é o "padrão recorrente da intenção humana" (1985: 67), e a *ideologia*, que se revela nos valores e crenças subjacentes à história. Cada uma dessas características precisa ser considerada ao se investigar a narrativa.

Na psicologia clínica e de aconselhamento, houve um movimento na direção de uma forma de terapia narrativa (p. ex., Denborough, 2014; White & Epston, 1990) que se baseia na exploração de histórias alternativas. Na psicologia da saúde, vários pesquisadores (p. ex., Crossley, 1999; Murray, 1997a; Murray & Sools, 2014; Squire, 2013) argumentaram que a narrativa é um meio cotidiano de entender a irrupção da doença. A narrativa também tem sido usada como uma moldura analítica na psicologia política (Andrews, 2008; Hammack, 2008), na psicologia do esporte e do exercício (p. ex., B. Smith, 2010) e na psicologia organizacional (p. ex., Garcia-Lorenzo, 2010). Vale destacar que o estudo da narrativa na psicologia encorajou um maior contato com as humanidades (p. ex., Fulford, 1999; Joy, 1997) e com outras ciências sociais (p. ex., Maines, 1993).

Definição de narrativa

Segundo a teoria narrativa (p. ex., Freeman, 1993; Murray, 1999; Sarbin, 1986), nós nascemos num mundo historial, e vivemos nossas vidas através da criação e intercâmbio de narrativas. Uma narrativa pode ser definida como uma interpretação organizada de uma sequência de eventos. Isso envolve atribuir ação aos personagens na narrativa e inferir ligações causais entre os eventos. Na formulação clássica, uma narrativa é um relato com três componentes: um começo, um meio e um fim. De fato, Bettina Becker (1999) argumentou que no nosso mundo o número *três* tem uma qualidade especial. Por exemplo, diferentemente da natureza aberta de uma linha reta, um triângulo é fechado, encerrado. Do mesmo modo, uma narrativa oferece um relato integrado de um evento. Diferentemente de um pedaço em aberto de um discurso, uma narrativa tem uma estrutura encerrada. As dimensões plenas desta estrutura podem não ser detalhadas na conversação do dia a dia. Antes, dependendo do contexto, certos finais podem ser deixados em aberto, e o trabalho do público/leitor é completar a narrativa. Uma vez que vivemos num mundo historial, podemos evocar narrativas sociais mais estabelecidas para explicar um evento ou completar uma história particular. Isso não é um processo do qual estejamos sempre conscientes.

Função da narrativa

A função primária da narrativa é a de trazer ordem à desordem. Ao contar uma história, o narrador está tentando organizar o desorganizado e dar-lhe significado. Isso não é uma tarefa simples. Como diz Ricoeur (1987: 436):

> A narrativa [...] é uma síntese do heterogêneo. Mas a concórdia não pode exitir sem discórdia. A tragédia é paradigmática acerca disso: nenhuma tragédia é sem complicações, sem um destino caprichoso, sem eventos terríveis e tristes, sem erro irreparável cometido na ignorância ou por engano e não por uma má intenção. Se a concórdia prevalece sobre a discórdia, certamente é a batalha entre elas que faz a história.

A tensão contínua se prolonga enquanto tentamos dar sentido aos vários desafios à ordem de nossa vida cotidiana. De fato, a tensão intrínseca à narrativa se prolonga na análise dos relatos narrativos. Ela é frequentemente aproximativa e aberta a novos desafios.

O uso da narrativa é especialmente pronunciado nas interpretações cotidianas da ruptura (e.g., Becker, 1997). Todos nós encontramos rupturas em nossas rotinas cotidianas. Tais rupturas incluem problemas pessoais, problemas familiares, problemas financeiros e problemas de saúde. Esses desafios a nossas rotinas diárias nos encorajam a tentativas de restaurar algum senso de ordem. A narrativa é um meio primário de restaurar esse senso de ordem.

O experimento clássico de Heider e Simmel (1944) é uma ilustração do que pode ser descrito como esse clamor humano pela narrativa. Nesse experimento, mostrou-se aos participantes uma sequência de pictogramas com formas abstratas em diferentes posições. Quando solicitados a descrever os pictogramas, os participantes responderam com pequenas histórias. Já que Heider e Simmel estavam interessados em como os participantes atribuíam conexões causais, eles não consideraram a estrutura das histórias desenvolvidas. Felizmente, algumas dessas histórias foram incluídas no relato do experimento, e é patente que, embora breves, as histórias continham os elementos básicos da narrativa clássica, como um começo, um meio e um fim.

Embora possamos usar narrativas para descrever os movimentos de objetos inanimados, como no experimento de Heider e Simmel, isso requer que atribuamos agência a esses objetos. Os humanos são centros de ação que lutam com amarras para criar seus próprios mundos. Eles fornecem relatos narrativos de suas experiências que implicam seu papel ou falta de papel na construção desses eventos. O inverso da agência é o sofrimento (Ricoeur, 1984). Quando nos é negada a oportunidade de expressar nossa agência, experimentamos sofrimento. Relatos de sofrimento revelam essa restrição em nossa livre-agência. O sofrimento pode ser devido a algum infortúnio pessoal, mas também pode ser devido à opressão social que nega a oportunidade para a livre-agência.

A necessidade de restaurar um senso de ordem após uma ruptura é essencialmente pronunciado na sociedade ocidental, que é fundada na ordem e na racionalidade. Gaylene Becker (1997) argumentou que as ideias ocidentais sobre o curso da vida enfatizam a linearidade. Vivendo num mundo assim, nós tentamos entender as inconsistências. Além disso, quando tentamos explicar nossas rupturas para outrem, somos particularmente dispostos a enfatizar nossa sensatez.

O processo crucial de construir ordem foi denominado de "*emplotment*" [*mise en intrigue*, composição de intriga (N.T.)] por Ricoeur (1984), para denotar a organização de uma sequência de eventos numa intriga. Esta sequência de eventos pode ser breve ou ilimitada. Podemos contar a história de fazer compras ou a história da criação do universo (cf. Polkinghorne, 1996). O tema comum é a tentativa de dar a esses eventos um molde narrativo. Os eventos não simplesmente acontecem. Na narrativa, há uma sequência interconectada que leva do começo ao fim. Contudo, o evento acabou antes de o narrador começar a construir uma narrativa. Freeman (1993: 40) nos alertou para este processo: "Considere novamente a própria palavra 'recollection' [em português, lembrança, recordação (N.T.)]: enquanto que o 're' faz referência ao passado, 'collection' faz referência ao ato presente, um ato [...] e coletar, reunir o que poderia ter se dispersado ou perdido". Ao contar a história, o narrador está ciente do fim e constrói o relato a partir de lá. Na vida, todas as narrativas são provisórias; elas estão sujeitas à mudança conforme novas informações ficam disponíveis. Não é que o narrador está tentando enganar o ouvinte, mas sim que, de uma perspectiva mais extensa, diferentes pedaços de informação ficam disponíveis para a história.

Identidade narrativa

A narrativa não apenas traz ordem e sentido a nossa vida cotidiana, mas, também, reflexivamente, fornece estrutura para nosso próprio senso de identidade. Nós contamos histórias sobre nossas vidas para nós mesmos e para os outros. Desse modo, criamos uma identidade narrativa. "Os sujeitos se reconhecem nas histórias que contam sobre si mesmos" (Ricoeur, 1988: 247). Podemos sustentar uma variedade de identidades narrativas, cada uma das quais conectada com diferentes relações sociais. Cada identidade narrativa não só nos conecta com um conjunto de relações sociais, mas também nos provê de um senso de coerência e estabilidade localizadas. Em épocas de instabilidade, podemos fazer conexões com outros aspectos de nossas identidades narrativas.

É através da narrativa que começamos a definir a nós mesmos, a clarificar a continuidade em nossas vidas e a transmitir isso aos outros. Somos agentes ativos que relembramos as ações que realizamos e também aquelas que foram suprimidas pelos outros. A narrativa nos capacita a descrever essas experiências e a nos definirmos. Ao construirmos uma narrativa pessoal, selecionamos certos aspectos de nossas vidas e os conectamos com outros. Esse processo nos capacita a afirmar que nossas vidas não são uma sequência aleatória de eventos, tendo antes uma certa ordem.

Esse processo de formação de identidade narrativa é dinâmico e ocorre num contexto de mudança social e pessoal. Os valores ligados a diferentes experiências nesse contexto influenciam o caráter dos eventos relembrados e assim o molde da história contada. Como Ricoeur (1987: 437) enfatizou, isso indica que "nós aprendemos a nos tornar o *narrador de nossa própria história* sem nos tornarmos totalmente o autor de nossa vida". Embora possamos contar nossa história de vida, o padrão efetivo que nossa vida assume e, de fato, a própria estrutura da história que contamos, são moldados por uma multiplicidade de forças sociais e psicológicas tanto conscientes quanto inconscientes (Hollway & Jefferson, 2000).

Dimensões sociais das narrativas

Os relatos narrativos não são emitidos num vácuo; antes, eles são encorajados e moldados por um certo contexto social. Embora o narrador conte a história, o caráter da história contada dependerá de para quem a história é contada, da relação entre o narrador e o público, e do contexto social e cultural mais amplo (Murray, 1997a). Assim, o estudo da narrativa rompe com a tradicional distinção psicológico/social e desenvolve um sujeito psicossocial mais complexo. O narrador é um agente ativo que é parte de um mundo social. Através da narrativa, o agente se compromete com esse mundo. Através da análise narrativa, podemos começar a compreender os narradores e seus mundos.

Embora a narrativa seja frequentemente considerada em termos individuais ou pessoais, podemos também considerar narrativas grupais, comunitárias ou societárias. Estas são narrativas que coletivos particulares contam sobre si mesmos, suas histórias e suas aspirações. Do mesmo modo que narrativas pessoais estão envolvidas na criação e recriação de identidades pessoais, essas narrativas sociais definem a história de um coletivo e o distinguem de outros coletivos. E mais, essas narrativas coletivas se interseccionam com narrativas pessoais de modo que os indivíduos possam se definir como parte do grupo. Ao discutir análise narrativa, devemos pensar sobre o nível de análise em foco (Murray, 2000). Além disso, ao analisar a narrativa pessoal, devemos tentar considerar o caráter da narrativa social mais ampla dentro da qual aquela está sendo criada.

Em suma, estamos imersos num mundo de narrativa; compreendemos nosso mundo e a nós mesmos através de narrativas. Desse modo, o estudo da narrativa fornece ao pesquisador um meio de compreender como nós entendemos o mundo e a nós mesmos. O significado de diferentes narrativas nem sempre é patente e pode ser abordado de diferentes modos por diferentes pesquisadores.

Formulando uma questão de pesquisa e projetando um estudo

Uma vez que as narrativas estão ao nosso redor e permeiam nosso próprio senso de ser e nossa compreensão de nosso mundo, há muitas questões de pesquisa diferentes que atraem o pesquisador narrativo. Em especial, muito da pesquisa tem focado a identidade narrativa e também como nós usamos a narrativa como um meio de manejar eventos traumáticos. Vamos considerar alguns exemplos. O primeiro é um estudo da experiência de viver no deserto do Alasca. O estudo de Judith Kleinfeld (2012) se preocupou com a interpenetração de narrativas societais mais amplas com as identidades narrativas pessoais, de uma amostra de pessoas das fronteiras do Alasca. Por um lado, ela considerou a narrativa societária mais ampla de fronteira sobre o valor de rejeitar o mundo moderno e adotar um estilo de vida mais simples. Esta narrativa é disseminada na literatura norte-americana. As narrativas pessoais que ela descreve se preocupam com o processo de rebelião, redenção e renascimento. Os métodos que ela adotou foram as entrevistas de história de vida ou biográficas, que ela interpretou cuidadosamente com referência à narrativa societal mais ampla.

Um estudo similar foi realizado por Hammack (2008) sobre a identidade narrativa da juventude israelense e palestina. Neste caso, ele estava preocupado com o modo pelo qual os jovens se comprometiam com as narrativas nacionais mais amplas de Israel e Palestina em suas próprias narrativas pessoais. Novamente, a fonte primária dos dados foram entrevistas biográficas detalhadas. Ele argumenta que, através do processo do engajamento com o que descreveu como essas "narrativas mestras" nacionais, os jovens desenvolvem suas próprias narrativas pessoais. Além disso, essas narrativas mestras fornecem o contexto ideológico e os recursos discursivos com os quais os jovens constroem significado e identidade.

Em ambos os estudos, o objetivo era conectar a narrativa pessoal com a societal. Em ambos os casos, os pesquisadores prepararam o terreno descrevendo a narrativa sociocultural mais ampla (narrativa de fronteira e narrativa nacional) e então consideraram, nas histórias de vida, como os participantes do estudo estão definindo a si mesmos e suas experiências de vida cotidianas, em referência a essa narrativa social mais ampla.

Ambos os exemplos se ocupam da exploração da identidade, que é um tema comum na pesquisa narrativa. Não é algo fixo, mas sim que se desenvolve a partir de um processo de engajamento ativo. Este é um processo contínuo, de tal modo que os pesquisadores narrativos também não se interessam por uma identidade singular, mas neste senso de agência – como as pessoas se engajam em, e manejam, os múltiplos desafios em suas vidas?

Coletando dados

A fonte primária de material para o pesquisador narrativo é a entrevista. Diferentemente da entrevista estruturada tradicional, que tem uma série detalhada de questões a serem respondidas, a entrevista narrativa é projetada para fornecer ao participante a oportunidade de fazer um relato narrativo detalhado de uma experiência particular. A entrevista de história de vida é a versão mais extensa da entrevista narrativa pessoal. Gerontologistas em especial privilegiaram esta abordagem de história de vida como um meio de explorar a experiência do envelhecimento (p. ex., Birren et al., 1996).

Como o nome indica, o objetivo da entrevista de história de vida é encorajar os participantes a fornecer um relato extenso de suas vidas.

O pesquisador explicará no início da entrevista que o objetivo do estudo é aprender sobre a vida da pessoa. Embora isso possa parecer um simples convite, o participante pode, na prática, frequentemente se mostrar cauteloso e não comunicativo a princípio. É por esta razão que o entrevistador pode precisar se encontrar várias vezes com alguns participantes, para conquistar sua confiança e encorajá-los a refletir sobre suas experiências de vida.

Contudo, as narrativas não são apenas histórias de vida no sentido mais geral, mas também histórias sobre experiências cotidianas, especialmente rupturas na vida diária. Nós podemos na entrevista encorajar os participantes a contar histórias sobre experiências particulares de mudança ou episódios disruptivos em suas vidas. Flick (2002) denominou esta abordagem de entrevista *episódica*. Dado o tempo e a oportunidade, os participantes estão frequentemente dispostos a fornecer extensos relatos narrativos de diferentes experiências. Veja o Quadro 5.1 para exemplos de diretrizes de entrevista. É óbvio a partir deles que o pesquisador tem um foco particular para a entrevista, mas oferece grande latitude para o participante desenvolver seu relato narrativo.

QUADRO 5.1 AMOSTRA DE DIRETRIZES DE ENTREVISTA

1) Eu gostaria que você me falasse sobre si mesmo – onde você nasceu, onde cresceu, esse tipo de coisa. Não precisa de modo algum se sentir inibido sobre o que vai falar, apenas me conte o mais que puder sobre si mesmo.

2) Estou interessado em descobrir o que aconteceu durante a entrevista de seleção. Você pode começar pela hora em que saiu de casa para o encontro e me contar tanto quanto puder lembrar.

Um desafio para os pesquisadores é convencer os participantes de que estão interessados em seus relatos narrativos, mas ao mesmo tempo demonstrar uma postura neutra, de modo a não estimular uma narrativa particular. Assim, o pesquisador pode fazer acenos de cabeça e observações, mas deve evitar comentários ostensivos, uma vez que isso pode prejudicar a narrativa. No final da entrevista o pesquisador pode revisar a narrativa do participante e introduzir questões suplementares projetadas para obter esclarecimentos, por exemplo, "Por que você pensa que é o caso?" ou "Você pode dar um exemplo disso?" É preferível reservar os comentários para o final da entrevista, quando a narrativa do participante for revisada (cf. Jovchelovitch & Bauer, 2000).

Contudo, algumas pessoas podem se mostrar muito hesitantes quanto a participar de entrevistas extensas, e isso exige considerável esforço da parte do pesquisador. O crescimento do trabalho de história de vida nos consultórios terapêuticos ilustra como o contar histórias pode ser benéfico para o contador. Isso revela o valor de formas mais participativas de pesquisa narrativa.

Às vezes pode ser útil convidar participantes para um encontro de grupo no qual eles podem compartilhar a contação de histórias sobre um evento. A abordagem do grupo focal oferece a alguns participantes uma maior sensação de controle e de confiança (cf. o cap. 9 neste volume; também Wilkinson, 1998a, 1998b). Essas entrevistas de grupo podem ser seguidas ou suplementadas por entrevistas individuais. Outra abordagem é oferecer ao participante detalhes do problema a ser discutido. Isso ajuda a superar quaisquer suspeitas que os participantes possam ter de que serão expostos a alguma pegadinha.

O entrevistador pode também usar outros métodos, como encorajar os participantes a manter um diário pessoal ou a reunir fotografias ou mesmo fazer um vídeo. O objetivo é sempre encontrar uma técnica com a qual os participantes se sintam confortáveis e que lhes permita desenvolver seu relato narrativo. Além disso, o pesquisador pode analisar material narrativo que já está disponível. Por exemplo, você pode analisar memórias ou filmes já levados a público.

Uma vez que as histórias se desenvolvem a partir de um contexto social particular e que são contadas a um certo público, é importante que tais detalhes sejam lembrados quando se está coletando relatos narrativos. Como notou Mishler (1986: 82), com referência à importância de considerar o ambiente da entrevista:

> A presença e forma de envolvimento do(a) entrevistador(a) – como ele(a) ouve, presta atenção, encoraja, interrompe, faz digressões, inicia tópicos ou encerra respostas – é parte integrante do relato de um respondente. É neste sentido específico que uma "história" é uma produção conjunta.

O pesquisador deve coletar material de *background* sobre os participantes centrais, bem como detalhes sobre os entrevistados. Tais informações são importantes quando começamos a analisar os relatos narrativos.

Uma estratégia útil para o pesquisador é manter um registro detalhado de cada entrevista. Este poderia incluir alguns detalhes demográficos básicos sobre o participante e de quando a entrevista aconteceu. Às vezes, depois que a entrevista acabou e o gravador foi desligado, o participante irá fazer alguns comentários adicionais que podem influenciar substancialmente a interpretação de toda a narrativa. É importante que o pesquisador preste muita atenção. Após a entrevista ter se encerrado, os pesquisadores devem registrar em seus arquivos todos os detalhes e comentários de que possam se lembrar sobre a entrevista. Mesmo nesse estágio inicial, o pesquisador deve atentar ao que são as questões centrais que emergem e como a narrativa está estruturada.

Há também que se ter cautela sobre o poder coercitivo da entrevista, pelo qual ele encoraja uma certa modelagem do relato numa forma narrativa. É por essa razão que alguns pesquisadores preferem uma abordagem menos estruturada, na qual o pesquisador se envolve com o participante em uma conversa mais flexível que pode se prolongar por um período de tempo maior.

Algumas questões logísticas

É importante ter cuidado para organizar a entrevista mais padrão. O pesquisador deve fazer algum contato inicial com os participantes, explicar o propósito do estudo e obter o consentimento deles. Nesse estágio, eles podem discutir quando seria mais conveniente retornar para uma entrevista mais extensa e esclarecer onde seria o local mais confortável. Às vezes os participantes ficam satisfeitos em serem entrevistados em casa; outras vezes, preferem o escritório do pesquisador ou outro lugar. É importante lembrar que é uma escolha dos participantes e acomodar suas preferências do melhor modo possível.

O pesquisador deve praticar com o gravador e testar a qualidade da gravação. Às vezes, a qualidade pode ser baixa devido ao barulho externo na sala da entrevista, ou porque os participantes estão falando baixo. Por essas razões, é às vezes aconselhável usar um microfone externo.

A maioria dos gravadores permite o registro de extensas entrevistas, mas se certifique de que a bateria está totalmente carregada no início. É um sinal de respeito aos participantes garantir que seu relato seja cuidadosamente gravado. Descobrir que as baterias falharam no meio da entrevista, ou, depois dela, que o microfone não captou a voz do participante, pode ser muito frustrante.

Frequentemente o entrevistador novato pode ficar apreensivo em usar um gravador, e pensar que isso inibirá o participante. Felizmente, o inverso é que frequentemente acontece. Após o pesquisador ter explicado cuidadosamente o estudo e assegurado confidencialidade ao participante, este muitas vezes fica entusiasmado. Não raro, após uma hesitação inicial, os participantes passam a falar extensamente sobre suas várias experiências. O próprio fato de que eles têm um ouvinte para a história pode agir como um estímulo para uma reflexão mais consistente. É surpreendente que mesmo quando a entrevista está sendo gravada em vídeo, muitas pessoas, uma vez que tenham concordado em participar, se mostrem muito generosas com seu tempo e detalhadas em seu relato. É por essa razão que o pesquisador deve tratar o participante com o máximo respeito e cortesia. Além disso, se o participante ficar angustiado, o pesquisador deve estar preparado para interromper a entrevista e, se necessário, se certificar de que o participante esteja ciente dos serviços de apoio adequados.

Depois, é importante que a entrevista seja transcrita cuidadosamente. É uma grande vantagem ter um transcritor profissional, mas isso não significa que o pesquisador não tenha um papel a desempenhar no processo de transcrição. O pesquisador deve revisar cuidadosamente a transcrição com o gravador, corrigindo quaisquer erros na transcrição. Isso deve ser feito o mais rápido possível, visto que é fácil esquecer o que a pessoa tinha a dizer, especialmente quando são entrevistadas várias pessoas.

Há diferentes maneiras de preparar transcrições de entrevistas para análise. Isso depende da estrutura analítica preferida pelo pesquisador. Na análise narrativa, o foco está em obter o principal relato narrativo. A transcrição narrativa deve incluir, onde possível, exclamações, pausas e ênfases. Você pode sublinhar certas partes do texto que os participantes enfatizaram em seu discurso, ou acrescentar notas para marcar dados paralinguísticos, como suspiros. O objetivo é transmitir o detalhe e o teor da história ou histórias. A transcrição deve também incluir as palavras do pesquisador, de modo que o caráter do intercâmbio conversacional fique patente. Veremos isso mais claramente no exemplo dado abaixo.

Análise

Há muitos modos de analisar relatos narrativos e isso pode ser uma fonte de angústia para o pesquisador iniciante. Aqui eu descrevo uma abordagem que divide a análise em duas fases amplas – a primeira, descritiva, e a segunda, interpretativa. Uma leitura completa da narrativa transcrita precede ambas as fases. Ao ler os relatos narrativos, o objetivo é se familiarizar com sua estrutura e conteúdo. Uma estratégia útil é preparar um curto sumário das narrativas, que identificará as características-chave, tais como o começo, o meio e o fim. Os analistas podem destacar temas-chave no texto e identificar ligações narrativas entre diferentes partes. Podem também discernir subenredos dentro da narrativa mais ampla, e considerar conexões entre eles. O sumário destacará as características particulares nas quais o pesquisador está interessado. Ao ler os sumários, é então possível começar a ter uma ideia de quais são as principais questões levantadas (Mishler, 1986). É através desse processo de *close reading* [conceito da crítica literária, algo como "leitura atenta" (N.T.)] que uma estrutura de codificação pode ser desenvolvida e aplicada às várias narrativas. A estrutura de codificação é concebida para capturar o sentido geral das narrativas e as várias questões particulares levantadas dentro de cada qual.

O segundo passo é conectar a narrativa com a literatura teórica mais ampla que está sendo usada para interpretar a história. Assim, o pesquisador vai além da fase descritiva para desenvolver a interpretação. Isso requer uma familiaridade tanto com os relatos narrativos quanto com a literatura relevante, de modo que se possam conectar mutuamente. Esta fase da análise pode levar a rotular certos relatos como sendo de um certo tipo que ilustra seu conteúdo teórico. Por exemplo, podemos estar interessados em como certas pessoas lidam com determinadas crises em suas vidas. Ao ler suas narrativas, a preocupação central é como os narradores descrevem as várias crises em suas vidas, como eles recorrem a fontes específicas de apoio, e como eles orientam a história para o ouvinte. Cada história é examinada pelos elementos narrativos particulares – como os elementos na narrativa são ligados (a estrutura e o tom), quais questões são os temas principais, que imagens e metáforas são usadas, e quais são as crenças e valores subjacentes.

Papel do leitor

O processo da análise narrativa não é passivo. Ao invés disso, os pesquisadores trazem ao texto certos pressupostos e crenças que usam para analisar a narrativa. Ao discutir o processo de ler um texto, Ricoeur (1987: 430) diz a mesma coisa: "O significado ou importância de uma história provém da intersecção do mundo do texto e do mundo do leitor". Ricoeur (1972) usou o termo "apropriação" para descrever o processo da interpretação narrativa. Ele definiu este processo como tornar próprio o que era alheio. Isso não é um processo de mão única. Não só o pesquisador traz ao texto certas ideias, mas também, simultaneamente, o narrador está tentando convencer o público do caráter de sua história. Como Ricoeur (1972: 90) enfatiza:

> Nós jogamos com um projeto, com uma ideia, nós podemos igualmente sermos jogados. O que é essencial é o "vaivém" (*Hin und Her*) do jogo. O jogo é assim próximo da dança, que é um movimento que arrebata o dançarino.

Assim, ao invés de impor um molde e ao invés de simplesmente descrever o relato narrativo, a análise narrativa requer que o analista jogue com o relato. Ao realizar a análise narrativa, é importante estar ciente de quais pressupostos teóricos estão guiando a análise, e ao mesmo tempo estar aberto a novas ideias e desafios. Isso é similar ao conceito de abdução, em que o pesquisador traz ao texto certas ideias, mas não as impõem a ele.

Estrutura e conteúdo narrativos

Uma preocupação particular na análise narrativa é como ela está estruturada ou organizada. Vários esquemas foram desenvolvidos para transmitir a qualidade temporal das narrativas. O esquema classificatório triádico, desenvolvido por Gergen e Gergen (1984), é uma ferramenta analítica útil, mas é importante aplicá-lo não de um modo esquemático, e sim flexível, para que apreenda as várias mudanças em qualquer relato narrativo. Por exemplo, a narrativa trágica começa com uma estrutura progressiva, mas então, a despeito da luta, o personagem central é sobrepujado e a narrativa se torna regressiva. Esta regressão pode ser superada pela mudança das dimensões interpretativas amplas que estão sendo usadas para enquadrar o evento. Por exemplo, pessoas que estão em movimento ascendente em suas carreiras provavelmente apresentarão uma narrativa progressiva da carreira. Contudo, se forem demitidas, podem desenvolver uma narrativa mais regressiva, a não ser que consigam redefinir seus objetivos e assim continuar a apresentar uma narrativa progressiva. Esta redefinição de metas, esta reviravolta numa narrativa, é similar a uma epifania. Este é o momento no relato em que o narrador vê o mundo de um modo diferente. Reciprocamente, uma comédia é quando uma narrativa regressiva é transformada numa narrativa progressiva, conforme os narradores redefinem seus valores e percebem as características positivas da vida alterada.

Em sua análise das narrativas pessoais de pessoas com esclerose múltipla (EM), Robinson (1990) usou este esquema temporal. Ele descobriu que as narrativas de EM podiam ser organizadas em três categorias amplas. Havia os que pensavam que sua vida tinha acabado devido à irrupção da EM (narrativa regressiva), os que pensavam que a vida tinha mudado, mas que continuava (narrativa estável) e aqueles que pensavam que a doença trouxe novas oportunidades (narrativa progressiva).

Como mencionado antes, esta preocupação com a estrutura narrativa é semelhante ao conceito de tom narrativo que McAdams (1993) e Crossley (2000) situam no centro da análise narrativa. Enquanto que a estrutura se refere aos principais componentes da narrativa e a como estão conectados, o tom se volta ao sabor emocional predominante da narrativa. Assim, uma narrativa regressiva teria um tom predominantemente pessimista, enquanto que uma narrativa progressiva teria um tom otimista, e uma narrativa estável teria um tom mais objetivo e se pareceria mais com uma crônica ou listagem de eventos.

Gee (1991) descreveu o valor de explorar a estrutura poética dos relatos narrativos populares. Ele argumentou que os versos são uma parte intrínseca do relato narrativo cotidiano, e que a poesia é meramente uma forma mais desenvolvida deste relato. Em especial, ele se preocupava com o uso do ritmo e da metáfora nas narrativas populares. O estudo por Becker (1999) é um exemplo do uso bem-sucedido desta estratégia para explorar narrativas pessoais. Ao ler a narrativa de dores de uma pessoa idosa, ela notou que havia ali certa qualidade poética. Ela então pôde reconfigurar o relato narrativo como uma série de estrofes poéticas, em que cada qual tinha uma estrutura similar. Ao reconfigurar a narrativa, as questões do entrevistador são omitidas e o texto é organizado em versos pelo pesquisador. Esta forma de análise requer atenção ao ritmo geral que subjaz à narrativa e às metáforas usadas para descrever experiências particulares. Por exemplo, o narrador pode repetir certas frases dentro do seu relato (como "e então eu") que fornece um certo ritmo.

Além da estrutura da narrativa há também o imaginário usado, os principais temas e os valores subjacentes ao relato. McAdams (1993) argumenta que os dois temas centrais nas histórias da vida se centram no poder e no amor, o que enfatiza a importância da agência e de ter relacionamentos. A importância desses temas varia segundo os indivíduos e as situações. Esses temas também subjazem às principais crenças e valores no relato narrativo de uma pessoa. Assim, um foco em agência e poder coloca ênfase nos direitos e autonomia individuais, enquanto que um foco em relacionamentos valoriza o grupo e os relacionamentos interpessoais.

O pesquisador pode também ir além da narrativa pessoal para considerar os contextos interpessoais e societais, e como eles se conectam (Murray, 2000). O contexto pessoal está preocupado com o modo como a narrativa se vale da experiência do indivíduo. Segundo McAdams, as experiências primárias de apego e perda colorem a forma como reagimos às situações em nossa vida posterior. O contexto interpessoal leva em conta o público e a construção compartilhada da narrativa; e o contexto societal considera as narrativas sociais mais amplas que estruturam nossos relatos cotidianos. Embora seja difícil integrar todos esses níveis contextuais numa única análise, a atenção a um ou outro pode ser especialmente importante para compreender a estrutura de certos relatos narrativos (Stephens, 2010; Stephens & Breheny, 2013).

Neste capítulo, nós vamos considerar a estrutura de um relato narrativo pessoal e o valor de diferentes estratégias analíticas. Vamos começar resumindo o caso, passar ao modo como a narrativa está estruturada e então considerar como a narrativa se localiza num contexto social particular. Apesar de considerar em detalhe apenas um caso, ele é útil para desenvolver um argumento para explorar casos contrários. Vamos considerar brevemente um caso contrário. Esse processo permite ao pesquisador clarificar estratégias particulares usadas pelos participantes para construir suas narrativas.

Um exemplo: uma história de câncer de mama

O exemplo é tirado de um estudo de como mulheres lidam com a perturbação de suas vidas em consequência de terem tido câncer de mama (Murray, 2002). Estávamos interessados em como as mulheres integraram a doença em suas vidas cotidianas – como elas deram sentido. Também estávamos interessados em como essas histórias foram construídas num contexto social e interpessoal particular. Nesse sentido, estávamos interessados em como o contexto social mais amplo se interseccionava com as narrativas pessoais.

Todas as mulheres entrevistadas tinham passado por uma cirurgia de câncer de mama. Em seu *check-up* mais recente, não havia sinal de recidiva, e elas tinham concordado em serem entrevistadas sobre a experiência. As entrevistas aconteceram nas casas das mulheres ou no escritório do pesquisador. Uma jovem pesquisadora assistente, que não tinha nenhuma experiência pessoal de câncer de mama, as realizou. Para muitas das mulheres, a entrevista foi uma experiência emocional. Várias delas mencionaram que tinham tido pouca oportunidade de discutir a operação com outrem. Elas achavam que tinham de apresentar uma face forte perante seus maridos e parentes. A oportunidade de falar livremente sobre o evento foi amplamente bem-vinda. É importante que pesquisadores inexperientes estejam cientes da carga emocional de algumas entrevistas narrativas, e que tenham a oportunidade de discutir depois a experiência com seus supervisores.

Nós podemos começar preparando um sumário de cada um dos relatos narrativos. Há certos pontos em comum em todas as histórias que lhes dão a estrutura narrativa padrão:

1) *Começo*: a vida antes do câncer. Diferentes mulheres enfatizaram aspectos particulares de suas vidas – vida familiar, casamento, trabalho, crianças etc. A principal coisa foi que o câncer não tinha

um papel em suas vidas. Algumas das mulheres tentaram identificar experiências anteriores que poderiam ter contribuído para o desenvolvimento posterior da doença.

2) *Meio*: a principal parte da história, centrada no diagnóstico do câncer, na cirurgia (radical ou outra) e na reação da paciente e na de sua família, amigos ou colegas.

3) *Fim*: isso envolvia repassar a perturbação de suas vidas; como elas começaram a redefinirem-se como uma sobrevivente da doença, e como suas expectativas e experiências de vida mudaram.

Para alguns pesquisadores, fazer um sumário de todas as entrevistas pode ser uma tarefa tediosa. Contudo, ela é importante, pois familiariza o pesquisador com as diferentes narrativas. Também é importante por desenvolver uma moldura analítica que pode abranger todos os relatos narrativos. Assim, desenvolvemos uma moldura analítica inicial e então nos envolvemos com os outros relatos narrativos, sempre considerando sua adequação e como ela pode ser modificada.

Tendo desenvolvido a análise das narrativas, podemos então passar à escrita do relatório ou artigo que se baseia nas entrevistas. É importante ter em mente qual é o argumento-chave, ou a mensagem que você quer transmitir a partir da sua leitura das narrativas. É possível então selecionar casos paradigmáticos, que ilustrem melhor o argumento central que está sendo desenvolvido pelo pesquisador (Becker, 1997; Gray et al., 2002). Neste capítulo, eu escolhi dois casos que ilustram como as pessoas interpretam a doença ao conectar suas experiências atuais com as experiências de vida pregressas. A seleção das narrativas se guiou pelo nosso entendimento do modelo temporal de Gergen e Gergen (1984) e pela abordagem de McAdams do estudo da narrativa, que foi levado adiante por Crossley (1999). Uma leitura inicial das narrativas sugeriu que esses modelos eram meios úteis de organizar grande parte do material.

As narrativas estáveis/regressivas foram então aquelas com um tom pessimista que retratava a vida como uma ladainha de misérias. Nessas narrativas, a infância foi descrita como difícil, com poucas melhorias desde a chegada à idade adulta. Apesar das muitas tentativas de superar vários desafios, eles pareciam infinitos. Não só esses desafios se repetiam, mas também tinham pouco valor redentor. O câncer foi outro desses desafios desoladores. O caso da Sra. Brown, que é descrito no Quadro 5.2, ilustra essa narrativa estável/regressiva e pessimista. O tema dominante era o do apego e perda. Em sua vida pregressa, a Sra. Brown experimentara a separação e agora estava muito angustiada sobre as consequências do câncer para o relacionamento com seus filhos. Como mãe solteira, ela tinha tido um relacionamento muito próximo com seus filhos. O pensamento de que eles teriam experiências da infância parecidas com as dela a enchia de horror. Ela enfatizava a falta de apoio que havia recebido dos outros. Uma imagem recorrente era a de estar sozinha: ela tinha sido uma criança solitária; não conseguiu estabelecer um relacionamento estável com os pais de seus filhos ou com outro parceiro; e se sentiu muito sozinha quando foi inicialmente diagnosticada com câncer.

QUADRO 5.2 NARRATIVA ESTÁVEL/REGRESSIVA/PESSIMISTA

Sumário: A Sra. Brown era uma mãe solteira de 50 anos de idade. Ela descreveu sua educação como difícil. Sua mãe morreu quando ela tinha dois anos, e ela e seus irmãos foram enviados para orfanatos diferentes. Eles foram muito maltratados por seus tutores. Ao deixar o orfanato, ela se formou como enfermeira. Ela achava difícil estabelecer um relacionamento estável mas queria ter filhos. Ela teve três filhos de diferentes parceiros, mas nunca se casou. Duas das crianças cresceram e saíram de casa. A terceira tinha 12 anos. Ela não tinha ocupado um emprego de período integral por cerca de dez anos. Cerca de dez anos atrás, ela foi diagnosticada com câncer de mama e submetida a uma lumpectomia [remoção de pequena parte do seio (N.T.)]. A vida da Sra. Brown era difícil e o diagnóstico do câncer foi devastador. Este sumário pode ser desdobrado numa narrativa em três partes para ajudar a clarificar características específicas.

Começo: Ao longo do seu relato, a Sra. Brown enfatizou seus problemas. Ela descreveu sua infância no orfanato como uma experiência muito dolorosa. Não só foi separada de seus irmãos, mas também achava que seus professores eram muito duros com ela. Após sair do orfanato, ela achou difícil estabelecer relacionamentos. Em geral, sua vida era difícil.

Meio: O diagnóstico de câncer foi um novo tormento. Na época, ela não estava trabalhando, tinha três crianças, e achava difícil pagar as contas. Quando o cirurgião lhe disse que ela tinha câncer, ela ficou muito triste:

Sra. B:	Isso realmente me enlouqueceu.
Entrev:	Sim.
Sra. B:	Realmente me enlouqueceu, mas foi muito rápido.
Entrev:	Humm, humm.
Sra. B:	Tipo, eu nunca tive tempo para parar e pensar.
Entrev:	Certo.
Sra. B:	Tipo, eles me disseram, e então eu chorei por três semanas, e então na semana seguinte eu estava no hospital e tinha feito tudo.

Ela fez uma lumpectomia, e na alta do hospital ela achou muito difícil lidar:

Entrev: Foi uma mastectomia ou uma lumpectomia?
Sra. B: Não, foi só uma lumpectomia.
Entrev: Ok.
Sra. B: Certo, e eu passei por tudo isso, e então eu passei por um ano de químio e radiação e passei pelo inferno, mas tipo sozinha.
Entrev: Humm, humm.
Sra. B: Você sabe, sem marido e com três filhos pequenos. Eles eram jovens então, certo.
Entrev: Oh, deve ter sido duro.
Sra. B: E foi terrível, absolutamente terrível. Eu não tinha nenhum apoio moral. Eu não tinha ninguém aqui para ajudar.

A Sra. Brow enfatizou que, sem nenhum apoio social da família e de amigos, e pelo fato de que ela tinha perdido qualquer crença religiosa devido a suas difíceis experiências na infância, a experiência do câncer foi aterradora.

Fim: Olhando para trás, embora tenha sobrevivido, a experiência toda foi difícil. Às vezes ela culpava Deus por seu infortúnio.

Entrev: Você já pensou "por que eu?"
Sra. B: Oh, muitas vezes.
Entrev: Sim?
Sra. B: Muitas vezes, nunca para, nunca para. Eu esfregando o chão, eu limpando a banheira, dando banho numa das crianças, eu fico tipo "por quê, por quê?", você sabe. Não tem ninguém aqui para cuidar dessas crianças.
Entrev: Humm, humm.
Sra. B: Por que Você está me levando? Eu pensei que ia morrer.
Entrev: Sim.
Sra. B: Naturalmente.
Entrev: Humm, humm.
Sra. B: Você sabe, alguém te diz, "você tem câncer". Primeira coisa, estou morta.

O medo contínuo da morte permeia sua vida diária: "Você teve isso, isso nunca vai te abandonar. Não me importa o que eu esteja fazendo. Eu posso estar fazendo pão e estou sempre pensando. Esteve sempre ali comigo, talvez porque eu sou sozinha". Ela estava muito ansiosa sobre as implicações para suas crianças se acontecesse a recorrência do câncer.

Sra. B: Se acontecer amanhã, e ele tem só 12 anos, eu vou pirar. Vou ficar muito louca.
Entrev: Humm, humm.
Sra. B: Sim, porque o que vai acontecer com ele?
Entrev: Sim.
Sra. B: A assistência social virá para levá-lo. Eu sempre me preocupo sobre esse tipo de coisa. Me preocupo com todo esse tipo de coisa.

Continua

Continuação

	Então, olhando além, ela se sente desapontada sobre sua vida futura:
Sra. B:	Apenas me dê mais vida e me deixe continuar e não me tire isso, é a coisa principal.
Entrev:	Sim.
Sra. B:	Você sabe, e tipo, eu não aspiro a nenhuma grandeza ou qualquer coisa.
Entrev:	Humm, humm.
Sra. B:	Não quero mesmo. Eu não aspiro voltar a trabalhar e fazer outra vida e ir viajar novamente. Nunca penso nisso. Isso parece um sonho.

Uma narrativa contrária é uma em que a vida é retratada como uma série de desafios que oferecem uma oportunidade para avançar. Mesmo eventos com risco de morte, como o diagnóstico do câncer, poderiam ser caracterizados como uma oportunidade. O caso da Sra. Jones, que é resumido no Quadro 5.3, ilustra esta narrativa mais progressiva e otimista. Ela tinha dado seu "coração ao Senhor" numa etapa anterior, e desde então sentia que sua vida era uma série de oportunidades de melhoramento da vida. O câncer fora uma dessas oportunidades. No caso da Sra. Jones, o apego era seguro, em especial por seu apego à religião. Devido à intensidade deste apego, a ameaça do câncer era minimizada. Ela adotou uma postura bem fatalista e, de certas maneiras, sua história tinha traços trágicos. Contudo, as crises que ela encontrou foram percebidas como vontade de Deus e Ele cuidaria de tudo. Sua recuperação do câncer era evidência do poder dele. Uma imagem recorrente era a de segurança e conforto. As crises que ela experimentou parecem tê-la fortalecido ao invés de enfraquecer seu apego à religião.

QUADRO 5.3 NARRATIVA PROGRESSIVA/OTIMISTA

Sumário: A Sra. Jones era uma mulher casada, de 45 anos. Ela teve seis filhos. Embora tivesse trabalhado anteriormente como professora, desde a cirurgia para câncer de mama ela tinha se devotado em tempo integral ao trabalho religioso. Quando jovem, ela não havia sido particularmente religiosa, embora participasse de uma igreja e escola católicas. Aos 16 anos de idade, ela conheceu seu futuro marido, um cristão evangélico muito devoto. A Sra. Jones se converteu à religião dele, e desde então a crença religiosa dela permeou toda sua vida, inclusive sua experiência do câncer. Para ela, ter câncer de mama foi uma oportunidade de fortalecer sua fé e por isso podia ser bem-vindo.

> *Começo*: Cedo na entrevista, a Sra. Jones forneceu um relato detalhado de sua conversão religiosa: "Eu comecei a ir à igreja do Exército da Salvação primeiro e então comecei a ir à igreja pentecostal. Assim, depois que me casei, continuei indo à igreja pentecostal e dei meu coração ao Senhor e continuei indo lá desde então".
>
> *Meio*: Ela foi diagnosticada com câncer de mama e se submeteu a uma lumpectomia. Inicialmente, os sinais foram bons, mas em seguida houve sintomas de recidiva. A Sra. Jones descreveu a importância de sua fé. A cirurgia foi bem-sucedida e na época da entrevista não havia sintomas de recidiva. A Sra. Jones se sentia muito otimista: "Eu sinto que estou curada. Eu sinto que o Senhor me curou".
>
> *Fim*: Olhando para trás, a Sra. Jones enfatizou a experiência positiva de ter câncer: "Eu penso que tudo na vida tem sido uma experiência para me fazer crescer e eu penso que me trouxe para mais perto do Senhor".
>
> Este relato narrativo foi progressivo. Embora o câncer fosse um grande desafio, a Sra. Jones tinha transformado isso numa oportunidade para aumentar a experiência religiosa. Seu relato narrativo se tornou quase que um testemunho em si. Ao longo dele, ela louvou o Senhor e toda sua glória. Sua narrativa foi a de uma libertação. A doença fortaleceu sua fé. Sua recuperação foi a confirmação do poder da religião.

Em termos de estrutura narrativa, a história da Sra. Brown era tanto estável quanto regressiva. Toda a sua vida tinha sido difícil e o diagnóstico do câncer só serviu para sublinhar esses problemas. A falta de apoio social e a falta de fé religiosa a fizeram se sentir isolada. Ela achava que tinha substanciais responsabilidades familiares, e o câncer ameaçava sua capacidade de cumprir essas responsabilidades. Embora tenha conseguido administrar até então, a potencial recidiva permanecia uma ameaça.

É importante ser flexível e inovador em suas análises, de modo que você não simplesmente imponha um molde. Embora você possa estar ciente de estruturas narrativas gerais, você quer transmitir as características particulares dos relatos narrativos que coletou. Por exemplo, Frank (2013) apresentou três estruturas que ele pensava caracterizarem os relatos narrativos de pessoas com câncer. Eram a *busca*, o *caos* e a *restituição*. Embora sejam semelhantes aos relatos narrativos apresentados acima, elas também têm sua particularidade, que transmite a experiência única de ter câncer. Uma reflexão pessoal fascinante sobre essas diferentes abordagens é fornecida por Weingarten (2001).

Conectando as histórias com o contexto

Este exemplo de relatos narrativos da experiência do câncer ilustra o modo como as pessoas podem usar as narrativas para forjar "links entre o excepcional e o ordinário" (Bruner, 1990: 47). Quando era dada a oportunidade na entrevista, as mulheres eram ávidas em fornecer relatos narrativos detalhados. De fato, uma vez que tinha introduzido o tópico, o papel da entrevistadora era mínimo. Frequentemente as mulheres ficavam entusiasmadas com a oportunidade de fazer um relato narrativo de sua experiência. Às vezes elas mencionavam achar que dar o relato era terapêutico.

A avidez em falar após sobreviver a uma ameaça pessoal é um fenômeno estabelecido. Em termos religiosos, o fenômeno é conhecido como "dar testemunho", um termo que em grego é cognato a termos como "mártir" e "depoimento" (Scott, 1997). A *performance* pública do testemunho se espalhou de sua forma religiosa original para uma forma mais secular no mundo moderno, através do fenômeno do "se revelar", que tem extensa difusão não só em termos de identidade sexual, mas também em termos de sobreviventes de abuso e tortura. Esta forma de narração pública é um meio de desenvolver uma comunidade de apoio e também de desafiar certas narrativas societais repressivas.

Em termos de estrutura, as histórias das mulheres tinham o clássico começo, meio e fim. O começo punha o cenário, o meio detalhava a experiência do câncer de mama e o fim se referia ao impacto da doença nas suas vidas. No exemplo, a narrativa estável/regressiva e pessimista conectava o relato do câncer pela mulher com suas experiências prévias, o contexto interpessoal e suas crenças sociais mais amplas, na criação de uma identidade narrativa particular. Para a Sra. Brown, a vida tinha sido difícil. Na época em que sentia ter pouco apoio, foi diagnosticada como tendo câncer. Isso simplesmente não era justo. Ela sentia que não tinha pedido muito da vida. Sua narrativa terminava com quase um apelo para que a deixem estar saudável até pelo menos seu filho mais novo ter crescido.

No nível pessoal da análise, a narrativa reflete as diferentes experiências das mulheres. A Sra. Brown vinha de uma família partida e se sentia muito insegura em seus relacionamentos. A principal preocupação da Sra. Brown era suas responsabilidades com seus filhos. A deflagração do câncer foi uma grande ameaça a isso e, portanto, uma ameaça a suas chances de vida. Ao desenvolver sua identidade narrativa, a Sra. Brown olha para trás a partir do presente, descrevendo as experiências anteriores de dificuldades e falta de apoio. Há uma coerência na identidade narrativa que ela apresenta.

No nível interpessoal, a análise narrativa está interessada em como a participante transmite sua história à entrevistadora. Em sua história, quais questões ela enfatiza? Sua vida como um todo tinha sido de provações e ela não esperava muito do futuro. "Eu não aspiro à grandeza", ela diz. Em comparação com ela, a jovem entrevistadora era afortunada. Ela parecia ser saudável e ter um bom emprego. O diagnóstico do câncer de mama era mais uma tribulação para a Sra. Brown. Durante a entrevista, ela gastou um tempo considerável detalhando suas experiências infantis de abuso e conectando isso a suas circunstâncias atuais. Seu relato narrativo foi desenvolvido em oposição ao que era percebido como uma história de vida menos dolorosa.

No nível societal, esses relatos narrativos revelam os valores subjacentes das mulheres (McAdams, 1993). O tema dominante nas vidas das mulheres descritas acima era o dos relacionamentos, enfatizando a importância dos valores comunais. Essa descoberta concorda com a ideia de Gilligan (1993) de que as mulheres centram suas discussões de questões morais em cuidado e responsabilidades comunais. Assim, no caso da Sra. Brown, não era certo que os relacionamentos de seus filhos pudessem ser ameaçados como os dela tinham sido. No caso da Sra. Jones, sua relação com Deus era segura e assim ela estava apta a transformar sua doença numa oportunidade de crescimento. Subjacente a essa transformação era uma crença na agência fornecida pela fé religiosa.

Análises adicionais

Os exemplos oferecem uma ilustração do processo da análise narrativa. Não é o único modo de realizar tal análise. Diferentemente de outras formas de análise qualitativa que fragmentam as entrevistas em temas, o objetivo da análise narrativa é considerar todo o relato narrativo, examinar como ele é estruturado e conectá-lo com o contexto mais amplo. Murray e Sools (2014) enfatizam a importância não só do agente central da narrativa, mas também dos outros atores, sejam os imediatos ou distantes, do cenário (social, físico e psicológico) da narrativa, e da disjunção entre os elementos da narrativa, que podem oferecer dinamismo ou estagnação ao relato. O desafio importante é que o pesquisador seja explícito na formulação teórica inicial e então se comprometa com o relato narrativo.

O pesquisador narrativo pode trazer diferentes moldes teóricos para ajudar a entender a história contada. Hollway e Jefferson (2000) compararam o processo do engajamento teórico com jogar uma pedra num lago. Uma teoria adequada irá espalhar suas ondas por todo o relato narrativo, revelando traços particulares que tinham sido negligenciados por outra teoria. Eles usam uma estrutura psicodinâmica que considera angústias ocultas como fornecendo uma estrutura subjacente nas narrativas. Aplicando este molde à narrativa de câncer de mama anteriormente discutida, podemos começar a conectar a angústia da Sra. Brown sobre sua experiência prévia de abandono ao seu medo sobre o impacto do câncer em seus filhos. Outros pesquisadores se interessaram pelas propriedades discursivas dos relatos narrativos (DeFina & Georgakopoulou, 2012), que focam no uso de traços particulares da linguagem empregada.

Em relatos narrativos desenvolvidos em grupos focais, é importante notar como as histórias coletivas são desenvolvidas. A identificação de termos coletivos como "nós" e "nos" pode ajudar a identificar essas narrativas mais sociais. Eles também podem ser vistos no modo como algumas narrativas são desenvolvidas em contraste com as histórias do "outro" coletivo, que são descritas usando termos como "eles" e "lhes". Esses termos também são patentes em narrativas individuais e ilustram em que extensão o indivíduo se identifica com certas histórias ou tentativas sociais de desenvolver narrativas mais oposicionais.

O pesquisador pode também envolver os participantes no processo da análise narrativa. Por exemplo, podemos pedir-lhes que façam uma revisão das transcrições narrativas ou de seus diários pessoais e que sublinhem certos traços de interesse, de um modo que eles comecem a desenvolver um esquema de codificação. A partir dessa revisão, eles, seja como indivíduos ou como parte de um grupo, podem começar o processo de análise. O pesquisador também pode usar o estudo dos relatos narrativos como o começo de um processo de reflexão para os participantes. Uma extensão do estudo do câncer acima descrito seria convidar as mulheres a participarem em um grupo projetado para refletir sobre suas experiências comuns. Tal processo poderia ser emocionalmente sobrecarregado tanto para o pesquisador como para as participantes, mas também tem a possibilidade de converter a pesquisa narrativa numa forma de pesquisa-ação (cf. cap. 8 deste volume; Kearney, 2006; Lykes, 1997). Nesta forma de pesquisa, os participantes podem refletir sobre o poder das narrativas societais dominantes em moldar suas experiências e, como um grupo, considerar narrativas alternativas, mais fortalecedoras.

Escrita

A estrutura do relatório de pesquisa pode variar conforme o foco analítico. Contudo, a preocupação deve ser sempre a de transmitir a natureza narrativa dos relatos coletados. Isso pode ser em termos de sua estrutura e conteúdo imediatos, como é moldado no contexto interpessoal, e como se conecta com as narrativas societais mais amplas. Um modo de fazer isso é apresentar um único ou um pequeno número de estudos de caso que forneçam uma oportunidade de detalhar a natureza dos relatos narrativos particulares. Você pode também considerar o uso de metáforas e de outras ferramentas linguísticas para transmitir ideias. Outra extensão interessante é considerar a interpenetração de narrativas ficcionais e pessoais em que os detalhes narrativos apresentados na mídia ou através de novelas são tomados e integrados ou desafiados em narrativas pessoais. Sarbin (1997) analisa de que forma histórias ouvidas ou lidas podem se conectar com nossos próprios *selves* narrativos e práticas cotidianas.

Conclusão

Em conclusão, as oportunidades oferecidas pela pesquisa narrativa são extensas e ainda em desenvolvimento. Ao realizar um estudo, os pesquisadores devem perguntar o que estão tentando compreender, o que os participantes estão tentando dizer e por que eles estão tentando dizer aquilo. O objetivo é revelar a estrutura subjacente dos relatos narrativos que moldam não só o modo como damos conta de nossas ações e das de outrem, mas também de nossa própria identidade.

O Quadro 5.4 apresenta três exemplos de análise narrativa em ação.

QUADRO 5.4 TRÊS BONS EXEMPLOS DE ANÁLISE NARRATIVA

Dois homens negros com câncer de próstata: uma abordagem narrativa

Gray, Fergus e Fitch (2005) relatam detalhes de um estudo que explorou minuciosamente as experiências de dois negros com câncer de próstata. Os dois homens participaram de extensas entrevistas em quatro períodos de tempo. Foi solicitado aos homens que fornecessem detalhes de sua experiência transformadora com o câncer. Os autores do artigo leram e discutiram as transcrições das entrevistas, e concordaram sobre a estrutura narrativa e os aspectos centrais dos relatos narrativos dos dois homens. Eles estavam preocupados em conectar os relatos dos homens com suas experiências sociais. Eles também consideraram o caráter linear do relato narrativo, em particular como o tempo enquadrava as narrativas. Os autores também consideraram as questões de raça e de gênero ao interpretar as narrativas dos homens. O artigo é recomendado porque ilustra em detalhe o processo de realizar análise narrativa, a conexão com a teoria e o desafio de tentar considerar a relevância de apenas dois estudos de caso detalhados.

Narrativas de câncer e o grupo de apoio no câncer

Este estudo de Yaskowich e Stam (2003) desenvolve a ideia da doença como uma ruptura biográfica. Entrevistas foram feitas com 23 pacientes de câncer que participavam de grupos de apoio. Uma abordagem biográfica foi adotada nas entrevistas. Os participantes eram encorajados a fornecer detalhes de sua experiência de serem diagnosticados e de viver com câncer. Também foi considerado o papel único do grupo de apoio. A análise seguiu as diretrizes da teoria fundamentada nos dados, uma abordagem de análise qualitativa que é considerada no capítulo 4 desse volume. Esta análise produziu cinco categorias preliminares e duas categorias transformadas: "trabalho biográfico" e "uma cultura única e separada". O grupo de apoio foi considerado uma situação segura dentro da qual os participantes podiam fazer o trabalho biográfico necessário que as capacitou a integrar o diagnóstico de câncer em suas identidades. Este artigo foi selecionado porque dá informações detalhadas sobre todas as etapas do projeto – recrutamento dos participantes, condução das entrevistas e análise das transcrições das entrevistas. É importante também porque ele explicitamente liga a teoria fundamentada nos dados com a teoria narrativa e claramente considera o uso da teoria fundamentada para explorar relatos narrativos.

Empoderando a ação social através de narrativas de identidade e cultura

Williams, Labonte e O'Brien (2003) consideram o uso da narrativa como uma estratégia para promover a ação social no cenário de uma comunidade. Ao invés de aceitar as narrativas como uma reflexão da realidade, os pesquisadores começam a explorar seu potencial transformador. Uma amostra de mulheres residentes em ilhas do Pacífico, numa comunidade desfavorecida na Nova Zelândia, concordou em participar do projeto. Isso implicou que elas compartilhassem suas histórias de exclusão e opressão. Através do diálogo e do debate, os membros do grupo começaram a ver os pontos em comum em suas histórias. Elas identificaram uma série de benefícios nesses relatos partilhados. Por exemplo, a construção de confiança, a reconexão e orgulho nas identidades tonganesa e samoana e a construção grupal. Elas também identificaram duas narrativas em comum: lutas das mulheres imigrantes e experiências partilhadas como mulheres. A partir desse processo de análise narrativa compartilhada, as mulheres começaram a explorar estratégias de resistência que puseram algumas delas em conflito com membros de suas famílias. A discussão então passou para como resistir coletivamente a tal conflito. A razão pela qual este artigo foi selecionado é porque ele mostra a conexão entre a pesquisa narrativa e a pesquisa-ação participativa.

Leituras adicionais

Andrews, M., Squire, C. & Tamboukou, M. (eds.) (2008). *Doing Narrative Research*. Los Angeles, CA: Sage.
Uma excelente coletânea que ilustra diferentes abordagens da análise narrativa.

DeFina, A. & Georgakopoulou, A. (2012). *Analyzing Narrative* – Discourse and Sociolinguistic Perspectives. Cambridge: Cambridge University Press.
Um guia para uma abordagem mais discursiva da análise das narrativas.

Haaken, J. (2010). *Hard Knocks* – Domestic Violence and the Psychology of Storytelling. Londres: Routledge.
Um exemplo empolgante do papel das histórias para sustentar e desafiar relacionamentos abusivos.

Riessman, C.K. (2008). *Narrative Methods for the Human Sciences*. Los Angeles, CA: Sage.
Uma descrição detalhada de diferentes aspectos da análise narrativa.

Squire, C. (2013). *Living with HIV and ARVs* – Three-Letter Lives. Londres: Palgrave Macmillan.
Um excelente exemplo do poder da narrativa para explorar questões particulares nas vidas cotidianas.

6 Análise conversacional
Paul Drew

Pesquisadores de várias disciplinas – Antropologia, Sociologia, Comunicação, Linguística, Sociolinguística e Pragmática, bem como a Psicologia – estão cada vez mais se voltando para a perspectiva e os métodos da análise conversacional (em inglês, CA). Eles fizeram isso para investigar uma ampla variedade de tópicos, alguns com intersecções com, ou baseados em, vários campos da psicologia. A grande extensão e riqueza desses tópicos começam a dar uma ideia da adaptabilidade da CA a uma grande variedade de lugares de pesquisa. Esses tópicos incluem: falar sobre problemas e angústias pessoais (Jefferson, 2015); interação médica, especialmente interações entre pacientes e médicos e outros profissionais da saúde (Drew et al., 2001; Heritage & Maynard, 2006; Heritage et al., 2007, 2010; Stivers 2007); a neurologia e o diagnóstico diferencial de convulsões (Reuber et al., 2009; Robson, Drew & Reuber, 2012); desafios comunicativos da interação com pessoas com Mal de Alzheimer (Jones, 2013); a emoção na interação (Hepburn & Potter, 2013); a interação criança-adulto e o desenvolvimento da mente (Wootton, 1997); mídia de notícias, tais como entrevistas de notícias, discurso e debate políticos (Atkinson, 1984; Clayman & Heritage, 2002); distúrbios da fala relacionados à afasia, autismo e paralisia cerebral (Goodwin, 1995); interações familiares (Hepburn & Potter, 2011; Mandelbaum, 2014); identidade sexual (Kitzinger, 2005a, 2005b); consultas psiquiátricas em clínicas de identidade de gênero (Speer & McPhillips, 2013); serviços de assistência telefônica, tais como no cuidado do câncer e nos serviços telefônicos da NSPCC (sigla em inglês para Sociedade Nacional para Prevenção de

Crueldade às Crianças [N.T.]) (Hepburn & Wiggins, 2005; Leydon et al., 2013); aconselhamento de vários tipos, inclusive sistemas de terapia familiar aplicados ao aconselhamento em casos de HIV/Aids (Peräkylä, 1995; Silverman, 1997); e mediação (Stokoe, 2014).

Como suporte da diversidade de pesquisa em áreas "aplicadas" como essas, contudo, o programa da pesquisa CA está nos processos básicos da interação social comum, ao qual este capítulo principalmente se refere. A CA é em grande medida uma metodologia (na verdade, um paradigma) de tipo qualitativo para investigar como nós interagimos uns com os outros, e ao fazê-lo, como nós mantemos a coerência intersubjetiva de nossas interações, como negociamos e sustentamos entendimentos mútuos sobre a realidade, como realizamos ação social através da fala, e como resolvemos problemas comunicativos e interacionais conforme eles surgem, através de sistemas de reparação. Os materiais com os quais trabalhamos – nossos dados – são na sua maioria interações conversacionais ordinárias do tipo que a maioria de nós somos capazes e temos a oportunidade de fazer no dia a dia. Nós estamos, portanto, explorando as competências interacionais e linguísticas/comunicativas que nos capacitam ao envolvimento e compreensão recíproca uns com os outros (mas cf. Drew, 2005a, especialmente o *Prólogo – O Paradoxo de Toma*, para o que pode acontecer quando não temos a oportunidade de interagir normalmente com os outros). Mais coisas serão ditas sobre esta base teórica e metodologia na próxima seção. Por ora:

- a CA se aplica a um amplo leque de tópicos e áreas de relevância direta para psicólogos, inclusive na pesquisa aplicada;
- subjacente aos tópicos aplicados de pesquisa está a investigação pela CA sobre a interação conversacional ordinária;
- nossa meta analítica é desvelar o que torna a interação coerente possível – Quais são as práticas e padrões que nos capacitam a interagir de um modo que tenha sentido?

História e *background* teórico

As origens da CA se cruzam mais intimamente com a psicologia – pelo menos com tópicos que pareceram de um caráter intrinsecamente psicológico – do que talvez seja geralmente considerado. Tendo se formado primeiramente em direito, e então feito pós-graduação na Universidade de Berkeley, Harvey Sacks (1935-1975) começou a desenvolver a CA no curso de suas investigações no *Center for the Scientific Study of Suicide*, em Los Angeles, 1963-1964. Ele estava lá interessado inicialmente na teorização psiquiátrica e psicodinâmica. Mas a equipe do centro estava gravando as chamadas telefônicas por aconselhamento sobre suicídio numa tentativa de melhor compreender os problemas que as pessoas que ligavam estavam tendo, e desse modo as aconselhar mais eficazmente. Foram as investigações de Sacks sobre essas gravações que forneceram o estímulo para o que veio a se tornar a análise conversacional. Levado por seus interesses tanto na preocupação etnometodológica com métodos de raciocínio prático (emergentes em sua associação com Harold Garfinkel), e no estudo da interação (ele foi aluno em Berkeley de Erving Goffman), Sacks começou a investigar como os relatos das pessoas que ligavam sobre seus problemas eram produzidos no curso de suas conversas com os aconselhadores do Centro de Prevenção do Suicídio (em inglês, SPC). Isso o levou, sem nenhuma sensibilidade diminuída para com o flagelo das pessoas que procuravam o SPC, a explorar os "maquinários" mais genéricos ou práticas da interação conversacional, e aos padrões e estruturas sequenciais associados com a administração das atividades na conversação. (Para um relato definitivo das origens do trabalho de Sacks na CA, seu desenvolvimento subsequente e o leque de questões que ele gerou, cf. Schegloff (1992a). Edwards (1995) oferece uma revisão clara e importante não só do trabalho de Sacks, mas também das diferenças entre sua abordagem interacional e de outras perspectivas psicológicas, especialmente na psicologia cognitiva. Cf. tb. Drew & Couper-Kuhlen (2014b); e para um relato dessas origens, e de como a CA "chegou" à Europa, cf. Jefferson (2015).)

Através da reunião de um *corpus* mais amplo de interações, incluindo sessões de terapia de grupo e conversas telefônicas mundanas, e em colaboração com Gail Jefferson (1938-2008) e Emanuel Schegloff (1937-), Sacks começou a mostrar que

> a fala pode ser examinada como um objeto por si só, e não meramente como uma tela em que são projetados outros processos, sejam os problemas sistêmicos balesianos ou as estratégias interpreta-

tivas schutzianas, ou os métodos garfinkelianos de senso comum. A fala em si era a ação, e detalhes anteriormente insuspeitados foram fontes críticas no que estava sendo feito na e pela fala; e tudo isso em eventos espontâneos, de nenhum modo manipulados para permitir o estudo deles (Schegloff, 1992a: xviii).

No coração disso está o reconhecimento de que "a fala é *ação, não comunicação*" (Edwards, 1995: 579). A fala não é meramente um meio, por exemplo, para comunicar pensamentos, informação ou conhecimento: na conversação, bem como em todas as formas de interação, as pessoas estão fazendo coisas ao falar (Austin, 1962; Drew & Couper-Kuhlen, 2014b). Nós estamos envolvidos em atividades sociais uns com os outros – e o que está começando a emergir é um retrato muito abrangente de *como* as pessoas se engajam em ações sociais pelas falas-em-interação. Sacks focalizou questões como a organização da "tomada de palavra" (*turn-taking*, termo que se refere à dinâmica pela qual, numa conversa cotidiana, alternamos os papéis de falantes e de ouvintes [N.T.]), a sobreposição de falas; reparação; introdução e encerramento de um tópico; cumprimentos, questões, convites, pedidos etc., e suas sequências associadas (pares adjacentes); concordância e discordância; contação de histórias; e a integração do discurso com atividades não vocais. Pesquisas subsequentes em CA ao longo dos últimos 50 anos mostraram como esses e outros aspectos técnicos da fala-em-interação são os recursos – ou métodos – estruturados e socialmente organizados pelos quais os participantes executam e coordenam atividades ao falarem juntos. Assim, eles são o alicerce técnico a partir do qual as pessoas constroem suas vidas ou, em outras palavras, constroem seu senso de sociabilidade umas com as outras.

Essencialmente, a CA é uma ciência naturalística e observacional do comportamento (verbal e não verbal) efetivo, que usa gravações de áudio e vídeo de interações que acontecem naturalmente, como forma básica de dados (Heritage, 1984). A CA se distingue em sua abordagem pelos seguintes tipos de características:

- Em seu foco sobre como os participantes compreendem e respondem uns aos outros em suas falas, explorando assim as bases sociais e interacionais da intersubjetividade – compreensões comuns partilhadas e mesmo "coletivas" entre atores sociais.

- A CA desenvolve empiricamente o *insight* de Goffman de que a interação social incorpora uma ordem moral e institucional distinta que pode ser tratada como quaisquer outras instituições sociais (Goffman, 1983). A CA explora as práticas que constituem essa instituição como um tópico válido em si mesmo.
- Organizações conversacionais fundamentam a ação social (Atkinson & Heritage, 1984); a CA oferece uma metodologia para a investigação de como realizamos ações sociais.
- É evidente que a *performance* por um participante de certos tipos de ações, por exemplo, um cumprimento, questão, convite, queixa, acusação etc. deflagra certas expectativas concernentes ao que o outro, o receptor, poderia ou deveria fazer em resposta – particularmente se eles interagem *afiliativamente*.
- O caráter normativo da ação e a responsabilidade associada de agir de acordo com expectativas normativas são de relevância vital para a ordem moral da vida social, inclusive para imputações de conduta desviante.
- A CA relaciona a fala ao contexto social. A abordagem da CA é distintiva, em parte porque o contexto mais próximo para cada tomada da palavra é visto como sendo a sequência (de ação) da qual é uma parte – em particular, da fala imediatamente anterior.
- A CA também toma a posição de que o "contexto" de uma interação não pode ser definido exaustivamente pelo analista *a priori*; antes, os participantes exibem no "*design*" de suas falas (isso será explicado depois) seu senso do contexto relevante – inclusive o conhecimento mútuo, o que cada um sabe do outro, o cenário, a informação biográfica relevante, suas identidades ou relações relevantes, e assim por diante.
- A CA (juntamente com outras perspectivas em sociologia, pragmática e linguística) reconhece que a interação é fundamentalmente organizada com respeito à cooperação; de fato, as origens da linguagem quase que certamente se baseiam nas empreitadas cooperativas de nossos ancestrais. Em todo caso, há clara evidência de que a interação é administrada de modo a melhorar a coesão e a

solidariedade social e a minimizar o conflito – ou, pelo menos, a reduzir o máximo possível os efeitos desintegradores do conflito e da desarmonia. (Para uma revisão deste e de todos estes temas no trabalho da CA, cf. Heritage, 1984.)

• Subjacente à metodologia da CA é a tentativa de capturar e documentar o caráter de vaivém, contingente e *processual* da interação. O objetivo analítico é mostrar como a conversação e outras interações são manejadas e construídas em tempo real, através de processos de produção e compreensão empregados pelos participantes na coordenação de suas atividades quando falam uns com os outros. Isso envolve focalizar na evolução *contingente* das conversas, fala por fala, de cada um dos falantes.

Cada participante em uma conversação diádica (de duas pessoas) – para considerar o modelo mais simples – constrói ou projeta uma fala a ser compreendida pelo outro de um modo particular – por exemplo, executando alguma ação particular (Drew, 2012). O outro constrói uma resposta adequada, sendo que a compreensão pelo outro da fala anterior se manifesta nesta resposta. Assim, o primeiro falante pode rever a resposta do receptor para checar se o outro entendeu "corretamente" sua fala anterior; e se o primeiro falante descobre, pela resposta, que o outro parece não ter entendido corretamente sua afirmação/ação, esse falante pode iniciar uma reparação para corrigir a compreensão do outro (Schegloff, 1992b). O primeiro falante então produz uma resposta, ou uma próxima ação relevante, à fala anterior do outro – e assim a conversação prossegue, cada fala sendo sequencialmente conectada com a anterior, mas simultaneamente movendo a conversação para frente ao formar o contexto imediato da próxima ação do outro falante na sequência (este é o caráter "moldado pelo contexto e renovador de contextos" das falas/ações, tal como descrito por Heritage, 1984: 242).

A metodologia da CA é naturalística e amplamente qualitativa, e caracterizada por quatro traços-chave:

1) A pesquisa se baseia no estudo de dados de ocorrência natural (gravações em áudio ou vídeo). Essas gravações são geralmente transcritas com considerável minúcia, embora o nível e tipo preciso de

detalhe (tais como se certos traços fonéticos ou prosódicos da produção serão incluídos) dependerá do foco particular do pesquisador.

2) Os fenômenos nos dados geralmente não são codificados. A razão para isso é que sinais que aparentemente são fenômenos "idênticos" ou equivalentes podem se mostrar, a uma inspeção mais profunda, como tendo uma diferente saliência interacional, e assim não serem equivalentes. Por exemplo, repetições podem ser codificadas na mesma categoria, e assim serem vistas como fenômenos indiferenciados. Mas diferentes realizações prosódicas das repetições (Couper-Kuhlen, 1996) ou as circunstâncias sequenciais nas quais algo está sendo repetido, e especificamente qual objeto está sendo repetido (Schegloff, 1996), tudo isso pode influenciar crucialmente a atividade realizada através de uma repetição. Sinais de codificação com base em certas semelhanças manifestas correm o risco de reunir, na mesma categoria, objetos que na realidade têm uma significância interacional muito diferente.

3) A metodologia da CA geralmente não é quantitativa. Esse não é um preceito rígido, mas antes um corolário dos riscos ligados à codificação – segue-se daí que é claro que quantificar a ocorrência de um certo objeto provavelmente resulta em negligenciar as propriedades verdadeiramente interacionais deste objeto. Essas propriedades interacionais só podem ser desveladas por uma análise quantitativa completa, particularmente das propriedades sequenciais deste objeto e de como as variações na produção discursiva se relacionam com suas diferentes implicaturas sequenciais (sobre as razões para ter cautela perante ou evitar a quantificação, cf. Schegloff, 1993).

4) Os métodos da CA tentam documentar e explicar como os participantes chegam a compreensões das ações uns dos outros durante o vaivém da interação entre eles, e como, por sua vez, eles constroem suas falas de modo a serem adequadamente responsivas às falas anteriores. Portanto, a CA focaliza especialmente aqueles traços da fala que são salientes nas análises que os participantes fazem de suas falas reciprocamente, no desdobramento progressivo das interações.

Mas tudo isso é bem abstrato. É tempo de dar um guia mais concreto e prático da metodologia da CA.

Formulando uma questão de pesquisa e projetando um estudo

A pesquisa em CA tende a não formular ou abordar questões de pesquisa do modo como é convencional para a maioria dos outros métodos. Nós geramos tópicos de pesquisa com uma de quatro principais maneiras:

- identificando um fenômeno que emerge dos dados;
- focalizando um tipo particular de ação (p. ex., uma solicitação) ou aspecto da interação (p. ex., uma emoção);
- projetando um estudo para investigar um tipo particular de interação, ou de interações, num tipo particular de ambiente (p. ex., a dinâmica das refeições familiares);
- realizando pesquisa numa área temática prática ou aplicada, frequentemente abordando questões que os praticantes querem explorar.

Eu mencionei que Sacks desenvolveu a CA a partir de chamadas telefônicas para uma agência de prevenção ao suicídio. A este respeito ele adotou a quarta dessas estratégias, realizando pesquisa sobre interações num cenário altamente prático; não está claro, porém, se suas investigações e descobertas foram subsequentemente "aplicadas" para alterar ou melhorar as maneiras pelas quais as chamadas eram manejadas (embora suas descobertas realmente correspondessem e oferecessem outra perspectiva sobre algo do que se sabia sobre os dados demográficos acerca do suicídio e de tentativas de suicídio). Nas etapas iniciais, a pesquisa CA geralmente segue o primeiro caminho acima, identificando algo que começa a ficar patente e recorrente nos dados sobre os quais se está trabalhando. Por exemplo, alguns anos atrás eu reparei em como frequentemente os falantes faziam uma afirmação, mas então recuavam em relação à força desta afirmação. Sua afirmação inicial parecia ser exagerada, em comparação com a versão que emergia. Eu considerarei alguns exemplos mais tarde, ao discutir como abordamos a análise de dados; então por ora eu apenas notarei que este padrão, e as práticas associadas a ele, emergiriam através de "investigação imotivada" – ele simplesmente continuou a se mostrar num leque de dados conversacionais.

Por contraste, outros projetos evoluíram de uma decisão de focalizar uma solicitação, por exemplo (Curl & Drew, 2008). Nós reparamos logo no início do projeto que os falantes usam diferentes formas ou construções com as quais fazem uma solicitação. Ficou patente que nos dados de nossa conversação social comum, entre família e amigos, os falantes geralmente usam formas modais ("*Você poderia [Could you] trazer uma carta quando você vier?*"), enquanto que em telefonemas fora do horário para o médico, quem ligava falava "*Queria saber se [I wonder wether] você poderia vir e me dar algo para isso*", usando uma forma condicional que indicava sua compreensão de que eles poderiam não estar no direito de pedir (como um filho poderia pedir para sua mãe trazer-lhe uma carta), e que uma maior contingência pode estar envolvida em conceder a solicitação. De novo, outras direções de pesquisa emergiram das necessidades e interesses dos praticantes que podem ter patrocinado a pesquisa; assim, os tópicos e questões nas quais nos focamos, ao pesquisar como desempregados que buscam auxílio são entrevistados nas Centrais de Emprego do Reino Unido [*Jobcentre Plus*], emergiram do objetivo do departamento governamental, que patrocinou esta pesquisa, em melhorar a eficácia dessas entrevistas (Drew et al., 2014).

O *design* ou estratégia da pesquisa resultará destas quatro rotas das quais o foco da pesquisa emergiu. Mas em termos gerais, é melhor focar no que os participantes estão fazendo, em quais ações ou atividades eles estão envolvidos; então, investigar como eles constroem e manejam essas ações. Assim, por exemplo, na pesquisa sobre entrevistas entre aconselhadores e requerentes no *Jobcentre Plus*, nós focalizamos as atividades essenciais realizadas durante o que se chama de "entrevistas focadas no trabalho", tais como estabelecer três metas de trabalho de um requerente, fazer um "cálculo de melhoria", estabelecer barreiras ao trabalho, e assim por diante. Na pesquisa sobre interações médicas na atenção primária, um real progresso foi conseguido ao se focar as atividades-chave da consulta, tais como obter o relato do problema pelo paciente, o exame médico, o diagnóstico e o tratamento considerado (Heritage & Maynard, 2006). Identificar e explorar as atividades-chave numa interação ou num dado ambiente então fornece uma estrutura dentro da qual se podem desenvolver estratégias e metas de pesquisa mais específicas.

Coletando dados

Eu mencionei que os dados que os pesquisadores da CA usam são sempre gravações de interações que ocorrem naturalmente: os dados não são reunidos através de simulações, através de tarefas experimentais ou quase-experimentais, e não são fabricados. Nem, geralmente, as entrevistas são tratadas como dados, embora, para certos propósitos ou empreitadas analíticas, algumas entrevistas possam ser consideradas como interações naturalmente ocorrentes (como, p. ex., as entrevistas que eu mencionei entre aconselhadores e requerentes nos escritórios do *Jobcentre Plus*). Não há um guia fácil para fazer gravações no campo, e as dificuldades incluem acesso (e os padrões éticos de obtenção do consentimento), aspectos éticos, e frustrações consequentes. (Eu certa vez gravei em vídeo o escritório de espaço aberto de arquitetos no norte da Inglaterra durante uma semana; quando avaliei a gravação de um dia, do que era possivelmente a melhor "ação" que tínhamos visto na semana inteira, não havia nenhum áudio – conexões fracas podem te enlouquecer! Cf. Goodwin (1993) sobre aspectos técnicos da gravação.) E só se consegue aprender com a experiência como lidar com as relações e expectativas pessoais que podem surgir do extenso envolvimento com aqueles que estivermos gravando.

Uma vez que as gravações tenham sido obtidas, o próximo passo é transcrever (por inteiro ou parcialmente) os dados coletados. Mais tarde, na próxima seção, introduzirei a abordagem da CA na análise de dados ao focar um pequeno extrato de uma ligação telefônica entre Emma (todos os nomes são pseudônimos) e uma amiga, Nancy, a quem ela ligou. Esse extrato começa aproximadamente aos onze minutos da chamada, quando, depois de terem falado por algum tempo sobre uma aula que Nancy está fazendo numa universidade local (como uma aluna sênior, de meia-idade), Emma abruptamente muda de assunto. Para dar a você uma ideia do que tentamos transmitir através de nossas transcrições, eis primeiro uma simples transcrição ortográfica padrão do que as interlocutoras dizem uma para a outra (Quadro 6.1).

QUADRO 6.1 TRANSCRIÇÃO SIMPLES

(1)   [NB: II: 2: 9]

Emma: ...alguma coisa daquela te afetou demais
Nancy: Sim
Emma: E então você pensa bem se você quer ser parte disso. O que você está fazendo?
Nancy: O que estou fazendo?
Emma: Limpando?
Nancy: Estou passando roupa você acreditaria nisso
Emma: Oh, abençoo esse coração.
Nancy: De fato comecei a passar e de um jeito ou outro passar meio que me deixa tranquila
Emma: Sim
Nancy: Você sabe
Emma: Quer descer e vir fazer um almocinho comigo?
Nancy: É que
Emma: Eu trouxe umas cervejinhas e tal
Nancy: Bem, você é mesmo um doce querida
Emma: Ou você tem alguma coisa mais
Nancy: Deixe eu Não eu tenho que ligar pra mãe do Roul.

QUADRO 6.2 SÍMBOLOS DA TRANSCRIÇÃO

O tempo relativo das afirmações

Intervalos dentro das falas ou entre elas são mostradas desta forma (0.7).

Uma pausa discernível que é curta demais para ser cronometrada mecanicamente é mostrada como uma micropausa (.).

Sobreposições entre as afirmações são indicadas por colchetes, o ponto de início da sobreposição é marcado por um único parêntese à esquerda.

Afirmações contíguas, onde não há intervalo discernível entre as falas, são ligadas por um sinal de igualdade. Ele é também usado para indicar um movimento muito rápido de uma unidade em uma fala para a próxima.

Características de apresentação de discurso

Vários aspectos de apresentação de discurso são capturados nessas transcrições por símbolos de pontuação (os quais, portanto, não são usados para marcar unidades gramaticais convencionais) e outras formas de notação, como se segue:

Um ponto (ponto-final) indica uma entonação descendente.

Uma vírgula indica uma entonação contínua.

Um ponto de interrogação indica uma inflexão ascendente (não necessariamente uma pergunta).

> A dilatação de um som é indicada por dois pontos, o número dos quais corresponde à extensão dessa dilatação.
> .h indica inspiração, cuja extensão é indicada pelo número de letras h.
> h. indica expiração, cuja extensão é indicada pelo número de letras h.
> (hh) indica aspirações audíveis no discurso no qual elas ocorrem (inclusive em risos).
> °° (símbolos de grau) indicam palavra(s) falada(s) muito suave ou tranquilamente.
> Ênfases sonoras são mostradas com sublinhados, e as palavras ou partes de uma palavra que são enfatizadas aparecem sublinhadas.
> Discurso particularmente enfático, geralmente em tom de voz mais alto, é mostrado em letras maiúsculas.
> Mudanças marcantes no tom de voz são mostradas por ↑ para aumento, e ↓ para diminuição.
> Se o que é dito não está claro ou é incerto, isso é situado entre parênteses.

O Quadro 6.1 é o tipo de transcrição que poderia ser produzida pelo *Hansard* [*Hansard* é o nome tradicional das transcrições de debates parlamentares na Grã-Bretanha e em muitos países da *Commonwealth* (N.T.)], como um registro dos debates no Parlamento, ou por estenógrafos que registram o que é dito durante um julgamento. Ele grava, em ortografia padrão, as palavras que foram faladas – ou, antes, como elas devem ter sido faladas. Mas não registra o que foi realmente dito. Ele não registra, por exemplo, a diferença entre as palavras que foram plenamente articuladas e as que foram abreviadas ou juntadas (p. ex., veremos que Emma não diz *bite of*; na décima primeira linha ela as junta, como *bahta*). Tampouco grava o modo como as coisas são ditas, o ritmo, entonação e ênfase em suas falas. Finalmente, não captura nada da relação entre a fala de uma pessoa e a próxima – como a sobreposição de discurso ou pausas/silêncios. Para representar esses e outros aspectos da fala, a CA desenvolveu um sistema de transcrição que pretende capturar fidedignamente traços do discurso que são salientes na interação entre os participantes, inclusive – bem como características da apresentação do discurso (tais como ênfase, altura da voz, mudanças de tom, dilatação ou encurtamento etc.) – aspectos da relação entre as alternâncias de quem fala. Essa relação inclui se, e quando, um falante fala em sobreposição com outro, e se há uma pausa entre a fala de um e a próxima (cf. Atkinson & Heritage, 1984: ix-xvi; Jefferson, 1985; ten Have, 1999: cap. 5). Para capturar esses traços, usamos os símbolos mostrados no Quadro 6.2.

Usar esses símbolos para transcrever o mesmo extrato resulta em algo que, embora formidavelmente difícil de entender à primeira vista, captura uma gama considerável de detalhes que podem ser relevantes para nossa análise da interação entre elas. É importante notar a esse respeito que nossas transcrições são "pré-analíticas", no sentido de que são feitas antes que o pesquisador tenha qualquer ideia particular sobre quais fenômenos, padrões ou traços, nos dados, podem ser investigados. De fato, o propósito da transcrição, usada em conjunção com a gravação, é que ela deve ser um recurso no desenvolvimento das observações e hipóteses sobre fenômenos. O quadro que se segue [extrato (2)] mostra o mesmo extrato da conversação entre Emma e Nancy que foi mostrado no Quadro 6.1, mas transcrito segundo as convenções que acabamos de delinear (ele foi ampliado para incluir um pouco mais da conversação delas, além do que foi mostrado no Quadro 6.1). Tente não se sentir desencorajado pelos detalhes, que, a princípio, parecerão como que egípcio antigo: se você fizer a leitura completa, algumas vezes, rapidamente começará a entender.

(2)	[NB:II:2:9][2]	
1		Al[guma coisa° da]quela te afetou dema:is=
2	Nan:	[°si:im°]
3	Emm:	e então: °você pen:sa be:em se você quer fazer° parte disso
4		(0.7)
5	Nan:	hhhhhh[hh
6	Emm:	[↑PA:R:T dis.so; O quevocêtá ↑Fazendo?
7		(0.9)
8	Nan:	O que estou fa[zendo?
9	Emm:	[Limpa:ndo?=
10	Nan:	=hh.hh estou passando roupa você acredi:taria ↑nis:so.
11	Emm:	Oh, abençoo es[se ↓cora:ção.]
12	Nan:	[é de fa]to eu: estou comecei a passar e eu: f
13		Eu: (.) de um jeito ou de outro passar meio que me dei:xa:

---

2. Procurou-se reproduzir a codificação e sinalização proposta pelos autores, em atenção aos conceitos que levarão ao registro e à interpretação do texto (não configurando uma análise linguística ou fonética), considerando-se a grande diferença, entre o inglês e o português, quanto a número de palavras no diálogo, separação de sílabas, aglutinação, entonação, articulação etc. [N.T.].

14		tranqui[la]
15	Emm:	[si]im,
16		(.)
17	Nan:	[vocêsabe}
18	Emm:	[Quer descer] e:vir fazer[um almo:cinho co]migo?=
19	Nan:	[°é que eu] ( )°]
20	Emm:	Eu trouxe umas cervejinhas e:eta:l,
21		(0.3)
22	Nan:	↑ Bem, você é mesmo um doce querida:uh:m
23		(.)
24	Emm:	[Ou você] tem alguma coisa [mais°( )°
25	Nan:	[De i x]e- eu:] [não:Não: eu tenho que: ligar pra mãe de Roul
26		Eu disse a ela eu: vou ligar pra ela essa manhã [recebi umacarta] dela
27	Emm:	[°(Uh huh.)]
28	Nan:	.hhhhhh E:e uhm
29		(1.0)
30	Nan:	pra você.-Então: ela na carta ela disse se você po:de porque (.)
31		me ligou sábado de manhã eu não estava. h
32		[.hhhh]
33	Emm::	[°Mm h]m:°=
34	Nan:	"T"ava como tomando uma surra.
35		(0.2)
36	Nan:	Kh[hh ↑hnhh hnh]-hnh- [hnh
37	Emm:	[°M m : : :,°] [Ninguém ouviu uma pala:vra hah,
38	Nan:	>Nenhuma palavra,<
39		(0.2)
40	Nan:	Hah ah,
41		(0.2)
42	Nan:	n:Não (.) nem uma palavra, h
43		(.)
44	Nan:	Nada, exceto a mãe do Roul recebeu um telefonema.hhhhhh
45		"Eu penso que foi:: (0.3) Segunda ou Ter:ça
46		depois do Dia das mã:es.

Esta conversa telefônica é, evidentemente, como qualquer outra, bem singular – em termos de tempo e espaço, e no que mantida por essas duas participantes, quaisquer que sejam as relações e a história que elas têm uma com a outra, e em qualquer circunstância em que o telefonema ocorreu. Repare que podemos começar a ver algo do relacionamento delas na referência de Nancy à "mãe do Roul", o que presume que Emma reconhecerá a quem ela está se referindo quando evoca seu ex-marido. Além disso, é evidente que Emma já sabe algo sobre as circunstâncias associadas às dificuldades que Nancy está tendo com seu ex-marido, quando em resposta à referência de Nancy na linha 34 à "T"ava como to<u>mando</u> uma <u>sur</u>ra", ela (Emma) pergunta na linha 37, "Ninguém ouviu uma <u>pala</u>:vra hah,". E finalmente, nas linhas 18-20, Emma convida Nancy para um almoço ("Quer descer] <u>e:vir</u> fazer[um almo:cinho co]migo?= Eu trouxe umas <u>cervejinhas</u> e:etal"); é de se supor que não há muitas pessoas que Emma poderia ou iria chamar no meio de uma manhã para um almoço informal naquele mesmo dia (que Roul é o ex-marido de Nancy e que são 11:15h da manhã emerge mais tarde na conversa). Assim, detalhes na conversa delas revelam algo de seu relacionamento e a singularidade do que elas sabem uma da outra.

Análise

A despeito da singularidade desta conversa, podemos identificar algumas coisas familiares no extrato (2), coisas que reconhecemos acontecer em outras conversações. Em primeiro lugar está o que parece talvez central neste extrato: o convite de Emma. Há vários modos de abordar a análise de dados (cf. Pomerantz & Fehr, 1996, para um delineamento útil e mais extenso do que pode ser oferecido aqui). Mas um ponto de partida essencial é considerar os modos nos quais os participantes não estão "só falando", mas engajados em atividades sociais. Sempre que estamos examinando a fala em conversação, procuramos ver em que atividade ou atividades os participantes estão envolvidos – o que estão fazendo? Aqui a atividade que está sendo manejada ou conduzida nesta sequência é o convite de Emma. O *caráter social* de tal ação ou atividade não poderia ser enfatizado excessivamente. O engajamento das pessoas no mundo social consiste, em grande parte, em executar e responder a tais atividades. Assim, de novo, quando estudamos a conversação, estamos estudando não uma linguagem inativa, mas a linguagem empregada a serviço de fazer coisas no mundo social. E estamos focalizando a organização social dessas atividades sendo realizada na conversação.

Ao me referir à *administração* do convite de Emma, pretendo sugerir que podemos ver como Emma administra a interação de um modo que lhe dá a oportunidade de fazer o convite. Vendo o que acontece imediatamente antes, fica claro que o convite de Emma nas linhas 18-20 vem depois de ela ter perguntado a Nancy o que ela está fazendo (linha 6). Parece que a resposta de Nancy – indicando que *começou* a fazer algo (linha 12) mas poderia não continuar ("passar roupa meio que me deixa tranquila") (linhas 13-14) encoraja Emma a fazer seu convite. Agora, não podemos ter certeza se Emma perguntou o que Nancy estava fazendo com a intenção de descobrir se ela estava livre e, se sim, convidá-la; ou se, tendo feito uma pergunta inocente, talvez sobre suas tarefas diárias, e descoberto que Nancy estava à toa, Emma decidiu neste ponto (ou seja, depois da resposta de Nancy) convidá-la. Isso ilustra a dificuldade de tentar interpretar os estados cognitivos ou outros estados psicológicos dos participantes com base na conduta verbal. Em suma, não podemos saber se sua indagação na linha 6 era "inocente", e, portanto, se o convite foi interacionalmente gerado pela resposta de Nancy, ou se ela fez a indagação especificamente para preparar o convite que já tinha planejado (e se, na verdade, ela ligou com o propósito de convidar Nancy para almoçar). Tudo o que podemos dizer nesta etapa é que convites, e ações semelhantes como solicitações, são regularmente precedidos por tais indagações. Aqui há dois casos claros [extratos (3) e (4)], nos quais uma indagação inicial recebe uma resposta "encorajadora", após o que o primeiro falante faz o convite que o receptor bem poderia estar pronto a antecipar.

(3) [:CN:1]
1 A: Qtá fazendo"
2 B: nada"
3 A: Quer beber?

Continua

Continuação

(4) [JGII(b):8:14]
1   John: Então quem é o <u>nam</u>orado da semana.
2   (0.2)
3   Mary:.k.hhhhh- Oh: de::us é <u>aquele</u> que alguém você sabe,me
4   Você sabe fica <u>ocupado</u> quando eu quero sair John
5   Não é nada.hhh eu não tenho ninguém sério na fila,
6   John: Então em outras palavras você sairia se eu:: conv<u>idasse</u> uma vez"
7   por esses tempos
8   Mary: Sim! Porque n<u>ão</u>.

Tais indagações, tais como feitas nos extratos (3) e (4), são denominadas *pré-convites*: elas podem ser planejadas para preparar o convite que pressagiam, ou talvez ofereçam uma oportunidade de fazer um convite – descobrindo se o convite, uma vez feito, tem boa chance de ser aceito.

Tivesse ou não a intenção, ao fazer sua indagação, de convidar Nancy (o que, portanto, faria que sua indagação na linha 6 fosse considerada como um pré-convite), podemos ver que o convite não surge do nada. Ele é precedido por, e emerge de, uma sequência interacional (linhas 6-17) a partir da qual Emma podia discernir se Nancy estaria livre para almoçar. Outro aspecto da administração de seu convite é o modo pelo qual ele é construído ou planejado como uma ideia casual, espontânea. Isso é transmitido não só pelo horário do convite (com uma antecedência de apenas uma hora, mais ou menos), mas também pelo uso de expressões como "descer" e "almocinho". A sociabilidade proposta não é retratada como uma refeição formal, uma ocasião para a qual outras pessoas tivessem sido convidadas, ou que exigisse trajes elegantes, ou um evento RSVP [sigla francesa para *répondez s'il vous plaît*, responda por favor; ou seja, um evento formal, que demande confirmação antecipada da presença (N.T.)]; ao contrário, é algo improvisado, supondo-se que Nancy poderia gostar de alguma pausa em suas tarefas domésticas. Assim, o tipo de convite, e as expectativas e obrigações concomitantes que podem pesar sobre o receptor deste convite, estão manifestas no intuito específico da fala na qual o convite é feito.

Assim, tendo esboçado um primeiro passo na análise de dados:

1) Procure ver em que atividade(s) os participantes estão envolvidos. Podemos acrescentar o segundo e terceiro passos.

2) Considere a sequência que conduziu ao início de uma ação, para ver como a atividade em questão pode ter surgido dessa sequência (e mesmo se o falante parece ter preparado o terreno para a próxima ação).

3) Examine em detalhe a concepção (as palavras e frases específicas usadas, inclusive traços prosódicos e de entonação) da fala na qual a ação é iniciada.

Este último ponto concernente à concepção da fala pode ser desenvolvido no contexto de um quarto passo:

4) Considere como o receptor responde à "primeira" fala/ação.

A esse respeito, podemos notar vários traços na resposta de Nancy. Primeiro, ela não responde imediatamente: há um atraso de 0.3 segundos (linha 21) antes de ela começar a falar [em destaque no extrato (5) a seguir].

(5)		[a partir do (2)]
	18	Emm: [Quer descer] e:vir fazer[um almo:cinho co]migo?=
	19	Nan: [°é que eu] ( )°]
	20	Emm: Eu trouxe umas cervejinhas e :etal,
	21	(0.3)
	22	Nan: ↑ Bem, você é mesmo um doce querida:uh:m
	23	(.)
	24	Emm: [Ou você] tem outra coisa [mais°( )°
	25	Nan: [De i x]e- eu:]

Mantendo em mente o primeiro passo analítico, para considerar qual ação um falante está fazendo numa fala (ou sequência), podemos notar que, quando ela enfim responde, Nancy faz uma *apreciação* do convite (linha 22, "↑ Bem, você é mesmo um doce querida: uh:m"). Ela poderia, claro, simplesmente ter aceito o convite de Emma, com algo como "Oh, seria ótimo", que teria simultaneamente *apreciado* e *aceito* o convite. Aqui, porém, aprecia o convite sem (pelo menos até então) aceitar. Duas observações adicionais sobre a fala/valoração por Nancy na linha 22: é antecedida por "Bem" ("Wul", ou seja, "Well"); e então ela hesita antes de continuar, conforme indicado por "uh:m" e a leve (micro) pausa (linha 23) antes de começar com "Deixe-" (linha 25).

Claro, tendo Emma convidado Nancy para almoçar, ela está ouvindo e esperando se Nancy vai aceitar. Fica bem nítido a partir de sua fala na linha 24, "Ou você tem outra coisa mais ( )", que Emma já antecipa que Nancy poderia ter alguma dificuldade em aceitar: ter *outra coisa para fazer* é um motivo padrão para recusar um convite.

Um modo de pensar na antecipação por Emma da dificuldade/possível recusa de Nancy é que Emma *analisa* o que Nancy disse. Isso, de novo, é fundamental para nossas investigações da conversação: estamos focalizando as *análises que os participantes fazem das falas e conduta uns dos outros* – em como eles compreendem o que o outro quer dizer ou está fazendo. Considerando o que levou Emma a antecipar que Nancy poderia recusar o convite, podemos ver que a única base que Emma tem até aqui para fazer esta análise é o atraso antes da fala de Nancy (na linha 21), sua apreciação do convite sem ainda aceitá-lo, e o começo da fala de Nancy com o "Bem". Tomados juntamente, esses três traços indicam a Emma que Nancy poderia não estar livre para ir almoçar.

Eu mencionei antes que, embora esta seja uma conversação única, muitos traços da fala delas são bem familiares. A *apreciação* por Nancy é um dos traços familiares, e apreciações são familiares, particularmente quando um falante está recusando um convite (ou oferta) de outro. Aqui [extrato (6)], temos um outro exemplo.

(6)		[SBL:1:1:10:14]	
	1	Ros:	E você umm: se você gostaria que que eu fosse visitar você
	2		um pouco esta manhã para te oferecer um café
	3	Bea:	[khhh
	4	Bea:	Uhhh-huh hh Bem, que <u>tão</u> <u>doce</u> de sua h parte mas eu não
	5		acho que posso <u>acei</u>tar essa manhã, hheeuhh uh:m (0.3)
	6		°tch eu estou <u>cor</u>rendo em e fazendo um <u>ar</u>tigo e: nã:o uh hh eu
	7		não vou estar perto do tele::fone

A recusa de Bea ao convite de Rose para um café nessa manhã consiste em três componentes:

[apreciação] + [recusa] + [justificativa]

Sua [apreciação] é "que doce de sua parte" (linha 4): ela explicitamente [recusa] o convite quando diz "não acho que posso aceitar essa manhã" (linhas 4-5). (Note que a recusa de Bea é suavizada, ou mitigada, por ela dizer "eu não acho", em lugar de dizer só "eu não posso", após o que ela oferece uma [justificativa] para não poder ir, que é "eu estou *correndo* e fazendo um ar<u>tigo</u> e não vou estar perto do tele::fone (linhas 6-7). Isso ilustra o modo pelo qual uma [apreciação] pode ser feita para preparar ou levar à recusa de um convite. Uma coisa que a [apreciação] faz é atrasar a recusa; e isso é coerente com a pausa de 0.3 segundos (linha 21) antes da resposta de Nancy ao convite de Emma. Assim, este é outro traço da resposta de Nancy que pode dar a Emma a pista de que Nancy está prestes a recusar: sua "decisão" é postergada, tanto pela pausa quanto pela [apreciação] preliminar. Mas é importante que a [apreciação] é em si mesma precedida por *Bem*: é possível usar uma [apreciação] como um modo de aceitar um convite (como em *Isso é muito legal da sua parte*), mas em tais casos a [apreciação] não é antecedida pelo *Bem* disjuntivo.

Só como um parênteses, antes de um balanço de onde estamos, vale notar algo sobre a fala de Emma na linha 24. Até agora, temos considerado que base ela tinha para prever que Nancy poderia declinar seu convite – focando em detalhes do que Nancy disse na linha 22, e os atrasos em sua resposta que ficam evidentes nas linhas 21 e 23. Mas quando prevê a possível recusa de Nancy, Emma realiza algo mais: ela também previne (pré-esvazia) essa recusa. Se compararmos a sequência nas linhas 24-37 do extrato (2) com a recusa de Bea nas linhas 4-7 do extrato (6), fica claro que *não há nenhuma recusa explícita do convite de Emma*.

(7)		[a partir do (2)]
	22	Nan: ↑ Bem, você é mesmo muito <u>doce</u>:uh:m
	23	(.)
	24	Emm: [Ou você] tem alguma coisa [mais°( )°
	25	Nan: [De i x]-e eu:] [nã<u>o</u>:Não: eu <u>tenho</u> que: <u>ligar</u> pra m<u>ã</u>e do Roul
	26	eu disse a ela eu: vou <u>ligar</u> pra ela essa manhã [recebi uma carta] <u>de</u>la
	27	Emm: [°(Uh huh.)°]
	28	Nan: .hhhhh<u>h</u> <u>E</u>:e uhm
	29	(1.0)

Continua

Continuação

30	Nan:	pra você.-Então: ela na carta ela disse se você po:de porque (.)
31	.....	me ligou sábado de manhã eu não estava. h
32		[.hhhh]
33	Emm:	[°Mm h]m:°=
34	Nan:	"T"ava como tomando uma surra
35		(0.2)
36	Nan:	Kh[hh ↑hnhh hnh]-hnh- [hnh
37	Emm:	[°M m : : :,°] [Ninguém ouviu uma pala:vra hah,

Os colchetes no começo das linhas 24 e 25 indicam que Emma e Nancy começam a falar simultaneamente. Parece que Nancy iria continuar com sua resposta ao convite de Emma, mas Emma consegue fazer sua indagação, antecipando que ela poderia *ter outra coisa para fazer*, antes que Nancy faça qualquer rejeição mais explícita, do tipo que Bea faz quando diz "eu não acho que posso *aceitar* essa manhã". E o modo pelo qual a sequência se desenvolve as mostra passando para o assunto das dificuldades de Nancy com seu ex-marido (linha 37), sem ter resolvido a questão de Nancy aceitar ou não o almoço. O ponto a notar aqui é que não só a fala de Emma na linha 24 indica sua análise ou entendimento da resposta de Nancy até então, mas também que ela consegue prevenir a recusa que ela antecipa. E se uma recusa não foi explicitada ou oficializada, então talvez a decisão sobre o convite ainda esteja aberta (e, de fato, mais tarde naquela ligação, elas voltam à possibilidade de Nancy vir para o almoço).

Retomada analítica

Ao começar a análise deste pequeno extrato de uma chamada telefônica, eu sugeri quatro passos iniciais. Focalizando inicialmente uma das falas da conversa, neste caso a fala de Emma nas linhas 18-20 do extrato (2), um modo de começar a ver *o que* está acontecendo na conversa, e *como* isso deve ser feito, é:

1) Identificar em que atividades ou ações os participantes estão envolvidos.

Aqui Emma convidou Nancy para almoçar; assim nós temos uma sequência de convite, em que a resposta de Nancy deve ser o aceite ou recusa do convite.

2) Considerar a sequência que leva ao início de uma ação, para ver como a atividade em questão pode ter surgido daquela sequência (e mesmo se o falante parece ter preparado o terreno para a ação seguinte).

Nós vimos que a indagação de Emma *pode* ter sido uma indagação do tipo pré-convite, concebida para determinar se Nancy poderia estar livre para almoçar. Mas não podemos ter certeza: sua indagação pode ter sido "inocente". Contudo, ela faz o convite em um ambiente – após o relato, que não poderia ser menos entusiasmado, sobre uma tarefa que ela preferiria não estar fazendo –, o que a encoraja a acreditar que Nancy poderia estar livre ou disposta a dar uma pausa e ir almoçar.

3) Examine em detalhe o design *(as palavras e frases específicas utilizadas) em cada uma das falas dos participantes.*

Por exemplo, Emma concebe seu convite de uma maneira que indicasse ser uma coisa improvisada, casual – que é um modo de formular o tipo de ocasião que está sendo proposto (que pode ter implicações adicionais em relação ao "compromisso" ou obrigações do receptor).

4) Considere como o receptor responde à "primeira" fala/ação do recipiente.

Isso envolve uma combinação do primeiro e do terceiro passos, aplicados à próxima fala. O convite de Emma estabeleceu uma expectativa em relação ao que Nancy fará a seguir (ou seja, que ação sua próxima fala constituirá): pode-se esperar que ela tanto aceite o convite (preferivelmente) como o recuse. Ao invés disso, o que ela faz é *apreciar* o convite. O que, conjugado com os dois outros aspectos do *design* da fala de Nancy – seu atraso antes de começar a falar e prefácio de sua apreciação com o disjuntivo *Bem* – são indicações de seu problema para aceitar, e são as bases com as quais Emma prevê que Nancy poderia recusar.

Em suma, estamos considerando os dados em relação aos modos em que, através de suas falas na conversa, os participantes manejam atividades. Nosso foco é a conduta social, e como a conduta é construída através precisamente do que os participantes dizem – através do *design* de suas falas. O *design* da fala implica os falantes fazerem escolhas entre formas alternativas possíveis de dizer algo. Por exemplo, selecionar o *Bem* preliminar na linha 22 dá à apreciação de Nancy seu caráter de implicação de uma recusa: sem o *Bem*, e sem o atraso que precede sua resposta, a "mesma" apreciação pressagiaria o aceite. Finalmente, são fundamentais à abordagem da CA que estamos investigando os modos pelos quais os próprios falantes, durante a conversação, compreendem e analisam o que o outro está fazendo/significando: assim nós focamos nas análises que os participantes fazem da conduta uns dos outros.

Em acréscimo a esses quatro passos analíticos foi dado outro, mas até aqui de um modo mais implícito. As observações sobre a construção das falas na conversa, e das compreensões de respostas a elas, supuseram que o que nós estamos observando nesta conversação não são traços idiossincráticos a esses falantes. Eu sugeri que embora esta conversação fosse única em termos de sua ocorrência (tempo, lugar, participantes e circunstâncias), contudo, o que acontece na conversa, as atividades em que os participantes estão envolvidos e como eles manejam essas atividades, tudo isso é familiar – o que implica que esses traços dos dados são *comuns* a uma comunidade discursiva e são propriedades *sistemáticas* de uma fala-em-interação. A inteligibilidade da ação social na conversação decorre do fato de os participantes empregarem formas e padrões de linguagem intersubjetivos, comuns ou compartilhados. Lembre-se que, em dois pontos durante essas observações preliminares, eu introduzi extratos de outras conversações nas quais o mesmo traço ou padrão é evidente. Os extratos (3) e (4) são exemplos de indagações que são claramente *pré-convites*. Embora as palavras e conteúdo específicos de cada caso sejam diferentes, e a natureza do convite também o seja, as indagações em si servem à mesma função no que se refere à sequência: as questões são feitas a serviço do convite a caminho, para ver se o convite, uma vez que seja feito, tem boa chance de ser aceito. E subsequentemente outro extrato (5) [a partir do (2)] foi mostrado para ilustrar que um *Bem* preliminar [apreciação] foi usado em casos em que o falante está recusando um convite. É evidente que essas observações tiram partido de nosso conhecimento sobre o que acontece em outras sequências semelhantes de ações (aqui, sequências de convite) em outras conversações entre outros participantes. Portanto, estamos começando a construir um argumento em defesa de que há *padrões* na fala, e que esses padrões são sistemáticos na medida em que emergem de certas contingências gerais que as pessoas enfrentam quando interagem umas com as outras. Mas, para explorar e demonstrar isso, precisamos construir *coleções* de exemplos. Esta é a etapa final e essencial no desenvolvimento de uma análise de um fenômeno conversacional – portanto, vamos ver como pode ser uma coleção.

Coleções e padrões sistemáticos em interação

O objetivo da pesquisa em CA é investigar e desvelar as *práticas socialmente organizadas* através das quais as pessoas se fazem entender, e através das quais elas manejam atividades sociais na fala. Podemos começar a ver no relato preliminar no extrato (2) que os participantes concebem sua fala de modos que são organizados (p. ex., a combinação de um atraso em responder, juntamente com a introdução de uma apreciação com um *Bem*) e compartilhados (Emma antecipa a partir disso que Nancy poderá recusar seu convite). Essas não são meras idiossincrasias pertencentes a indivíduos, tampouco essas práticas estão associadas com as personalidades particulares dos falantes. A pesquisa em CA pretende identificar as organizações compartilhadas que estão manifestas nos *padrões* da fala. Os padrões podem apenas ficar patentes quando coletamos exemplos – tantos quantos possam ser encontrados – de um fenômeno, e examiná-los pelas propriedades que os casos tenham em comum. Assim, a metodologia da CA conecta:

- identificar um possível fenômeno;
- fazer uma coleção;
- discernir o padrão sequencial associado ao fenômeno.

Para ilustrar como isso está interconectado, e o quão central é o papel das *coleções* na metodologia da CA, eu vou pegar algo que ocorre no extrato que estivemos considerando, no qual Emma convida Nancy para um almoço. Isso não se relaciona diretamente com o convite em si, mas emerge da justificativa de Nancy de ter que ligar para sua sogra. Ou seja, o fenômeno que examinarei é um tanto incidental em relação à resposta que viemos observando até aqui: é algo que inicialmente chamou minha atenção como sendo curioso, como até mesmo surpreendente.

Lembre-se que Emma se refere ao tópico das dificuldades que Nancy estava tendo com seu ex-marido (diga-se de passagem, conseguindo assim consolidar o movimento de desvio de uma rejeição explícita ou formal da sua oferta).

Eu mencionei que claramente Emma sabe alguma coisa da situação envolvendo o ex-marido de Nancy, quando ela pergunta "Ninguém ouviu uma palavra" (linha 37) [em destaque no extrato (8)]. Nancy confirma isso, de uma maneira bastante forte. Nancy acrescenta três confirmações adicionais (as linhas 40, 42 e começo da linha 44). Repare que o que Nancy repete e confirma é uma versão bem categórica, "ninguém" e "nenhuma palavra", ambas expressões indicando o caráter absoluto da inexistência de comunicação de seu ex-marido. Contudo, na linha 44, ela passa a qualificar isso, quando diz "*exceto* que a mãe de Roul recebeu um telefonema" (ela então passa a contar o que aconteceu durante esse telefonema). Tendo inicialmente afirmado que ninguém ouviu falar dele, Nancy muda sua história! Isso, então, é o que achei surpreendente – como é que Nancy vem com o que parecem ser versões inconsistentes e contraditórias?

```
(8)     [a partir do (2)]
        25    Nan:    [De i x ]e- eu:] [não:Não: eu tenho que: ligar pra mãe de Roul
        26            eu disse a ela eu: liguei a ela essa manhã [recebi uma carta] dela
        27    Emm:                                               [°(Uh huh.)]
        28    Nan:    .hhhhhh E:e uhm
        29            (1.0)
        30    Nan:    .pra você.-Então: ela na carta ela disse se você po:de porque (.)
        31            me ligou sábado de manhã eu não estava. h
        32            [.hhhh]
        33    Emm:    [°Mm h]m:°=
        34    Nan:    "T"ava como tomando uma surra
        35            (0.2)
        36    Nan:    Kh[hh ↑hnhh hnh]-hnh- [hnh
        37    Emm:    [°M m :  :  :,°] [Ninguém ouviu uma pala:vra hah,
        38    Nan:    >Nenhuma palavra,<
        39            (0.2)
        40    Nan:    Nan: Hah ah,
        41            (0.2)
        42    Nan:    n:Não (.) nem uma palavra, h
        43            (.)
        44    Nan:    Nada, exceto que a mãe do Roul recebeu um telefonema
                      .hhhhhh (0.3)
        45            °Eu penso que é (   ):: (0.3) Segunda ou Ter:ça
        46            depois do Dia das mã:es,
```

Agora, se poderia atribuir a mudança em seu relato, e a inconsistência que disso resulta, a algum tipo de fator pessoal ou psicológico, por exemplo, uma disposição à hipérbole, ou que ela esqueceu naquele momento, ou que sua versão inicial deriva da sua amargura em relação ao ex-marido. Tais explicações tratariam sua "inconsistência" como tendo sido gerada por fatores associados ao indivíduo e sua psicologia, nas circunstâncias em que ela se encontrava. Mas uma vez que eu tinha reparado na mudança de Nancy do *nenhuma palavra* para *exceto que a mãe de Roul recebeu um telefonema* neste extrato, eu comecei a encontrar muitos exemplos semelhantes nos quais um falante inicialmente afirma uma versão forte, categórica ou dramática, mas depois qualifica isso de um modo que recua em relação à força ou literalidade da versão inicial. E, é claro, uma vez que começamos a descobrir vários exemplos, o fenômeno – a produção de "inconsistência" – começa a parecer menos um atributo psicológico e mais algo que, por alguma razão (ou para lidar com alguma contingência), está sendo sistematicamente gerado em interação. Eis alguns dos outros exemplos que eu coletei [extratos (9), (10), (11) e (12)].

(9) [Holt 289:1-2]

1	Sar:	1->	O:h sim (.) bem fizemos todos os picos
2			(0.4)
3	Les:		Oh si:m
4			(0.5)
5	Sar:		A::h
6			(0.5)
7	Sar:	2->	Não fizemos dois porque você precisa de cordas e tal

(10) [Holt:2:15:4-5]

1	Les:		Só: um está fora ↓ e é inteligente wuh- an:" o outro hh
2		1->	an:"° Rebecca não entrou na faculdade,°
3			(0.4)
4	Joy:		ela ↓ não:,
5	Les:	2->	Bem ela foi no final e ela passou raspando na ge-
6			gestão empresarial,

Continua

Continuação

(11)			[Drew:St:98:1] (A amiga de Sandra vai sair aquela noite para uma discoteca/clube noturno; ela disse que não iria)
	1	San:	Eu não conheço hhh hu. hhh eu não sei não
	2	Bec:	M<u>w</u>:rh
	3	San:	1-> ( ) como é isso.hh eu nunca fui a uma ainda,
	4	Bec:	Você ↑<u>NU</u>nca
	5	San:	Não
	6	Bec:	N<u>e</u>m mesmo no<u>Z</u>iggy:s
	7	San:	2-> Não (.) Eu fui duas- no (.) <u>du</u>as ve:zes em casa em:: um lugar
	8		chamado Tu:bes que é um li:xo e então eu fui uma vez
	9		em lugar em ( ) Stamford chamado erm: (.) Cristais (.)
	10		que é:é b::om: <mas não Olivers> desculpa Olivers (.) que é
	11		bom: ( ) mas na:da especial,
(12)			[NB:IV:13:18]
	1	Emm:	1-> Eu <u>não</u> <u>com</u>i um <u>pedaç</u>o de <u>carn</u>:e
	2		(1.0)
	3	Emm:	2-> Perto do <u>B</u>ill comi ta:co seg<u>un</u>da à noi::te peda<u>c</u>inho.
	4		t<u>e</u>m um <u>pou</u>co d<u>e</u>*carne mas n<u>ã</u>o m<u>ui</u>to.

No exemplo do extrato (9) acima, Sarah inicialmente afirma ter "feito" *todos os picos*, e então revela que não fez todos. No extrato (10) na tabela acima, Lesley primeiro diz que uma das filhas de seus amigos não entrou para a faculdade, mas subsequentemente admite que entrou. Sandra primeiro afirma no extrato (11) que ela *nunca tinha estado em uma* (em uma discoteca/clube noturno), mas então menciona algumas em que estivera. E, no extrato (12) Emma primeiro relata que não tinha comido nenhum pedaço de carne recentemente, mas então "admite" ter comido tacos [comida típica do México (N.T.)] algumas noites antes.

Em cada exemplo, parece haver uma discrepância ou inconsistência entre a versão inicial e a subsequente do falante – assim como houve entre a afirmação inicial de Nancy de que ninguém ouvira falar de Roul, e sua afirmação posterior de que a mãe dele ouviu falar dele um dia ou dois depois do Dia das Mães. Nas suas versões subsequentes, os falantes parecem recuar de suas afirmações iniciais, revelando que estas tinham sido de algum modo incorretas, exageradas, fortes demais, e assim por diante.

Eis então um fenômeno – um padrão sequencial, no qual um falante primeiro afirma algo, e depois se retrata ou qualifica essa afirmação. Nós podemos colecionar casos deste fenômeno em quaisquer dados com os quais venhamos a trabalhar: você ouvirá sobre isso, e encontrará exemplos nos dados que coletar – o fenômeno não se restringe a telefonemas, ou conversas entre amigos, ou mesmo à "conversação comum". Quando reunimos uma coleção de casos, começamos a procurar traços que eles têm em comum. Este é o próximo passo analítico.

Identificando traços comuns em uma coleção

Nós temos agora uma coleção de cinco exemplos nos quais um falante afirma algo e subsequentemente recua – nosso caso original em (2), juntamente com os exemplos dos extratos (9)-(12) (embora estes sejam só alguns dos muitos casos que eu coletei deste fenômeno). O próximo passo é examinar a coleção para determinar se os exemplos têm alguns traços em comum. Com efeito, isso envolve dois dos passos analíticos delineados anteriormente – ou seja, observar detalhadamente como as falas são concebidas, e considerar como cada participante responde ao outro. Juntando-os podemos discernir vários traços que esses fragmentos têm em comum.

Primeiramente, as versões iniciais são muito fortes, categóricas ou dramáticas – geralmente através de descritores que são versões extremas (Edwards, 2000; Pomerantz, 1986). Assim, em (9), Sarah afirma ter feito *todos os picos*; em (11), Sandra afirma que ela *nunca esteve em uma ainda*; e, em (12), Emma afirma que ela *não comeu nenhum pedaço de carne* – cada qual sendo uma versão extrema. Em (10), Lesley faz algo similar, ao afirmar que Rebecca *não entrou na faculdade*.

Em segundo lugar, os receptores evitam endossar essas versões iniciais. De fato, de vários modos, eles mostram algum (incipiente) ceticismo – seja ao não responder inicialmente (silêncio), como nos exemplos (9), (10) e (12); seja apenas por mínimos reconhecimentos, em (9), ou através de repetições elípticas interrogativas, tais como o *Ela não* de Joyce em (10) ou o *Você não* de Becky em (11).

Terceiro, as versões subsequentes, nas quais os falantes parecem recuar das afirmações originais, são caracterizadas por elementos explicitamente contrastantes quando comparados às versões originais. O senso de recuo fica manifesto, em parte, através de um contraste direto entre as duas versões – um contraste que é realizado através de alguma repetição lexical. Assim *nós fizemos todos* em (9) se torna *nós não podemos fazer dois*: note a repetição tanto do pronome quanto do verbo; em (10), (*Rebecca*) *não entrou* se torna *ela entrou*; tendo afirmado que *Eu nunca estive*, Sandra concede *Eu estive*, em (11); e, em (12), *Eu não comi* é modificado para *Eu comi*. O contraste exibido através de tal repetição, e nos extratos (9)-(12) através de uma simples oscilação entre formas positivas e negativas (p. ex., *Eu nunca estive* se torna *Eu estive*), destaca a *retração* dos falantes em relação a suas falas originais. Eles começam afirmando algo, e então recuam em relação a essa afirmação original [p. ex., no extrato (13), expandido do (9)].

(13)		[Expandido do (9)] [Holt 289:1-2]
1	Les:	.hhh mas existem algumas lindas caminhadas, não é me::s[mo
2	Sar:	[O:h
3		sim (.) bem fizemos todos os picos
4		(0.4)
5	Les:	Oh, si:m
6		(0.5)
7	Sar:	A::h
8		(0.5)
9	Sar: →	Não pudemos fazer dois porque se precisa cordas para isso
10	Les:	Si[:m.
11	Sar: →	[É um local para escaladores

Contudo, em quarto lugar, as retrações são construídas de modo a preservar alguma compatibilidade com as versões originais, e consequentemente o acerto original daquelas primeiras versões. Elas parecem recuar de sua força, embora não da verdade essencial do que é afirmado ou relatado. Eu vou destacar isso em apenas dois casos.

Sarah e sua família acabaram de voltar de férias de uma ilha escocesa, que Lesley disse ser o lugar favorito da sua filha. Elas estão falando sobre caminhar [(cf. a linha 1, do extrato (9) expandido no (13)], no contexto em que Sarah afirma ter *feito* todos os picos. Na sua versão subsequente (linhas 9 e 11), Sarah recua: ela não tinha feito dois. Contudo, constrói isso como elas sendo *incapazes* de fazer os dois, ao explicar que elas não poderiam fazer os dois picos porque é necessário o equipamento específico para escalá-los; eles não são para caminhantes. Ela assim constrói como *exceções* os dois picos (note a enumeração específica de quantos picos, que sendo um pequeno número – ao invés de dizer que havia *alguns* que elas não podiam fazer) que elas *não podiam* fazer (ao invés de não fizeram), assim retendo a afirmação original como sendo essencialmente verdadeira – elas não fizeram todos os picos que *poderiam ter sido alcançados caminhando*.

No exemplo do extrato (13a) [expandido do (10)], há componentes mais elaborados pelos quais a versão subsequente é construída de modo a ser compatível com a afirmação que Lesley originalmente faz de que *Rebecca não entrou na faculdade*.

(13a)		[expandido do (10)]	
	1	Les:	NO:: ↑ eles não são. Só: um está fora ↓ e inteligente
	2		wuh- an:' o outro hh an: '°Re<u>b</u>ecca não entrou na faculdade,°
	3		(0.4)
	4	Joy:	ela ↓ não:,
	5	Les: →	Bem ela entrou no fin<u>a</u>l e ela passou de raspão na <u>ge</u>-
	6	→	gestão empre<u>s</u>arial,

Há especialmente três componentes que "reduzem a distância" entre esta afirmativa e a sua original. Primeiramente, *ela entrou no final* a retrata como tendo tido que procurar uma faculdade que a aceitasse, e/ou tendo sida aceita apenas no último minuto. Isso é compatível, e de fato se mistura, com o segundo componente – *ela entrou raspando* –, descrevendo-a como sendo apenas qualificada o suficiente para ganhar acesso, e portanto, nesse sentido, como estando entre os últimos a serem aceitos. Esses componentes juntos a retratam como tendo dificuldade considerável para conquistar um lugar na faculdade. O componente final, *em gestão empresarial*, a descreve, além do mais, como tendo apenas sido capaz de conquistar um lugar para estudar aquela disciplina: apenas entrado raspando em *gestão empresarial* retrata essa disciplina como algo academicamente inferior. Os modos pelos quais versões subsequentes são concebidas para serem exceções, e, portanto, essencialmente congruentes com as versões iniciais, são, claro, bastante explícitas no caso com o qual começamos, a afirmação de Nancy "Nada nada, *exceto* a mãe do Roul recebeu um telefonema".

Até aqui, identificamos um padrão no qual falantes fazem uma afirmação forte sobre alguma coisa, mas subsequentemente – perante o ceticismo implícito do interlocutor (mesmo se expresso apenas através de uma falta de resposta) – recuam dessa afirmação; contudo, seus recuos são concebidos de modo a preservar a correção essencial de suas versões originais (através da construção de versões subsequentes como exceções de um tipo ou de outro). Então, a questão é, o que pensar deste padrão? Os falantes simplesmente mentem rotineiramente, e recuam quando são "flagrados" pela descrença de seus receptores? Esta é a etapa final na análise de um fenômeno ou padrão conversacional – oferecer uma explicação do padrão. Não é fácil ser normativo sobre como ou onde se buscar tal explicação, mas, de modo geral, isso envolve tentar identificar a contingência que o padrão sistematicamente administra, ou ao qual ele oferece uma solução. Muito frequentemente, isso envolverá outro dos passos analíticos delineados anteriormente, qual seja, considerar onde e como o objeto ou padrão em questão emerge.

Se observarmos a sequência imediatamente anterior às versões excessivas e "incorretas", fica claro que as versões iniciais são "exageradas" para se encaixarem nos ambientes sequenciais nos quais são produzidas e nas ações que são realizadas nesses ambientes. Por exemplo, no extrato (10), Lesley está discordando da avaliação de Joyce de que a amiga delas é *mentalmente* inteligente: isso é mostrado aqui em (14), linha 1 – elas estavam falando anteriormente sobre o quão esperta ela é com suas mãos, fazendo as roupas da família etc.

(14)		[Expansão do (10)] [Holt:2:15:4-5]
1	Joy:	=eh Bem certamente ela é inteligente ↓mentalmente n[ão é
2	Les:	[Oh eu não
3		entendo↑ disso, eu acho uh <u>eu</u> não penso que tudo
4		isso seja a difi<u>culda</u>de realmente
5		(0.4)
6	Joy:	O q<u>ue</u>
7		(0.5)
8	Les:	Se você teve – se você teve escolaridade e a
9		Base teórica eh-uh (.) ( )-
10		(0.4)
11	Joy:	<u>Oh</u>[<u>não</u>(h)o talv<u>ez</u> seja isso <u>eu</u> não sei
12	Les:	[( )
13	Les:	↓Não[:::,
14	Joy:	[( )<u>Oh</u> bem eu não ↓ sei mas <u>eu</u> tinha <u>eu</u> devia
15		imaginar ela é inteligente suas filhas são, n<u>ão</u> são,
16		.hhhh você sabe eu[quer dizer]
17	Les:	[<u>NO</u>::] ↑: não elas não são. Só: uma está
18		fora↓e é inteligente bem-uma:' a outra hh an:'° Re<u>bec</u>ca
19		não entrou na faculdade,°

Após a discordância inicial de Lesley nas linhas 2-3, e subsequente elaboração (linhas 8-9), Joyce prossegue com sua avaliação da suposta inteligência da amiga delas, postulando como evidência corroborativa que *as crianças dela são inteligentes* (linha 15). Sem rastrear isso em detalhe, é razoavelmente claro que nenhuma das duas vai abandonar inteiramente sua posição sobre a inteligência da amiga, e que, com efeito, elas "subiram as apostas". Neste ponto, na linha 17, Lesley insiste na, e amplia, a discordância ao contestar com ênfase a afirmação de Joyce de que as crianças são inteligentes: a extensão na qual ela ampliou a força da sua discordância é evidente na ênfase com a qual é assinalada – lexicalmente, através dos códigos totalmente negativos e rejeição direta da afirmação de Joyce; prosodicamente, através do tom e amplitude elevados. Assim, é neste ambiente, insistindo em sua discordância, e fazendo-o de uma forma fortemente acentuada, que Lesley produz sua refutação da afirmativa de Joyce de que *as crianças dela são inteligentes*. Sua refutação é concebida para igualar a força de sua discordância (exacerbada). Assim, a completude e força de sua rejeição ("*NÃO::*↑:não eles não são") é conjugada a sua afirmação de que uma das crianças sequer entrou para a faculdade – embora o fato de que ambas as crianças estão na faculdade (i. é, universidade) dificilmente poderia ser compatível com apoiar sua afirmação, contra Joyce, de que elas não são inteligentes.

O que emerge, portanto, é que essas afirmações fortes, dramáticas ou talvez exageradas provêm das, ou se ajustam, às contingências da sequência de ação particular na qual elas são produzidas. Elas são construídas para "funcionar" em termos dos "requisitos" das ranhuras nas quais são enunciadas. As versões "mais fracas" que as sucedem não teriam feito o serviço *nas ranhuras nas quais elas são produzidas*. Ou seja, as versões mais fracas subsequentes não teriam realizado, de um modo coerente, o trabalho de relatar, discordar, confirmar/concordar, reclamar, dar uma explicação etc., nas posições particulares nas quais os falantes constroem aquelas ações. Portanto, essas versões iniciais (demasiado) fortes se encaixam na ranhura na qual os falantes estão anunciando, discordando, recusando etc.; aqui, podemos ver que os falantes estão lidando, através dessas afirmações, com as exigências que emergiram dos ambientes sequenciais (prévios). Os falantes produzem versões que se adaptam àqueles momentos sequenciais. Quando o momento passou, também passou a "requisição" desta versão forte: o falante pode se corrigir e recuar para uma versão "mais fraca" (embora de uma maneira que mantém uma compatibilidade essencial com as afirmações iniciais "falsas").

Escrita

Você encontrará relatos publicados das versões exageradas, que vim explorando, em Drew (2003, 2005b). O que nos leva a como escrever estudos em CA. O melhor caminho, penso, é mantê-lo simples – estabelecer uma estrutura clara baseada nas "etapas" ou temas da análise, selecionar exemplos que ilustram claramente cada um dos temas, e restringir os relatos dados para cada exemplo a tão somente o necessário para ilustrar e respaldar o argumento analítico em tela.

Assim, ao abordar a escrita desta análise de versões exageradas que foram subsequentemente reduzidas ou objetos de recuo, eu primeiramente identifiquei os principais temas ao analisar este fenômeno ou padrão (estou me referindo aqui à publicação 2005b). Foram os seguintes:

• Primeiramente descrever o fenômeno das versões iniciais que foram subsequentemente "corrigidas" e reduzidas.

• Uma análise da força ou "intensidade" dessas versões originais – como elas são construídas para serem versões "fortes".

• Evidência do ceticismo do receptor em relação à afirmação ou versão dos eventos do falante.

• Análise da(s) fala(s) nas quais os falantes retraem ou reduzem a afirmação inicial.

• Análise de como os falantes conseguem, ao retrair a afirmativa inicial, retirar apenas sua força, não sua correção essencial, a construção de uma versão "menor" que, todavia, é compatível com a versão original.

• Explicar como essas versões iniciais vieram a ser feitas em primeiro lugar – como foram geradas a partir da interação prévia.

Isso, em termos amplos, estabeleceu a estrutura geral do relato publicado. Vale enfatizar que um relatório de pesquisa deve sempre começar descrevendo e delineando o fenômeno que é o foco do relatório. Começar com uma explicação teórica tende apenas à perda de foco, e perde seus leitores – eles precisam saber o que é que você descobriu. Então você pode apresentar os passos que irá adotar ao explicar o fenômeno, sendo esses passos os principais temas em suas análises.

Claro que alguma literatura será relevante e deve ser discutida. Onde fazer, e o quão extensa sua revisão bibliográfica será, dependerá da natureza do fenômeno. Uma revisão bibliográfica não precisa ser feita sempre na posição convencional, após a introdução. E é claro, um relatório de pesquisa precisa incluir alguma explicação dos dados e métodos empregados; isso deve ser restrito ao mínimo necessário. O espaço é escasso, portanto, você desejará reservar a maior parte do espaço disponível à tarefa de analisar os dados: os exemplos de dados que precisamos mostrar numa pesquisa de CA consomem muitas palavras!

Assim, tendo identificado e estabelecido os temas analíticos, a próxima etapa é decidir que exemplos de dados serão mostrados em cada seção. É importante cogitar de mostrar cuidadosamente apenas tantos exemplos quanto necessário para (1) estabelecer claramente seus pontos analíticos (e assim buscar a *transparência*) e (2) exemplos o bastante para demonstrar que o aspecto que você está focalizando numa dada seção é *recorrente e sistemático*. Eu discutirei geralmente apenas um ou dois exemplos com algum detalhe, e então mostrarei talvez três ou quatro exemplos adicionais, que em certo sentido devem falar por si próprios, de modo que o leitor possa ver a natureza recorrente e quase mecânica da prática ou padrão que você está mostrando.

Ao discutir e analisar um exemplo particular, não simplesmente descreva o que cada falante diz, nem os dados linha a linha. É um equívoco comum acreditar que descrever os dados é analisá-los – não é. Focalize sua explicação dos dados especificamente e apenas se baseando em traços que terão algum papel em sua análise de como os falantes estão fazendo o que estão fazendo. Evite a mera descrição e mostre como as coisas (na fala ou interação) funcionam do modo como funcionam.

A natureza da conclusão ou discussão depende muito do contexto da publicação, do padrão específico que foi descoberto e mostrado, e do julgamento por um autor sobre o que deve ser destacado e sobre as implicações e significância das descobertas da pesquisa. Uma regra a seguir, porém, é nunca introduzir "novos" dados (i. é, exemplos que não foram mostrados no corpo principal do texto); a conclusão não é lugar para introduzir novos exemplos ou análises adicionais.

Finalmente, devo mencionar os critérios – que eu advirto os alunos de graduação de que serão usados para avaliar seus trabalhos – relevantes para a escrita de uma pesquisa em CA, seja para avaliações finais ou para publicação. São esses:

- clareza no esboço do fenômeno ou padrão;
- precisão e exatidão das observações;
- estrutura temática clara e convincente;
- *insight* sobre a interação;
- economia de expressão;
- inclusão de dados relevantes (e nada mais do que é relevante).

Eu alerto contra ser teórico demais, genérico demais e especulativo sobre a psicologia de um indivíduo. Nós nunca sabemos com certeza (cientificamente) o que está na cabeça de alguém.

Conclusão

Esbocei algumas das principais etapas na pesquisa em CA – as etapas envolvidas no desenvolvimento de descobertas sobre as maneiras pelas quais a interação, e particularmente a interação verbal, são organizadas. O espaço não me permitiu dizer muito sobre a significância do que estamos observando, ou sobre o prisma teórico que esta abordagem adota em relação às atividades das pessoas na fala: por exemplo, as razões para considerar a fala como ação ao invés de como comunicação; e nossos padrões identificadores associados com o comportamento manifesto, e *não* com estados cognitivos internos ou outros estados como intenções, motivos, personalidade etc. Contudo, eu espero que mostrar como a aparente inconsistência de Nancy no extrato (8) é simplesmente um caso de um padrão recorrente, em que os falantes inicialmente produzem versões exageradas para se adaptarem às contingências das sequências interacionais particulares nas quais estão engajadas, ajude a ilustrar que a CA resiste a explicações psicológicas do comportamento que mostra ser geral (ao invés de individual), sistemático (e não particularista) e interacional (ao invés de emergir da psique de um dos participantes, embora ela estivesse agindo independentemente do outro e da interação entre eles). O que Nancy faz aqui é o que as pessoas – não importa de que disposições ou tipos psicológicos – fazem geralmente, dadas essas circunstâncias interacionais.

Eu tentei transmitir algo de como intervimos na observação dos dados, e começamos a fazer observações analíticas sobre a conduta (verbal). Começando pela transcrição da gravação de uma conversa natural, nós partimos da observação das atividades que os participantes podem estar manejando através de sua fala; então, nós examinamos com o máximo de detalhes possíveis como a fala deles é concebida ou construída, num esforço de mapear as propriedades organizadas através das quais os participantes conduzem seus assuntos na fala-em-interação. E ilustrei como nós desenvolvemos uma análise de tais propriedades organizadas (padrões, dispositivos e práticas) focando o que à primeira vista parece ser uma curiosidade incidental no extrato com o qual eu comecei – ou seja, a confirmação inicial por Nancy *de que ninguém ouviu uma palavra* (sobre seu ex-marido), mas subsequentemente relatando que a mãe dele ouviu. Isso foi para dar a você alguma sensação de como passamos de observações sobre os detalhes da fala para o desenvolvimento de uma análise de um fenômeno ou prática conversacional – em outras palavras, chegando a descobertas sobre padrões estáveis e sistemáticos na fala. Se tudo fosse fácil assim! Eu tenho de admitir que o processo ou passos do começo, reparando em coisas sobre o detalhe a ser descoberto na fala, até o produto final de uma descoberta publicável de pesquisa, não são nem de longe tão suaves como esse relato pode sugerir. Por um lado, há a dificuldade de saber que tipos de detalhes se pode começar a notar, e o que dizer sobre eles. O próximo obstáculo é decidir se o que estamos focalizando é realmente um fenômeno (ou seja, um padrão ou prática sistematicamente organizada). Depois, construir uma coleção do fenômeno pode envolver questões comparativas, inclusive que tipos de casos o fenômeno abrange e que casos podem ser usados por comparação e contraste – as quais sejam não diferentes das decisões que precisam ser tomadas no projeto experimental. Este é um relato breve demais da abordagem metodológica da CA para fazer justiça a essas complexidades: o único modo de descobrir mais é ler algo da pesquisa publicada (cf. abaixo), coletar alguns dados interacionais naturais relativos ao mesmo tópico no qual você está interessado, e tentar por si mesmo(a). Cf. o Quadro 6.3 para três bons exemplos de CA.

QUADRO 6.3 TRÊS BONS EXEMPLOS DE CA

Aqui estão três estudos que ilustram claramente a aplicação da CA a momentos de interação que têm uma real (social) significância psicológica: interagir com alguém com Alzheimer, risos no meio de uma conversa sobre os problemas de alguém, e choro. A linha em comum nesses estudos é que eles demonstram que o que geralmente se considera um fenômeno puramente psicológico – dificuldades comunicativas, riso e choro –, é, ao invés disso, gerado através de interação, e se associa com o que os participantes fazem em interações uns com os outros.

Interagir com alguém com Alzheimer

Em um estudo das interações telefônicas entre alguém com Alzheimer e sua família, Jones (2013) destaca como o Mal de Alzheimer inevitavelmente desafia a capacidade de uma pessoa de se comunicar com outras. Ao invés de focar nos distúrbios de linguagem que se diz estarem associados com o Alzheimer, Jones adota uma nova perspectiva – revelando como as dificuldades experimentadas por uma pessoa com Alzheimer derivam das contingências de suas interações com sua família. Essas contingências são geradas pelas contribuições dos outros (dos membros da família) na interação, especialmente pelas questões que eles fazem a seu parente. Essas questões (como "O que você fez hoje?") pressupõem a memória, é claro, e a autoridade epistêmica por parte de quem foi questionado. A análise de Jones revela as maneiras pelas quais as questões podem (inadvertidamente) comprometer a autoridade da pessoa questionada (isto é, a pessoa com Alzheimer). Jones também mostra que alguém com Alzheimer desenvolve estratégias para lidar com essas contingências interacionais desafiadoras. Assim, emerge o retrato de dificuldades de comunicação que são geradas internacionalmente, ao invés de alguns déficits de linguagem putativos.

Risos na fala sobre problemas

Jefferson (1984) mostra que, quando alguém está falando sobre seus problemas, eles podem rir, por vezes, após a conclusão de sua fala – mas o receptor *não* ri. Ao invés disso, o receptor "produz uma resposta reconhecivelmente séria", de modo que quem está falando sobre seu problema e o receptor não riem juntos. Neste padrão, os receptores não "se recusam a rir", como seria o caso em outras posições tópicas/sequenciais; ao invés disso, eles se alinham como receptores dos problemas dos outros, em resposta a assuntos sobre os quais não cabe riso. Por outro lado, através de seu riso, quem conta seus problemas mostra que está sendo estoico, resistindo ao problema, até mesmo o minimizando. Isso é mostrado num relato penetrante e lindamente observado dos padrões nuançados de riso que se encontram na narração de problemas, inclusive variações nas quais o receptor pode rir com o narrador (assim ele próprio resistindo ao problema); e inclusive também os outros tipos de respostas que os receptores podem dar ao contador de problema, tais como lhe assegurar de que está tudo bem. Emerge desta análise um forte senso do riso como ação social, não simplesmente como a expressão de emoção ou a resposta a um estímulo emocional.

Choro

Como rir, chorar geralmente é considerado como florescendo de um estado psicológico (emocional) interior, uma expressão espontânea do estado interior de um indivíduo. Contudo, Hepburn e Potter (2013) abordam o chorar de uma perspectiva que é paralela ao riso (acima), ao explorar os padrões sociais ligados ao choro, inclusive como nós reconhecemos e respondemos ao choro do outro em interação. Baseados amplamente na pesquisa que estão conduzindo no serviço telefônico britânico de proteção à criança, *National Society for the Prevention of Cruelty to Children's* (NSPCC), eles mostram que através de transcrição cuidadosa e detalhada são aptos a discernir padrões nos quais o chorar emerge, os tipos de conduta através dos quais as pessoas "fazem" o choro (o que não significa de maneira nenhuma impugnar o caráter genuíno do seu choro), e como os receptores respondem a, e lidam com, o choro do outro. Eles fazem uma distinção importante e útil entre responder com simpatia e com empatia, mostrando como cada uma dessas alternativas é caracteristicamente manejada com quem liga para esse serviço telefônico. Este estudo exemplifica a mensagem de todos eles – que o que poderia ser considerado um produto de estado interior, cognitivo ou psicológico e emocional, de um indivíduo, é melhor compreendido tanto como um produto ou propriedade emergente da interação social quanto como uma forma de conduta social nessa interação.

Leituras adicionais

Essas leituras oferecem panoramas concisos da CA:
Drew, P. (2005a). "Conversation analysis". In: K.L. Fitch & R.E. Sanders (orgs.). *Handbook of Language and Social Interaction*. Mawah, NJ: Lawrence Erlbaum, pp. 71-102.
Heritage, J. (1984). *Garfinkel and Ethnomethodology*. Cambridge: Polity Press, cap. 8.
Atkinson, J.M. & Heritage, J. (orgs.) (1984). *Structures of Social Action* – Studies in Conversation Analysis. Cambridge: Cambridge University Press.

A introdução dos organizadores fornece um guia breve e inestimável, e muitos dos estudos (p. ex., o de Pomerantz, sobre concordar/discordar) são trabalhos-chave no programa da CA.

Sacks, H. (1992). *Lectures on Conversation*. Vol. I e II. Oxford: Blackwell [ed. G. Jefferson].

As palestras de Sacks são um recurso essencial para quem esteja interessado na abordagem analítica da CA; são por elas que a CA começou – altamente originais, rigorosas, humanas e não superadas. A introdução de Schegloff ao primeiro volume é um relato confiável do trabalho de Sacks e do desenvolvimento do campo e da singularidade da abordagem da CA.

Exemplos de manuais que têm muito a oferecer:
Sidnell, J. (2010). *Conversation Analysis*. Chichester: Wiley-Blackwell.

Este é o melhor manual introdutório no mercado – claro e em sua maior parte preciso, com dicas metodológicas úteis.

Sidnell, J. & Stivers, T. (2013). *The Handbook of Conversation Analysis*. Chichester: Wiley-Blackwell.

Essa é uma fonte excelente: cada capítulo é escrito por um especialista no campo e é autorizado. O escopo e abrangência são exaustivos. É totalmente confiável, e muitos capítulos são textos de ponta em seus campos.

ten Have, P. (1999). *Doing Conversation Analysis* – A Practical Guide. Londres: Sage.

Como mencionei no parágrafo de abertura deste capítulo, a CA é amplamente aplicada a formas de fala-em-interação outras que não a "conversação ordinária" – por exemplo, interações em cortes, salas de aula, consultórios médicos, mídia de notícias, aconselhamento e terapia.

Muito desta pesquisa é agora aplicado e usado pelos profissionais de saúde. Essas são introduções úteis:
Drew, P. & Heritage, J. (orgs.) (1992). *Talk at Work*. Cambridge: Cambridge University Press.
Heritage, J. & Clayman, S. (2010). *Talk in Action* – Interactions, Identities, and Institutions. Chichester: Wiley-Blackwell.
Heritage, J. & Maynard, D. (orgs.) (2006). *Communication in Medical Care* – Interaction between primary care physicians and their patients. Cambridge: Cambridge University Press.

7 Análise do discurso

Carla Willig

Desde sua emergência, nos anos de 1980, a análise do discurso se tornou um método de pesquisa qualitativa amplamente difundido na psicologia. Como um número crescente de pesquisadores, particularmente nos campos da psicologia aplicada, se voltam para a análise do discurso, vale a pena explorar o que uma análise discursiva pode realmente entregar e que tipos de questões de pesquisa ela pode, e não pode, abordar.

A guinada de psicólogos para a linguagem se inspirou em teorias e em pesquisas que emergiram com outras disciplinas ao longo de um período de tempo. Desde a década de 1950, filósofos, teóricos da comunicação, historiadores e sociólogos ficaram cada vez mais interessados na linguagem com uma *performance* social. O pressuposto de que a linguagem oferece um leque de signos unívocos, com os quais se rotulam estados interiores e se descreve a realidade exterior, começou a ser desafiado. Ao invés disso, a linguagem foi reconceptualizada como produtiva; ou seja, a linguagem foi vista como construindo versões da realidade social e visando alcançar objetivos sociais. O foco da investigação passou dos indivíduos e de suas intenções para a linguagem e seu potencial produtivo. A filosofia de Wittgenstein, a teoria dos atos de fala de Austin e os estudos históricos de Foucault sobre práticas discursivas são exemplos importantes dessa guinada. Contudo, a psicologia permaneceu relativamente incólume a esses desenvolvimentos intelectuais ao longo das décadas de 1950 e 1960. Ao invés disso, ela estava preocupada com o estudo das representações mentais e das regras que controlam a mediação cognitiva de vários tipos de *input* do ambiente exterior. Nos anos de 1970, os psicólogos sociais começaram a desafiar o cognitivismo da psicologia (p. ex., Gergen, 1973, 1989), e nos anos de 1980 a "virada linguística" conquistou um importante ponto de apoio na psicologia.

Neste capítulo, introduzo duas versões do método analítico discursivo: a *psicologia discursiva* e a *análise foucaultiana do discurso*. Embora essas duas abordagens compartilhem de uma preocupação com o papel da linguagem na construção da realidade social, elas abordam diferentes tipos de questões de pesquisa. Elas também se identificam com diferentes tradições teóricas. Burr (1995, 2003) e Parker (1997) oferecem discussões detalhadas da distinção entre as duas versões da análise do discurso. Contudo, alguns analistas do discurso não gostam de uma separação conceptual tão forte. Por exemplo, Potter e Wetherell (1995: 81) argumentam que a distinção entre as duas versões "não deveria ser pintada tão incisivamente", e Wetherell (1998, 2001) também defende uma síntese das duas versões. Este capítulo introduz e descreve as duas abordagens da análise do discurso e ilustra cada uma com um exemplo prático. As duas versões da análise do discurso são aplicadas ao mesmo extrato de entrevista para sublinhar semelhanças e diferenças entre elas. O capítulo conclui com uma comparação entre os dois métodos discursivos (cf. tb. Langdridge, 2004: cap. 18, para mais sobre a relação entre as duas abordagens).

História e *background* teórico

Esta versão da análise do discurso foi introduzida na psicologia social com a publicação, por Potter e Wetherell, de *Discourse and Social Psychology: Beyond Attitudes and Behaviour* em 1987. O rótulo "psicologia discursiva" foi cunhado posteriormente por Edwards e Potter (1992). Conforme o método evoluía, mudanças de ênfase também emergiram. Elas têm muito a ver com uma ênfase crescente na flexibilidade dos recursos discursivos e com uma preferência pelo uso de materiais naturalísticos. Desenvolvimentos recentes na psicologia discursiva continuam sendo fortemente influenciados pelos princípios analíticos da conversação (cf. Wooffitt, 2005; Wiggins & Potter, 2008). O livro de Potter e Wetherell apresentou uma crítica de amplo escopo ao cognitivismo, seguida por uma análise detalhada de transcrições de entrevista usando uma abordagem analítica discursiva. Publicações posteriores desenvolveram a crítica da preocupação da psicologia com a cognição e seu uso como uma estratégia explicativa multiuso, que envolveria "reivindicar para os processos cognitivos dos indivíduos o papel central na moldagem da percepção e da ação" (Edwards & Potter, 1992: 13). A crítica do cognitivismo argumenta que a abordagem cognitiva se baseia em vários pressupostos infundados sobre a relação entre a linguagem e a representação. Eles incluem: (1) que a fala é uma rota para a cognição; (2) que as cognições se baseiam na percepção; (3) que uma percepção objetiva da realidade é teoricamente possível; (4) que há objetos consensuais de pensamento; e (5) que há estruturas cognitivas que são relativamente duradouras. Cada um desses pressupostos pode ser desafiado de uma perspectiva da psicologia discursiva.

De um ponto de vista cognitivo, a expressão verbal pelas pessoas de suas crenças e atitudes oferece informação sobre as cognições que residem em suas mentes. Em outras palavras, *a fala é uma rota para a cognição*. Na medida em que o pesquisador garante que os participantes não têm razão para mentir, as palavras deles são consideradas como constituindo representações verdadeiras de seu estado mental (assim como as crenças que eles subscrevem ou as atitudes que eles mantêm). Os analistas discursivos não compartilham desta visão da linguagem. Eles argumentam que quando as pessoas afirmam uma crença ou expressam uma opinião, elas estão tomando parte numa conversação que tem um propósito e na qual todos os participantes têm um papel. Em outras palavras, para entender o que as pessoas dizem, precisamos levar em conta o contexto social no qual elas falam. Por exemplo, quando participantes masculinos são entrevistados por uma pesquisadora feminina com o objetivo de identificar as atitudes dos homens sobre compartilhar os trabalhos domésticos, as respostas deles podem ser mais bem compreendidas como um modo de se distanciarem de identidades sociais indesejáveis (como um "porco sexista", como um dependente absoluto de suas parceiras femininas ou como preguiçosos). Isso não significa dizer que eles estão tentando mentir para a pesquisadora sobre o trabalho doméstico que fazem; antes, isso sugere que, em suas respostas, os participantes se *orientam para* uma leitura particular das questões que lhes são feitas (p. ex., como um desafio, uma crítica ou uma oportunidade de reclamar), e que os relatos que eles dão precisam ser compreendidos em conexão com tal leitura. Como resultado, não devemos nos surpreender em descobrir que as atitudes expressas pelas pessoas não necessariamente são compatíveis em diferentes contextos sociais.

Em última instância, o cognitivismo tem de presumir que *as cognições são baseadas em percepções*. As cognições são representações mentais de objetos, eventos, e processos reais que acontecem no mundo. Embora as cognições sejam abstrações, e, portanto, frequentemente simplificações e distorções de tais eventos externos, elas de fato constituem tentativas de capturar a realidade. Uma vez estabelecidos, os esquemas e representações cognitivas facilitam a percepção e a interpretação de novas experiências e observações. Por contraste, os analistas discursivos argumentam que o mundo pode ser "lido" de inúmeros modos, e que, longe de dar origem a representações mentais, os objetos e eventos são, na verdade, construídos pela própria linguagem. Como um resultado, é o discurso e a conversação que devem ser os focos do estudo, porque é onde os significados são criados e negociados.

Se as cognições são baseadas em percepções, como proposto pelo cognitivismo, segue-se que *uma percepção objetiva da realidade é teoricamente possível*. Erros e simplificações de representação são o resultado da aplicação de heurísticas economizadoras de tempo que introduzem distorções na cognição. Dadas as circunstâncias corretas, deve ser possível eliminar tais distorções dos processos cognitivos. De novo, os analistas do discurso discordam deste pressuposto. Se a linguagem constrói (ao invés de representar) a realidade social, segue-se que não pode haver percepção objetiva da realidade. Ao invés disso, a ênfase é posta nos modos pelos quais as categorias sociais são construídas e com quais consequências elas são implementadas na conversação.

As atitudes descrevem como as pessoas se sentem acerca dos objetos e eventos no mundo social, enquanto que a teoria da atribuição se preocupa com o modo como as pessoas dão conta das ações e eventos. Em ambos os casos, os pesquisadores pressupõem que o objeto ou evento social em relação ao qual os participantes têm diferentes atitudes, e aos quais os participantes atribuem diferentes causas, é em si consensual. Ou seja, mesmo que as pessoas tenham diferentes atitudes e atribuições em relação a algo (p. ex., a União Monetária Europeia, ou casamentos de pessoas de mesmo sexo), este "algo" em si não está em disputa. Em outras palavras, eles são *objetos consensuais de pensamento*, em relação aos quais as pessoas formam opiniões. As pessoas concordam sobre aquilo de que estão falando, mas discordam sobre por que isso aconteceu (atribuições) e se é algo bom ou não (atitudes). Os analistas do discurso não aceitam que haja tais objetos consensuais de pensamento. Eles argumentam que os próprios objetos sociais são construídos através da linguagem e que a versão de um certo objeto pode variar muito de pessoa para pessoa. Desse ponto de vista, o que tem sido tradicionalmente referido como "atitudes" e "atribuições" são, de fato, aspectos da construção discursiva do objeto em si.

Finalmente, o cognitivismo se baseia no pressuposto de que em algum lugar dentro da mente humana haja *estruturas cognitivas que são relativamente duradouras*. Diz-se que as pessoas mantêm visões e têm estilos cognitivos. As estruturas cognitivas podem mudar, mas tal mudança pode ser explicada em termos de variáveis intervenientes como mensagens persuasivas ou novas experiências. O pressuposto é que – no curso normal dos eventos – as crenças, atitudes, atribuições etc. permanecem estáveis e previsíveis dia após dia. A conceptualização pelos analistas do discurso da linguagem como produtora e performativa não é compatível com essa visão. Ao invés disso, eles argumentam que os relatos das pessoas, as visões que elas expressam e as explicações que elas fornecem dependem do contexto discursivo dentro do qual são produzidas. Assim, o que as pessoas dizem nos conta algo sobre o que elas estão *fazendo* com suas palavras (negando, desculpando, justificando, persuadindo, contestando etc.) ao invés de sobre as estruturas cognitivas que essas palavras representam.

O desafio dos analistas do discurso ao cognitivismo mostra que a análise do discurso não é simplesmente um método de pesquisa. É uma crítica da psicologia predominante; oferece um caminho alternativo para conceptualizar a linguagem; e indica um método de análise de dados que pode nos dizer algo sobre a construção discursiva da realidade social. A análise do discurso é mais do que uma metodologia porque "ela envolve um modo teórico de compreender a natureza do discurso e a natureza dos fenômenos psicológicos" (Billig, 1997: 43). Contudo, a psicologia discursiva ainda assim é *psicologia* porque se preocupa com fenômenos psicológicos como a memória, a atribuição e a identidade. Mas, em linha com sua crítica do cognitivismo, a psicologia discursiva conceptualiza tais fenômenos como *ações discursivas* ao invés de processos cognitivos. Atividades psicológicas tais como a justificação, a racionalização, a categorização, a atribuição, a nomeação e a imputação de culpa são compreendidos como modos pelos quais os participantes administram seus interesses. Elas são práticas discursivas dentro de contextos particulares utilizadas pelos participantes para realizar objetivos sociais e interpessoais. Como resultado, conceitos psicológicos tais como preconceito, identidade, memória ou confiança se tornam algo que as pessoas fazem ao invés de algo que as pessoas *têm*.

O foco de análise na psicologia discursiva está em como os participantes usam os recursos discursivos e com que efeitos. Em outras palavras, os psicólogos discursivos prestam atenção à *orientação da ação* na fala. Eles se preocupam com os modos nos quais os falantes manejam questões de participação e interesse. Eles identificam estratégias discursivas como "negação" e "*footing*" [conceito aplicado por Erwin Goffman ao contexto da interação comunicativa face a face, mais particularmente a momentos de mudança nela, por conta de alguma sinalização que é feita por um dos participantes (N.T.)] e exploram sua função num contexto discursivo particular. Por exemplo, um entrevistado pode negar uma identidade social racista dizendo "Eu não sou racista, mas penso que o controle da imigração deveria ser fortalecido", e então legitima a afirmação referindo-se a uma autoridade superior: "Eu concordo com a afirmação do primeiro-ministro de que a situação requer uma ação urgente". Outros dispositivos discursivos usados para manejar o interesse e a responsabilidade incluem o uso de metáforas e analogias, citações diretas, formulações de casos extremos, descrições gráficas, formulações consensualistas, *stake inoculation* [estratégia de negar que se tem um interesse particular em jogo por trás do argumento que se está defendendo

(N.T.)] e muitas outras (cf. Edwards & Potter, 1992; Potter, 1996, para um discussão detalhada de tais dispositivos). O Quadro 7.1 resume as principais preocupações da psicologia discursiva.

QUADRO 7.1 PSICOLOGIA DISCURSIVA

Psicologia discursiva
- emergiu da etnometodologia e da análise da conversação
- se preocupa com as práticas dicursivas
- enfatiza as qualidades performativas do discurso
- enfatiza a fluidez e variabilidade do discurso
- prioriza a orientação da ação e o interesse
- pergunta "O que os participantes fazem com sua conversa?"

Formulando uma questão de pesquisa e projetando um estudo

A análise do discurso pode ser descrita como um modo de ler um texto. Esta leitura é informada por uma conceptualização da linguagem como *performativa*. Isso significa que o leitor focaliza a organização interna do discurso para descobrir o que o discurso está fazendo. Significa ir além de uma compreensão de seu conteúdo e rastrear sua *orientação da ação*. A análise do discurso exige que adotemos uma orientação para a fala e o texto como *ação social*, e é esta orientação que dirige nosso trabalho analítico. A questão de pesquisa que subjaz a qualquer estudo em psicologia qualitativa é: "O que os falantes estão fazendo com sua conversa?" Projetar um estudo em psicologia discursiva requer a seleção de um fenômeno discursivo de interesse (p. ex., como as pessoas realizam conversas durante uma refeição, ou como se fala sobre sintomas durante uma consulta médica). A análise dos dados se preocupa então com os modos pelos quais os falantes usam recursos discursivos e o que é realizado através disso dentro da interação social. Embora não haja nenhum leque universalmente consensual de procedimentos metodológicos, algumas diretrizes para a análise do discurso podem ajudar o analista como um ponto de partida (cf. tb. Potter & Wetherell, 1987: 160-176; Billig, 1997: 54; Edwards & Potter, 2001, para orientação).

Coletando dados

Idealmente, este tipo de análise deve ser usado para abordar textos e conversas acontecendo naturalmente (Potter & Hepburn, 2005). Isso porque as questões de pesquisa abordadas pelos psicólogos discursivos tratam de como as pessoas manejam a responsabilidade e o interesse na vida cotidiana.

Por exemplo, gravações de conversações naturalmente ocorrentes em cenários do "mundo real" informais (p. ex., bate-papos entre amigos ao telefone, refeições familiares) e formais (p. ex., consultas médicas, entrevistas de rádio) constituem dados adequados para a análise do discurso. Contudo, dificuldades éticas e práticas em obter tais dados naturalmente ocorrentes levaram muitos analistas do discurso a realizarem entrevistas semiestruturadas para gerar dados para análise. Em todo caso, a análise do discurso trabalha com textos, a maioria dos quais gerados pela transcrição de gravações de algum tipo de conversação (cf. Potter & Wetherell, 1987; Jefferson, 2004; O'Connell & Kowal, 1995, para orientação sobre transcrição). É importante que a transcrição contenha no mínimo alguma informação sobre aspectos não linguísticos da conversação, tais como atrasos, hesitações ou ênfases. Isso porque o modo como algo é dito pode afetar seu significado.

Análise

O extrato no Quadro 7.2 é tirado da transcrição de uma entrevista semiestruturada com uma mulher que havia experimentado recentemente a ruptura de um relacionamento íntimo. O extrato representa um intercâmbio entre o entrevistador (E) e a participante (R), em trecho que aconteceu mais ou menos na metade da entrevista de uma hora de duração.

QUADRO 7.2 EXTRATO DE ENTREVISTA SOBRE RUPTURA

1	E:	E quando você tomou a decisão *humm* quando você estava
2		realmente próxima de romper, você falou sobre isso com seus amigos?
3	R:	Claro
4	E:	Sim
5	R:	O tempo todo sim seria sempre uma questão de como fazer isso
6	E:	Ah, certo

Análise do discurso 199

7	R:	Como eu digo isso o que eu digo eu sei que eu preciso fazer isso como eu
8		faço sobre fazer você sabe e é só um tipo de encenação disso e você sabe só
9		é meio que só me preparar para realmente falar para ele eu não quero mais
10		sair com você porque é tão difícil embora você sabe é preciso fazer
11		É tão difícil porque há todos esses você sabe laços e bagagem emocional
12		que é que você está carregando e com que você você está se preocupando
13		com a outra pessoa e você pensando que você investiu você sabe ele inves-
14		tiu talvez dois anos em mim
15	E:	Sim
16	R:	saindo comigo e de repente eu estou largando ele o que e se ele não achar
17		mais ninguém pra sair com ele
18	E:	Oh certo sim
19	R:	Você você começa a assumir responsabilidade por eles e por como eles irão
20		lidar depois você sabe talvez em detrimento de seu próprio tipo pessoal de
21		bem-estar
22	E:	Certo
23	R:	E era um caso de como ele vai lidar o que vai acontecer com ele e se nin-
24		guém sair com ele e se isso e se aquilo e é tudo uma questão de ses enfim e
25		você sabe, eu particularmente a eu estava eu estava mais preocupada com
26		ele e como ele iria [...] [e um pouco mais tarde na entrevista]
27	E:	[...] e se você meio que pensar sobre isso como continuando ao longo do
28		tempo *humm* houve algo que mudou no modo como você se comportava
29		em relação um ao outro ou à vida sexual ou algo do tipo? Você poderia dizer você sabe algo mudou ou
30	R:	Não era do modo que eu via era eu iria querer casar com ele era uma espé- cie de *humm*
31		você sabe fundamento eu usaria
32	E:	Certo
33	R:	porque eu pensava ok nós saímos por uns dois anos e se nós
34		fôssemos sair por mais dois anos eu iria querer casar com ele e a respos-
35		ta era não
36	E:	Certo
37	R:	E apesar de que [...] eu não tinha nenhuma intenção de me casar digamos
38		por mais você sabe por quatro cinco não importa o número de anos era
39		nessa base que eu estava usando o critério da minha vontade de continuar saindo com ele
40	E:	Certo
41	R:	porque era uma questão de para onde este relacionamento está indo e
42		para mim particularmente ele tinha batido no teto e não iria mais pra lugar nenhum

Leitura

Antes de mais nada, o pesquisador precisa reservar tempo para *ler* cuidadosamente as transcrições. Embora o pesquisador vá continuar a ler e reler as transcrições ao longo do processo de codificação e de análise, é importante que as transcrições sejam lidas, pelo menos uma vez, sem nenhuma tentativa de análise. Isso porque tal leitura nos permite experimentar *como leitores* alguns dos efeitos discursivos do texto. Por exemplo, um texto pode se apresentar como um pedido de desculpas, embora as palavras "Me desculpe" não sejam realmente ditas. Podemos sentir que um texto pode "fazer parecer que" há uma guerra em curso, embora o tópico do discurso transcrito seja uma próxima eleição. Ler um texto antes de analisá-lo nos permite tomar ciência do que o texto está fazendo. O propósito da análise é identificar exatamente como o texto consegue realizar isso.

Uma leitura inicial da primeira metade do extrato no Quadro 7.2 (linhas 1-26) me faz sentir cansado. O texto parece testemunhar os consideráveis esforços da falante para chegar a uma decisão sobre como acabar o seu relacionamento com seu parceiro. Ele evoca uma decisão que é tomada não de forma irrefletida. A falante se apresenta como madura e responsável no seu modo de lidar com a tarefa de romper. Uma primeira leitura da segunda metade do extrato (linhas 27-42) evoca um senso de finalidade. Parece não haver ali nenhuma ambiguidade em sua mensagem, e sua conclusão (o fim do relacionamento) parece inevitável. O propósito da análise é compreender como o texto alcança essas impressões.

Codificação

À leitura e releitura das transcrições se segue a seleção de material para análise, ou a *codificação*. A codificação das transcrições é feita à luz da questão da pesquisa. Todas as seções relevantes do texto são sublinhadas, copiadas e arquivadas para análise. Nesta etapa, é importante ter certeza de que todo o material potencialmente relevante está sendo incluído. Isso significa que mesmo instâncias que são indiretamente, ou apenas vagamente, relacionadas com a questão da pesquisa devem ser identificadas. Mais importante, *não* se exige o uso de certas palavras-chave para a seleção de material textual. Todas as construções implícitas (MacNaghten, 1993) devem ser incluídas nesta etapa.

A necessidade de codificação antes da análise mostra que não podemos jamais produzir uma análise completa do discurso de um texto. Nossa questão de pesquisa identifica um aspecto particular do discurso que nós decidimos explorar em detalhe. A codificação nos ajuda a selecionar seções relevantes dos textos que constituem nossos dados. Há sempre muitos aspectos do discurso que não analisaremos. Isso significa que o mesmo material pode ser analisado novamente, gerando outros *insights*.

O material para análise foi selecionado à luz da questão da pesquisa, que se preocupava com os modos pelos quais a participante justificava a ruptura de um relacionamento íntimo. Ambas as partes do presente extrato (linhas 1-26 e linhas 27-42) representam ocasiões dentro da conversação que propiciaram à participante uma oportunidade de fazer elaborações sobre as circunstâncias ao redor do fim do relacionamento. Isso significou que eles constituíram dados adequados para análise dentro desse contexto.

Análise

A análise do discurso procede com base na interação do pesquisador com o texto. Potter e Wetherell (1987: 168) recomendam que ao longo do processo de análise o pesquisador pergunte: "Por que estou lendo esta passagem deste modo? Que traços [do texto] produzem esta leitura?" A análise dos dados textuais é gerada por uma atenção intensa às dimensões construtivas e funcionais do discurso. Para facilitar uma exploração sistemática e consistente dessas dimensões, precisa-se fazer jus ao *contexto*, *variabilidade* e *construção* dos relatos discursivos. O pesquisador observa como o texto constrói seus objetos e sujeitos, como tais construções variam conforme os diversos contextos discursivos, e com quais consequências eles podem ser implementados. Para identificar as diversas construções de sujeitos e objetos no texto, precisamos prestar atenção à terminologia, aos traços estilísticos e gramaticais, às metáforas e outras figuras de linguagem que podem ser usadas em sua construção. Potter e Wetherell (1987: 149) se referem a tais sistemas de termos como "repertórios interpretativos". Diferentes repertórios são usados para construir diferentes versões dos eventos. Por exemplo, um artigo de jornal pode se referir a jovens infratores como "jovens baderneiros", enquanto que advogados de defesa podem descrever seus clientes como "meninos desesperançados". A primeira construção enfatiza a incontrolabilidade dos infratores e implica a necessidade de controle familiar e policial mais rígidos, enquanto que a segunda chama a atenção para as necessidades psicológicas e educacionais não atendidas dos jovens infratores e enfatiza a importância da privação social e econômica. Diferentes repertórios podem ser usados pelo mesmo falante em diferentes contextos discursivos na busca de diferentes objetivos sociais. Parte da análise do discurso é identificar a orientação da ação nos relatos. Para tanto, o pesquisador precisa prestar atenção cuidadosa aos contextos discursivos dentro dos quais tais relatos são produzidos e rastrear suas consequências para os participantes de uma conversação. Isso pode ser feito satisfatoriamente apenas com base numa análise da contribuição à conversação *tanto* do entrevistador *quanto* do entrevistado. É importante lembrar que a análise do discurso exige que examinemos a linguagem em *contexto*.

Repertórios interpretativos são usados para construir versões alternativas, e frequentemente contraditórias, dos eventos. Os analistas do discurso identificaram repertórios conflitivos dentro da fala de participantes sobre o mesmo tópico. Por exemplo, Potter e Wetherell (1995) descobriram que seus participantes usavam dois repertórios diferentes para falar sobre a cultura Maori e sobre seu papel nas vidas dos Maoris na Nova Zelândia: "cultura-como-herança" e "cultura-como-terapia". Billig (1997) identifica dois relatos alternativos e contrastantes sobre o sentido da história nas discussões dos participantes sobre a família real britânica: "história como declínio nacional" e "história como progresso nacional". A presença de tensões e contradições entre repertórios interpretativos usados pelos falantes demonstra que os recursos discursivos dos quais os falantes fazem isso são intrinsecamente dilemáticos (cf. Billig et al., 1988; Billig, 1991). Ou seja, eles contêm temas contrários que podem ser contrapostos um ao outro dentro de contextos retóricos. Para compreender por que e como os falantes estão usando um tema particular, precisamos observar o contexto retórico no qual estão sendo empregados. De novo, o foco analítico é a variabilidade segundo os contextos e a orientação de ação da fala.

Refletindo a variabilidade das construções discursivas, as partes 1 e 2 de nosso extrato de entrevista constroem versões diferentes da "ruptura".

Parte 1 (linhas 1-26). Em resposta à questão do entrevistador (E: "você falou com amigos sobre isso?", linhas 1-2), a participante usa uma formulação do tipo caso extremo ("o tempo todo"). Desse modo, sua afirmação (de ter discutido a situação com os amigos) é levada ao extremo para fornecer uma garantia efetiva (Pomerantz, 1986) para sua decisão final (encerrar o relacionamento). Sugere-se que esta decisão se baseou em consideração cuidadosa, informada com discussões frequentes com amigos. Além disso, o uso da palavra "você" (ao invés de "eu") nas linhas 11-21 serve para generalizar sua experiência e sugerir que as ações dela seguem um procedimento estabelecido para lidar com tais questões, uma prática que ela compartilha com outros responsáveis e que pode ser reconhecida como tal pelo entrevistador. Através das suas construções de sentença em forma de listas e do uso da repetição ("Como eu faço isso, como eu digo isso, o que eu digo", linhas 5-7; e, de novo, "E era um caso de como ele vai lidar o que vai acontecer com ele e se ninguém sair com ele e se isso e se aquilo" (linhas 23-24)), um compromisso com a consideração completa e cuidadosa de todas as eventualidades é demonstrada. Referências a "encenação" (linha 8) e a "me preparar" (linha 9) reforçam essa impressão sugerindo que tal consideração inclui a antecipação mental e o ensaio prático de possíveis cenários. O uso de uma terminologia como "laços e bagagem emocional... que você está carregando" (linhas 11-12) e referências repetidas a isso ser "tão difícil" (linha 10 e linha 11) invocam um senso de esforço sustentado e servem para neutralizar qualquer impressão de uma decisão tomada de modo irrefletido. Falar de "investimento" (linha 13) e "responsabilidade" (linha 19) combina com uma construção da ruptura como sendo um negócio sério. Em suma, a parte 1 do extrato usa a linguagem de um modo tal que constrói uma versão da tomada de decisão que envolve esforço considerável e trabalho duro. É interessante notar que a questão do entrevistador ("E quando você tomou a decisão, quando você estava realmente próxima de romper, você falou sobre isso com os seus amigos?", linhas 1-2) mobiliza a mesma construção discursiva dos finais de relacionamento como um "trabalho". Tal construção da tomada de decisão constitui uma garantia para a decisão efetivamente tomada (ou seja, terminar o relacionamento), porque remove qualquer impressão de leviandade ou superficialidade do relato.

Parte 2 (linhas 27-42). O texto consuma seu senso de caráter definitivo através do uso de terminologia e traços gramaticais e estilísticos tais como o uso da metáfora. Primeiramente, o uso da primeira pessoa em asserções da perspectiva da falante ("do modo que eu via", linha 30; "para mim particularmente", linhas 41-42) apoia um ponto de vista singular e inequívoco para o qual a falante tem um acesso privilegiado. O uso de uma questão ("Eu iria querer casar com ele?", linha 34) que requer uma resposta categórica (nós não podemos estar "um pouquinho" casados ou escolher estarmos casados "às vezes") também contribui para a finalidade do extrato; no evento, a "resposta era não" (linhas 34-55) e não dá margem para dúvidas ou negociação. Referências a "fundamento" (linha 31) e à "base" (linha 38) da sua decisão de terminar o relacionamento invocam uma conclusão para além de quaisquer considerações que se possam fazer. Isso serve como uma garantia para a finalidade da decisão. Finalmente, e mais dramaticamente, o uso da metáfora na última sentença (linha 42) oferece uma imagem visual da inevitabilidade do fim do relacionamento: "Ele tinha batido no teto e não iria mais pra lugar nenhum". Ao evocar a imagem de um objeto tocando uma barreira física, a falante sublinha a finalidade de sua decisão. Não há espaço para reconsiderações porque é simplesmente tarde demais: o relacionamento "bateu no teto" e não pode prosseguir.

A Parte 2 do extrato usa a linguagem de modo a construir uma versão da decisão da participante que é marcada pela inevitabilidade e caráter definitivo. Tal construção da decisão constitui uma garantia para a decisão tomada (ou seja, de encerrar o relacionamento) porque não permite nenhuma possibilidade de um resultado alternativo.

De uma perspectiva de psicologia discursiva, ambas as partes do extrato servem como uma garantia para a decisão da participante de terminar seu relacionamento com seu parceiro. Contudo, duas diferentes interpretações da decisão são construídas na mesma entrevista (i. é, como envolvendo esforço e trabalho duro, e como definitiva e inevitável, respectivamente), o que demonstra algo da variabilidade que caracteriza um discurso. Uma olhada nas seções precedentes do texto (não reproduzidas aqui) pode lançar luz adicional sobre o emprego variável de construções discursivas da tomada de decisão dentro da entrevista. A porção do texto que interpreta a decisão como o resultado de esforço considerável da parte da participante é produzida em resposta à questão sobre o envolvimento de amigos no processo da tomada de decisão (linhas 20-22, "E quando você tomou a decisão *humm* quando você estava realmente próxima de romper, você falou sobre isso com seus amigos?"). Esta questão, por sua vez, é precedida por um relato de como os amigos da participante tinham "pego uma antipatia" pelo seu ex-parceiro e como eles "falavam sobre ele com desprezo". Como resultado, a participante pontuou, "todo mundo gostou de que eu tenha terminado com ele". A interpretação pela participante de sua decisão como um "trabalho duro" podia ser compreendia, dentro deste contexto, como um modo de rejeitar uma identidade social indesejável. Para contrapor a impressão de que estivesse seguindo irrefletidamente o conselho de seus amigos, uma interpretação da ruptura como envolvendo esforço e trabalho duro foi produzida como um modo de ela se distanciar de tais atribuições negativas.

A porção do texto que interpreta a decisão como inevitável e definitiva é produzida após o relato da participante de como seu ex-parceiro "não pensava que houvesse um problema a ser resolvido". A interpretação de sua decisão de finalizar o relacionamento como sendo inequívoca e inescapável, portanto, ocorre dentro de um contexto retórico particular. Ela aponta, e ao mesmo tempo desafia, uma visão alternativa de como dificuldades de relacionamento deveriam ser manejadas (de modo a melhorar o relacionamento).

A variabilidade do relato da participante está em consonância com a visão da psicologia discursiva da linguagem como construtora e performativa.

ANÁLISE FOUCAULTIANA DO DISCURSO

História e *background* teórico

A versão foucaultiana da análise do discurso foi introduzida na psicologia anglo-americana no final dos anos de 1970. Um grupo de psicólogos que tinha sido influenciado por ideias pós-estruturalistas, mais notadamente pela obra de Michel Foucault, começou a explorar a relação entre linguagem e subjetividade e suas implicações para a pesquisa psicológica. A publicação por Henriques et al. de *Changing the Subject – Psychology, Social Regulation and Subjectivity*, em 1984 (relançado em 1998), forneceu aos leitores uma clara ilustração de como a teoria pós-estruturalista poderia ser aplicada à psicologia. No livro, os autores examinam crítica e reflexivamente teorias psicológicas (tais como as do desenvolvimento infantil, das diferenças de gênero, das diferenças individuais) e o papel delas na construção dos objetos e dos sujeitos que elas afirmam explicar.

A análise do discurso foucaultiana se preocupa com a linguagem e seu papel na constituição da vida social e psicológica. De um ponto de vista foucaultiano, os discursos facilitam e limitam, e possibilitam e condicionam o que pode ser dito, por quem, onde e quando (Parker, 1992). Os analistas foucaultianos do discurso focalizam a disponibilidade dos recursos discursivos dentro de uma cultura – algo como uma economia discursiva – e suas implicações para aqueles que vivem nela. Aqui, o discurso pode ser definido como "conjuntos de afirmações que constroem objetos e um leque de posições subjetivas" (Parker, 1994a: 245). Essas construções, por sua vez, tornam disponíveis certas maneiras de estar no mundo. Os discursos oferecem *posições subjetivas* que, quando assumidas, têm implicações para a subjetividade e a experiência. Por exemplo, num discurso biomédico, aqueles que experimentam a doença ocupam a posição subjetiva de "o paciente", o que os situa como receptores passivos do cuidado especializado dentro de uma trajetória de cura (Harré & van Langenhove, 1999).

A análise do discurso foucaultiana também se preocupa com o discurso nos processos sociais mais amplos de legitimação e poder. Uma vez que os discursos tornam disponíveis modos de ver e modos de ser, eles estão fortemente implicados no exercício do poder. Os discursos dominantes privilegiam as versões da realidade social que legitima as relações de poder e estruturas sociais existentes. Alguns discursos estão tão arraigados que é difícil ver como podemos desafiá-los. Eles se tornaram "senso comum". Ao mesmo tempo, é da natureza da linguagem que construções alternativas sejam sempre possíveis e que *contradiscursos* possam emergir e de fato emerjam. Analistas do discurso foucaultianos também assumem uma perspectiva histórica e exploram os modos pelos quais os discursos mudaram ao longo do tempo, e como eles moldaram subjetividades históricas (cf. tb. Rose, 1999). Finalmente, a versão foucaultiana da análise do discurso presta atenção ainda à relação entre os discursos e as instituições. Aqui, os discursos não são conceptualizados simplesmente como modos de falar e escrever. Antes, os discursos são vinculados a práticas institucionais – ou seja, a modos de organizar, regular e administrar a vida social. Portanto, se os discursos legitimam e reforçam estruturas sociais e institucionais, essas estruturas, por sua vez, também respaldam e validam os discursos. Por exemplo, ser posicionado como "o paciente" dentro de um discurso biomédico significa que o corpo da pessoa se torna um objeto de interesse legítimo de médicos e enfermeiras – que ele pode ser exposto, tocado e invadido no processo do tratamento que é parte da medicina e de suas instituições (cf. tb. Parker, 1992: 17).

A versão foucaultiana da análise do discurso se preocupa com a linguagem e com o uso da linguagem; contudo, seu interesse na linguagem a leva para além dos contextos imediatos dentro dos quais a linguagem pode ser usada pelos sujeitos falantes. Assim, diferentemente da psicologia discursiva, que está primordialmente preocupada com a comunicação interpessoal, a análise do discurso foucaultiana levanta questões sobre a relação entre o discurso e como as pessoas pensam ou sentem (subjetividade), o que elas podem fazer (práticas) e as condições materiais dentro das quais tais experiências têm lugar. O Quadro 7.3 oferece um resumo das principais preocupações associadas à análise do discurso foucaultiana.

QUADRO 7.3 ANÁLISE DO DISCURSO FOUCAULTIANA

A análise foucaultiana do discurso:
- foi inspirada em Foucault e no pós-estruturalismo
- se preocupa com recursos discursivos
- explora o papel do discurso na constituição da subjetividade e da identidade
- explora a relação entre discurso e poder
- liga o discurso a instituições e práticas sociais
- pergunta: "Como o discurso constrói sujeitos e objetos?"

Formulando uma questão de pesquisa e projetando um estudo

A análise do discurso foucaultiana se ocupa de mapear o ambiente discursivo em que as pessoas habitam. Ela busca identificar as construções discursivas usadas pelos participantes da pesquisa e rastrear suas implicações para suas experiências de si mesmas e do mundo. A questão geral de uma pesquisa foucaultiana de análise do discurso é, portanto: "O que caracteriza os mundos discursivos que as pessoas habitam e quais as suas implicações para possíveis modos de ser?" Para identificar um foco discursivo adequado de estudo, o pesquisador precisará identificar um objeto discursivo particular com cuja construção ele esteja particularmente preocupado. Por exemplo, um pesquisador pode querer entender melhor como as pessoas constroem significado em torno do fato de serem diagnosticadas com um problema de saúde. Neste caso, a questão de pesquisa pode ser: "De que discursos os participantes da pesquisa se valem em sua fala sobre seu diagnóstico, e quais são suas implicações, para a experiência de seu problema de saúde, para os participantes da pesquisa?" Uma análise foucaultiana estaria então interessada nos recursos discursivos que estão disponíveis para os participantes da pesquisa, e em como a disponibilidade de tais recursos pode moldar a experiência de viver com seu problema de saúde.

Coletando dados

Uma análise do discurso foucaultiana pode ser realizada "onde quer que haja significado" (Parker, 1999: 1). Isso significa que nós não temos necessariamente de analisar palavras. Embora a maior parte dos analistas trabalhe com transcrições de discursos ou com documentos escritos, a análise do discurso foucaultiana pode ser realizada sobre qualquer sistema simbólico. Parker recomenda que "consideremos quaisquer tecidos de significado como textos". Isso significa que "fala, escrita, comportamento não verbal, Braille, Código Morse, semáforo, runas, propagandas, sistemas de moda, vitrais, arquitetura, cartas de tarô e bilhetes de ônibus, tudo isso constitui textos adequados para análise (1999: 7).

Análise

No capítulo 1 de *Discourse Dynamics – Critical Analysis for Social and Individual Psychology* (1992), Parker identifica 20 passos na análise da dinâmica do discurso. Esses 20 passos levam o pesquisador desde a seleção de um texto para análise (passos 1 e 2) através da identificação sistemática dos sujeitos e objetos construídos neles (passos 3-12) para um exame dos modos pelos quais o(s) discurso(s) que estrutura(m) o texto reproduz(em) relações de poder (passos 13-20). Parker nos oferece um guia detalhado e vasto que nos ajuda a distinguir os discursos, suas relações recíprocas, sua localização histórica e seus efeitos políticos e sociais. Outros guias para a análise do discurso foucaultiana (p. ex., Kendall & Wickham, 1999: 42-46) se baseiam em menos passos mas pressupõem um entendimento conceptual mais avançado do método de Foucault. Nesta seção, eu apresento seis etapas na análise do discurso e as aplico ao extrato do Quadro 7.2. Essas etapas permitem ao pesquisador mapear alguns dos recursos discursivos usados em um texto e as posições subjetivas que eles contêm, e explorar suas implicações para a subjetividade e a prática. É importante ter em mente, porém, que eles não constituem uma análise completa no sentido foucaultiano. (Para mais orientação sobre como abordar preocupações-chave foucaultianas, como genealogia, governamentalidade e subjetificação, cf. Arribas-Ayllon & Walkerdine (2008).)

Etapa 1: Construções discursivas

A primeira etapa da análise se preocupa com os modos pelos quais os objetos discursivos são construídos. Que objeto discursivo nós focamos depende de nossa questão de pesquisa. Por exemplo, se estamos interessados em como as pessoas falam sobre "amor" e com quais consequências, nosso objeto discursivo deve ser "amor". A primeira etapa da análise envolve a identificação dos diferentes modos pelos quais o objeto discursivo é construído no texto. É importante que não apenas observemos palavras-chaves. Referências implícitas e explícitas devem ser incluídas. Nossa busca por construções do objeto discursivo é guiada pelo significado compartilhado, e não pela comparabilidade lexical. O fato de que um texto não contenha uma referência direta ao objeto discursivo pode nos dizer muito sobre o modo pelo qual o objeto é construído. Por exemplo, alguém pode falar sobre a doença terminal de um parente sem nomeá-la diretamente. Aqui, referências a "ela", "essa coisa horrível" ou "o problema" constroem o objeto discursivo (ou seja, a doença terminal) como algo indizível ou talvez também incognoscível.

Uma vez que o estudo do qual o extrato da entrevista é retirado se preocupava com o modo como as pessoas descrevem e dão conta da quebra de um relacionamento íntimo (Willig & dew Valour, 1999, 2000), faz sentido levantar questões sobre os modos pelos quais "o relacionamento" é interpretado através da linguagem. No extrato acima, "o relacionamento" é interpretado como um arranjo social claramente identificável, com um começo e um fim, e que oferece segurança em troca do investimento de tempo e de emoção (linhas 2-26). Na segunda metade do extrato, "o relacionamento" é também interpretado como um passo no caminho do casamento (linhas 30-42). Portanto, o relacionamento é interpretado de duas maneiras diferentes. Por um lado, é interpretado como um arranjo social mutuamente benéfico entre duas pessoas que concordam em investir recursos (tais como tempo e emoção) para ganhar mútuo apoio e segurança. De um arranjo desses é difícil se desvencilhar ("É difícil [...] é tão difícil", linhas 10-11), porque "laços e bagagem emocional" cresceram com o tempo. Por outro lado, o relacionamento é interpretado como campo de teste, ou passo no caminho para uma forma superior de envolvimento – qual seja, o casamento. Aqui, o relacionamento tem de "ir para algum lugar" para valer a pena ("ele tinha batido no teto e não iria mais pra lugar nenhum", linha 42), e sua qualidade é julgada à luz de sua direção futura ("E apesar de que [...] eu não tinha nenhuma intenção de me casar por mais você sabe quatro cinco não importa o número de anos era nessa base que eu estava usando o critério da minha vontade para continuar saindo com ele", linhas 37-39).

Etapa 2: Discursos

Tendo identificado todas as seções do texto que contribuem à construção do objeto discursivo, nós focamos as diferenças entre as construções. O que parece ser um único e mesmo objeto discursivo pode ser construído de vários modos diferentes. A segunda etapa da análise visa localizar as várias construções discursivas do objeto dentro de discursos mais amplos. Por exemplo, dentro do contexto de uma entrevista sobre sua experiência do câncer de próstata de seu marido, uma mulher pode se valer de um discurso biomédico quando fala do processo do diagnóstico e tratamento, de um discurso psicológico quando explica qual ela acha ser o principal motivo de o marido ter desenvolvido a doença, e um discurso romântico quando descreve como ela e o marido encontraram a força para lutar juntos contra a doença. Portanto, a doença do marido é interpretada como um processo de enfermidade bioquímica, como a manifestação somática de traços psicológicos, e como o inimigo numa batalha entre o bem (o casal amoroso) e o mal (a separação pela morte) dentro do mesmo texto.

Deixe-nos tentar localizar as duas construções do relacionamento identificadas na etapa 1 da análise (como "arranjo social mutuamente benéfico" e como "um passo no caminho") dentro dos discursos mais amplos que cercam o relacionamento íntimo. A leitura dos relacionamentos interpessoais como arranjos sociais mutuamente benéficos é afim ao discurso econômico. Noções de investimento de recursos com retorno em segurança em longo prazo, e a expectativa de que os atores sociais intercambiem entre si bens e serviços, são proeminentes na fala contemporânea sobre a economia. Por exemplo, o termo "parceiro" [*partner*], hoje amplamente utilizado em referência aos outros significativos de uma pessoa, também descreve aqueles com os quais compartilhamos interesses de negócios. Por contraste, a leitura do relacionamento como "um passo no caminho" do casamento se vale de um discurso romântico. Aqui, o relacionamento não é conceptualizado como um arranjo mutuamente benéfico, mas sim como um modo de ir na direção do objetivo supremo: o casamento. O casamento em si não é definido ou explorado dentro do texto. É interessante que não parece haver nenhuma necessidade de a participante justificar por que associa ao casamento noções como a de "fundamento" (linha 31), uma "base" (linha 38) e "o critério" (linha 39) em seu relato. Ela até assinala que não tem nenhuma intenção de se casar no futuro próximo. Contudo, o casamento como objetivo faz parte de um discurso romântico no qual "amor", "casamento" e "monogamia" estão ligados inextricavelmente entre si. Ao invocar um desses termos, invocamos todos eles. Como resultado, a compatibilidade para o casamento se torna uma base legítima para tomar decisões sobre relacionamentos íntimos mesmo quando não há sugestão de que o casamento seja uma opção realista em curto ou médio prazos.

Etapa 3: Orientação de ação

A terceira etapa da análise envolve um exame mais detalhado dos contextos discursivos nos quais as diferentes construções do objeto estão sendo empregadas. O que se ganha ao construir o objeto deste modo particular e neste ponto particular do texto? Qual é a sua função e como ela se relaciona com outras construções produzidas no texto ao redor? Essas questões se preocupam com o que a psicologia discursiva refere como a *orientação de ação* da fala e do texto. Para voltar a nosso exemplo de uma mulher falando sobre o câncer do marido, pode ser que o uso por ela do discurso biomédico lhe permita atribuir a responsabilidade do diagnóstico e do tratamento aos profissionais médicos e enfatizar que seu marido está sendo bem cuidado. Seu uso do discurso romântico pode ter sido produzido em resposta a uma questão sobre seu próprio papel na recuperação do marido após a operação e pode ter servido para enfatizar que ela, de fato, está contribuindo significativamente para a recuperação dele. Finalmente, o discurso psicológico pode ter sido usado para explicar o câncer do marido com vistas a negar responsabilidade no compartilhamento de um estilo de vida cancerígeno (p. ex., "eu disse para ele ir mais devagar e se cuidar melhor, mas ele não escutava"). Um foco na orientação de ação nos permite conquistar uma melhor compreensão do que as várias construções do objeto discursivo são capazes de realizar dentro do texto.

Um exame mais atento do contexto discursivo dentro do qual nossas duas diferentes construções do relacionamento são empregadas nos permite descobrir mais coisas sobre elas. Quando elas são usadas e qual pode ser sua função dentro do relato? Como elas posicionam o falante dentro da ordem moral invocada pela construção (cf. tb. a Etapa 4: Posicionamentos). A porção do texto que constrói o relacionamento como um "arranjo social mutuamente benéfico" é produzida em resposta a uma questão sobre o envolvimento dos amigos no processo de tomada da decisão (linhas 1-2, E: "E quando você tomou a decisão *humm* quando você estava realmente próxima de romper, você falou sobre isso com seus amigos?"). Esta questão, por sua vez, é precedida por um relato de como os amigos da participante "pegaram uma antipatia" pelo ex-parceiro dela e de como eles tinham "falado sobre ele com desprezo". Em resultado, "todo mundo gostou de que eu tenha terminado com ele". O uso pela participante de uma construção do relacionamento como um "arranjo social mutuamente benéfico" podia ser vista, nesse contexto, como um modo de enfatizar seu senso de responsabilidade pelo bem-estar de seu ex-parceiro. Falar sobre a antipatia dos amigos pelo seu ex-parceiro, e sobre a alegria deles ao ver que o relacionamento acabou, pode ter criado a impressão de que ele, malquisto e rejeitado, era a vítima de um ato cruel de abandono por parte da participante. Para contrapor uma impressão desse tipo, uma construção do relacionamento como um "arranjo social mutuamente benéfico" chama a atenção para sua natureza mutuamente favorecedora, e para a consciência da participante sobre a significância emocional da ruptura ("É difícil [...] é tão difícil", linhas 10-11).

A porção do texto que constrói o relacionamento como um "passo no caminho" é produzida seguindo-se ao relato pela participante de como seu ex-parceiro "não pensava que houvesse um problema a ser resolvido". O uso do discurso romântico neste ponto permite à participante evitar a acusação de que ela não deu ao ex-parceiro uma chance de "resolver" os problemas e preservar o relacionamento. A partir de um discurso romântico, nenhum montante de trabalho pode transformar o "gostar" em "amar", ou uma "relação legal" na "coisa real". A prova de fogo do amor romântico (linha 30, "eu iria querer casar com ele?") torna desnecessárias tentativas de resolver problemas, porque se o casamento não é uma meta a ser buscada, o relacionamento não é algo que valha a pena ser salvo (linhas 41-42, "e para mim particularmente ele tinha batido no teto e não iria mais pra lugar nenhum"). A partir de um discurso romântico, a participante não pode ser culpada de não tentar fazer o bastante para o relacionamento funcionar.

Etapa 4: Posicionamentos

Tendo identificado as várias construções do objeto discursivo dentro do texto, e tendo localizado essas construções dentro de discursos mais amplos, nós agora damos uma olhada mais atenta às *posições de sujeito* que elas oferecem. Uma *posição de sujeito* dentro de um discurso identifica "uma localização para as pessoas dentro da estrutura de direitos e de deveres para aqueles que usam esse repertório" (Davies & Harré, 1999: 35).

Em outras palavras, discursos constroem *sujeitos* bem como objetos, e como resultado fazem posições dentro de redes de significado disponível, as quais os falantes podem assumir (bem como inserirem outros). Posições de sujeito são diferentes dos papéis, porque oferecem localizações discursivas a partir das quais falar e agir, ao invés de prescrever um papel particular a ser encenado. Além disso, papéis podem ser desempenhados sem identificação subjetiva, enquanto que assumir uma posição subjetiva tem implicações diretas para a subjetividade (cf. a etapa 6 abaixo).

Quais são as posições de sujeito oferecidas pelas duas construções discursivas do "relacionamento"? Uma construção do relacionamento como "arranjo social mutuamente benéfico" posiciona os parceiros como altamente dependentes um do outro. O envolvimento num relacionamento deste tipo mina a liberdade e a mobilidade dos indivíduos; os parceiros são atados um ao outro através de investimentos, história e emoções (linha 11, "há todos esses você sabe laços e bagagem emocional que [...] você está carregando"). Como resultado, quem quer que decida se retirar deste arranjo causará à outra pessoa uma perturbação considerável, desconforto e uma grande angústia. As posições de sujeito oferecidas por essa construção são, portanto, as de atores sociais responsáveis que dependem um do outro pelo apoio e que são confrontados com a difícil tarefa de realizar seus interesses dentro de relacionamentos de interdependência.

A construção romântica dos relacionamentos íntimos como "um passo no caminho" oferece posições de sujeito provisórias aos amantes. Enquanto envolvidos em relacionamentos não conjugais, os amantes não estão completamente comprometidos. Seu envolvimento contém uma cláusula de autoexclusão que lhes permite sair do relacionamento sem punições. Tudo o que acontece entre amantes dentro de um arranjo desse tipo está permanentemente "sob revisão" e não há garantia de que o relacionamento tenha futuro. Portanto, as posições de sujeito oferecidas por essa construção são as de agentes livres que preservam o direito de sair do relacionamento a qualquer momento e sem sanção moral.

Etapa 5: Prática

Esta etapa trata do relacionamento entre discurso e prática. Ela requer uma exploração sistemática dos modos pelos quais as construções discursivas e as posições de sujeito contidas nelas facultam e/ou restringem oportunidades para ação. Ao construir versões particulares do mundo, e ao posicionar sujeitos dentro delas de modos particulares, os discursos limitam o que pode ser dito e feito. Além disso, práticas não verbais podem fazer e de fato fazem parte dos discursos. Por exemplo, as práticas de sexo desprotegido podem estar ligadas a um discurso marital que constrói o casamento e o seu equivalente, o "relacionamento de longo prazo", como incompatíveis com o uso de camisinha (Willig, 1995). Portanto, certas práticas podem se tornar formas legítimas de comportamento dentro de discursos particulares. Tais práticas, por sua vez, reproduzem os discursos que as legitimam originalmente. Desse modo, falar e fazer apoiam-se um ao outro na construção de sujeitos e objetos. A Etapa 5 da análise do discurso mapeia as possibilidades para ação contidas dentro das construções discursivas identificadas no texto.

Quais são as possibilidades para ação mapeadas por nossas duas construções discursivas dos relacionamentos? O que pode ser dito e feito pelos sujeitos posicionados dentro delas? Construções dos relacionamentos como "arranjos sociais mutuamente benéficos" e suas posições de sujeito como atores sociais responsáveis requerem, daqueles que estão posicionados dentro delas, que ajam responsavelmente e com consideração pelas consequências de suas ações. Ser parte de um arranjo social mutuamente benéfico significa que tudo o que fizermos afeta a outra parte no arranjo, e que precisamos assumir responsabilidade por esses efeitos. O relato da participante sobre como ela ensaiou a ruptura (linhas 5-10) e o quão difícil foi para ela "realmente falar para ele que eu não quero sair com você mais" (linhas 9-10) demonstra seu posicionamento como um ator social responsável. Assumir responsabilidade pelo bem-estar do parceiro (linha 19) e romper de um modo que demonstre preocupação com o futuro dele são práticas que respaldam uma construção dos relacionamentos como "arranjos sociais mutuamente benéficos". Por contraste, ser posicionado num relacionamento como "um passo no caminho" não requer a mesma preocupação com o bem-estar do outro. Note que a seção do texto que constrói um relacionamento como "um passo no caminho" (linhas 30-42) não contém quaisquer referências ao ex-parceiro da participante. Antes, trata da natureza do relacionamento e dos critérios pelos quais avaliar seu valor. A posição de sujeito como um agente livre que preserva o direito de se retirar do relacionamento a qualquer momento e sem sanção moral envolve um foco no eu e seus interesses. Isso é demonstrado nas linhas 30-42 (note o uso consistente da primeira pessoa do singular e as referências a "fundamento", "base" e "critério" para a tomada da decisão nesta seção).

Etapa 6: Subjetividade

A etapa final na análise explora a relação entre discurso e subjetividade. Os discursos disponibilizam certos modos de ver o mundo e certos modos de estar no mundo. Eles constroem realidades sociais bem como realidades psicológicas. O posicionamento discursivo tem um papel importante nesse processo. Conforme dizem Davies e Harré (1999: 35):

> Uma vez tendo assumido como sua uma determinada posição, uma pessoa inevitavelmente vê o mundo a partir da perspectiva dessa posição e em termos das imagens, metáforas, enredos e conceitos específicos que se tornam relevantes dentro da prática discursiva específica nas quais ela está posicionada.

Esta etapa na análise rastreia as consequências de assumir diversas posições de sujeito para a experiência subjetiva dos participantes. Tendo feito questões sobre o que pode ser dito e feito dentro de diferentes discursos (Etapa 5), nós agora estamos preocupados com o que pode ser sentido, pensado e experimentado a partir de dentro de várias posições de sujeito.

É, necessariamente, a etapa na análise mais especulativa. Isso porque estamos tentando fazer ligações entre as construções discursivas usadas pelos participantes e suas implicações para a experiência subjetiva. Uma vez que não há relação direta necessária entre a linguagem e os vários estados mentais, não podemos fazer mais do que delinear o que pode ser sentido, pensado e experimentado segundo as várias posições de sujeito; se sentem ou não, ou em que medida, os falantes individuais realmente sentem, pensam ou experimentam desses modos, em determinadas ocasiões, é uma outra questão (a qual provavelmente não podemos responder com base em apenas uma análise do discurso). Poder-se-ia argumentar que sentimentos de culpa e arrependimento são disponíveis para quem se posiciona dentro de uma construção dos relacionamentos como "arranjos sociais mutualmente benéficos" (linhas 19-21, "Você começa a assumir responsabilidade por eles e por como eles irão lidar depois você sabe talvez em detrimento de seu próprio tipo pessoal de bem-estar"), enquanto que assumir uma posição como livre-agente dentro de uma construção de relacionamentos como "um passo no caminho" pode envolver um senso de urgência temporal em relação à tomada de decisão (linhas 33-35, "porque eu pensava OK nós saímos por uns dois anos se nós fôssemos sair por mais dois anos eu iria querer casar com ele e a resposta era não").

Escrita

Escrever uma pesquisa de análise do discurso não é um processo separado da análise dos textos. Tanto Potter e Wetherell (1987) como Billig (1997) chamam a atenção para o fato de que escrever um relatório é em si mesmo um modo de clarificar a análise. A tentativa de produzir um relato claro e coerente da sua pesquisa, ao escrever, permite ao pesquisador identificar inconsistências e tensões que, por sua vez, podem levar a novos *insights*. Por outro lado, o pesquisador pode ter de voltar aos dados para abordar dificuldades e problemas surgidos no processo da escrita.

Grande parte da análise apresentada acima emergiu do processo de escrever sobre minha interação com a transcrição de entrevista. Impressões baseadas em meu encontro inicial com o texto tiveram de ser trabalhadas numa explicação de como o texto alcançava seus objetivos discursivos. Tendo colhido metáforas, expressões e termos integrados em versões particulares de como o relacionamento da participante chegou ao fim, eu escrevi sobre os modos pelos quais o relato da participante produziu essas versões. Como um resultado, o processo de análise é realmente uma desconstrução (através da identificação de repertórios interpretativos e construções discursivas que constituem o texto) seguida por uma reconstrução do discurso (através da escrita e, assim, da recriação das construções e das funções que caracterizam o texto), e a escrita em si é uma parte essencial deste processo.

Conclusão

Ambas as versões do método de análise do discurso compartilham uma preocupação com o papel da linguagem na construção da realidade social. Contudo, como eu espero ter deixado claro, há algumas importantes diferenças entre as duas abordagens. Para concluir este capítulo, quero fazer uma comparação direta entre as duas versões da análise do discurso e os *insights* analíticos que cada uma delas pode gerar. Diferenças-chave entre as duas versões são apresentadas sob três títulos: "Questões de pesquisa", "Agência" e "Experiência" (cf. o Quadro 7.4 para um resumo).

Questões de pesquisa

A psicologia discursiva e a análise do discurso foucaultiana são concebidas para responder a diferentes tipos de questões de pesquisa. A psicologia discursiva projeta tipicamente responder "Como os participantes usam a linguagem para gerir sua presença em interações sociais?", enquanto que a análise do discurso foucaultiana responde à questão "O que caracteriza os mundos discursivos que as pessoas habitam e quais são suas implicações para modos possíveis de ser?" Nossa análise discursiva do extrato da entrevista pretendeu responder questões sobre o que a participante estava fazendo com sua fala. Isso nos permitiu observar que o extrato servia como uma justificativa para a decisão da participante de terminar seu relacionamento com o parceiro. Por contraste, nossa análise foucaultiana se preocupou com a natureza das construções discursivas usadas pela participante e suas implicações para sua experiência da quebra do relacionamento. Pudemos identificar os discursos econômico e romântico em seu relato, cada qual oferecendo diferentes posições de sujeito e diferentes oportunidades para a prática e a subjetividade.

Agência

A psicologia discursiva e a análise do discurso foucaultiana enfatizam diferentes aspectos da agência humana. Embora a psicologia discursiva se preocupe com a linguagem e com seus aspectos performativos, mais do que com os sujeitos falantes e suas intenções, seu foco na orientação de ação pressupõe uma conceptualização do falante como um agente ativo que usa estratégias discursivas para gerir sua participação em interações sociais. Nesse sentido, nossa análise discursiva focalizou o uso, pela participante, do discurso na busca de um objetivo interpessoal, que era justificar sua decisão de largar o parceiro, dentro do contexto de uma entrevista de pesquisa. Por contraste, a análise do discurso foucaultiana chama a atenção para o poder do discurso de construir seus objetos, inclusive o próprio sujeito humano. A disponibilidade de posições de sujeito restringe o que pode ser dito, feito e sentido pelos indivíduos. Refletindo essa preocupação, nossa análise foucaultiana se interessou pelos recursos discursivos que estavam disponíveis à participante e pelo modo como a disponibilidade deles pode ter moldado a experiência dela da ruptura.

QUADRO 7.4 DIFERENÇAS-CHAVE ENTRE PSICOLOGIA DISCURSIVA (PD) E ANÁLISE DO DISCURSO FOUCAULTIANA (ADF)

Questões de pesquisa
- PD pergunta: "Como os participantes usam a linguagem para gerir a presença em interações sociais?"
- ADF pergunta: "O que caracteriza os mundos discursivos que os participantes habitam e quais são suas implicações para os modos possíveis de ser?"

Agência

Psicologia discursiva:
- O falante é um agente ativo
- O falante usa discurso
- Discurso é ferramenta

Análise do discurso foucaultiana:
- O falante está posicionado pelo/no discurso
- O discurso disponibiliza significados
- O discurso constrói seus sujeitos

Experiência

Psicologia discursiva:
- PD questiona o valor da categoria "experiência"
- PD conceptualiza invocações da "experiência" como um passo discursivo

Análise do discurso foucaultiana:
- ADF tenta teorizar a experiência
- O discurso está implicado na experiência
- O discurso disponibiliza modos de ser

Experiência

A psicologia discursiva questiona o valor da categoria "experiência" em si. Ela prefere conceptualizá-la (junto com outras, como "subjetividade" e "identidade") como um passo discursivo pelo qual os falantes podem se referir a suas "experiências" para validar suas afirmações (como em "Eu sei que isso é difícil pois eu estive lá!"). Aqui, a "experiência" é uma construção discursiva, a ser empregada como e quando requerida. Qualquer coisa além disso é vista como constituindo um retorno ao cognitivismo e isso, portanto, não seria compatível com a psicologia discursiva. Por contraste, a análise do discurso foucaultiana tenta teorizar a "experiência" (e a "subjetividade"). Segundo esta abordagem, as construções e práticas discursivas estão implicadas nos modos como nós experimentamos a nós mesmos (como "doentes" ou "saudáveis", "normais" ou "anormais", "deficientes físicos" ou não, e assim por diante). Em resultado, uma exploração da disponibilidade das posições de sujeito no discurso tem implicações para as possibilidades de identidade e de experiência subjetiva. Esta diferença se refletiu em nosso exemplo. Nossa análise discursiva estava voltada ao que a respondente estava *fazendo* com sua fala, enquanto que nossa análise foucaultiana estava mais interessada no seu uso do discurso para sua *experiência* da ruptura.

A análise do discurso é um acontecimento relativamente recente na psicologia. Contudo, a despeito de sua curta história, ela já gerou um grande corpo bibliográfico. Conforme os pesquisadores usam abordagens de análise do discurso em diferentes contextos, eles encontram novos desafios que os levam a desenvolver novas maneiras de aplicar uma perspectiva discursiva. Por exemplo, trabalhos iniciais em análise do discurso tendiam a se preocupar com tópicos sociopsicológicos como o preconceito (p. ex., Potter & Wetherell, 1987; Wetherell & Potter, 1992). Nos anos de 1990, psicólogos da saúde começaram a usar o método, o que levou à formulação da abordagem material-discursiva (p. ex., Yardley, 1997a), enquanto outros tentaram descobrir modos pelos quais a análise do discurso poderia informar intervenções sociais e psicológicas (p. ex., Willig, 1999). Em anos recentes, tem-se tentado compreender o que pode motivar os indivíduos a investir em construções discursivas particulares e a ocupar determinadas posições de sujeito habituais. Isso levou à emergência de uma abordagem psicossocial que aprimora o interesse de alguns analistas do discurso pela relação entre discurso e subjetividade (p. ex., Frosh & Saville Young, 2008; Frosh, 2010). Outro modo de ligar o estudo do discurso com um interesse na subjetividade e na experiência está sendo explorado por pesquisadores que tentam combinar a análise do discurso foucaultiana com a análise fenomenológica interpretativa (p. ex., Colahan et al., 2012). Tem havido desenvolvimentos em relação à análise de "textos" não linguísticos e ao uso de métodos visuais na análise do discurso (cf. Reavey, 2011).

Wetherell (2001) chega a identificar seis modos diferentes de fazer análise do discurso, enquanto que Glynos et al. (2009) e Wodak (1996) oferecem panoramas amplos de perspectivas para o estudo do discurso. Isso demonstra que a análise do discurso não é um método de análise de dados em qualquer acepção simplista. Antes, ela nos oferece um modo de pensar sobre o papel do discurso na construção de realidades sociais e psicológicas, e isso, por sua vez, pode nos ajudar a abordar questões de pesquisa de modos novos e produtivos. As duas versões de método de análise do discurso introduzidas neste capítulo são modos de abordar textos, ao invés de receitas para produzir "análises corretas". A escolha da abordagem deve ser determinada pela questão de pesquisa que desejamos abordar; em certos casos, isso significa que se faz necessária uma combinação de ambas as abordagens. Os estudos de análise do discurso mais ambiciosos podem querer prestar atenção tanto ao emprego situado e dinâmico de construções discursivas quanto às estruturas sociais e institucionais mais amplas dentro das quais elas são produzidas, e que moldam sua produção (p. ex., Edley & Wetherell, 2001). Neste caso, os recursos *e* as práticas discursivas precisam ser exploradas em detalhe, de modo que possamos compreender como os falantes constroem e negociam significado (práticas de discurso), bem como por que eles podem se valer de certos repertórios e não de outros (recursos discursivos) (Wetherell, 1998). Em qualquer evento, nossa escolha do(s) método(s) de análise deve sempre emergir de uma consideração cuidadosa de nossa(s) questão ou questões de pesquisa.

O Quadro 7.5 apresenta três exemplos de análise do discurso em ação.

QUADRO 7.5 TRÊS BONS EXEMPLOS DE ANÁLISE DO DISCURSO

Práticas alimentares

Wiggins, Potter e Wildsmith (2001) examinam práticas alimentares através da análise de conversas gravadas de refeições familiares. A análise demonstra como as avaliações da comida, as normas sobre práticas alimentares e mesmo os estados fisiológicos dos participantes são produtos negociáveis e flexíveis do discurso. O artigo focaliza três processos discursivos: (1) construções da comida; (2) construções do indivíduo (ou seja, como consumidores de comida); e (3) construções do comportamento (i. é, de comer/não comer). Usando extratos de transcrições de conversas durante refeições, os autores demonstram como as construções discursivas estão atadas a práticas discursivas como exortação, oferecimento, resistência, aceitação, e assim por diante. Eles concluem que a comida não é meramente um objeto a ser individualmente avaliado (p. ex., em termos de seu gosto e textura), mas antes algo que pode ser negociado, definido e construído conjuntamente, na fala. Este artigo é recomendado porque constitui uma ilustração clara e sistemática de pesquisa informada por princípios da psicologia discursiva.

Clínicos gerais e pacientes masculinos

Seymour-Smith, Wetherell e Phoenix (2002) estão preocupados com os repertórios interpretativos através dos quais médicos e enfermeiras constroem seus pacientes masculinos. As análises apresentadas no artigo são baseadas nas transcrições de entrevistas com clínicos gerais e suas colegas de enfermagem. Os autores identificam três repertórios interpretativos correlatos que oferecem um leque de posições de sujeito. Cada um desses repertórios constrói um contraste entre homens e mulheres, representando masculinidade e feminilidade como categorias binárias obviamente dicotômicas. Dentro dessas categorias, os homens são posicionados como infantis sendo as mulheres suas cuidadoras e supervisoras da saúde. A masculinidade hegemônica foi criticada (por impedir os homens de serem mais conscientes quanto à saúde) e reforçada (por compactuar com a ideia de que para ser um homem a pessoa precisa resistir ao cuidado da saúde). Os autores concluem que esses repertórios constituem poderosos recursos culturais prontamente disponíveis a profissionais de saúde, que informam os modos pelos quais os pacientes masculinos são posicionados em relação a práticas de cuidado com a saúde. Este artigo é recomendado porque demonstra como a análise do discurso pode se fundamentar na microanálise de dados *e* falar de padrões e preocupações socioculturais mais amplas.

Mulheres falando sobre o beber muito

Rolfe, Orford e Dalton (2009) exploram o uso de construções discursivas da bebida e do beber em relatos de mulheres que bebem muito. Os relatos foram obtidos pela realização de entrevistas semiestruturadas com 24 mulheres que bebiam muito, consumindo uma quantidade correspondente a cerca de 35 unidades de álcool do Reino Unido [uma unidade corresponde a 10 mililitros de etanol (N.T.)] por semana. Análise crítica do discurso foi usada para analisar as transcrições de entrevistas. A análise identificou duas construções dominantes: "bebida como automedicação" e "bebida como prazer e lazer". Os autores notaram que as mulheres usavam o discurso para justificar seu hábito de beber, se movendo entre as duas construções dominantes para proteger seu *status* moral como "boas mulheres". A pesquisa descreve as várias estratégias discursivas que as mulheres usaram para fazer isso. Entre elas, negociar e resistir a posições de sujeito estigmatizantes, contrastando suas próprias ações com as de outras mulheres (menos "boas"), e empregando discursos de autocontrole. Os autores argumentam que o emprego pelas mulheres de construções discursivas reflete uma ambivalência cultural mais ampla sobre o beber por parte de mulheres. O artigo conclui com uma discussão das consequências da dinâmica discursiva identificada na pesquisa e algumas recomendações para a prática da promoção da saúde.

O artigo é recomendado porque constitui um bom exemplo de uma abordagem crítica da análise do discurso, que começa com a análise de transcrições de entrevistas e então passa a fazer ligações com a teoria mais ampla e discursos de nível macro (neste caso, sobre bebida e gênero).

Leituras adicionais

Hepburn, A. & Wiggins, S. (eds.) (2007). *Discursive Research in Practice* – New Approaches to Psychology and Interaction. Cambridge: Cambridge University Press.

Este livro contém muitos exemplos bons de uma abordagem da psicologia discursiva à análise do discurso.

Wetherell, M. (1998). "Positioning and interpretative repertoires: Conversation analysis and poststructuralism in dialogue". *Discourse & Society*, 9: 387-413.

Neste artigo, Wetherell defende uma integração das duas versões da análise do discurso.

Willig, C. (1998). "Constructions of sexual activity and their implications for sexual practice: Lessons for sex education". *Journal of Health Psychology*, 3 (3): 383-392.

Este artigo ilustra uma abordagem foucaultiana sistemática da análise do discurso e sua preocupação com a relação entre construções discursivas, experiência subjetiva e prática comportamental.

Willig, C. (2013). *Introducing Qualitative Research in Psychology*. 3. ed. Buckingham: Open University Press.

Os capítulos 10 e 11 deste livro oferecem uma discussão mais detalhada das duas versões da análise do discurso.

8 Investigação cooperativa: Uma experiência de pesquisa-ação

Sarah Riley
Peter Reason

A tradição antiga da pesquisa em psicologia enfatizava a separação entre sujeito e objeto, entre o observador e aquilo que é observado, na busca pela verdade objetiva. Nesta tradição, o pesquisador é quem toma todas as decisões sobre o que estudar, como estudar e que conclusões devem ser extraídas; e o "sujeito" da pesquisa oferece apenas suas respostas para a situação na qual está sendo observado, sem saber nada sobre as ideias que formatam a investigação. Contudo, outra tradição em investigações, a qual, de modo amplo, podemos chamar de pesquisa-ação, estabeleceu uma ênfase contrastante na colaboração entre "pesquisador" e "sujeito" para encaminhar aspectos práticos de preocupação comum. No florescimento pleno da abordagem, a distinção entre pesquisador e sujeito desaparece e *todos* os envolvidos na investigação se empenham como copesquisadores, contribuindo tanto para as decisões que formatam a pesquisa como para as ações que estão sob estudo. Além disso, o propósito não é alcançar uma verdade transcendente ou objetiva na tradição da ciência cartesiana (Toulmin, 1990), mas o que é chamado de "conhecimento prático" – tornando-se mais capaz de florescer e de fazer os outros florescerem ao seu redor (Heron, 1996b; Reason & Bradbury, 2001a).

Neste capítulo vamos focalizar uma abordagem – a investigação cooperativa (CI [*co-operative inquiry*]) – que é parte de uma família ampla, rica e diversa de abordagens de pesquisa-ação. Se você está lendo isto, então pode estar muito bem pensando sobre a possibilidade de utilizar a investigação cooperativa para sua dissertação, e durante este capítulo vamos dar alguns exemplos de como outros fizeram isso, assim você poderá desenvolver seu próprio projeto. Mas, por enquanto, é necessário ter uma noção sobre a amplitude da pesquisa-ação. Para alguns, a pesquisa-ação é primariamente uma atividade individual pela qual profissionais podem direcionar questões do tipo: "Como posso melhorar minha prática?" Para outros, a pesquisa-ação está fortemente radicada em práticas de desenvolvimento organizacional e aprimoramento de negócios e organizações do setor público. Para alguns, na maioria dos países, a pesquisa-ação é principalmente uma prática libertadora que visa reparar desequilíbrios de poder e devolver a pessoas comuns a capacidade de autoconfiança e habilidade para manejar suas próprias vidas – para "fazer suas cabeças" como aldeões em Bangladesh descreveram para Peter. Para alguns, a questão-chave é sobre como iniciar e desenvolver reuniões presenciais de grupos de investigação, enquanto para outros a preocupação principal é o uso da pesquisa-ação para provocar mudanças em larga escala e influenciar decisões políticas. E, para alguns, a pesquisa-ação é primariamente uma forma de prática no mundo, enquanto para outros ela pertence a uma tradição acadêmica de geração de conhecimento. De acordo com Reason e Bradbury (2006: xxii), todas essas abordagens compartilham uma visão da pesquisa que pode ser descrita como o que segue:

- respondem a assuntos práticos e muitas vezes prementes na vida das pessoas em organizações e comunidades;
- interagem com pessoas em relacionamentos colaborativos, abrindo novos "espaços comunicativos" nos quais o diálogo e desenvolvimento podem florescer;
- aproximam-se de diversas formas de conhecimento, na evidência que é gerada e em diversas formas de apresentação conforme falamos com uma vasta audiência;
- é fortemente orientada por valores, procurando dirigir as questões importantes conforme o florescimento das pessoas humanas, suas comunidades, e a ampla ecologia na qual participamos;

- é um processo vivo, emergente, que não pode ser predeterminado mas muda e se desenvolve conforme os envolvidos aprofundam seus entendimentos das questões a serem encaminhadas e desenvolvem suas capacidades como coinvestigadores, tanto individual como coletivamente.

As várias dimensões da pesquisa-ação são exploradas no *Handbook of Action Research* (Reason & Bradbury, 2001b, 2006, 2008) e o excelente *Introduction to Action Research* de Davydd Greenwood e Morten Levin (1998, 2006). Mas, por enquanto, o que um futuro estudante de psicologia da investigação cooperativa deve saber é que a CI envolve o aprender com um pequeno grupo de outras pessoas que estejam empenhadas em explorar um assunto assim como você – apenas eles não terão depois que escrever uma dissertação sobre o tema discutido.

História e *background* teórico

Uma ciência de pessoas

O argumento fundamental por trás dessa tradição de pesquisa-ação é que não é possível obter-se uma verdadeira ciência de pessoas a menos que a investigação se envolva com os humanos *como* pessoas. E desde que pessoas são manifestamente capazes de encontrar sentido em seus comportamentos, a distinção entre um "pesquisador" que pense em tudo, e "sujeitos" que se comportam, é completamente inapropriada. Da perspectiva participativa, os "sujeitos" da forma tradicional são na verdade objetos – curiosamente a palavra "sujeito" envolve tanto o significado de pessoa humana autônoma quanto daquele que "está sujeito a" Deus, ao monarca, ou a um pesquisador científico. Na ciência de pessoas, todos aqueles envolvidos no processo de investigação entram no processo como pessoas, trazendo com eles suas inteligências, suas intenções, suas habilidades em refletir sobre a experiência e de se relacionarem com outros – e, é claro, suas capacidades de autoengano, de conclusões de senso comum, de racionalizar, e de recusar-se a ver o óbvio, o que caracteriza as pessoas humanas.

Uma visão de mundo participativa

Uma ciência de pessoas também se baseia em uma visão de mundo participativa:

Nosso mundo não consiste de coisas separadas, mas do relacionamento entre cada um de nós como coautores. Participamos de nosso mundo, e assim a "realidade" que experenciamos é uma cocriação que envolve a dádiva primordial do cosmos e a interpretação e sentimento humano. A metáfora participativa é particularmente apta para a pesquisa-ação, porque enquanto participamos na criação de nosso mundo, somos também seres encarnados e que respiram, *que necessariamente estão agindo* – e isso nos leva a considerar como avaliar a *qualidade* de nossa ação.

Uma visão de mundo participativa coloca as pessoas e comunidades como parte do mundo delas – tanto humano como mais-que-humano – encarnados em seu mundo, cocriando seu mundo. Uma perspectiva participativa nos chama a sermos situados e reflexivos, a sermos explícitos sobre a perspectiva a partir da qual o conhecimento é criado, a ver a investigação como um processo de vir a saber, a serviço do espírito democrático, prático, da pesquisa-ação (Reason & Bradbury, 2001a: 6-7).

Nesse sentido, a ciência de pessoas não é uma ciência do Iluminismo. Não busca uma verdade transcendente, que Descartes e seus companheiros nos teriam feito perseguir. A ciência de pessoas envolve um sentimento "pós-moderno" para nos mover além de grandes narrativas, na direção de conhecimentos práticos localizados, pragmáticos e construídos, que são baseados na experiência e ação daqueles engajados no projeto de investigação. Toulmin (1990) argumenta persuasivamente que isso pode ser visto como uma reafirmação dos valores da filosofia prática do Renascimento.

Uma epistemologia "ampliada" e a primazia da prática

Como pesquisadores, nossa epistemologia enquadra o modo como entendemos o conhecimento que produzimos. Uma epistemologia é o ponto de vista que tomamos em relação à natureza do conhecimento: por exemplo, se achamos que nossa pesquisa produz fatos sobre o mundo ou entendimentos sobre como as pessoas interpretam o mundo. O ponto de vista epistemológico da investigação cooperativa, definida como uma forma participativa de investigação, é o que se chama de "epistemologia ampliada" – ampliada além do conceito positivista para o racional e o empírico, para incluir diversas formas de saber como as pessoas encontram e agem em seu mundo, particularmente formas de saber que são experimentais e práticas.

Como Eikeland (2001) destacou, esta noção remonta a Aristóteles; e nos tempos modernos, Polanyi (1962) descreveu claramente seu conceito de conhecimento tácito, um tipo de *expertise* incorporada que é a base de toda ação cognitiva. Escrevendo mais recentemente, Shotter argumenta que além da diferenciação entre "saber que" e "saber como" de Gilbert Ryle, há um "tipo de saber que se tem *apenas a partir do interior de uma situação social*, um grupo ou uma instituição, e então isso leva em conta [...] os *outros* na situação social" (Shotter, 1993: 7, ênfases no original). É significativo que Shotter frequentemente usa a forma verbal "*saber* do terceiro tipo" para descrever isso, mais do que o substantivo *conhecimento*, enfatizando que este saber não é uma coisa a ser descoberta ou criada e guardada em jornais, mas sim surge no processo da vida e nas vozes das pessoas comuns conversando.

Alguns escritores têm articulado diferentes formas de enquadrar uma epistemologia ampliada a partir de perspectivas pragmáticas, construtivistas, críticas, feministas e desenvolvimentistas. Embora difiram em detalhes, todas vão além das visões ocidentais ortodoxas, empíricas e racionais, e abarcam uma multiplicidade de formas de saber, a começar de um relacionamento entre mim e o outro, através de participação e intuição. Eles afirmam a importância da sensibilidade e sintonia no momento do relacionamento, e do saber não apenas como busca acadêmica, mas como práticas diárias de ação em relacionamentos e criando sentidos em nossas vidas (Reason & Bradbury, 2001a).

A metodologia de investigação cooperativa se vale de uma epistemologia quádrupla ampliada: *saber experiencial* é alcançado pelo encontro presencial direto com uma pessoa, lugar ou coisa (é o saber pela empatia e ressonância, o tipo de saber profundo que muitas vezes é impossível de ser colocado em palavras); saber *presencial* surge do saber experiencial, e oferece a primeira forma de expressão através da história, desenho, escultura, movimento, dança, se utilizando do imaginário estético; *saber proposicional* se vale de conceitos e ideias, e o *saber prático*, que consuma as outras formas de saberes em ação no mundo (Heron, 1996a; Heron & Reason, 2008). De certo modo, a prática tem primazia, pois

> a maioria de nossos saberes, e todos os nossos saberes primários, surge como um aspecto de atividades que têm objetivos práticos e não teóricos; e é a este saber, ele próprio um aspecto de ação, que toda teoria reflexiva deve referir-se (MacMurray, 1957: 12).

Um espírito liberacionista

Assim como é uma expressão de uma epistemologia ampliada dentro de uma visão de mundo, uma ciência de pessoas tem uma dimensão política. O relacionamento entre poder e saber é bem fundamentado por Habermas, Foucault, Lukes e outros (Gaventa & Cornwall, 2001). Formas participativas de investigação iniciam com preocupações sobre poder e impotência, e têm como objetivo confrontar a forma pela qual elementos da sociedade mundial estabelecidos e poderosos são favorecidos porque detêm um monopólio sobre a definição e o emprego do saber:

> Esta forma política de participação afirma os direitos das pessoas e a capacidade de ter opinião em decisões que as afetem e que reivindicam gerar conhecimento sobre elas. Asseguram a importância da libertação de vozes emudecidas daqueles oprimidos por estruturas de classe e neocolonialismo, pela pobreza, sexismo, racismo e homofobia (Reason & Bradbury, 2001a: 9).

Assim, a pesquisa participativa tem duplo objetivo. O primeiro é produzir conhecimento e ação diretamente útil para um grupo de pessoas – através da pesquisa, através da educação do adulto, e através de ações sociopolíticas. O segundo objetivo é empoderar pessoas a um segundo e profundo nível através de um processo de construção e uso do próprio conhecimento delas: elas "veem através" das formas pelas quais as instituições monopolizam a produção e uso do conhecimento para o benefício de seus membros. Este é o sentido do despertar da consciência ou *conscientização* [em português no original (N.T.)], um termo popularizado por Paulo Freire (1970) para um "processo de autoconsciência através de autoinvestigação e reflexão coletivas" (Fals Borda & Rahman, 1991: 16). Como Daniel Selener (1997: 12) enfatiza, enquanto um objetivo maior da pesquisa participativa é solucionar problemas práticos em uma comunidade, outro objetivo é a criação de alterações no equilíbrio de poder em favor de grupos pobres e marginalizados na sociedade". Greenwood e Levin (1998: 3) também enfatizam como a pesquisa-ação contribui ativamente no processo de mudança democrática social. A pesquisa participativa no mínimo é um processo que explicitamente tem o objetivo de qualificar aqueles envolvidos a desenvolverem suas capacidades pela investigação tanto individual como coletivamente.

Esta dimensão de uma ciência de pessoas – uma orientação para a prática, tratando pessoas como pessoas, uma visão de mundo participativa, uma epistemologia ampliada e um espírito liberacionista – pode ser vista como a base da pesquisa-ação contemporânea. A pesquisa-ação em si passa correntemente por ressurgimento empolgante de interesse e criatividade, e há várias formas de práticas investigativas dentro dessa tradição. Tentando colocar alguma ordem nessa diversidade, nós descrevemos alhures três amplos caminhos para sua prática. A pesquisa-ação/prática em primeira pessoa de competências e métodos aborda a capacidade do pesquisador em promover uma abordagem investigativa na própria vida dele ou dela, para agir conscientemente e fazendo escolhas, e simultaneamente avaliar os efeitos no mundo externo. A pesquisa-ação/prática em segunda pessoa dirige nossa habilidade para investigação presencial com outros para questões de interesse mútuo. A pesquisa-ação/prática em terceira pessoa tem o objetivo de ampliar esses projetos de relativamente pequena escala para criar uma ampla comunidade de investigação, envolvendo integralmente uma organização ou comunidade (Reason & Bradbury, 2006: xxv).

A investigação cooperativa é uma articulação da pesquisa-ação. As iniciativas originais em investigação experencial foram realizadas por volta dos anos de 1970 por John Heron (Heron, 1971). Evoluíram para uma prática de investigação cooperativa como uma metodologia para uma ciência de pessoas (Heron, 1996a), que coloca uma ênfase na pesquisa/prática em primeira pessoa no contexto de relacionamentos de apoio e crítico em segunda pessoa, enquanto tem o potencial para se estender em direção à prática em terceira pessoa.

O entendimento dos participantes como copesquisadores e o foco na resolução de problemas, assim como a facilitação de mudanças sociais, fazem da investigação cooperativa um método empolgante para pesquisadores em psicologia. Há uma amplitude de interesses para pesquisadores que desejam empregar métodos qualitativos em psicologia. Para alguns, essas questões envolvem fazer uma psicologia radicalmente diferente, que não é acolhida pela corrente dominante; para outros o projeto é menos político, e consiste em desenvolver a disciplina para incluir uma perspectiva mais ampla, mais humanista (Stainton Rogers et al.,

1995). A investigação cooperativa oferece alguma coisa aos dois "tipos" de pesquisadores. Para aqueles que são menos críticos do projeto da psicologia, a investigação cooperativa oferece um método adicional que produz novas formas de saber através de um método sistemático, porém flexível. Ao considerar os múltiplos níveis de saberes e com foco na aplicação do conhecimento em um nível local, a investigação cooperativa pode então ser usada para ampliar os limites da psicologia, sem desafiar esses limites.

Investigação cooperativa também abre possibilidades para uma psicologia mais radical que celebra múltiplas formas de saberes. Essa multiplicidade transforma o entendimento de que ambos, pesquisadores e participantes, são pessoas de um "horror metodológico" a uma "virtude metodológica" (Parker, 1994b, 1999). Um aspecto mais radical é também incorporado pelo apoio do uso de pesquisa para fins políticos. Psicólogos críticos e feministas, por exemplo, podem achar a investigação cooperativa uma abordagem útil na construção de mudanças sociais.

Independentemente de que seja aplicada uma abordagem mais humanista ou mais radical, a investigação cooperativa tem o potencial de reenergizar a pesquisa em psicologia (o Quadro 8.1 apresenta uma relação de experiências de uma professora de Psicologia). A investigação cooperativa tem sido usada em psicologia educacional, de saúde e organizacional, mas é particularmente relevante para psicólogos sociais que procuram por formas de desenvolver suas subdisciplinas, e psicólogos discursivos, críticos e feministas que procuram por maneiras de usar seu trabalho para abordar práticas opressivas e simplificar investigações para temas de interesse (Riley & Scharff, 2013; cf. tb. Willig, 1999). E com sua ênfase na produção de conhecimento e ação diretamente útil para um grupo de pessoas, a investigação cooperativa oferece uma abordagem única para se envolver com a agenda de impactos que caracteriza a pesquisa contemporânea no Reino Unido e fora dele.

No restante deste capítulo nós inicialmente apresentamos a lógica do método de investigação cooperativa, e em seguida tentamos mostrar como eles ocorrem dentro da comunidade educacional, que é um grupo de investigação cooperativa.

QUADRO 8.1 COMENTÁRIO DE UMA PROFESSORA DE PSICOLOGIA

Uma das nossas colegas nos escreveu para contar sua experiência de ensinar investigação cooperativa para uma classe de psicologia (Jennifer Mullett, comunicação pessoal).

Quero contar a vocês que acabei de lecionar para a classe do quarto ano de Psicologia Comunitária e Pesquisa-ação (baseada em Nelson e Prilleltensky, 2005, e fundamentada no *Community Psychology* e seu trabalho). Seu trabalho permite aos estudantes de psicologia não só descobrirem uma psicologia humana (depois de estudarem os métodos experimentais e estatísticos por quatro anos), mas também que eles podem fazer diferença no mundo, através de pesquisa estimulante e envolvente. Os comentários que me fizeram no final da aula indicam que, para alguns, seu pensamento foi transformado, e eles repensaram suas carreiras frente às possibilidades abertas pela pesquisa-ação. Outros encontraram uma abordagem que está em sintonia com seus valores. Eu gentilmente os movi do método experimental aplicando os quatro modos do saber como um guia: iniciando com saber proposicional, os apresentei aos principais teóricos no campo da psicologia para situar a pesquisa-ação em seu próprio terreno; depois o saber experencial, dando a eles casos de estudo de minha prática, para que trabalhassem com eles, solucionando problemas e fazendo críticas; em seguida saber presencial, experimentando os estímulos de Freire na forma de "estátuas vivas" ou quadros, nos quais metade dos alunos usou seus corpos para criar uma "natureza morta" como exemplo de uma situação em que ocorre um equilíbrio desigual de poder, e a outra metade da classe "decodificou" o exemplo e descreveu o que estava vendo; e, finalmente, o saber prático, pela apresentação de temas da comunidade e procurando por métodos particulares para investigá-los. Se eu tivesse iniciado com os métodos, alguns deles poderiam ter pensado que a pesquisa-ação era "escamas" e não ciência verdadeira (alguns tiveram problemas com o saber presencial). Eu também usei as quatro formas de saberes heurísticos para rever e refletir sobre o que estávamos aprendendo ao perceber que parecia como um caos para aqueles que estavam acostumados a seguir um texto capítulo por capítulo. Suas outras aulas de psicologia tiveram esta abordagem mais tradicional. Foi também tranquilizador para mim ouvir que eles estavam apreciando a significância da orientação participativa desta abordagem. Eu não tive que "vender a ideia" vigorosamente demais.

Eu antecipei resistência maior (p. ex., isto não é ciência) do que tive na prática. A partir do primeiro dia, eles abraçaram as ideias e de fato pareciam famintos por uma "psicologia humana". Fui muito cautelosa em não começar com uma crítica do paradigma experimental, pois senti que não deveria dizer a eles que tudo o que tinham estudado e trabalhado duro para dominar, por quatro anos, era trivial ou irrelevante, mas, em vez disso, apresentar uma abordagem alternativa como esta e convencê-los com meu entusiasmo e casos estudados. Tentei também indicar os casos em que o método experimental seria útil, e ao mesmo tempo gerar entusiasmo para o tipo de conhecimento e mudanças possíveis com a pesquisa-ação. Uma coisa os surpreendeu: não sabiam que o campo da pesquisa-ação tem uma longa história, voltando a Lewin, e nem do uso extensivo da pesquisa-ação ao redor do mundo. Em seus quatro anos de estudos universitários em psicologia, a pesquisa-ação não havia sido discutida.

Jennifer Mullett é diretora do Centro para Pesquisa em Saúde Comunitária, na Universidade da Ilha de Vancouver.

Projetando um estudo

A lógica da investigação cooperativa

A investigação cooperativa pode ser vista como um ciclo através de quatro fases de reflexão e ação. Na fase um, um grupo de copesquisadores trabalham juntos sobre uma área da atividade humana que combinam que deve ser explorada. Eles podem ser profissionais que desejam desenvolver seu entendimento e competência em uma área particular da prática ou membros de um grupo minoritário que deseja articular um aspecto de sua experiência que tenha sido silenciado pela cultura dominante; eles podem desejar explorar em profundidade sua experiência em certos estados de consciência, para avaliar o impacto sobre seu bem-estar de práticas de cura particulares etc. Nesta primeira fase, eles concordam sobre o foco de sua investigação, e desenvolvem juntos questões provisórias ou proposições que desejam explorar. Eles concordam em realizar alguma ação, alguma prática, que irá contribuir para o estudo, e concordam com o conjunto de procedimentos com os quais irão observar e registrar suas próprias experiências e as de cada um dos outros participantes.

A fase um está primariamente no modo de saber proposicional, embora contenha também importantes elementos do saber presencial, pois os membros do grupo usam sua imaginação em histórias, fantasias e gráficos para ajudá-los a articular seus interesses e se focarem em seus propósitos na investigação (cf. no final deste cap. sessão sobre exemplos de investigação cooperativa, em que estão presentes atividades que ajudam os participantes a representar seus saberes proposicionais). Uma vez que esteja suficientemente claro o que querem investigar, os membros do grupo concluem a fase um planejando um método ativo para sua pesquisa, e elaborando modos de recolher e registrar evidências a partir das experiências.

Na fase dois, os copesquisadores se envolvem nas ações combinadas. Observam e registram o processo e os resultados de suas próprias experiências, além daqueles de cada um dos outros participantes. Em particular, são cuidadosos em deixar claro o esquema proposicional a partir do qual iniciaram, para relatar como a prática ocorreu ou não ocorreu conforme suas ideias originais, além de perceber as sutilezas da experiência. Esta fase envolve primariamente o conhecimento prático:

saber como (e como não) se envolver em ações apropriadas, para separar a ideia inicial e exercitar a discriminação relevante.

De certo modo a fase três é a pedra de toque do método de investigação, pois os copesquisadores se tornam totalmente imersos e engajados com suas experiências. Eles devem desenvolver um grau de abertura para o que está ocorrendo, tão relativamente livre de preconcepções que conseguem ver a experiência de um novo modo. Devem se aprofundar na experiência, e assim os entendimentos superficiais são elaborados e desenvolvidos. Ou podem afastar-se das ideias e proposições originais indo em direção a novos campos, ações imprevistas e *insights* criativos. É possível também que eles estejam tão envolvidos no que estão fazendo que perdem a consciência de que são parte de um grupo de investigação: pode haver uma crise prática, eles podem ficar encantados, eles podem simplesmente esquecer. A fase três envolve principalmente saber experimental, embora este seja enriquecido se novas experiências são expressas, quando registradas em forma de apresentação criativa através de gráficos, cores, sons, movimentos, peça de teatro, história ou poesia.

Na fase quatro, depois de um período de concordância envolvido nas fases dois e três, os copesquisadores se reúnem para considerar suas propostas e questões originais à luz de suas experiências. Como resultado, eles podem modificar, desenvolver ou reestruturá-las, ou rejeitá-las e fazer novas questões. Eles podem decidir, para o próximo ciclo de ação, enfocar nos mesmos ou em diferentes aspectos da investigação global. O grupo pode ainda escolher corrigir ou desenvolver seus procedimentos de investigação – formas de ação, maneiras de coletar os dados – à luz da experiência. A fase quatro enfatiza novamente o saber proposicional, embora formas presenciais de saberes formem importante ponte entre as fases experencial e prática.

Numa investigação completa o ciclo irá se repetir diversas vezes. Ideias e descobertas obtidas provisoriamente nas fases iniciais podem ser conferidas e desenvolvidas; pesquisa de um aspecto da investigação pode estar relacionada com a exploração de outras partes; novas habilidades podem ser adquiridas e monitoradas, competências experienciais percebidas. O próprio grupo se torna mais coeso e autocrítico, mais especializado em seu trabalho e nas práticas de investigação. Idealmente, a investigação estará terminada quando as questões iniciais forem totalmente respondidas na prática, quando há uma nova congruência entre os quatro tipos de saberes. É raro, claro, que um grupo complete uma investigação tão integralmente. Deve-se notar que a prática de investigação real não é tão evidente como o modelo sugere: normalmente existem miniciclos entre os ciclos principais; alguns ciclos enfatizam uma fase mais do que outras (alguns praticantes defendem um processo de investigação mais emergente, que seja menos estruturado em fases). Contudo, a disciplina dos ciclos de pesquisa é fundamental.

O início do ciclo pode acontecer em qualquer ponto. É usual que grupos iniciem formalmente todos juntos no estágio proposicional, muitas vezes como resultado de uma proposta de um facilitador inicial. Contudo, tal proposta nasce geralmente no saber experencial, no momento em que a curiosidade é despertada ou uma incongruência na prática é percebida. E a proposta para formar um grupo de investigação, se é para ganhar voo, deve ser apresentada de modo a recorrer à experiência dos potenciais copesquisadores.

O processo humano de investigação cooperativa

Em uma ciência de pessoas, a qualidade da prática de investigação repousa muito menos na metodologia impessoal e muito mais no surgimento de uma autoconsciência, uma comunidade crítica de investigação situada no interior de uma comunidade de prática. Assim, enquanto a investigação cooperativa como método se baseia em ciclos de ação e reflexões que envolvem quatro dimensões de uma epistemologia ampliada, como descrevemos anteriormente, investigação cooperativa como processo humano depende do desenvolvimento de interação humana saudável em um grupo presencial. Possíveis iniciadores de uma investigação cooperativa devem estar dispostos a se envolverem com a complexidade desse processo humano, como também com a lógica da investigação. Isto exige então uma revisão de nosso entendimento sobre processos em grupo.

Muitas teorias sobre desenvolvimento de grupo traçam uma série de fases para o período da vida do grupo. As primeiras preocupações são sobre inclusão e adesão. Quando e se essas necessidades são adequadamente atendidas, o grupo concentra as preocupações em poder e influência. E, se esses forem negociados com êxito, abrem caminho para as preocupações com a intimidade e diversidade com as quais um relacionamento flexível e tolerante permitirá que os indivíduos compreendam sua própria identidade e permitam que o grupo seja efetivo em relação às suas tarefas (cf., p. ex., Srivastva, Obert & Neilson, 1977). Este modelo de fases progressivas para o comportamento de grupo – no qual as primeiras preocupações do grupo evoluem das questões com inclusão até o controle da intimidade, ou da formação à formulação de normas, à apresentação de ideias, à execução (Tuckman, 1965), ou da nutrição à energização e ao relaxamento (Randall & Southgate, 1980) – é um valioso modo para a compreensão do desenvolvimento do grupo (embora cada grupo manifeste estes princípios segundo seu próprio modo particular, e a complexidade de um processo de desenvolvimento do grupo sempre exceda o que pode ser dito sobre isso). No que se segue iremos usar o modelo de Randall e Southgate (1980) do processo criativo de grupo como um veículo para descrição do processo de um grupo de investigação cooperativa bem-sucedido, e para indicar os tipos de liderança ou escolhas facilitadoras que devem ser feitas.

Randall e Southgate destacaram a diferença entre o grupo criativo no qual existe uma interação estimulante entre tarefas e pessoas – "um ciclo vivo de trabalho" – e um grupo destrutivo, no qual emoções primitivas surgem, engolem e destroem tanto as necessidades humanas como o cumprimento das tarefas – "grupo de suposto básico" de Bion (Bion, 1959). A vida de um grupo criativo segue o ciclo organísmico, em que podem ser vistos todos os processos de afirmação de vida humana, como relação sexual, nascimentos, preparação de alimentos e festas, e realização de bom trabalho conjunto. Em contraste, o grupo destrutivo se arrasta entre os pressupostos básicos de grupo identificados por Bion – dependência, dispersão e associações messiânicas – em sua procura por aliviar-se de esmagadora ansiedade. Entre os processos dos grupos criativos e destrutivos há o grupo intermediário, que não é nem completamente satisfatório nem completamente destrutivo, mas que representa a experiência cotidiana.

O grupo criativo pode ser descrito como um ciclo de estímulo, energização, pico de realização, seguido de relaxamento (cf. Figura 8.1).

• A fase de estímulo reúne as pessoas e as ajuda a se sentirem emocionalmente seguras e unidas. Ao mesmo tempo, são atendidos, logo, os aspectos preparatórios das tarefas do grupo e os temas de organização que permitem ao grupo continuar sua vida e trabalho. A fase de estímulo envolve a criação de ambiente seguro e efetivo para o trabalho do grupo, e a liderança se concentra primariamente nesse objetivo.

• Na fase de energização, a interação se intensifica, conforme o grupo se envolve em sua tarefa principal. Um grau de conflito saudável pode surgir, quando forem expressas diferentes visões, experiências e habilidades. As preocupações da liderança são com as exigências das tarefas imediatas – com conter e orientar o nível crescente de energia emocional, física e intelectual que está sendo expresso.

• O pico no grupo criativo ocorre no ponto da realização, aqueles momentos em que o emocional, as tarefas e a energia organizacional do grupo se encontram e o principal propósito a realizar é alcançado. Estes são momentos de espontaneidade mútua completa.

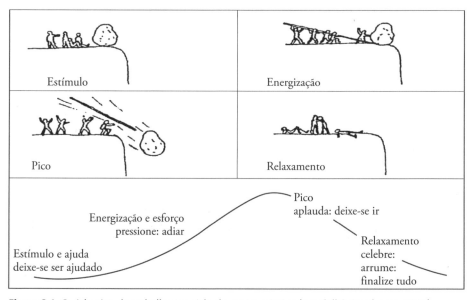

Figura 8.1 O ciclo vivo de trabalho e o ciclo de grupo criativo (Randall & Southgate, 1980)

• Na fase de relaxamento, os membros se dedicam àqueles temas que irão completar o emocional, as tarefas e o trabalho organizacional do grupo. Emocionalmente, o grupo deve acalmar-se, celebrar conquistas, refletir e aprender. As tarefas devem ser finalizadas: sempre haverá toques finais que diferenciam o excelente do simplesmente adequado. E os temas organizacionais precisam de conclusão – descarte das ferramentas, pagamento de contas. A liderança abre espaço para resolver adequadamente esses problemas, e normalmente aqueles naturalmente talentosos como "finalizadores" se antecipam às funções e completam as tarefas.

Um grupo que perdure durante um período de tempo irá experimentar ciclos de diferentes níveis: miniciclos associados com tarefas particulares e ciclos maiores de ação e reflexão. Isto irá ocorrer no contexto de um ciclo com um longo prazo desenvolvimental de nascimento, maturação e morte. As preocupações iniciais focam questões de inclusão; estas muitas vezes são acompanhadas por disputas por influência, com conflitos e surgimento de cliques; se questões de influência são sucessivamente negociadas, um grupo maduro pode emergir caracterizado por intimidade e capacidade de mudanças. Este ciclo de grupo criativo, maturação, energização/relaxamento interage com fases de investigação de ação e reflexão para produzir um ritmo complexo de investigação cooperativa.

Um grupo criativo é ainda caracterizado por um equilíbrio adequado de princípios de hierarquia, colaboração e autonomia – decidindo para outros, com outros e por si mesmo (Heron, 1999). Hierarquia autêntica fornece direção apropriada por aqueles com maior visão, competência e experiência. A colaboração enraíza o indivíduo em uma comunidade de pares, oferecendo suporte básico e o *feedback* criativo e corretivo para outras visões e possibilidades. A autonomia expressa o potencial de autodireção e autocriação de uma pessoa. A face sombria da autoridade é o autoritarismo: aquele de colaboração, pressão dos pares e conformidade; aquele de autonomia, narcisismo, voluntariedade e isolamento. O desafio é planejar instituições que manifestem formas válidas desses princípios, e encontrar modos pelos quais eles possam ser mantidos em tensão autocorretora e criativa.

Estabelecendo investigação cooperativa: focando no estímulo

As questões-chave na fase de estímulo são:
• identificar membros potenciais do grupo e estabelecer uma atmosfera emocional no grupo em que os potenciais membros sintam-se

suficientemente confortáveis para começar a contribuir com sua energia criativa;

• introduzir e explicar o processo de investigação cooperativa;

• combinar um esquema de horários e lugares para os encontros que ofereçam uma estrutura organizada para os ciclos maiores de ação e reflexão.

Uma consideração-chave é fornecer tempo suficiente, criar espaços tranquilos para conversação, e oferecer informações suficientes para os membros potenciais do grupo para que façam uma escolha considerada sobre a adesão. A experiência sugere que a maioria dos grupos de investigação são reunidos especificamente para os processos de investigação – eles se unem por um interesse comum ou preocupação, ou são membros de um grupo ocupacional ou uma organização; assim, quando se reúnem, reconhecem seus pontos em comum e potenciais objetivos compartilhados. Alguns grupos de investigação são realmente trabalhos ou grupos vivos que escolhem devotar tempo para investigar ou encaminhar um problema ou preocupação particular. Por exemplo, uma equipe estabelecida de cinco trabalhadores sociais alocados em um hospital explorou a tensão entre prescrição e discrição na fronteira da prática do trabalho social (Baldwin, 2001). Contudo, é a energia inicial de um indivíduo que mantém as pessoas unidas e cria um grupo potencial.

Por exemplo, a pesquisa de doutorado de Kate McArdle empregou uma investigação cooperativa para trabalhar com jovens diretoras em grandes organizações.

> No final de outubro eu tomei parte de um dia de celebração da "diversidade" na XYZ. Recebi a metade de um estande de promoção de interesses femininos. Eu o recobri com pôsteres amarelo brilhante fazendo uma questão como: "Como é ser uma mulher de vinte e poucos anos na XYZ? O gênero importa? Eu cobri o andar inteiro com folhetos alaranjados, que faziam a mesma questão, dava a data de uma sessão introdutória e meus dados para contato. Esperava permanecer no estande, mas tive pouco interesse em ser interrogada ou falar para pessoas que não estavam no limite de idade de minha investigação. Precisei usar minha voz no tipo correto de conversação. Eu vagueava falando com pessoas que pareciam estar em meu "público-alvo". Sentávamos nos sofás, bebíamos café, partilhávamos histórias sobre minha pesquisa e os trabalhos delas e trocamos dados de contato (McArdle, 2002: 180).

Alguns alunos de graduação de Sarah desenvolveram projetos de investigação cooperativa para suas dissertações. Estas envolveram número relativamente pequeno de participantes, entre três e seis, em que os alunos empregaram métodos informais e formais para divulgar seus projetos aos participantes potenciais. Por exemplo, um projeto analisando experiências de beleza de mulheres idosas envolveu uma estudante que convidava sua mãe, que por sua vez convidava as amigas dela, enquanto um projeto sobre assédio na rua recrutava participantes a partir de um conjunto de temas de estudantes de psicologia.

Quer o grupo de investigação seja formado como uma iniciativa independente ou a partir de um grupo estabelecido, a primeira proposta para iniciar uma investigação é um tema delicado; é necessário ser claro o suficiente para atrair a imaginação, encaminhar uma necessidade ou interesse real, atrair a curiosidade e interesse da pessoa, e ao mesmo tempo ser suficientemente habilidoso em evitar que os potenciais membros se sintam invadidos ou colocados frente a outra exigência em suas vidas agitadas. Muitos facilitadores do início da investigação investem tempo considerável conversando sobre suas ideias com potenciais membros, lançando sementes em conversas informais. Alguns estabeleceram uma reputação em suas organizações ou comunidades como iniciadores de novos projetos interessantes, e recebem a confiança para assumir a liderança; e outros são habilidosos em atrair pessoas para suas ideias, e então devem trabalhar para estabelecer uma atmosfera de confiança e investigação.

Uma forma de abordagem é escrever uma carta ou um e-mail que resuma de forma atrativa os objetivos e os métodos em cerca de uma página de papel, e convidar pessoas para um encontro a fim de discutir a ideia em maior profundidade. Pode ser um encontro substancial, durante um dia todo, com certa atenção para comunidades relevantes, ou uma atividade mais intimista, pessoal. Por exemplo, Agnes Bryan e Cathy Aymer, palestrantes negras sobre assistência social, estavam preocupadas em encaminhar questões sobre o desenvolvimento de identidade profissional entre assistentes sociais negros no Reino Unido, temas que identificaram baseadas em sua experiência e em pesquisas anteriores. Elas convidaram um grande grupo de profissionais da área – profissionais médicos, gestores e professores – para um encontro que durou um dia inteiro, em sua universidade, para discutir o tema e explorar a implantação de grupos de investigação (cf. Aymer, 2005; Bryan, 2000).

Uma discussão introdutória do encontro, como descrito a seguir, é quase sempre a primeira ocasião em que um grupo de investigação potencial se encontra, e então deve ser visto como o início do processo criativo, e já necessita que sejam abordadas as necessidades emocionais, de tarefas e organizacionais da fase de estimulação.

As *necessidades emocionais* dos membros do grupo são, antes de tudo, sentirem-se seguros, incluídos e bem-vindos. Os primeiros estágios de qualquer grupo são caracterizados por uma ansiedade difusa em que todo membro do grupo se sente mais ou menos isolado e querendo saber se ao seu redor existem outros parecidos com ele, o suficiente para que se conectem. Estarão se fazendo perguntas sobre identidade e inclusão ("Quem sou eu, para estar neste grupo?" e "Quem é como eu?"), perguntas sobre objetivos ("Será que este grupo irá satisfazer minhas necessidades e interesses?") e questões mais íntimas ("Será este um lugar onde serei aceito e valorizado?"). Se os membros do grupo forem parte de uma organização, poderão surgir outras questões sobre conflitos potenciais entre as necessidades individuais e da organização. Essas questões raramente são plenamente articuladas de modo consciente: elas acontecem em bate-papos e interações estereotipadas. Contudo, elas têm influências poderosas sobre o grupo. É essencial manter atenção cuidadosa sobre essas questões.

Geralmente é útil que o encontro comece com oportunidades para que cada uma das pessoas se conheçam. Não há nada mais desmotivador do que o silêncio gerado em um grupo novo com as pessoas se dirigindo para a sala pela primeira vez; e se a isso se segue um encontro em que se aborde diretamente a agenda de tarefas, sem ouvir por que as pessoas devem se unir, o novo grupo pode estar realmente em um mau começo. Em um grupo pequeno, pode ser suficiente para o facilitador apresentar as pessoas conforme elas cheguem; para um grupo maior, pode ser útil subdividir o grupo em pares ou trios. Isto pode ser seguido de uma rodada em que se solicita a cada um que diga seu nome e o que o atraiu àquela reunião, ou alguma forma de "jogo com os nomes" (*name game*) que dá uma sensação inicial de saber quem são as outras pessoas. O arranjo físico para o primeiro encontro pode ser importante:

> Eu cheguei e encontrei uma linda sala de conferências preenchida com grandes mesas de madeira, dispostas em um quadrado, tendo no topo um espaço retangular com um conjunto de água mineral, copos arrumados formando losangos como diamantes e pequenos pratos com balas de menta em toalhinhas rendadas de papel [...]. Eu queria um círculo de cadeiras. Telefonei para a manutenção para remover as mesas. Dois homens grandes vestindo aventais chegaram [...] removeram as mesas e colocaram as cadeiras formando novamente um quadrado. Eles saíram e eu fiquei sozinha novamente. Eu empurrei as enormes cadeiras de pelúcia formando um círculo e fiquei imaginando o que as mulheres iriam achar quando chegassem. Ficariam perplexas com o que eu havia criado, como eu fiquei pelo que vi, quando cheguei? (McArdle, 2002: 181).

Os *requisitos da tarefa* do grupo neste primeiro encontro são introduzir as pessoas no método da investigação cooperativa, e explorar juntos o foco potencial da investigação proposta. Certamente, este está relacionado intimamente com as necessidades emocionais exploradas acima, pois a sensação de insegurança das pessoas está em parte associada com incertezas como se o grupo irá satisfazer suas necessidades e interesses. Geralmente eles devem ter sido descritos resumidamente no convite para o encontro, mas é provável que a maioria dos interesses das pessoas seja difusa e sem forma neste estágio. Em particular, a metodologia da investigação cooperativa pode confundir, pois a maioria das pessoas associa "pesquisa" com o preenchimento de questionários oferecidos por um pesquisador, e não com transformar-se em copesquisadores em um relacionamento de influência mútua.

É aqui que os iniciadores de investigação precisam exercer autoridade autêntica, em definir o mais claramente possível os princípios e práticas da investigação cooperativa, respondendo as questões e comentários por parte do grupo. É importante que nesse estágio os membros potenciais do grupo de investigação entendam a lógica do método de investigação e também o investimento pessoal e emocional que será necessário fazer para que a investigação seja verdadeiramente transformadora. Uma forma de aproximação é conversar sobre as diferentes fases do ciclo da investigação, enfatizando os diferentes tipos de saberes que estão primariamente em cada estágio, e enfatizar que a qualidade da investigação é resultado da qualidade do envolvimento que os membros do grupo tenham com os problemas e sua disposição em serem experimentais em sua execução. Pode ser útil ter dez minutos de conversa, e então convidar as pessoas a um bate-papo em duplas por alguns minutos, para esclarecer suas questões antes de abrir uma discussão geral. Em termos da epistemologia estendida que descrevemos anteriormente, isto dará às pessoas uma oportunidade para aproveitar seus saberes experienciais tácitos, e os articularem durante a narrativa (saberes presenciais), o que irá contribuir para a articulação de questões e assuntos que as pessoas desejam encaminhar (saberes proposicionais). Embora neste estágio a clareza seja importante, deve-se também perceber que a investigação cooperativa, como processo experimental, só pode ser completamente compreendida através do envolvimento – existem aprendizados tácitos importantes que acontecem conforme as pessoas entrem nos ciclos de ação e reflexão, e conforme o grupo se desenvolva como uma comunidade de investigação.

Este encontro introdutório deve ainda atender ao tópico proposto para a investigação a fim de gerar pelo menos um acordo inicial, assim como ao foco. Usualmente o facilitador inicial fez algum trabalho preparatório: ele próprio devia estar motivado com preocupações sobre alguns assuntos, deve ter tido conversas preliminares com os participantes potenciais da investigação, e, propondo um conjunto de questões ou uma arena para a investigação desempenhou um valioso papel para iniciar e focalizar a atenção. É importante que o tópico potencial da investigação seja apresentado com clareza como uma aventura atrativa e estimulante; é importante também que um diálogo seja iniciado em que a visão do iniciador possa ser explorada e alterada e assim se torne mais aceita em geral e genuinamente adotada por aqueles que irão aderir à investigação. Geoff Mead deixou claro que:

> Melhorar a qualidade da liderança é tema crucial para manter a ordem. Aprender *sobre* teoria de liderança não é suficiente. O que realmente importa é que cada um de nós entenda e melhore nossa própria prática singular como líderes (Mead, 2002: 191).

Ele então iniciou uma série de reuniões de *briefing*
> planejadas para ajudar pessoas a tomarem decisões positivas e escolher entre ação investigativa ou a decidir, sem nenhum estigma, que isso não era para elas. O princípio básico foi o da autosseleção, voluntária, informada. Conversei um pouco sobre a razão de ofere-

cer esta oportunidade de focalizar a liderança e dizer algo sobre o caráter participativo e democrático da pesquisa-ação. Falei sobre a possibilidade de aprendizagem transformadora e solicitei que as pessoas decidissem se queriam tomar parte usando seus conhecimentos (Você tem informações suficientes? Elas fazem *sentido* para você?), emoções (Você está intrigado, curioso, atraído? Você *sente* que é correto fazer isso?) e vontade (Você está habilitado e desejando este compromisso? Você realmente *quer* fazer isso?) (Mead, 2002: 196).

Este processo inicial de esclarecimento do foco da investigação, em que o grupo logo encontra um claro e consensual sentido de seus propósitos, é um estágio crucial no estabelecimento de um grupo de investigação. Isso não deve ser apressado. A experiência sugere que são necessárias pelo menos duas reuniões prévias, assim como conversas informais.

As *necessidades organizacionais* do grupo de investigação também devem ser satisfeitas nesses encontros iniciais, e novamente acontecem essas intersecções com as necessidades emocionais de acolhimento do grupo, pois as pessoas se sentirão mais confortáveis se souberem que podem satisfazer as demandas, como tempo e dinheiro. Um primeiro encontro introdutório com frequência é tão completamente tomado pelas discussões do método e tópicos que detalhes organizacionais podem apenas ser citados, para serem revisitados em um segundo encontro. A decisão mais significativa geralmente se refere a quantas vezes o grupo deverá se reunir e por qual período de tempo. Idealmente, o grupo irá necessitar: de tempo suficiente de encontro conjunto, no início, para esclarecer completamente as áreas temáticas e detalhes do método de investigação; de tempo suficiente durante o corpo principal da investigação para refletir minuciosamente sobre as informações e experiências recolhidas; e de tempo suficiente no final, para extrair alguma conclusão e combinar sobre alguma redação ou outra forma de relatório pretendido – e, além disso, de tempo suficiente para manter um processo saudável no grupo, através de atividades sociais (refeições conjuntas e caminhadas são práticas comuns) e outras sessões mais formais para revisões em grupo. Similarmente, o grupo precisa de tempo suficiente entre os encontros para que os membros testem e observem seus próprios comportamentos e os de cada um dos outros membros, para reunir experiências com rigor que atenda a complexidade do tópico pesquisado.

Na prática, essas decisões são pragmáticas, não com bases no que seja perfeito, mas no que seja suficientemente bom, dadas as circunstâncias e as tarefas pendentes. Uma quantidade substancial de trabalho pode ser realizada em uma série de 6-8 encontros de meio período, mas um tempo maior é desejável. Como em todos os aspectos da investigação cooperativa, a questão não é fazer o certo, porque cada decisão tem suas próprias consequências; mais que isso, é um caso de ser claro sobre as escolhas feitas, e suas consequências para a qualidade da investigação. Assim, se uma relativamente pequena quantidade de tempo estiver disponível, será provavelmente melhor ser modesto nos objetivos do grupo de investigação, e manter o grupo pequeno, lembrando sempre que o propósito da investigação cooperativa é gerar informações e entendimentos que sejam capazes de ações transformadoras, mais do que gerar entendimentos válidos, mas impessoais e abstratos, em uma larga escala.

Na prática, essas decisões são geralmente tomadas com base em "proposta e consulta": o iniciador, com algum conhecimento sobre o que é esperado a partir do próprio tópico da investigação, pode propor ao grupo alguns formatos diferentes para os encontros, e, a partir da reação do grupo, virá a decisão que melhor se aproxime de um consenso. Para exemplos adicionais de bons estudos, cf. o Quadro 8.3 no final deste capítulo.

Em resumo, na reunião introdutória para o lançamento de uma investigação cooperativa, as necessidades emocionais, das tarefas organizacionais do grupo estão estreitamente ligadas. O facilitador de início deve trabalhar para estabelecer qualidades de interação que permitirão ao grupo evoluir em direção de uma expressão completa de um ciclo criativo. Isto inclui: auxiliar os membros potenciais do grupo a se sentirem incluídos em um grupo emergente que pode realizar suas necessidades; encontrar uma razão de ser para a investigação que as pessoas possam subscrever; e fazer arranjos organizacionais que permitam que as tarefas da investigação se adequem na vida das pessoas. Assim, as reuniões introdutórias são parte da fase um do ciclo de investigação, em que são esclarecidas questões da investigação, como também é oferecida uma base essencial para o completo processo da investigação.

Queremos enfatizar o valor e importância de gastar tempo e dar atenção cuidadosa para esses acordos contratuais iniciais, o que explica porque esta sessão sobre acolhimento do grupo é substancialmente mais longa do que as que se seguem. Se você fizer isso corretamente (ou pelo menos "suficientemente bem", para emprestar de Winnicott), o resto irá seguir. Acreditamos que mais tentativas de pesquisas participativas falham devido à atenção não suficiente dada a estas fases iniciais do que por muitas outras razões.

Ciclos de ação e reflexão: Entrando na energização

Seguindo estes encontros iniciais, que estabelecem a existência de um projeto de investigação, o grupo está pronto para entrar na investigação propriamente dita. Em termos das fases principais dos esforços do grupo, significa mover-se de um foco primário sobre acolhimento em direção à maior energização. Isto não significa que o trabalho de acolhimento do grupo já foi feito: cada encontro, talvez cada interação, envolve um ciclo criativo; e isto sempre inclui manter o grupo unido com uma clara razão de ser como uma base para bom trabalho conjunto.

Durante toda a vida do grupo o trabalho de acolhimento continua – "Quem está se sentindo excluído?" "Quem pode estar se sentindo oprimido?" "Estamos todos certos sobre nossos propósitos?" Em particular, o primeiro encontro completo provavelmente será mais longo do que os subsequentes, e será a primeira ocasião em que o grupo inteiro estará montado: vale gastar uma boa parte do tempo aprofundando o senso de conhecimento mútuo e discutindo em mais detalhes as dimensões das tarefas da investigação.

Contudo, se o grupo permanece no modo acolhimento, as tarefas da investigação não serão realizadas (e o grupo correrá o risco de se sufocar em um modo de acolhimento destrutivo). Uma necessidade-chave do grupo é estabelecer ciclos de ação e reflexão, uma vez que este é o maior veículo para mover a investigação à frente. Esta pesquisa cíclica tem um ritmo fundamental de aprendizado através do qual os membros do grupo aprofundam seu envolvimento com a investigação, se abrem a entendimentos mais sutis, se envolvem com aspectos anteriormente insuspeitos das atividades da investigação, e assim por diante. A pesquisa cíclica, movendo-se entre as quatro formas de saberes descritas anteriormente complementa o ciclo do grupo criativo.

Uma parte significativa do tempo do primeiro encontro completo do grupo é geralmente gasta em discussões detalhadas das ideias básicas sobre as quais a investigação se apoiará, transformando a noção de propósitos comuns em atividades práticas que devem ser realizadas (fase um do ciclo da investigação). Isto pode envolver compartilhar experiências, preocupações, esperanças e medos, e assim os membros do grupo aumentam sua consciência e estabelecem um senso de solidariedade sobre quais questões são importantes (Douglas, 2002). Mais formalmente, o grupo pode estabelecer um modelo, ou um conjunto de questões, para guiar a investigação:

> O grupo de medicina holística, estabelecido para explorar a teoria e prática da medicina de grupo no NHS [Serviço Nacional de Saúde do Reino Unido], gastou muito de seu primeiro encontro com membros em pequenos grupos refletindo sobre suas práticas como médicos, e extraindo, a partir de suas experiências, temas que definiam a natureza da prática holística. Ao término do fim de semana um modelo experimental da prática holística, com cinco partes, foi desenvolvido e serviu de guia para o restante da investigação (cf. Reason, 1988).

Estas ideias então devem ser traduzidas em planos para as ações práticas (saberes proposicionais e práticos) que formarão a base das atividades dos membros quando estiverem distantes do grupo. Alguns grupos simplesmente concordarão em informar com detalhes aspectos de sua experiência abrangidos pelo perfil da investigação:

> Nós chegamos ao entendimento de que o período até a [próxima] sessão deverá ser um ciclo "exploratório", mais do que escolher um dos temas da discussão e trabalhar com ele. Consideramos a sessão de hoje como uma "tomada de consciência" e as próximas seis semanas como um período para especular, assimilar e ficar mais atento. Eu encorajei um sentimento, que já estava presente, de não apressar o processo. Para que nossas questões sejam significativas, acredito que devemos nos dar um tempo para que as encontremos e um espaço para que elas cresçam (McArdle, 2002: 185).

Por outro lado, pode ser apropriado começar mais sistematicamente:

> O Grupo Hospitalar centrou-se em um procedimento burocrático específico para investigar diferenças de ações práticas. O documento escolhido foi um formulário que devia ser assinado pelo

usuário potencial do serviço para dar consentimento para o agente de serviço social contatar terceiros para buscar informações sobre o usuário. O consentimento era visto pela autoridade como boas práticas no serviço e refletia parceria. Os agentes sociais do Grupo Hospitalar estavam preocupados de que aquela solicitação de assinatura era uma prática ameaçadora para algumas pessoas. Quando eles sentiam que esse era o caso, não pediam a assinatura, mesmo considerando que eles sabiam que *deviam* pedir [...]. O grupo desenvolveu uma técnica de investigação e registro. Cada vez que um dos formulários *deveria* ter sido preenchido, os participantes registravam a razão pela qual não foram preenchidos ou não foi solicitada a assinatura do formulário. De fato, eles foram chamados a justificar suas ações, tanto para eles próprios como para seus pares no grupo de investigação cooperativa (Baldwin, 2002: 290).

O grupo de medicina holística fez uma discussão ampla sobre maneiras em que cada dimensão do modelo de cinco partes poderia ser aplicada na prática e como deveriam ser recolhidos registros da experiência. Cada médico escolheu atividades de maior relevância para si próprio e combinou com o restante do grupo fazer tal estudo (cf. Reason, 1988).

Pode ser apropriado que todos os membros do grupo desenvolvam a mesma atividade, ou que cada um escolha sua própria idiossincrática trajetória de investigação. Qualquer que seja o caminho, são estabelecidos ciclos de ação e reflexão. Os membros deixam o grupo com planos mais ou menos específicos: eles devem concordar com algumas atividades específicas, como no grupo do trabalho social, ou mais geralmente observar aspectos particulares da experiência; eles devem escolher experimentar novas atividades, ou aprofundar seus entendimentos de sua própria prática diária; devem registrar suas experiências através de diários, gravações em áudio ou vídeo, ou observações mútuas; devem escolher coletar dados quantitativos quando forem relevantes. Após o período combinado, o grupo se reúne para refletir sobre as experiências, revisar e desenvolver seus entendimentos proposicionais, e iniciar um segundo ciclo.

Achamos que o simples ato de compartilhar nossas histórias, contando cada um como estivemos ligados à nossa investigação, foi enormemente eficaz – tanto para aprofundar o relacionamento entre nós como uma maneira de nos prender e a cada um dos outros às responsabilidades. Rapidamente adquirimos o hábito de gravarmos em vídeo nossas sessões e enviar cópias das gravações das sessões relevantes aos indivíduos, para auxiliar as próximas reflexões. A maioria das sessões eram iniciadas com uma "conferência" ampliada deste tipo e então os demais temas apareciam. Em uma ocasião, após um encontro derivado das reuniões formais, organizado por algumas mulheres-membros do grupo, surgiu uma sedutora exploração de gênero e liderança. Aprendemos como impulsionar o processo da ação de investigação e isso, pelo menos em um ambiente organizacional, é necessário que seja mantido pelo cultivo cuidadoso e muita energia (Mead, 2002: 200).

Alguns membros do grupo podem não achar fácil iniciar este ciclo de investigação. Eles podem gostar da interação do grupo e participar totalmente das discussões sobre a investigação, mas se sentirem relutantes em comprometerem-se com a prática. Outros podem ir rapidamente para novas atividades sem ter dado atenção suficiente ao lado reflexivo da investigação. O facilitador da investigação tem um papel fundamental a desempenhar aqui, iniciando as pessoas na integração de ação e reflexão e ajudando-as a entenderem o poder dos ciclos de pesquisa.

Heron (1996a) sugere que grupos de investigação devem se apoiar nas qualidades apolíneas e dionisíacas em suas pesquisas cíclicas. Investigações apolíneas são planejadas, ordenadas e racionais, buscando a qualidade através da pesquisa sistemática: são desenvolvidos modelos e estes são colocados em prática; as experiências são gravadas sistematicamente; formas diferentes de apresentação são usadas regularmente. A investigação dionisíaca é passional e espontânea, buscando a qualidade através da imaginação e sincronicidade: o grupo se envolve na atividade que emerge no momento, mais do que em ações planejadas; o espaço é desobstruído para o inesperado ocorrer; mais atenção é dada a sonhos e ao imaginário do que à construção cuidadosa de teorias; e assim por diante. Investigações apolíneas trazem os benefícios da ordem sistemática, enquanto as dionisíacas trazem a possibilidade de ampliar os limites durante sua realização. Na medida em que os coinvestigadores podem abraçar tanto Apolo como Dionísio em suas investigações cíclicas, eles estão capacitados a desenvolver conexões com cada uma delas e com sua experiência.

Pesquisas cíclicas constroem a participação enérgica do grupo com suas tarefas de investigação e com cada um dos membros, e assim atendem as *necessidades emocionais* do grupo ao se mover para energização. Conforme o grupo se aventura na exploração mais profunda do tema investigado, na medida em que o acolhimento tenha construído um ambiente seguro, os membros se tornarão mais intimamente ligados e mais abertos ao conflito e à diferença. Amizades profundas e duradouras começaram em grupos de investigação, e relacionamentos que eram já estressados podem se romper. Quando surgem conflitos entre membros, o grupo deve encontrar uma forma de trabalhar as diferenças, mais do que ignorá-las ou enterrá-las, e diversos membros serão hábeis em oferecer formas de mediação, de construção de pontes, de confrontações e suavizar sentimentos feridos. O aprofundamento da participação com as tarefas da investigação pode por si fazer surgir ansiedades, pois quando as pessoas começam a questionar suas hipóteses tomadas por garantidas e a testar novas formas de comportamento, elas podem perturbar antigos padrões de defesa, e angústia não reconhecida pode deformar seriamente a investigação. Os grupos de investigação devem encontrar alguma forma de tornar conscientes as ansiedades que surgem dessas situações e resolvê-las; uma das melhores maneiras de fazer isso é permitir ao grupo um período de tempo em cada encontro para que assuntos como esses surjam e sejam explorados.

As *necessidades organizacionais* do grupo geralmente giram em torno da manutenção dos cronogramas dos encontros, e de combinar com o grupo quanto tempo deverá ser dedicado às diferentes atividades. Normalmente, a estrutura dos encontros será planejada conjuntamente, com os diferentes membros assumindo responsabilidades crescentes por liderarem diferentes aspectos. Conforme a investigação progride, surgem algumas questões, como qual a melhor forma de completar as tarefas da investigação – questões que em geral se referem à validade e qualidade da investigação. John Heron explorou em detalhes aspectos teóricos e práticos da validade em investigação cooperativa (Heron, 1996a) (cf. Quadro 8.2). Pode ser útil sua consulta, dentro do amplo contexto da validade em pesquisa-ação (Bradbury & Reason, 2001; Reason, 2006). Muitas vezes o facilitador inicial irá apresentar esses procedimentos de validade e convidar o grupo a considerar suas implicações para a investigação.

Podem surgir questões sobre o equilíbrio apropriado entre o ciclo convergente e divergente, a qualidade da interação no grupo, a quantidade de atenção gasta com ansiedade, o grau em que o grupo pode pactuar para evitar aspectos problemáticos na investigação, e assim por diante.

QUADRO 8.2 COMPETÊNCIAS DA INVESTIGAÇÃO E VALIDADE DOS PROCEDIMENTOS

A investigação cooperativa se baseia em pessoas examinando cuidadosamente sua própria experiência e ação em colaboração com pessoas que compartilham preocupações e interesses similares. Mas, você pode dizer, não é verdade que as pessoas podem se enganar sobre sua experiência? Não é por isso que temos pesquisadores profissionais que podem ser independentes e objetivos? A resposta a isto é que certamente as pessoas podem e realmente se enganam, mas achamos que podem também desenvolver a atenção e assim olhar criticamente para si mesmas – seu modo de ser, intuições e imaginação, crenças e ações – e desse modo melhorar a qualidade de suas demandas nos quatro saberes. Chamamos isso de "subjetividade crítica". Significa que não temos que descartar nosso conhecimento e vivência pessoais na busca pela objetividade, mas sermos capazes de construir sobre ele e desenvolvê-lo. Podemos cultivar uma perspectiva individual de alta qualidade e válida sobre os fatos, em colaboração com outros que fazem o mesmo.

Concebemos algumas competências da investigação e procedimentos com validade que podem fazer parte de uma investigação cooperativa e que podem ajudar a melhorar a qualidade dos saberes. Estas incluem:

- *Estar presentes e abertos*. Esta competência se refere a empatia, repercussão e sintonia – estar aberto ao sentido que damos e encontramos em nosso mundo.
- *Colocação entre parênteses e reenquadramento*. Esta competência se relaciona com manter em suspensão as classificações e estruturas que impomos sobre nossas percepções, e experimentar construções alternativas por sua capacidade criativa; estar abertos a reenquadrar as hipóteses definidas de qualquer contexto.
- *Prática radical e congruência*. Esta competência significa estar consciente, durante a ação, da relação entre nossos propósitos, as estruturas, normas e teorias que trazemos, nossa prática corporal, e o mundo exterior. Significa também estar consciente de qualquer perda de congruência entre essas diferentes facetas da ação e ajustá-las adequadamente.
- *Desapego e metaintencionalidade*. Esta é e capacidade de não investir a própria identidade e segurança emocional em uma ação, embora mantendo os propósitos e o compromisso a eles.
- *Competência emocional*. É a habilidade de identificar e gerenciar, de várias formas, estados emocionais. Inclui manter a ação livre de condução distorcida por situações de sofrimento não processadas e condicionamentos antigos.

O grupo de investigação cooperativa é, em si próprio, um recipiente e uma disciplina no interior das quais essas competências podem ser desenvolvidas. São competências que podem ser aperfeiçoadas e refinadas se o grupo de investigação adotar uma variedade de procedimentos de validade com a intenção de libertar as várias formas de saberes envolvidas no processo de investigação de distorções de subjetividade pouco crítica.

- *Pesquisa cíclica*. A investigação cooperativa envolve a passagem por diversas vezes pelas quatro fases de investigação, percorrendo o ciclo entre ação e reflexão, observando a experiência e a prática por diferentes ângulos, desenvolvendo diferentes ideias e experimentando diferentes formas de comportamento.
- *Divergência e convergência*. A pesquisa cíclica pode ser convergente, caso em que os copesquisadores consideram diversas vezes o mesmo assunto, talvez mais detalhadamente a cada vez; ou pode ser divergente, quando os copesquisadores decidem

Continua

Continuação

> considerar diferentes assuntos em ciclos sucessivos. No curso de uma investigação são possíveis diversas variações de divergência e convergência. Cabe a cada grupo determinar o equilíbrio apropriado para seu trabalho.
> - *Colaboração autêntica*. Uma vez que o diálogo intersubjetivo é a componente-chave para refinar as formas de saberes, é importante que o grupo de investigação desenvolva uma forma de colaboração autêntica. A investigação não será verdadeiramente cooperativa se uma ou duas pessoas dominarem o grupo, ou se algumas vozes forem completamente excluídas.
> - *Desafio à conclusão consensual*. Pode ser feito com um simples procedimento que autorize qualquer investigador, a qualquer tempo, a adotar formalmente o papel de advogado do diabo, para questionar o grupo como se não existisse qualquer forma de conluio.
> - *Gerenciando o sofrimento*. O grupo adota algum método regular de trazer à superfície e processar sofrimentos reprimidos, os quais podem inconscientemente projetar pensamento, percepção e ação distorcidos dentro da investigação.
> - *Reflexão e ação*. Uma vez que o processo de investigação depende de fases alternadas de ação e reflexão, é importante encontrar um equilíbrio adequado, em que não haja nem reflexão demais e experiência de menos (que é teoria de gabinete), nem reflexão de menos e experiência demais (que é mero ativismo). Cada grupo de investigação deve encontrar seu próprio equilíbrio entre ação e reflexão.
> - *Caos e ordem*. Se um grupo é aberto, aventureiro e inovador, arriscando tudo para alcançar a verdade, para além do medo e conluios, então, uma vez que a investigação está caminhando bem, divergências de pensamento e expressão podem levar a confusões, incertezas, ambiguidades, desordem e tensão. Um grupo precisa estar preparado para o caos, tolerá-lo, e esperar até que surja um sentido real de resolução criativa.
>
> (Adaptado de Heron e Reason, 2001: 184)

Assim, na fase principal do trabalho da investigação cooperativa criativa, os membros do grupo continuarão a prestar atenção ao acolhimento a cada um e ao grupo, enquanto mais atenção é dada ao desenvolvimento de ciclos energéticos de investigação. As tarefas da investigação se tornam figuradas, mas é importante manter a atenção para a continuidade da saúde e autenticidade da interação do grupo.

O pico criativo

Randall e Southgate (1980) sugerem que o pico é um importante aspecto do processo de grupos criativos, um momento em que o "ciclo de trabalho vivo" alcança um ponto particular da realização das tarefas. Em um grupo de investigação cooperativa, que pode se estender por semanas ou meses, poderão ocorrer muitos "minipicos", e se o grupo for bem-sucedido, haverá como um sentimento geral de realização em lugar de um momento precisamente definido no tempo. Contudo, esses momentos ocorrem, particularmente, quando membros do grupo trazem histórias de vida que mostram como o grupo está transformando suas experiências e práticas.

Relaxamento, valorização e conclusão

Randall e Southgate (1980) chamam a terceira fase do grupo criativo de "relaxamento", o que em termos emocionais significa recuar com as tarefas, celebrar e apreciar as realizações; em termos organizacionais, significa resolver detalhes pendentes; e, em termos de tarefas, dar os toques finais nas atividades do grupo para avançar para a conclusão. Relaxamento neste sentido é um envolvimento ativo, enérgico, diferente em qualidade daquele sentimento de "sair da sala e descer para o bar", que muitas vezes caracteriza nossa experiência com grupos.

Também achamos que muitos grupos expressam o lado emocional do relaxamento decidindo dar tempo para atividades sociais – refeições conjuntas, caminhadas –, o que proporciona um contraste com a intensidade da investigação e continua a construir e aprofundar relacionamentos:

> Depois deste primeiro encontro [de um grupo de investigação de parteiras], tomar chá com bolo ou biscoitos enquanto conversávamos pareceu como a coisa normal a se fazer. Afinal, as pessoas fazem isso rotineiramente em qualquer encontro social em que a conversação é a atividade principal. Comida e bebida como um "lubrificante social" fez sentido para encontros subsequentes, pois os participantes estão no meio dos seus dias de trabalho e seus corpos precisam de nutrientes para se manterem (Barrett & Taylor, 2002: 242).

A parte organizacional do relaxamento em geral envolve manter em ordem os registros do grupo, transcrever os vídeos dos encontros, reunir os *flipcharts*, providenciar relatórios resumidos do que aconteceu nas reuniões, e assim por diante. Isso pode ser assumido por cada um, depois de seu registro individual, ou por uma ou mais pessoas que se encarreguem disso para o grupo:

> Eu achei que cuidar juntos do processo total custava quantidade considerável de energia e atenção. Apesar de partilharmos as atividades

> para organizar os locais e "cercarmos" as pessoas para os encontros, boa parte do trabalho coube a mim – ao negociar orçamento para cobrir nossos custos para o ano, escrever inúmeras cartas para manter os membros em contato com os desenvolvimentos e assegurar que aqueles que estiveram ausentes em alguma reunião particular estivessem atualizados (Mead, 2002: 199-200).

As tarefas necessárias da fase de relaxamento envolvem tudo o que for necessário para completar a investigação, o que muitas vezes se centraliza em como os aprendizados vindos do projeto serão redigidos ou em outros casos apresentados para um público mais amplo. Algumas vezes os grupos tentam escrever coletivamente, mas em geral uma pessoa ou um pequeno grupo prepara a redação consultando os demais membros do grupo (p. ex., Maughan & Reason, 2001). É importante fazer um acordo sobre as bases nas quais os membros do grupo poderão usar o material gerado pelo grupo, atendendo às questões tanto de confidencialidade como de propriedade. Uma boa regra geral é concordar que cada um possa usar a experiência da forma que desejar, desde que inclua uma declaração clara sobre como o material foi obtido (p. ex., "Este é um relato sobre minha participação no grupo de investigação XYZ; tanto quanto que eu sei, eu apresentei as conclusões do grupo, mas não cheguei em detalhes com todos os membros").

Se o projeto de investigação fez parte, em alto grau, de outra publicação formal que o iniciador desenvolve, é particularmente importante assegurar uma representação autêntica:

> Agnes Bryan e Cathy Aymer iniciaram e facilitaram diversos grupos de investigação com profissionais negros. Agnes subsequentemente trabalhou com as transcrições do grupo como parte de seu trabalho de tese de doutorado, encontrando dificuldades imensas em chegar a uma representação autêntica. Ela disponibilizou suas conclusões para tantos membros do grupo quanto pode, recebeu retornos difíceis e reescreveu muito de seu texto. Ela registrou e explorou longamente essas dificuldades de entendimento em sua tese (Bryan, 2000).

A fase de relaxamento de um grupo criativo envolve também abrandamento emocional, despedidas, e o lidar com assuntos não terminados. É sempre tentador, particularmente se o grupo foi bem-sucedido, evitar que termine de forma apropriada, pactuando fingir que o grupo irá se encontrar novamente (isto aponta para uma dimensão destrutiva da vida do grupo, criando esperanças em um estado futuro ideal, em lugar de lidar com a confusa realidade presente). Então deve ser dado tempo para os membros do grupo apresentarem as palavras finais enquanto se separam do grupo – é muitas vezes útil ter uma "rodada" final na qual cada pessoa pode dizer o que recebeu do grupo, e deixar para trás qualquer ressentimento ou coisas não realizadas.

À guisa de comentário

Apresentamos duas formas de observar o processo de investigação: através da lógica do processo de investigação, ciclicamente entre o saber proposicional, prático, experimental e presencial; e através da dinâmica do ciclo do grupo criativo de estímulo, energização, pico e relaxamento. Por favor, não tente sobrepor essas duas descrições de modo simples, mas em vez disso permita que elas interajam e iluminem diferentes aspectos do processo global. No início da vida do grupo, quando a ênfase interpessoal está no acolhimento, o grupo irá preferencialmente se envolver com o ciclo da investigação de forma mecânica e provisória. Com o amadurecimento, o grupo será capaz de se envolver na investigação mais energética e fortemente, adaptando-se às necessidades e circunstâncias próprias dos membros. Sempre ocorre uma interação complexa entre a lógica da investigação e os processos do grupo humano, como diversos relatórios de investigações cooperativas descrevem (para uma coleção deles, cf. Reason, 2002).

Resultados

Se, como argumentamos no início deste capítulo, a pesquisa-ação tem uma prioridade sobre o saber prático – sobre o saber localizado, pragmático, construído, prático –, qual é o "resultado" em termos de produto da pesquisa? Serão os "relatórios de pesquisa" (em qualquer formato) ilegítimos, incorretos, errados epistemologicamente? Claramente não, ou as considerações sobre processo cooperativo de investigação relatados neste capítulo nunca teriam sido escritos. Mas os resultados de uma investigação vão muito além do que aquilo que pode ser escrito.

O saber prático que resulta de uma investigação cooperativa é parte de uma experiência e prática de vida daqueles que participaram: a experiência individual será única e reflete a experiência compartilhada. A investigação continua viva (se for bem-sucedida), e os conhecimentos serão passados adiante, na prática contínua dos participantes conforme informado pela experiência da investigação: os médicos agirão de outro modo, o que irá afetar seus pacientes, colegas e alunos; as mulheres negras descobriram mais sobre como prosperar, e isso modifica como elas são como profissionais e como mães; profissionais da polícia enxergam como liderança é uma prática de aprendizado contínuo com os outros; mulheres jovens são autorizadas a falar a partir de suas experiências, e assim por diante.

Nesse sentido, a primeira coisa a lembrar sobre todas as formas de representação é não confundir o mapa com o território. O saber (o território) está na experiência e na prática, e o que escrevemos ou dizemos sobre ele é a *representação*. Algumas vezes a pesquisa-ação é vista – equivocadamente, em nossa visão – como primariamente um meio de desenvolver preciosos dados qualitativos que podem ser submetidos aos processos teóricos básicos ou alguma outra forma de entendimento; mas em pesquisa-ação o entendimento está no processo de investigação, nos ciclos de ação e reflexão, no diálogo do grupo de investigação.

Contudo, devemos querer escrever. Devemos querer escrever por nós mesmos, pela investigação individual, para manter os registros, para ajudar a buscar o sentido, para rever ou aprofundar experiências. Membros de grupos de investigação mantêm revistas, diários de sonhos, escrevem histórias, desenham figuras, e se envolvem em todo tipo de representação como parte de sua investigação. Devemos querer escrever "por nós", pelo grupo de investigação e pela comunidade que ele representa para juntar ideias, criar esquemas de entendimento, e comunicar o que achamos ter descoberto. Devemos querer escrever para um público externo para informar, influenciar, levantar questões, entreter. Nestes projetos escritos é importante deixar claro tanto a autoria como o público. Em lugar de escrever como uma "voz vinda do nada" (Clifford & Marcus, 1986), relatórios dos grupos de investigação são evidentemente da autoria dos membros e dirigidos a propósitos específicos.

Pensando em usar investigação cooperativa para sua dissertação?

Investigação cooperativa é um método empolgante que poderá oferecer a você uma experiência gratificante na dissertação, em parte porque tanto você como "seus" participantes irão se engajar com o processo. Contudo, a diferença entre você e os outros membros do grupo é que o envolvimento deles na investigação não estará ligado ao atendimento das necessidades institucionais para uma dissertação, enquanto o seu estará. Assim, é útil pensar em como você pode se envolver profundamente na investigação que é formada pelos princípios da investigação participativa (participativa, flexível, orientada pelo processo, empregando ciclos de ação e reflexão para facilitar prosperidade e mudanças) *e* escrever uma excelente dissertação. Aqui está uma forma pela qual você pode fazer isso.

Comece com um assunto amplo que você sabe/pensa que um grupo pequeno de pessoas, relativamente homogêneas, pode ter interesse em se reunir com você e com os demais, em pelo menos três ocasiões, para discutir, refletir e desenvolver ideias sobre o tema.

Anuncie ou convide-os através de rede pessoal de contatos para um encontro com você e/ou os demais para conhecerem o processo de investigação e saber se eles desejam participar do seu estudo. Discuta quais são as suas fronteiras e as deles, nessa investigação. Você deverá discutir com seu supervisor que período de tempo para "coleta de dados" será considerado apropriado por sua instituição, mas, no grupo de estudantes de Sarah, havia um grupo com 3-6 pessoas que combinaram encontros por um período de tempo entre 3-6 sessões, com sessões de aproximadamente uma hora de duração. Tipicamente, se os participantes/coinvestigadores são alunos, isto significa que eles estarão juntos uma vez por semana durante o período de aulas pelo número de sessões combinadas. Não parece muito, mas algumas pessoas irão achar que é muito compromisso, e haverá pelo menos uma sessão em que alguém deverá estar ausente e poderá ser necessário remarcar a reunião, então reserve um tempo extra no seu planejamento.

Uma vez que você tem os voluntários e uma estrutura de tempo combinada para a investigação, então será necessário atender os requerimentos éticos institucionais, incluindo formulários de consentimento e fichas de informações dos participantes. Gerenciar bem a parte administrativa será um desafio, ao mesmo tempo em que permite que os participantes se sintam energizados e entusiasmados com seu projeto. Você deve considerar, por exemplo, preparar a documentação antes de seu primeiro encontro, e então verbalmente relembrar aos participantes com o que eles consentiram e quais os direitos deles (p. ex., interromper a qualquer momento a participação no grupo, sem precisar de justificativas).

Enquanto configura a investigação, discuta com seus participantes e seu supervisor algum conteúdo potencial para as sessões da investigação. Então planeje em detalhes a primeira sessão com o objetivo de fornecer um ambiente seguro para que os participantes explorem seus conhecimentos proposicionais sobre a questão e desenvolvam um sentido de estímulo e confiança no grupo. Tente incluir uma atividade energizante, assim a experiência fica agradável e eles querem voltar. Conclua com uma atividade resumida que permita aos participantes partilharem uma sensação de que sabem onde estão e que ações eles poderão explorar durante a semana. Reúna-se com seu supervisor após cada sessão e converse sobre os temas que surgiram e também sobre a energia da sala (as pessoas estavam entusiasmadas, ansiosas etc.? O que você deve fazer para ajudá-las a se sentirem apoiadas o suficiente para explorar melhor esses temas?). Considere suas próprias respostas emocionais ao encontro e como elas podem ajudar ou limitar sua atividade de facilitação. A investigação cooperativa é uma atividade emocional – como um facilitador você precisa oferecer um ambiente seguro para que o grupo possa fazer um bom serviço. Isto envolve trabalho emocional e é importante conversar sobre suas respostas emocionais com o grupo. Com frequência os facilitadores de investigações cooperativas têm um mentor com quem podem discutir suas experiências e sentimentos, então use seu supervisor como seu mentor.

Após sua primeira sessão, planeje as próximas sessões em resposta às discussões que você teve com seu supervisor ou algum outro líder de seus participantes; assim terá algo a sugerir se eles retornarem a você. Mas lide com esse plano claramente – ele existe para quando seus participantes precisarem de sua orientação. Com frequência, membros da investigação apreciam que alguém mais faça o esforço de estruturar a sessão, mas tente criar oportunidades para seus participantes tomarem a liderança, pois é por isso que é uma investigação participativa, e não force a atividade se as pessoas não parecerem querer se engajar nela.

Em uma investigação de quatro semanas de duração, a primeira semana deve ser usada para as definições e a quarta para discussões conjuntas e definição da forma de encerrar a investigação. Entre elas você tem duas sessões para desenvolver reflexões sobre o tema. Não é muito tempo, mas é suficiente para observar algumas mudanças. Normalmente os participantes destacarão vários assuntos nas primeiras sessões, e irão retornar a eles nas últimas reuniões, talvez pensando neles de forma diferente ou mais profunda; isto permite que investigação desenvolva uma abordagem mais concentrada neste assunto presente. Membros do grupo podem também esboçar mudanças de ações mesmo durante a investigação ou posteriormente. Por exemplo, uma aluna de Sarah desenvolveu um grupo com mulheres idosas sobre assuntos de beleza. Uma coisa que emergiu foi que os membros do grupo, que já eram amigas, perceberam que ignoravam os elogios mútuos, mas que esses elogios eram feitos genuinamente. O grupo resolveu que após a investigação não deveriam dispensar os elogios positivos das amigas, mas em lugar disso escolheriam se divertir com eles.

Há uma tensão potencial entre seu papel como um membro de grupo de investigação que facilita os participantes a desenvolver uma investigação com foco, e você como um aluno precisando completar um projeto que deve ser escrito como uma dissertação. A investigação cooperativa, em seu sentido global, é cooperativa: todos estão envolvidos na direção do fazer-sentido e isso inclui atividades e resultados a partir da investigação. Torre et al. (2001), por exemplo, escreveram um projeto participativo dentro de uma prisão, o que envolveu treinar os presidiários em métodos de pesquisa, e assim a comunidade de pesquisadores foi formada durante a investigação. Todos foram autores de sua publicação. Contudo, pode ocorrer que os resultados de seu trabalho decresçam a participação contínua, e você aplique a forma de análise qualitativa sobre os registros em áudio das reuniões em uma forma menos colaborativa para atender aos requisitos de sua dissertação.

Se você tem permissão de seus participantes para gravar os encontros em áudio (sempre com a possibilidade de desligar o gravador), então uma abordagem relativamente simples é transcrever essas gravações, o que dá a você um conjunto de dados. Você deverá ainda formular a questão da pesquisa, a qual poderá responder usando esse conjunto de dados e com uma forma apropriada de análise. A questão pode não ser a mesma questão com a qual você começou, ou que esperava terminar com ela, ou que seus participantes estão investigando, e ela poderá ser dirigida por seu próprio interesse metodológico e teórico, assim como pelo conteúdo de seu conjunto de dados.

Por exemplo, se seus participantes iniciaram sua investigação perguntando "Como as mulheres idosas fazem sentido dos assuntos de beleza em suas vidas?" E desenvolveram essa questão para "Como mulheres idosas negociam prazer em suas aparências?", durante o processo elas devem ter discutido longamente seus significados de beleza e idade. Um estudante interessado em realizar uma abordagem social construtivista deve então considerar a análise de seus dados segundo a análise de discurso foucaultiano, ou análise temática social-construtivista segundo Foucault, para explorar a construção da idade e da beleza, enquanto um estudante mais interessado em entendimento experimental deve empregar uma análise temática estruturada fenomenologicamente, com a questão "Como mulheres idosas vivenciam sua identidade feminina?", e explorar tematicamente como essas experiências estão vinculadas com a compreensão da idade e beleza.

Esta tática, de aplicação de um método qualitativo de análise sobre as gravações de suas sessões de investigação, tem o potencial de levá-lo de volta à dicotomia observador/sujeito da pesquisa que abordagens participativas enfrentam. Efetivamente, você deveria pegar esses dados e usá-los. Para evitar isso, trabalhe com seus participantes na investigação; assim, eles podem estar tão envolvidos com as análises e resultados quanto quiserem. Leve as transcrições para os encontros, talvez deixando intervalos longos entre os encontros, e assim você terá tempo para transcrever e compartilhar as transcrições. Se seu grupo estiver interessado em explorar com você essas transcrições, procure desenvolver uma análise em colaboração. Isso pode ser parte de um ciclo ação-reflexão. Se seu grupo estiver menos interessado em aplicar técnicas qualitativas, então a distinção entre o fazer-sentido compartilhado e aplicação de técnicas qualitativas a esse fazer-sentido deverá emergir em seu estudo. De fato, seguir esse procedimento significa que sua dissertação se torna uma investigação entre várias acontecendo no grupo, e o processo é experenciado como participativo no nível em que as pessoas queiram se envolver.

Esta não é a única forma com que uma investigação cooperativa pode ser produzida como uma dissertação, mas, na medida em que você tenha permissão do grupo para explorar suas conversas do modo como imaginar, então esta abordagem permite que uma investigação cooperativa atenda às necessidades de uma dissertação de forma relativamente fácil. Existem outras formas (cf. ex. de Chowns sobre pesquisa participativa com vídeo no final desse cap.), mas neste ponto a maioria dos alunos encontrará contribuições para algumas dificuldades encontradas, para facilitar uma investigação dinâmica e com envolvimento total. Os benefícios em fazer uma "investigação acadêmica" dentro do inquérito são também evidentes durante a redação, pois os alunos podem seguir formatos padronizados para o método de análise escolhido (p. ex., análise do discurso), embora o método possa ser mais longo e incluir critérios de qualidade definidos, específicos para investigação cooperativa (p. ex., sobre processos em grupos).

Para aumentar sua confiança de que está fazendo uma boa investigação cooperativa, concentre-se em seu processo. Em particular, considere o seguinte:

• Processo de grupo: cuide do processo e os resultados virão naturalmente.

• Epistemologia ampliada: tente se concentrar no conhecimento experiencial. Ciclos os mais longos possíveis entre conhecimento experiencial e presencial irão prevenir deslocamentos muito rápidos para o conhecimento proposicional, e reproduzir estruturas de trabalho com as quais você já está familiarizado.

• Ciclos de ação e reflexão: estruture seu projeto de forma a incluir ciclos de ação e reflexão e assim seu grupo pode testar as ideias que desenvolvem, e revisar e refletir sobre a capacidade que elas têm, seja de levar mudanças ao sistema ou de auxiliar a que tenham diferentes entendimentos sobre o sistema.

• Construa durante o período de consultas: compartilhe suas ideias de análises com seus participantes/coinvestigadores e assim eles podem contribuir, concordar ou não, e então registre em sua tese o fato de que eles discordaram de sua análise.

Melhor dica: dado que os avaliadores de sua dissertação podem não estar familiarizados com a investigação cooperativa, facilite para eles o acesso ao seu relato, colocando em sua sessão de metodologia os critérios de qualidade pelos quais sua investigação cooperativa deverá ser julgada.

E note que, apesar de muitos dos exemplos que apresentamos neste capítulo tenham vindo de uma série de projetos que Sarah supervisionou sobre experiência feminina em temas como aparência, a investigação cooperativa pode ser empregada em ampla gama de projetos, incluindo-se psicologia educacional, de saúde, organizacional e social. Por exemplo, Sarah supervisionou um projeto de investigação cooperativa sobre experiência de alunos adultos na universidade. Uma investigação semelhante poderia ser feita por estudantes em organizações onde eles tivessem feito um estágio ou na própria universidade deles, se você conseguir identificar um grupo de pessoas que queiram investigar suas práticas de trabalho. Isto pode incluir como ser mais ambientalmente sustentável ou como trabalhar criativamente com as restrições organizacionais.

Conclusão

A investigação cooperativa oferece uma abordagem radical, empoderadora da pesquisa, que pode se mover com flexibilidade na direção que mais interesse aos participantes. Tem o potencial para contribuir com ampla gama de questões nas quais os estudantes de psicologia possam estar interessados, e oferece oportunidades empolgantes para novos e antigos pesquisadores em psicologia.

Investigação cooperativa proporciona uma diferente maneira de pensar e fazer pesquisa, com foco no trabalho cooperativo de pessoas, para entender e melhorar a vida — tanto as vidas daqueles envolvidos na investigação como, em alguns casos, as vidas daqueles afetados pelas instituições às quais os coinvestigadores pertencem (cf., p. ex., a investigação cooperativa de Piran (2001), com alunos de uma escola de balé que modificou uma cultura institucional). Como tal, a pesquisa de investigação cooperativa é particularmente oportuna, encaminhada como foi recentemente para pesquisas de impactos e benefícios individuais ou organizacionais fora da academia (para exemplos do Reino Unido, cf. os requerimentos de impacto da *Research Excellence Framework*, ou aqueles do *Economic and Social Research Council*). Sua intenção, pensamento, é menos sobre encaminhar preocupações atuais de corpos de revisão de pesquisa e mais sobre imaginar novas formas de estar envolvido no e com o mundo de formas que permitam às pessoas florescerem – uma lógica que está por trás de muitas decisões de pessoas para estudar psicologia, mas uma das que é geralmente perdida na construção de conhecimento sistemático, validado. Investigação cooperativa oferece aos estudantes e pesquisadores a possibilidade de fazer pesquisa com qualidade ao mesmo tempo não esquecendo os valores que os levaram até ali, em primeiro lugar.

QUADRO 8.3 TRÊS BONS EXEMPLOS DE INVESTIGAÇÃO COOPERATIVA

Dilemas de feminilidade

Riley e Scharff (2013) participaram de uma investigação com seis outras acadêmicas para explorar suas experiências de identidade de gênero contemporânea. As participantes eram todas mulheres brancas, trabalhando em universidades britânicas, saudáveis e identificadas como feministas, mas elas diferiam em termos de sexualidade, nacionalidade original, histórias pessoais, entendimentos do feminismo, níveis de participação em práticas de beleza e maternidade. Por um período de cerca de seis meses, o grupo fez oito reuniões de um dia todo. Os encontros seguiam um padrão semelhante: uma conferência das atividades para tomar ciência sobre o que estava sendo trazido para o grupo; uma revisão de cada ação ou reflexão desde a última reunião; atividades de reflexão para desenvolver o conhecimento experiencial ou presencial sobre um tópico que tenha emergido em encontros anteriores ou que tenham sido introduzidos nas atividades de aquecimento daquele mesmo dia; e encerramento das atividades. O artigo descreve claramente a aplicação do método de investigação cooperativa antes de aplicar um formulário de análise de discurso para os registros das reuniões. Focalizando um tema que emergiu nesta conversa, o artigo explora um dilema entre os entendimentos críticos das participantes declaradas feministas sobre práticas de beleza, tais como o uso de maquiagem, e suas próprias participações em tais práticas de beleza. O artigo relata como o grupo explorou esse dilema, considerando suas próprias satisfações em encontrar normas de beleza culturalmente definidas enquanto também sentiam que de algum modo sua consciência feminista deveria dizer que elas eram capazes de resistir às normas. Também discutiram estratégias para resistir ou se envolverem de modo diferente com esse dilema, e forneceram interessantes exemplos de possibilidades de mudanças tanto a partir de soluções bem-sucedidas como também outras mal-sucedidas.

Continua

Continuação

Imobilizada pelo olhar e espaço

Este foi um projeto de dissertação para obtenção do grau de Mestre em Pesquisa realizado por Stephanie Stafford Smith e supervisionado por Sarah Riley (Stafford Smith, 2010). Seu foco foi a exploração do desenvolvimento da imagem corporal através de uma investigação corporativa, com jovens entre 14 e 15 anos de idade, apoiando-as para fazer uma questão crítica e reflexiva sobre quando e onde elas se sentiram conscientes de seus corpos. Isto destacou tanto para as participantes como para os pesquisadores os aspectos sociais do desenvolvimento da imagem corporal. Este é um bom exemplo de como oferecer estrutura e suporte para o pensamento crítico, enquanto se permite que as participantes tenham um sentimento de estarem em um ambiente acolhedor e energizador do qual elas tomaram posse. Grupos de amigas foram recrutados para facilitar um espaço seguro para a investigação em três encontros. Uma gama de atividades com objetivos de evocar memórias e experiências foi oferecida para permitir saberes experiencial, presencial e proposicional, e temas que emergiam em um encontro eram desenvolvidos no encontro subsequente. O foco dos encontros foi identificar onde as participantes sentiram autoconsciência de seus corpos e desenvolver estratégias para lidar com estas situações. As técnicas incluíram uma "rede do percurso de aprendizagem" [LPG – Learning Pathways Grid] (Rudolph et al., 2001) adaptada para ser empregada com jovens, e que foi mais profundamente desenvolvida em um projeto subsequente (cf. Figura 8.2). Usando as questões sobre a rede, participantes eram encorajadas a refletir sobre elas e desafiar suas estruturas para encontrar o sentido de uma experiência. No processo, elas identificaram diferentes maneiras de entender a experiência e discutiram ideias sobre como a possibilidade de elas responderem de modo diferente poderia acontecer novamente. A rede foi usada como uma estratégia focada na solução para desenvolver saberes práticos, dando assim sustentabilidade à investigação.

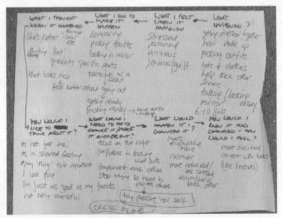

Figura 8.2 Exemplo recente de adaptação de uma rede do percurso de aprendizagem (LPG) para trabalho com jovens (desenhada por Stephanie Stafford Smith). O exemplo foi tomado de um projeto realizado por Sarah Riley com meninas jovens, com 16-17 anos de idade, que discutiam o estresse de se prepararem para sair à noite com amigos. Estágios desta rede do percurso de aprendizagem incluem: O que aconteceu? O que eu senti quando isso aconteceu? O que eu fiz para que isso acontecesse? O que eu pensei quando isso aconteceu? Como eu gostaria de pensar sobre isso? O que eu deveria fazer para mudar isso e fazer ficar diferente? O que aconteceria se eu o modificasse? Como eu poderia saber que isso mudou e como eu iria me sentir?

Não, você não sabe como nos sentimos

A investigação cooperativa pode também ser combinada com vídeo participativo e assim o resultado do projeto será um vídeo feito pelos membros do grupo que articulam um assunto importante para eles. Por exemplo, Gillian Chowns, uma assistente social envolvida em cuidados paliativos com crianças e famílias, convocou um grupo de crianças, tendo cada uma delas um dos pais morrendo devido ao câncer, como um grupo de investigação cooperativa para pesquisar a experiência dessas crianças sob a visão delas. Chowns considerou a investigação cooperativa uma abordagem que oferecia a forma mais ética, respeitável e democrática de trabalhar com essas crianças, um grupo marginalizado no mundo dos cuidados paliativos. O grupo trabalhou junto para produzir um vídeo para ajudar a fazer descobertas mais facilmente acessíveis, além de ser uma mídia contemporânea e atrativa para os pequenos copesquisadores (Chowns, 2006, 2008). (Para mais discussões sobre vídeo participativo, cf. http://betterpvpractice.wordpress.com/the-webinars-2/, e Lunch & Lunch (2006).)

Leituras adicionais

Piran, N. (2001). "Re-inhabiting the body from the inside out: Girls transform their school environment". In: D.L. Tolman & M. Brydon-Miller (org.). *From Subjects to Subjectivities* – A Handbook of Interpretive and Participatory Methods. Nova York: New York University Press, pp. 218-238.

Riley, S. & Scharff, C. (2013). "Feminism *vs* femininity? Exploring feminist dilemmas through co-operative inquiry research". *Feminism & Psychology*, 23 (2): 207-223.

Torre, M.E., Fine, M., Boudin, K., Bowen, I., Clark, J., Hylton, D., Martinez, M., Roberts, M.R.A., Smart, P. & Upegui, D. (2001). "A space for co-constructing counter stories under surveillance". *Under the Covers* – Theorising thePolitics of Counter Stories. Num. esp. de *The International Journal of Critical Psychology*, 4: 149-166.

As três leituras acima representam pesquisas produzidas por psicólogos empregando investigação cooperativa. Eles discutem aspectos do método e apresentam exemplos que mostram as possibilidades da investigação cooperativa em termos de produzir novos conhecimentos e ações que mudam as vidas dos participantes.

Heron, J. (1996a). *Co-operative Inquiry* – Research into the Human Condition. Londres: Sage.

Heron, J. & Reason, P. (2001). "The practice of co-operative inquiry: Research 'with' rather than 'on' people". In: P. Reason & H. Bradbury (eds.). *Handbook of Action Research* – Participative Inquiry and Practice. Londres: Sage.

Reason, P. (2002). *The Practice of Co-operative Inquiry*. Num. esp. de *Systemic Practice and Action Research*, 15 (3): 169-270.

As três leituras acima são trabalhos dos autores e figuras de liderança na investigação cooperativa, John Heron e Peter Reason. Eles detalham os princípios do método e oferecem exemplos interessantes de sua aplicação. Publicações de Peter Reason podem ser encontradas em: peterreason.eu

9 Grupos focais

Sue Wilkinson

Grupos focais são um método popular e amplamente empregado em pesquisas qualitativas no campo das ciências sociais. Embora conhecido há mais de 75 anos, era relativamente incomum até o ressurgimento de interesse por seu uso, no final dos anos de 1970. Tornou-se popular em psicologia apenas nos últimos 15 anos, aproximadamente, quando as pesquisas qualitativas se ampliaram e se tornaram aceitas de modo mais generalizado, frente às disciplinas predominantemente quantitativas.

A metodologia do grupo focal é, à primeira vista, enganosamente simples. É uma forma de compilação de dados qualitativos, que – essencialmente – envolve o engajamento de um pequeno número de pessoas em um grupo informal de discussão (ou discussões), "focadas" em um tópico particular ou conjunto de assuntos. Os projetos de grupos focais nos quais estive envolvida, por exemplo, incluíam jovens mulheres explorando como negociar recusas sexuais; rapazes falando sobre práticas para modificação do corpo, como a remoção de pelos, uso de *piercing* e tatuagens; enfermeiras avaliando diferentes tipos de administração de enfermarias; pais de lésbicas discutindo o fato de suas crianças sofrerem *bullying* na escola; mulheres comparando suas experiências com exames vaginais e esfregaço cervical; e parceiros de mulheres com câncer no seio partilhando informações sobre "enfrentar" a vida dia a dia. Há um entendimento equivocado de que as pessoas ficarão inibidas em revelar detalhes íntimos no contexto de um grupo de discussão. Na verdade, grupos focais são bem-sucedidos ao explorar tópicos "sensíveis", e o contexto do grupo pode algumas vezes realmente facilitar as revelações pessoais (Farquhar, com Das, 1999; Frith, 2000).

A discussão que acontece num grupo focal geralmente se baseia em uma série de questões (o cronograma do grupo focal), e o pesquisador geralmente atua como "moderador" do grupo: apresenta as questões, mantém o fluxo da discussão, e encoraja as pessoas a participarem ativamente. Embora algumas vezes os grupos focais sejam descritos como "entrevistas" em grupo, o moderador não faz perguntas diretas a cada participante do grupo, mas principalmente facilita a discussão pelo grupo, encorajando ativamente os membros a *interagirem entre si*. Essa interação entre os participantes do estudo é a característica-chave da pesquisa por grupo focal, e o que mais claramente a distingue de entrevistas individuais (Kamberelis & Dimitriadis, 2013; Morgan, 1997). Comparados a entrevistas, grupos focais são mais "naturalistas" (i. é, mais próximos da conversação cotidiana), pois incluem tipicamente uma gama de processos comunicativos – como a contação de histórias, brincadeiras, arguições, ostentações, provocações, persuasão, desafios e desentendimentos. A qualidade da dinâmica de interação do grupo, como discussões dos participantes, debate e (algumas vezes) desentendimentos sobre pontos-chave, é geralmente a característica marcante do grupo focal.

Normalmente, as discussões dos grupos focais são gravadas em vídeo ou áudio (é preferível que seja em vídeo, pois permite uma análise mais profunda da interação entre os participantes). Os dados gravados são transcritos e então analisados pelas técnicas convencionais para dados qualitativos – mais comumente análise temática ou de conteúdo. Grupos focais se distinguem, assim, primariamente pelo método e tipo de *coleta* de dados (i. é, discussão informal em grupo), mais do que por qualquer método particular de *análise* de dados.

História e *background* teórico

Pode-se considerar que o emprego inicial de grupos focais ocorreu nos anos de 1920, quando os psicólogos Emory Bogardus e Walter Thurstone usaram a técnica para desenvolver instrumentos de pesquisa – embora a "invenção" seja mais frequentemente creditada ao sociólogo Robert Merton e suas colegas Patricia Kendall e Marjorie Fiske, nos anos de 1940. A equipe de pesquisadores de Merton desenvolveu "entrevistas em grupos focais" para extrair informações dos ouvintes sobre suas respostas a programas de rádio. Desde então eles ficaram conhecidos (de formas variadas) como "entrevistas em grupo" ou "entrevistas em grupos focais", mas o termo "grupos focais" é o mais comumente utilizado e é útil (se não houver outro) para diferenciar a abordagem de outras formas de trabalho em grupo mais psicodinamicamente orientadas.

Antes do final dos anos de 1970, o principal emprego dos grupos focais era o desenvolvimento de ferramentas de negócios e *marketing* – o que ainda hoje é uma área ativa de pesquisas em grupos focais (p. ex., Greenbaum, 2000). Nos anos de 1980 pesquisadores da área de saúde foram pioneiros no emprego de grupos focais em pesquisas de ações sociais, particularmente no terreno de planejamento familiar e educação preventiva em saúde. O método foi então largamente usado para o estudo de atitudes e comportamentos sexuais, particularmente em relação a HIV/Aids, e continua a ser extensivamente usado, hoje, em áreas de educação em saúde e promoção de saúde, assim como em pesquisas mais gerais em saúde (Hennink, 2007; Wilkinson, 1998a). Uma busca na *Web of Knowledge* por artigos publicados em 2013 ou 2014 usando a metodologia de grupos focais revelou que mais de 90% das publicações foi na área de saúde.

A partir dos anos de 1990, o crescimento da popularidade das pesquisas em grupos focais criou uma substancial literatura em uma ampla gama de disciplinas, incluindo educação, estudos da comunicação e mídia, pesquisas sobre feminismo, sociologia e psicologia (cf. Morgan, 1996; Wilkinson, 1998b, para revisões).

Ao lado de novas edições de textos "clássicos" sobre metodologia de grupo focal (p. ex., Krueger & Casey, 2009; Morgan, 1997; Stewart & Shamdasani, 2014), novos textos continuam a aparecer (p. ex., Barbour, 2007; Hennink, 2014; Kamberelis & Dimitriadis, 2013).

Uma razão possível para a popularidade contemporânea de pesquisa em grupos focais é a flexibilidade do método. Grupos focais podem ser empregados como um método qualitativo único ou combinado com técnicas quantitativas como parte de um projeto com múltiplos métodos. Pode ser usado no laboratório de psicologia ou fora, no campo, e para o estudo do mundo social ou para tentar mudá-lo – isto é, em projetos de pesquisa-ação (cf. Wilkinson, 1999, para uma revisão; tb. cap. 8 deste volume). Em quase todo estágio de um projeto de grupo focal existem escolhas metodológicas a serem feitas. Uma boa maneira de conhecer a flexibilidade e variedade do método é analisar uma das coletâneas de pesquisas com grupos focais publicadas (p. ex., Barbour & Kitzinger, 1999; Morgan, 1993).

Formulando uma questão de pesquisa e projetando um estudo

Devido à sua flexibilidade, o método com grupos focais é obviamente adequado para múltiplos propósitos. Contudo, não é, como se poderia pensar, "um método para toda obra". Como qualquer outro, tem vantagens e desvantagens particulares, e tem se mostrado mais adequado a alguns tipos de questões de pesquisa que a outros. Grupos focais são uma boa escolha quando o propósito da pesquisa é extrair o entendimento, as opiniões ou visões próprias da pessoa; ou quando se procura explorar como elas progrediram, foram elaboradas e negociadas em um contexto social. São menos apropriados se o propósito da pesquisa é categorizar ou comparar tipos de indivíduos e suas visões, ou para avaliar atitudes, opiniões e crenças (embora algumas vezes sejam usados deste modo).

Uma vez que você tenha decidido que o grupo focal é uma forma apropriada para encaminhar sua questão da pesquisa (cf. mais sobre isso a seguir), aqui estão algumas das principais considerações para o planejamento de um estudo efetivo com grupo focal.

Primeiramente, você deverá decidir sobre os parâmetros-limite de seu projeto – isto é, o prazo total; quantos grupos focais você irá organizar; que tipo de grupo focal eles serão; a quantidade e tipo de participantes que você poderá ter (e como recrutá-los); e como você irá registrar, transcrever e analisar seus dados. Esses parâmetros devem ser ajustados antes que outros detalhes práticos sejam definidos para o estudo em si. Na maioria dos casos, o planejamento da pesquisa é como assumir um compromisso entre o que seria o ideal e o que é realmente possível de ser feito, em face dos apertados limites de tempo, recursos e sua própria experiência e energia.

Um projeto de grupo focal envolve um grupo único de participantes que se encontram em uma única dada ocasião, ou pode envolver vários grupos, com encontros únicos ou repetidos. Os participantes podem, eventualmente, não estarem fisicamente todos presentes: uma evolução recente é o emprego de grupos focais on-line (Fox, Morris & Rumsey, 2007; Stewart & Williams, 2005). Pode envolver desde poucas pessoas participantes, como duas, ou mais, cerca de uma dúzia (o normal é ficar entre quatro e oito). Esses participantes podem pertencer a grupos preexistentes de pessoas (como membros de uma família, clubes ou equipes de trabalho) ou podem formar grupos específicos para a pesquisa, como representantes de uma dada população, ou simplesmente por compartilharem de características ou experiências (p. ex., homens de meia-idade, assistentes de vendas, mulheres expostas à tensão pré-menstrual).

Além (ou em lugar) de um conjunto de questões, o moderador pode apresentar e estimular os membros do grupo com um material especial (como vídeos e cartazes); e, além (ou em lugar) de discutir questões particulares, pode solicitar que eles se envolvam em alguma atividade específica (como uma tarefa de ordenar temas – *card-sorting* – ou um exercício de classificar e qualificar temas – *rating*). Kitzinger (1990) apresentou exemplos de várias dessas atividades em um contexto de pesquisa sobre mensagens da mídia sobre Aids. O moderador pode dar alguns direcionamentos ou não. As reuniões podem ser gravadas em áudio ou filmadas.

A transcrição dos dados pode ser muito ou menos detalhada, desde a simples transcrição escrita, que preserve exatamente as palavras ditas, até formas mais complexas de transcrição, realizadas por analistas de conversações (cf. cap. 6), que preserva um conjunto de detalhes linguísticos e paralinguísticos, como começos falsos, autocorreções, sobreposição de falas, pausas, volume e entonação. Se você tem gravações em vídeo, pode também transcrever olhares fixos, gestual e outros detalhes do comportamento corporal das interações (se isso for de seu interesse).

A análise dos dados pode ser manual (como copiar e colar seções das transcrições) ou com o auxílio de programas de computador, como NUD*IST ou *The Ethnograph*). Uma ampla variedade de diferentes tipos de análise de dados pode ser realizada, incluindo análise de conteúdo, temática, fenomenológica, narrativa, biográfica, etnográfica, discursiva, ou de conversação (algumas delas são discutidas com mais detalhes em outros cap. deste livro). O tipo de análise usada depende da estrutura de trabalho teórica do pesquisador, mais do que qualquer característica dos dados do grupo focal. Uma força particular da pesquisa com grupo focal é que não está presa a qualquer estrutura de trabalho específica: o método pode ser usado tanto em uma estrutura "essencialista" como em uma estrutura "socioconstrutivista".

Pesquisa com grupo focal conduzida em uma estrutura essencialista, como a maioria das pesquisas psicológicas, se baseia na hipótese de que os indivíduos têm suas próprias ideias pessoais, opiniões e entendimentos, e que a função do pesquisador é acessar ou extrair esses "conhecimentos". Com essa estrutura de trabalho, uma vantagem particular do grupo focal é a mais compreensiva obtenção de ideias, opiniões e entendimentos individuais do que é possível com entrevistas individuais (i. é, mais compreensiva no sentido de que torna os coparticipantes propensos a um gatilho da memória, estimula o debate, facilita a revelação e em geral encoraja a produção de relatos elaborados).

Pesquisa com grupo focal conduzida em uma estrutura de trabalho social-construtivista *não* supõe conhecimentos preexistentes situados no interior das cabeças das pessoas, mas pressupõe que o entendimento é alcançado colaborativamente, no curso de interações sociais entre pessoas. Nesta estrutura, a vantagem particular do grupo focal é a oportunidade oferecida ao pesquisador para observar como as pessoas se engajam num processo colaborativo de encontrar o sentido: como as visões são construídas, expressas, defendidas e (algumas vezes) modificadas dentro do contexto de discussão e debate com outros.

A estrutura teórica da pesquisa irá influenciar o tipo de análise dos dados realizada. Na pesquisa essencialista é adequada a análise de conteúdo ou temática, enquanto que para pesquisa socioconstrutivista são mais adequadas a análise etnográfica, discursiva ou de conversação.

Os dados de grupos focais são volumosos, relativamente desestruturados, e exigem preparação para serem resumidos. Enquanto esses dados estão sujeitos a uma quantificação limitada (como em algumas formas de análise de conteúdo – cf. em seguida), eles são melhor relatados em formas que preservem (pelo menos algumas delas) as próprias palavras dos participantes – por exemplo, usando citações ilustrativas. Idealmente, também, pode haver alguma análise da interação do grupo (embora, infelizmente, isso aparece raramente na literatura publicada: cf. Wilkinson, 2006, para alguns exemplos).

Grupos focais não são adequados como método de escolha quando são necessários dados estatísticos e conclusões generalizadas: as amostras são geralmente pequenas e não representativas, e é difícil construir um exemplo teórico pela agregação de dados obtidos em diversos grupos, ou fazendo comparação direta entre grupos (embora, novamente, isso seja feito algumas vezes).

Existem também vantagens e desvantagens práticas no emprego de grupos focais. Eles têm sido vistos como uma forma relativamente rápida e econômica para se reunir um volume grande de dados. Contudo, pode ser difícil recrutar e manter juntos os participantes adequados; moderar um grupo efetivamente é uma técnica que exige habilidade, o que (idealmente) requer treinamento e prática; e a transcrição e análise dos dados (de qualquer tipo) é um processo meticuloso e demorado, que requer extensa manipulação dos dados e perícia na interpretação.

A literatura sobre grupos focais inclui número substancial de "manuais" que oferecem riqueza de informações gerais e recomendações sobre o processo de realização de pesquisa com grupos focais, assim como considerações sobre assuntos específicos para tipos particulares de grupos focais. Os guias mais úteis entre eles, para psicólogos, são os de Bloor et al. (2001), Fern (2001), Krueger e Casey (2009), Morgan (1997), Stewart e Shamdasani (2014) e Vaughn et al. (1996); o mais abrangente é o de Morgan e Krueger (1998). Aqui, me valho das recomendações oferecidas por esses livros, como também em minha própria experiência em pesquisa com grupos focais, para revisar as etapas-chave do projeto e para sugerir considerações práticas importantes em cada estágio.

Em particular, eu ilustro cada estágio de um projeto com grupo focal com exemplos de minha pesquisa sobre experiências de mulheres com câncer de mama (Wilkinson, 1998a, 1998b, 2000a, 2000b, 2006, 2007, 2011). Nesse projeto, tomaram parte um total de 77 mulheres, em 13 grupos focais, cada um com duração de 1 a 3 horas. As participantes foram recrutadas através de uma clínica de análise de mamas sintomáticas, em um hospital geral no norte da Inglaterra. A maioria era de classe operária, de meia-idade ou idosa, e em torno de cinco anos do diagnóstico. As reuniões dos grupos focais eram realizadas em um local da universidade, e cada mulher participava apenas de um grupo, em uma única ocasião. As discussões abordavam os sentimentos das mulheres sobre o diagnóstico, seus relacionamentos, suas experiências de tratamento, e as mudanças que o câncer havia provocado em suas vidas. Os dados eram gravados em áudio e transcritos ortograficamente em uma primeira instância, e depois retranscritos com mais detalhes e analisados por uma variedade de técnicas (cf. Wilkinson, 2000b, para uma comparação de três métodos de análise de um dos grupos focais).

Questões éticas

Pesquisas com grupos focais, como qualquer outra pesquisa em psicologia, deve ser conduzida de acordo com as diretrizes éticas de corpo profissional relevante (no Reino Unido, a *British Psychological Society*). Falando de modo amplo, você precisa obter as permissões e autorizações éticas necessárias a partir da instituição em que você está baseado (tais como o comitê de ética na pesquisa de uma universidade), e a partir da instituição em que você irá coletar seus dados (tais como o comitê de ética na pesquisa do Serviço Nacional de Saúde), assim como a partir de quaisquer "guardiões" essenciais em seu interior (tais como consultores ou gerentes de serviço). Você deve também obter a informação de consentimento dos participantes em tomar parte na pesquisa. Você é responsável por proteger a confidencialidade, e deve realizar todas as etapas racionais para garantir que eles não estarão sujeitos a qualquer estresse ou ansiedade além e acima das experiências de sua vida cotidiana.

Parte do procedimento do consentimento informado é garantir que seus participantes conheçam, e concordaram com, o(s) uso(s) particular(es) que você pretende fazer dos dados. Isso pode variar desde simplesmente utilizar pequenas citações dos transcritos em um relatório ou publicação, até colocar partes das gravações em áudio ou vídeo num *website*, ou colocar gravações completas, seja em áudio ou vídeo, em um arquivo aberto para consulta livre. Eles devem ter a possibilidade de recusar esse consentimento para algum ou todos esses usos, e ainda interromper esse consentimento em momento posterior.

A confidencialidade é uma questão particular dentro dos grupos focais, pois o número de participantes, e "regras básicas", devem ser estabelecidos para garantir que detalhes pessoais e material potencialmente delicado não sejam discutidos fora do contexto do grupo (i. é, deve ser requerido aos participantes que respeitem e preservem a confidencialidade dos outros). Há ainda outras questões éticas específicas, de natureza própria da interação dos participantes das pesquisas com grupo focal. Por exemplo, ocasionalmente um participante pode ficar visivelmente preocupado ou estressado por experiências ou opiniões ventiladas; um argumento pode ser "desagradável"; ou alguns membros do grupo focal podem pactuar para silenciar ou intimidar um indivíduo particular. É importante lidar com tal situação imediatamente, dentro do grupo (isto pode incluir, como último recurso, encerrar a sessão). Pode mesmo ser necessário conversar sobre isso com os envolvidos, quando o grupo tiver terminado. Na prática, porém, a pesquisa com grupo focal é normalmente uma interessante e geralmente agradável experiência para todos os envolvidos, e essas "situações difíceis" raramente ocorrem. Finalmente, como em toda pesquisa, é uma boa ideia ter disponíveis dados de contatos de serviços de consultoria relevantes, linhas de apoio, grupos de autoajuda e outras fontes de informação, em caso de que eles sejam necessários ou solicitados para acompanhar o grupo.

Coletando dados

Para que qualquer grupo focal forneça os melhores dados possíveis (e que seja uma experiência gratificante para os participantes), duas coisas – pelo menos – são necessárias: um moderador efetivo e preparação meticulosa. A preparação para a coleta dos dados inclui preparar e conduzir os materiais que você pretende usar, recrutar os participantes, escolher o local das reuniões, e preparo da própria seção. Depois do grupo focal você irá precisar também fazer alguma organização dos dados e transcrições antes de se envolver com a análise.

O moderador do grupo focal

Idealmente, o moderador deveria ter alguma experiência básica como entrevistador, algum conhecimento de dinâmica de grupo, e alguma experiência na condução de grupos de discussão. Embora algumas das habilidades envolvidas na moderação de um grupo focal sejam similares àquelas envolvidas em entrevistas individuais (p. ex., criar uma harmonia, uso efetivo de recursos de estímulo, como *prompts* e *probes* – como lembretes e questões dirigidas a certos temas ou abertas – e sensibilidade para reações não verbais), o número de participantes envolvidos em um grupo focal requer mais em termos de "gerenciamento de pessoas" ativo. Participante tímido deve ser encorajado a falar, o muito falante deve ser desencorajado algumas vezes, e situações de desconforto e/ou desentendimentos devem ser tratadas com atenção. Os manuais oferecem detalhes substanciais sobre os princípios de "gerenciamento de pessoas", mas não substituem a experiência de se moderar um grupo focal na prática. Os enganos mais comuns de um moderador novato e/ou nervoso é uma falha ao ouvir (e acompanhar adequadamente), uma falta de habilidade em tolerar o silêncio, falar demais e fazer questionamentos seguidos.

Você não deve se envolver em um projeto de grupo focal sem algum tipo de ensaio geral ou, preferivelmente, um estudo em escala-piloto. Uma preparação adequada, um planejamento eficiente, e a sessão em si do grupo focal são tão essenciais quanto a experiência do moderador para a obtenção de dados com alta qualidade. Uma bem-sucedida sessão pode *parecer* fácil, mas certamente não é: uma surpreendente quantidade de trabalho preparatório é necessária antes, durante e após a sessão em si.

Preparação de material e estudo-piloto

Você irá precisar (pelo menos) de um esquema de grupo focal, talvez também material escrito ou pictórico, ou em áudio, ou vídeo. Ao idealizar o esquema, esteja certo de que ele é adequado para envolver os participantes, de que usa vocabulário apropriado, que as questões têm sequência lógica, que proporciona oportunidades para que diferentes pontos de vista possam ser expressos, e que permite que os participantes levantem pontos que podem não ter ocorrido ao pesquisador. O Quadro 9.1 apresenta o esquema usado em meu projeto sobre câncer de mama.

> **QUADRO 9.1 EXEMPLO DE ESQUEMA DE GRUPO FOCAL: EXPERIÊNCIA DE MULHERES COM CÂNCER DE MAMA**
>
> **Introdução** (recapitulação sobre os objetivos do projeto, procedimentos, regras básicas)
>
> **Questões** (usadas em todos os grupos)
>
> 1) Como você se sentiu quando ficou sabendo de um problema na mama?
> 2) Como você se sentiu quando lhe foi dito que era câncer de mama?
> 3) Como as pessoas ao seu redor reagiram ao saber que você tinha câncer de mama? (Parceiro/familiares/amigos/outros)
> 4) Que tipo de apoio você precisou?
>   - Ao ficar sabendo de um problema?
>   - Ao ter certeza de que era câncer?
> 5) Que tipo de apoio seu parceiro/familiares/outros próximos a você precisaram?
>   - Ao ficar sabendo de um problema?
>   - Ao ter certeza de que era câncer?
> 6) O que você acha que causou seu câncer de mama?
> 7) Que tipo de efeito o fato de ter câncer causou em sua vida?
>   - Inclusive em seu modo geral de ver a vida?
>   - Sobre sua personalidade?
>   - Sobre todos ao seu redor?
>
> **Questões suplementares** (usadas em alguns grupos, quando houver tempo)
>
> 8) Qual a pior coisa sobre ter câncer de mama?
> 9) Alguma coisa boa pode ser tirada de ter tido câncer de mama?
>   - O quê?
> 10) Você se preocupou com sua aparência?
>   - De que forma?
>   - E as pessoas ao seu redor? De que forma?
> 11) Tem mais alguma coisa que você gostaria de dizer sobre sua experiência?
>   - Ou sobre esse projeto de pesquisa?
>
> **Conclusão** (resumo, agradecimentos e balanço)

Teste todos os materiais que você pretende utilizar – para garantir que são inteligíveis, legíveis e visíveis na distância correta. Se você está pretendendo utilizar materiais em áudio ou vídeo, garanta que sistemas adequados de som e projetores estão facilmente disponíveis e que você sabe como operá-los. Tenha cópias de reserva disponíveis, caso ocorram falhas nos equipamentos. Faça rascunhos de sua introdução para a sessão (incluindo uma recapitulação sobre o projeto, o procedimento a ser seguido e as "regras básicas" para o grupo focal) e seus comentários de encerramento (incluindo um resumo da sessão, algum balanço necessário e a reiteração dos agradecimentos). (Cf. tb. pontos do procedimento abrangidos durante a "sessão em si", em seguida.)

Recrutar os participantes

Isso é muito mais difícil do que pesquisadores novatos em grupos focais imaginam. Esteja certo de que os potenciais participantes sabem o que está envolvido no procedimento do grupo focal – isso é parte da informação de consentimento obtida. Considere se eles serão pagos (ou se serão oferecidos incentivos; p. ex., simples refeições são em geral apropriadas) e/ou reembolsados por despesas de transporte. Sempre recrute cerca de 50% a mais de participantes (p. ex., nove, para formar um grupo de seis pessoas). Embora expressem muito entusiasmo/comprometimento, alguns participantes, por um motivo ou outro, não comparecem no dia da reunião. Esteja certo de que eles têm informações claras e sabem exatamente onde encontrar o local da reunião (particularmente se você os recrutou com alguma antecedência) e envie alguns lembretes, incluindo – e isso é crucial – um telefonema no dia anterior do encontro do grupo focal.

A escolha do local das reuniões

Algumas vezes – particularmente em projetos de pesquisa sobre comportamento – não há como escolher o local: você deve conduzir o grupo focal no "território" próprio do grupo (i. é, onde os participantes geralmente se reúnem, ou onde eles estejam preparados para encontrar você), o que pode não ser um ambiente ideal para pesquisa. Quando houver possibilidade de escolha, porém, a consideração principal deve ser o equilíbrio entre o conforto dos participantes e um bom ambiente para os registros da reunião. Algumas universidades têm agora construções com salas próprias para reuniões de grupos focais (mais frequentes em escolas de negócios do que em departamentos de psicologia), e muitos departamentos de psicologia têm laboratório com espelho *one-way* – o que vale a pena ser considerado, particularmente se a observação/gravação em vídeo fizerem parte do projeto. O mais importante é que seja uma sala relativamente confortável, silenciosa, na qual vocês não sejam perturbados ou pressionados pelo horário de encerramento. Os participantes devem formar um círculo, seja sentando em poltronas ou ao redor de uma mesa (sua escolha pode depender do tipo de solicitações que serão feitas aos participantes, mas note as diferentes "sensações" dessas duas opções). Fácil acesso aos lavatórios e a telefones é essencial.

Preparação da sessão em si

Dois aspectos são importantes: refletir sobre a logística do dia da reunião e preparação de material suplementar. O ideal é ter um assistente, especialmente para os grupos focais maiores. Se isso não for possível, planeje como você vai lidar com a chegada e partida dos participantes (inclusive com os que cheguem atrasados e os que saem mais cedo), com as refeições, como conduzir questões ou problemas imprevistos, e tomar notas e/ou operar os equipamentos de gravação enquanto modera o grupo. Lembre-se que a Lei de Murphy (se alguma coisa pode dar errado, vai dar) vale tanto para grupos focais como para outros tipos de pesquisa, mas ela parece se aplicar particularmente para equipamentos de gravações! Eles devem ser conferidos e reconferidos antes de cada grupo. Não são necessários equipamentos altamente especializados: um pequeno gravador digital ou sistema MP-3 são suficientes. Se possível, utilize um gravador unidirecional a fim de obter uma gravação clara, com boa qualidade para a transcrição. Para minimizar o risco de falha na gravação, é desejável que use dois conjuntos de equipamentos de gravação, se possível – e isso será muito mais fácil de lidar se você tiver um assistente.

Em termos de materiais suplementares, você vai precisar de alguns ou de todos os seguintes:

• pequenas refeições: pelo menos água, preferivelmente chá/café e biscoitos (*não* bebidas alcoólicas); dependendo do horário ou da duração da sessão, possivelmente lanches (como sanduíches ou pizza), mas nada ruidoso (porque obstrui as gravações);

• materiais para escrever (papel e canetas) – para você e para os participantes;

- formulários dos consentimentos informados; formulários dos pedidos;
- uma caixa de lenços de papel;
- crachás com os nomes (e canetas marcadoras para preenchê-los);
- equipamento para gravação (incluindo pilhas e baterias e/ou cartões de memória, conforme o apropriado).

Prepare a sala antecipadamente, se possível, e confira os equipamentos (novamente) pouco antes de usar.

A sessão em si do grupo focal

Você deve dispor de 1 a 3 horas (dependendo dos tópicos/atividades a serem incluídas e a disponibilidade/comprometimento dos participantes). O início e o final das atividades do grupo focal impõem algumas considerações práticas específicas.

As seguintes atividades são necessárias no início da sessão (não necessariamente nesta ordem exata):

- apresentação de agradecimentos, as boas-vindas e introdução;
- garanta o conforto dos participantes (refeições, sanitários, necessidades especiais);
- assine os formulários de consentimentos (se não foi feito no recrutamento), incluindo a permissão para gravações e os diversos usos dos dados;
- reitere as questões de anonimato/confidencialidade;
- complete os crachás de identificação;
- recapitule os objetivos do estudo;
- destaque os procedimentos (confirmando o horário do término da reunião);
- estabeleça as regras gerais para o andamento do grupo;
- ofereça uma oportunidade para que façam perguntas.

Em seguida, entre na discussão propriamente dita. Tenha o objetivo de criar uma atmosfera na qual os participantes possam relaxar, conversar livremente e se divertirem. Embora se gaste um tempo para um "aquecimento", uma vez que aconteça, uma boa discussão do grupo focal geralmente parece que se desenvolve por si mesma. A discussão vai "fluir" bem – e irá parecer que atravessa de forma contínua o programa – até mesmo sem que o moderador precise fazer as perguntas. Essa aparente "facilidade" resulta substancialmente de uma boa preparação e efetiva habilidade da moderação (assim como um certo grau de boa sorte). Embora suas energias principais devam estar dirigidas para a efetiva moderação do grupo de discussão, é desejável que tome notas dos principais pontos da discussão, e, se estiver gravando em áudio, apenas, anotar qualquer evento que não poderá ser recuperado apenas pela gravação – por exemplo, uma ocasião em que uma das participantes do meu grupo focal colocou a mão dentro do sutiã, tirou sua prótese (seio artificial) e a passou ao redor da mesa. (É difícil imaginar um exemplo melhor do porque você realmente precisa gravar em vídeo!) Um assistente estará mais disponível para tomar notas mais compreensíveis, as quais podem incluir uma lista sistemática da sequência de quem faz o depoimento (isso ajuda na transcrição, especialmente com grupos maiores). Não é razoável que um bom grupo focal com frequência se exceda no tempo; permita que os participantes saiam no horário combinado, mesmo que você não tenha terminado.

As atividades seguintes são necessárias no *final* do grupo focal (novamente, não necessariamente nesta ordem exata):

- reitere os agradecimentos;
- reitere a confidencialidade;
- ofereça nova oportunidade para perguntas;
- providencie informações complementares ou fontes possíveis de informações (quando for apropriado);
- faça um balanço (se apropriado), com perguntas que incluam alguma base individual, se necessário;
- confira se os participantes tiveram uma boa experiência (é possível o uso de uma avaliação formal);
- reembolse as despesas (e faça os pagamentos combinados);
- apresente as despedidas e/ou informações sobre qualquer continuidade.

Tratamento dos dados e transcrição

O próximo passo é fazer cópias de todas as notas e arquivos de dados (as quais devem estar claramente rotuladas com data, horário, tempo de duração e natureza da sessão). Guarde as cópias em lugar separado dos originais. Se você estiver transcrevendo seus próprios dados (como é o caso, em geral), tente fazer isso o mais rápido possível após a sessão, enquanto ainda está fresco em sua mente. Programas de computação especializados em transcrições não são necessários, embora alguns desses programas estejam disponíveis (Audacity e Amadeus são populares e de uso relativamente simples).

A transcrição é realmente o primeiro estágio da análise dos dados, e uma transcrição cuidadosa e detalhada irá facilitar os próximos passos, embora o nível de detalhes preservados na transcrição seja dependente de sua questão de pesquisa e do tipo de análise de dados que você planeja utilizar (cf. discussão anterior). Note que qualquer que seja a ocasião em que apresente resumo de seus dados, você deverá anexar uma listagem com as chaves de transcrições, descrevendo as convenções de transcrição exatas que você usou. O Quadro 9.2 mostra uma chave de transcrição típica (simples), que cobre os extratos dos dados apresentados neste capítulo; uma chave de transcrição mais elaborada, do tipo usado em estudos analíticos de conversação, pode ser encontrada em Atkinson e Heritage (1984) (cf. tb. cap. 6).

QUADRO 9.2 CHAVE DE TRANSCRIÇÃO SIMPLES

Convenções de transcrição utilizadas para o extrato de dados neste capítulo:
- Sublinhado – ênfase
- Hífen no final da palavra – quebra abrupta da palavra
- Elipses (...) – quem falava diminuiu a voz
- Parênteses – usado quando quem faz a transcrição não tem certeza do que foi dito, mas é capaz de fazer uma suposição razoável, por exemplo (sobre).
- Colchetes – isola comentários feitos por quem faz a transcrição. Tais comentários incluem a impossibilidade de obter exatamente o que foi dito [inaudível] e sons que são de difícil transcrição, como [tch] e [gagueira], e também aspectos de interação dignos de nota, como [risadas], [pausa], [interrupção], [olha para Edith].

Qualquer que seja o tipo de transcrição assumido, o processo de transcrição será mais demorado do que você espera. Um transcritor experiente normalmente precisa de 3 a 4 horas para transcrever uma hora de discussão, para produzir uma simples transcrição ortográfica; um novato poderá demorar duas ou três vezes esse tempo. Uma transcrição adequada para análise de conversação normalmente demora algumas horas por *minuto* de discussão. (Por esse motivo, discussões completas raramente são transcritas dessa forma. Preferivelmente, são selecionados extratos relevantes de um fenômeno particular em estudo, para serem transcritos.) A transcrição de olhares fixos, gestuais e comportamentos corporais é ainda mais especializada, e exige um tempo ainda maior.

Os dados de grupos focais são ainda mais difíceis de transcrever do que aqueles de entrevistas pessoais, pois ocorrem sobreposições de vozes (embora o grau de exatidão com que você precisa transcrever esses eventos depende de isso ter sido colocado como uma característica de seu planejamento da análise). Faça cópia de reserva de suas transcrições, também, e as arquive separadamente dos originais, todas rotuladas adequadamente.

As transcrições são geralmente deixadas anônimas, para remover todos os nomes e outras características que potencialmente permitem a identificação dos participantes (a menos que os participantes especificamente desejem ser identificados). Se você obteve o consentimento para usar as gravações em áudio ou vídeo, deve considerar se e como deixá-las anônimas. Um simples "bip" sobre o som do nome pode ser suficiente, ou pode ser necessário desfocar a imagem dos rostos nos vídeos (algumas ferramentas para isso podem ser encontradas para *download* gratuitos). Ferramentas mais elaboradas para tornar os vídeos anônimos, envolvendo técnicas como animação, também estão disponíveis.

Análise

Você deve ter decidido bem antes deste estágio como irá analisar seus dados em relação à sua estrutura teórica de trabalho e sua pergunta da pesquisa específica (cf. anteriormente uma variedade de possibilidades). Aqui, apresentarei exemplos de duas formas contrastantes de análise de dados de grupos focais – análise de conteúdo e análise etnográfica[3] – novamente retiradas de meu projeto sobre câncer de mama.

Ambas as análises apresentadas a seguir estão ligadas com as possíveis "causas" do câncer de mama. A análise de conteúdo (conduzida segundo uma estrutura de trabalho essencialista – cf. anteriormente) se apoia na hipótese de que as pessoas têm (relativamente estáveis e resistentes) crenças ou opiniões sobre as causas do câncer de mama, e que estas podem ser seguramente inferidas, a partir da análise de o que elas dizem. O objetivo, portanto, é identificar crenças e opiniões dos participantes sobre as causas do câncer de mama. A análise etnográfica (conduzida dentro de uma estrutura de trabalho construtivista – cf. acima) se apoia na alegação de que as ideias das pessoas sobre as causas do câncer de mama são produzidas colaborativamente, em interações sociais entre pessoas, e que esta produção colaborativa pode ser observada, como elas realmente ocorrem, no curso da interação de um grupo focal. O objetivo, então, é identificar as maneiras pelas quais as pessoas constroem ativamente e negociam ideias sobre as causas do câncer de mama.

Análise de conteúdo

A análise de conteúdo é uma abordagem comumente empregada na análise de dados qualitativos, incluindo dados de grupos focais. Envolve a codificação de falas ilimitadas dos participantes em categorias fechadas, as quais sumarizam e sistematizam os dados. Essas categorias podem ser derivadas tanto a partir dos dados em si (talvez usando teoria básica – cf. cap. 4; i. é, conhecido como uma abordagem "ascendente") ou a partir de estrutura teórica anterior do pesquisador (i. é, conhecido como abordagem "descendente" e requer familiaridade prévia com a literatura sobre o tópico em investigação, a fim de derivar as categorias, como nos trabalhos exemplificados a seguir). O ponto-final da análise pode ser simplesmente ilustrar cada categoria por meio de citações representativas a partir dos dados, apresentados ainda numa tabela (cf. Quadro 9.3a); ou redigindo uma prosa consecutiva (p. ex., Fish & Wilkinson, 2000a,

---

3. Existem diferentes termos que podem ser utilizados para este tipo de análise, os quais procuram se aproximar da análise do discurso/psicologia discursiva (cf. cap. 7), análise de conversação (cf. cap. 6) e o campo sociológico da etnometodologia (p. ex., Garfinkel, 2002). Para clareza e consistência, escolhi seguir Morgan (1988: 64), usando aqui o termo "etnografia".

2000b). O Quadro 9.3a oferece um exemplo de uma análise de conteúdo baseada na transcrição de um grupo focal sobre câncer de mama com três participantes. Todas as conversas nesse grupo focal sobre as "causas" do câncer de mama foram sistematicamente categorizadas. As categorias (e subcategorias) derivam do estudo clássico de Mildred Blaxter (1983) sobre mulheres conversando sobre as causas da doença, com a adição de uma categoria "Outra". O Quadro 9.3a ilustra cada categoria usada pelos participantes com a citação representativa de suas conversas.

O procedimento para esta análise envolveu a preparação de uma lista das categorias usadas por Blaxter (p. ex., "Infecção", "Hereditariedade ou tendências familiares", "Agentes ambientais" etc.) e então trabalhar sistematicamente através do material transcrito procurando por exemplos em que os participantes referem uma possível causa para o câncer de mama que se encaixe em uma dessas categorias. Assim, por exemplo, quando uma delas disse: "Acho que não há história familiar", esta afirmativa foi colocada na categoria "Hereditariedade ou tendências familiares"; e quando outra disse: "Me disseram, uma vez, que o uso de panelas de alumínio pode causar câncer", esta afirmativa foi colocada na categoria "Agentes ambientais". Afirmativas que não se encaixavam nas 11 categorias de Blaxter foram colocadas na categoria de "Outra"). Os resultados dessa análise estão apresentados em uma tabela, na qual todas as falas do grupo focal relacionadas com causas estão distribuídas em 12 categorias, com as citações apresentadas conforme cada título, demonstrando a evidência para a existência daquela categoria no dado.

QUADRO 9.3A ANÁLISE DE CONTEÚDO – APRESENTADA QUALITATIVAMENTE

Crenças de mulheres sobre as causas de câncer de mama

1) *Infecção*
   Não discutido

2) *Hereditariedade ou tendências familiares*
   - Eu acho que não tenho história familiar

3) *Agentes ambientais*
   a) *"Venenos", condições de trabalho, clima* (cf. tb. Quadro 9.3b)
   - "Uma vez me disseram que o uso de panelas de alumínio causa câncer"
   - "Olhando anos e anos atrás, eu acho, todo mundo costumava [risos] se bronzear na praia, e agora, de repente, você fica com câncer com a luz do sol"
   - "Eu não sei (sobre) todos os produtos químicos que temos no que comemos e nem nas coisas, e como são cultivadas e tudo o mais"

b) *Medicamentos ou pílula anticoncepcional*
- "Eu acho que não to..., você sabe, obviamente eu tomei pílula quando jovem"

4) *Secundário a outras doenças*
Não discutido

5) *Estresse, pressão e preocupação*
Não discutido

6) *Causado pela gravidez, a menopausa*
- "Mamilos invertidos, dizem que é uma coisa com que se preocupar"
- "Até que eu cheguei ao ponto de realmente tentar amamentar eu não tinha percebido que tinha mamilos achatados e um deles era quase invertido ou algo assim, então tive muitos problemas para amamentar, e fiquei algumas semanas com uma bomba de peito tentando *humm* deixá-lo correto, e então ele conseguiu sugar meu seio, eu tive esse problema"
- "Durante anos, sempre, não saberia dizer se acontecia mensalmente ou alguma coisa assim, começou latejando essa secreção, nada que precisasse colocar um curativo ou algo assim, mas estava lá, vinha de algum lugar e era como uma suave crosta em cima"
- "Eu acho, não sei, se a idade em que você tem filhos faz diferença também, porque eu tive meu [pausa] filho de oito anos relativamente tarde, eu fui uma mãe idosa"
- Dizem que se você teve só um que você está mais provável a ter isso do que se você tem uma família grande"

7) *Secundário a trauma ou a cirurgia*
- "Algumas vezes ouvi que batidas podem provocar isso"
- "Então lembrei que eu tive uma pancada em meu peito com isso, *humm* [tch] você sabe, esses sacos de compras com uma coisa tipo barra de madeira, esses carrinhos grandes de mercado?"
- "Eu sempre pensei que pessoas indo ao hospital, mesmo para uma exploratória, isso pode ser totalmente errado, mas eu penso, bem o ar pega isso, me parece que não muito tempo depois antes eles [pausa] simplesmente descobriram que tem mais disso do que eles pensavam, você sabe, e eu sempre achei que se o ar entrando no seu interior é- [pausa] provoca, provoca [pausa] câncer de algum modo"

8) *Negligência, as restrições de pobreza*
Não discutido

9) *Suscetibilidade inerente, individual e não hereditária*
Não discutido

10) *Comportamento, responsabilidade própria*
- "Sempre me disseram que se você come tomates e ameixas na mesma refeição que-"

11) *Envelhecimento, degeneração natural*
Não discutido

12) *Outros*
- "Ele disse a seus enfermeiros em suas palestras que todo mundo tem um câncer, e [pausa] é o caso de se ele permanece dormente
- "Eu não penso que pode ser uma causa, pode? Deve ser multi, multifatorial"

> **QUADRO 9.3B ANÁLISE DE CONTEÚDO – APRESENTADA QUANTITATIVAMENTE**
>
> **Crenças de mulheres sobre as causas de câncer de mama**
>
> 1) *Infecção*: 0 ocorrências
>
> 2) *Hereditariedade ou tendências familiares*: 2 ocorrências
>   - história familiar (x2)
>
> 3) *Agentes ambientais*
>   a) *"Venenos", condições de trabalho, clima:* 3 ocorrências
>   - panelas de alumínio; exposição ao sol; químicas na comida
>   b) *Medicamentos ou pílula anticoncepcional*: 1 ocorrência
>   - tomar pílula anticoncepcional
>
> 4) *Secundário a outras doenças*: 0 ocorrências
>
> 5) *Estresse, pressão e preocupação*: 0 ocorrências
>
> 6) *Causado pela gravidez, a menopausa*: 22 ocorrências
>   - não amamentação; gravidez tardia (3x); ter um filho só; ser solteira/não ter filhos; hormonal; problemas no aleitamento – não especificados (4x); mamilos achatados (2x); mamilos invertidos (7x); secreção no mamilo (2x)
>
> 7) *Secundário a trauma ou a cirurgia*: 9 ocorrências
>   - pancadas (4x); ferimentos não especificados; ar entrando no corpo (4x)
>
> 8) *Negligência, as restrições de pobreza*: 0 ocorrências
>
> 9) *Suscetibilidade inerente, individual e não hereditária*: 0 ocorrências
>
> 10) *Comportamento, responsabilidade própria*: 1 ocorrência
>   - combinar alimentos específicos
>
> 11) *Envelhecimento, degeneração natural*: 0 ocorrência
>
> 12) *Outros*: 5 ocorrências
>   - "diversas coisas"; "muitas"; "multifatorial"; todo mundo tem um câncer "dormente"; "qualquer coisa" pode acordar um câncer dormente

Uma vantagem particular da análise de conteúdo (para alguns pesquisadores) é que ela também permite a conversão dos dados qualitativos em uma forma quantitativa. Isto é feito por meio da contagem do número de respostas encontradas em cada categoria (i. é, sua frequência ou "popularidade"), resumindo-se em seguida o número (ou percentagem) de respostas em cada categoria, frequentemente na forma de tabelas. O Quadro 9.3b ilustra isso. Ele está baseado nos mesmos dados e nas mesmas categorias do Quadro 9.3a, mas os resultados da análise de conteúdo estão apresentados quantitativamente, em lugar de qualitativamente. O

Quadro 9.3b registra a frequência com que cada "causa" encontrada em cada categoria é mencionada.

O procedimento para esta análise foi exatamente o mesmo que aquele descrito anteriormente para as análises qualitativas de conteúdo, com a adição de um passo extra: isto é, a contagem do número de ocorrências de falas que foram encontradas em cada categoria. Os resultados desta análise estão apresentados em uma tabela, na qual apenas o *número* de ocorrências em cada categoria – derivado do "passo extra" da contagem – é mostrado. Isto dá ao leitor uma forma rápida para examinar a frequência com que cada uma das causas é mencionada. (É fácil ver, p. ex., que as respostas que se encaixaram na categoria "Causado por gravidez, a menopausa" são as mais frequentes.)

As principais vantagens em se realizar uma análise de conteúdo desses dados, são, pois, fornecer resumo útil sobre as crenças das mulheres sobre as causas do câncer de mama, e oferecer uma visão geral da amplitude e diversidade das suas ideias. Também oferece uma comparação fácil com outros estudos realizados com estrutura de trabalho similar. Se a possibilidade de quantificação é implementada, a análise de conteúdo oferece ainda uma ideia da significância relativa que as mulheres atribuem a cada causa (se, como na análise de Blaxter (1983), a frequência mencionada for comparada com a percepção de importância). As principais desvantagens são que uma grande quantidade de detalhes é perdida; pode ser difícil selecionar citações que sejam tanto representativas das categorias quanto persuasivas ao leitor (falas "naturalísticas" não aparecem em frases de efeito!); e, particularmente nas versões quantificadas, se perde o sentido da participação individual e – especialmente – a interação entre os participantes, o que é tão distintivo nos dados do grupo focal. (É possível preservar isso fazendo uma "varredura" nos dados para coletar aspectos do fenômeno de interação e construindo um "mapa" que seja juntado de algum modo na análise de conteúdo.)

Há ainda diversos outros problemas associados à análise de conteúdo. Por exemplo, a análise acima classificou, como equivalentes, categorias em que mulheres disseram que sim, se *aplicam* a elas (p. ex., "sim, tomei pílula anticoncepcional na juventude") e outras em que disseram que *não se aplicam* (p. ex., "não há casos destes na história familiar"). Também categorizou, como equivalentes, declarações em que as mulheres falaram de suas próprias crenças ou opiniões (p. ex., "Eu sempre achei que...", "Deve ser...") e outras afirmativas atribuídas a outros (p. ex., "Uma vez me disseram...", "Ele me disse...", "Dizem que..."). Finalmente, ela é incapaz de lidar com inconsistências ao expressar crenças ou aparentes mudanças de opinião durante o desenrolar do grupo focal, pois cada menção de uma causa é tratada como uma ocorrência isolada, extraída do contexto. Esses aparentes "problemas da codificação" são questões epistemológicas surgidas de esquemas de trabalho nos quais esse tipo de análise é realizada. Assim, eles são chaves para o que pode (e não pode) ser dito sobre os dados (cf. Wilkinson, 2000b, para uma discussão mais extensa). Esse ponto ficará mais claro ao nos movermos para um segundo exemplo de análise de grupo focal, extraindo novamente alguns dos meus dados sobre câncer de mama.

Análise etnográfica

O resumo de dados nos quais a segunda análise se baseia é mostrado no Quadro 9.4 (note que esta é uma transcrição ortográfica simples de uma pequena parte de um grupo focal). São três participantes neste grupo focal, além de mim mesma como pesquisadora/moderadora. Doris e Fiona são ambas proprietárias de bares (*pub*) (embora Doris tenha se aposentado recentemente). Elas chegaram cedo para a sessão, se encontraram pela primeira vez, e, enquanto esperavam a chegada dos demais participantes, descobriram que tinham a mesma ocupação. Durante esse período de conversa pré-grupo-focal, desenvolveram uma teoria sobre a possibilidade de haver alguma relação de causa entre seus trabalhos e o câncer de mama. Especificamente, Doris e Fiona construíram juntas a explicação de que a "pressão de extração" (o ato de retirar a cerveja do barril por meio de uma bomba manual, o que é uma atividade bastante extenuante) foi responsável. Imediatamente antes dos fatos que resumo e apresento aqui, eu perguntei às participantes do grupo se tinham alguma ideia sobre o que poderia ter causado seu câncer de mama.

Doris e Fiona responderam minha questão apresentando a recente teoria conjunta delas para o grupo; note que elas simplesmente continuaram como se todos tivessem estado presentes à sua conversação anterior, não fazendo concessão à chegada atrasada de Edith – o que me fez, como moderadora do grupo, "introduzir" Edith ao que tinha acontecido anteriormente. Edith, contudo, rapidamente entendeu (pedindo um esclarecimento – "É do lado onde...?" – o que eu, como pesquisadora, não tinha pensado em perguntar). Doris e Fiona responderam à questão de Edith com suas próprias experiências: Fiona às vezes completava a sentença de Doris, expondo a teoria delas. Fiona então apresentou informações adicionais: ela tinha duas amigas que também tinham bares semelhantes, e *as duas* tiveram câncer do mesmo lado em que tiravam a cerveja. Isto fortaleceu ainda mais a teoria delas: com a evidência de *quatro* donas de bar todas com câncer de mama do mesmo lado em que tiravam cerveja, quem poderia duvidar que essa "pressão" seja um fator de contribuição? Contudo, Doris então apresentou um fator alternativo ou contribuinte adicional para câncer de mama em donas desses bares: "a atmosfera de fumaça nos bares".

Neste ponto, várias possibilidades estão abertas para Fiona: ela pode *rejeitar* totalmente esta informação nova, em favor da teoria da "pressão" (neste caso, ela vai precisar defender a "pressão" como competidor mais forte, talvez oferecendo mais evidências para apoiar a "pressão" ou refutar a teoria da "fumaça na atmosfera"); ela pode elaborar a teoria da "pressão" incorporando a "atmosfera com fumaça" como uma possível causa *adicional*; ela pode se engajar com a nova informação e oferecer uma possível teoria *alternativa* (talvez explorando os parâmetros e implicações de uma "atmosfera com fumaça", ou desafiar Doris a mostrar exemplos ou evidências adicionais de seus efeitos); ou ela pode simplesmente aceitar a "atmosfera com fumaça" como uma explicação melhor para o câncer de mama. No caso, sua resposta hesitante e qualificada ("Bem, eu, eu não sei, não tenho tanta certeza sobre isso") sugere discordância (ou, pelo menos, dúvida).

A aparente discordância de Fiona deixou Doris a postos para defender evidências sobre a teoria da "fumaça na atmosfera", na forma de um recente documentário retratando uma celebridade com câncer. Fiona também tinha visto o documentário, e, em sua resposta para Doris, vimos o possível início de uma mudança em suas visões (ou, pelo menos, uma disposição em se envolverem seriamente com a teoria da "atmosfera com fumaça"): ela reconhece – e chama (como "fumante passivo") – o fenômeno que Doris havia identificado. Doris aceita esse rótulo e continua a relacionar isso ao caso da celebridade da TV.

> **QUADRO 9.4 EXTRATO DE DADOS PARA ANÁLISE ETNOGRÁFICA**
>
> No extrato de dados seguinte, duas donas de bar (Doris e Fiona) consideram a possível influência de suas profissões como "causadoras" de seu câncer de mama (outras participantes do grupo focal [Edith] e a pesquisadora/moderadora [SW] também contribuem com a discussão.
>
> Doris: Bem, eu *humm*, como você
>
> Edith: [Interrompendo] Não tenho na família
>
> Doris: [Voltando-se para Fiona] Como você eu me pergunto se foi com a "pressão", você sabe
>
> Fiona: Sim
>
> SW: [voltando-se para Edith] Elas duas estiveram conversando sobre trabalharem no bar e se isso contribuiu
>
> Edith: Bem, é isso, oh [não claro]
>
> Fiona: Sim, você sabe, sim
>
> Edith: É do lado onde [não claro]
>
> Doris: O meu é do lado onde [não claro]
>
> Fiona: Onde você faz pressão
>
> Doris: Sim
>
> Fiona: E o meu é do mesmo lado, e eu tive duas amigas que são donas de bar no sul
>
> Doris: E então
>
> Fiona: E elas são irmãs e ambas tiveram câncer de mama, as duas no mesmo lado em que tiram a cerveja
>
> Doris: E ainda tem a atmosfera do cigarro no [gaguejando] bar
>
> Fiona: Bem, eu, eu não sei, não tenho tanta certeza sobre isso
>
> Doris: Bem, eu penso que me inclino um pouco para isso, como ele chama? O artista, Roy Castle
>
> Fiona: Oh Roy Castle, sim, fumante passivo
>
> Doris: Mm *humm*, ele disse que pegou o seu por ficar na fumaça, salas cheias de fumantes

Esta análise etnográfica ilustra a produção colaborativa e negociação de ideias sobre as causas do câncer de mama. Destaco com isso o processo de construção de noções de causas pela interação social em andamento, o que é epistemologicamente bastante diferente de uma abordagem de conteúdo analítico que vê as ideias sobre causas como "cognições" internas. Vale a pena ressaltar que, embora a análise etnográfica tenha afinidade com métodos narrativos (cf. cap. 5), a partir de uma perspectiva etnológica, uma história narrada – ou outra contribuição para a discussão – nunca é apenas algo isolado. Melhor, é uma forma de ação social, produzida para um propósito específico (como divertir, informar ou explicar) dentro do contexto interacional particular de uma discussão particular do grupo focal.

É difícil de especificar o procedimento exato para se realizar uma análise etnográfica como esta anterior. Depende de o pesquisador ter certa familiaridade com abordagens de análises de conversação e de discurso (cf. cap. 6 e 7), assim ele pode antes "destacar" algum fenômeno de interesse, e então iniciar um exame detalhado sobre como isso acontece na interação entre participantes, conforme o grupo focal progride. Assim, a análise apresentada aqui depende de que se note que as participantes estão explorando juntas e desenvolvendo uma teoria sobre uma possível causa do câncer de mama (pelo menos nas donas de bares). Isso então envolve trabalhar sobre a interação entre os participantes, passo a passo, considerando o que ocasionou cada declaração específica (p. ex., foi talvez uma confirmação de algo que aconteceu antes, ou talvez um questionamento a isso?) e como cada declaração contribui para a evolução de discussão (p. ex., talvez ofereça mais confirmações da teoria, ou talvez desfaça um questionamento a ela?). Desse modo, o pesquisador constrói uma detalhada imagem de como, exatamente, essas pessoas particulares, nesse contexto particular, desenvolvem sua teoria sobre uma possível causa de câncer de mama. A análise específica pode ainda permitir ao pesquisador fazer algumas sugestões mais gerais (e potencialmente testáveis) sobre a maneira como as pessoas desenvolvem, desafiam e defendem esses tipos de teorias.

As principais vantagens em realizar análises etnográficas dos dados de grupo focal, como essas, então, são o fato de que elas podem considerar a totalidade dos possíveis contextos sociais nos quais são feitas as afirmações sobre o tema; elas não tratam tais afirmações como fato isolado, estático ou não contingente; e preservam tanto a percepção do participante individual quanto – particularmente – os detalhes da interação entre eles, o que neste caso se tornou um interesse analítico central.

Se estiverem disponíveis dados em vídeo (melhores que em áudio), torna-se realmente possível fazer uma ampla análise da dinâmica do grupo em que conversações particulares acontecem. As bastante diferentes estruturas de trabalho epistemológicas de análises etnográficas também consideram os vários "problemas de codificação" identificados em relação à análise de conteúdo (p. ex., a inconsistência e variabilidade de eventos) – cf. Wilkinson (2000b) para uma discussão mais extensa.

As principais desvantagens da análise etnográfica são que ela não permite facilmente tanto uma visão geral resumida de um conjunto grande de dados como enfocar com detalhes a vida os indivíduos fora do contexto do grupo focal (para isso, cf. cap. 3 e 5 sobre pesquisa fenomenológica e de narrativa). Nesta forma, somente uma pequena amostra dos dados pode ser analisada em detalhes, e as preocupações tradicionais sobre representatividade, generalização, confiabilidade e validade (frequentemente ligadas à pesquisa quantitativa) podem ser difíceis de serem levadas em conta (mas cf. cap. 12 para maneiras nas quais pesquisadores qualitativos têm reconceituado essas preocupações tradicionais).

Escrita

A redação final da pesquisa do grupo focal não é – na maioria dos aspectos – muito diferente da redação de pesquisas qualitativas em geral. Após uma introdução à área do tópico, que inclua uma revisão dos estudos-chave, a sessão de métodos de uma boa apresentação de um estudo de grupo focal deve incluir: planejamento, ética, participantes, materiais e procedimentos para coleta de dados, e método para análise dos dados. Em seguida, uma sessão de resultados em que se apresentam as principais constatações da pesquisa, e depois uma discussão delas, relacionando-as com a literatura.

O formato da sessão "resultados" irá depender do tipo de análise realizada. O exemplo trabalhado anteriormente mostra o tipo de tabelas que devem ser produzidas para relatar os resultados de uma análise de conteúdo (tanto qualitativamente quanto quantitativamente) e o tipo de transcrição de extrato a partir de um grupo focal que pode ser empregado para dar suporte a uma análise etnográfica. Exemplos de como relatar uma análise temática (de dados de grupo focal ou de entrevista) podem ser vistas no capítulo 10.

Se você ilustrar suas constatações usando citações de participantes do grupo focal, o item-chave a ser lembrado é que essas citações devem combinar com as categorias propostas (numa análise de conteúdo) ou ilustrar os temas que você propôs (numa análise temática). As citações constituem as *evidências* que dão suporte às suas constatações (seu sistema de categorias ou seus temas principais).

Vale também relembrar que a *interação* entre os participantes é a característica principal da pesquisa com grupo focal, e que, idealmente, você deve selecionar citações que reflitam isso, e – pelo menos ao fazer um projeto etnográfico – analisar a própria interação (tanto quanto o conteúdo das conversas das pessoas).

Conclusão

Espero que esse guia prático para pesquisa com grupos focais apresentado aqui não pareça muito intimidativo. Este tipo de pesquisa demanda planejamento e organização muito cuidadosa (e, com frequência, também prática considerável em desenvolvimento analítico), mas em minha experiência é também imensamente recompensadora, tanto para o pesquisador como para os participantes.

Também espero ter ilustrado através do exemplo de trabalho com minha pesquisa sobre câncer de mama que não há uma forma canônica – ou mesmo preferencial – para analisar os dados do grupo focal. Mais do que isso, esses dados podem ser analisados de numerosas (e bastante diferentes) formas, cada uma delas com custos e benefícios específicos. O método particular escolhido depende primeiramente de sua estrutura de trabalho teórica e do tipo da questão de pesquisa que você espera tratar.

O Quadro 9.5 apresenta mais três exemplos ilustrativos de pesquisa com grupos focais em ação.

QUADRO 9.5 TRÊS BONS EXEMPLOS DE PESQUISAS COM GRUPOS FOCAIS

Enfocando sexo

Esses três exemplos ilustram a validade dos grupos focais para explorar tópicos "sensíveis" e facilitar a autorrevelação.

Recusa sexual

O'Byrne, Rapley e Hansen (2006) é uma contribuição importante para a literatura sobre o assim chamado "estupro". Trata de dois grupos focais com jovens estudantes masculinos heterossexuais para explorar seus entendimentos sobre a recusa sexual. Os autores demonstram que esses rapazes entendem perfeitamente bem a recusa de jovens mulheres de terem relações sexuais com eles, mesmo quando tais recusas não contêm explicitamente a palavra "não", ou quando elas são expressas de modo não verbal, apenas através de "linguagem corporal". Isto ilustra bem uma análise "etnográfica" de dados de grupo focal, conduzida sobre psicologia discursiva.

Continua

Continuação

Álcool e sexualidade

Livingston et al. (2013) usaram 15 grupos focais para explorar o entendimento de mulheres jovens sobre a relação entre o uso de álcool e o comportamento sexual de heterossexuais. As participantes reconheceram tanto as vantagens como riscos da combinação de álcool e sexo: desvantagens incluíram a probabilidade crescente de arrependimento e coerção pela capacidade de julgamento prejudicada. O artigo é concluído com uma discussão sobre implicações da educação e prevenção.

Assédio sexual

Um estudo canadense (Welsh et al., 2006) é um bom exemplo do emprego do grupo focal para pesquisar a visão de grupos socialmente excluídos e geralmente de difícil acesso: aqui, entre outros, trabalhadoras domésticas filipinas e mulheres afro-canadenses. O grupo focal ofereceu um contexto seguro como suporte para a exploração de definições de assédio. O estudo revelou que, para essas mulheres, o isolamento devido à perda de cidadania e o assédio racial são fatores centrais em suas experiências de assédio, o que pode ser experenciado como sexual ou não.

Leituras adicionais

Wilkinson, S. (1998). "Focus group methodology: A review". *International Journal of Social Research Methodology*, 1: 181-203.

Boa síntese introdutória ao método e às diversas maneiras pelas quais tem sido usado em vários contextos disciplinares.

Barbour, R. & Kitzinger, J. (org.) (1999). *Developing Focus Group Research* – Politics, Theory and Practice. Londres: Sage.

Uma muito boa coletânea, com grande quantidade de exemplos.

Krueger, R.A. & Casey, M.A. (2009). *Focus Groups*: A Practical Guide for Applied Research. 4. ed. Newbury Park, CA: Sage.

Uma das melhores introduções sobre como fazer pesquisas com grupos focais; muito prática.

Hennink, M.M. (2014). *Focus Group Discussions*. Nova York: Oxford University Press.

Outra útil e moderna introdução sobre a prática da pesquisa com grupos focais.

Wilkinson, S. (2000). "Women with breast cancer talking causes: Comparing content, biographical and discursive analyses". *Feminism & Psychology*, 10: 431-460.

Útil para mais exemplos de diferentes tipos de análise de dados, e discussões de suas implicações.

Wilkinson, S. (2006). "Analysing interaction in focus groups". In: P. Drew, G. Raymond & D. Weinberg (ed.). *Talk and Interaction in Social Research Methods*. Londres: Sage, pp. 50-62.

Reúnem alguns (poucos) exemplos de pesquisas com grupos focais para analisar interação, e oferecer exemplos mais sustentáveis dela.

10 Análise temática

Victoria Clarke
Virginia Braun
Nikki Hayfield

Este capítulo apresenta uma introdução à análise temática [*thematic analysis*; sigla em inglês, TA]. Destacamos as características distintivas da TA, incluindo sua flexibilidade e *status* como uma técnica que pode ser utilizada em ampla variedade de abordagens na pesquisa qualitativa. Apresentamos então uma descrição detalhada de como realizar uma TA, usando a abordagem de seis fases para codificação e desenvolvimento do tema, de Virginia Braum e Victoria Clarke (Braun & Clarke, 2006), ilustrada com exemplos de trabalhos realizados por Nikki Hayfield, em pesquisa com entrevistas sobre identidade (visual) de mulheres bissexuais. Este estudo foi publicado em dois artigos – um deles focalizando identidade bissexual e marginalização (Hayfield, Clarke & Halliwell, 2014) e outro com foco na aparência (Hayfield et al., 2013), e aqui usamos exemplos de ambos os artigos. Concluímos com um guia adicional sobre como completar, com êxito e alta qualidade, uma TA com dados qualitativos.

História e background *teórico*

Desde que o termo apareceu, há cerca de 40 anos atrás, "análise temática" tem tido diferentes significados. Tanto como referência ao método para análise de conceitos que dão suporte à produção de conhecimento científico (Holton, 1973), e uma medida quantitativa de complexidade cognitiva (Winter & McClelland, 1978), o termo tem descrito uma grande variedade de métodos para análise de dados qualitativos. Tem ainda sido intercambiado com termos como "análise de conteúdo" para denominar tudo o que é proveniente de métodos empregados para a quantificação de dados qualitativos (Woodrum, 1984), até formas mais interpretativas de análises baseadas na identificação de temas recorrentes ou padronização de dados (Baxter, 1991; Dapkus, 1985). Além disso, inúmeros artigos qualitativos fazem referências a uma "seção para organização dos dados em temas recorrentes" (Kitzinger & Wilmott, 2002: 330), ou simplesmente afirmam os "temas que *emergem* a partir dos dados" – com frequência, sem qualquer discussão sobre os procedimentos analíticos exatos empregados, nem referências à bibliografia metodológica. Assim, tem havido confusão sobre o que é a TA e se de fato *é* uma abordagem particular, e considerável variação de opiniões sobre como deve ser realizada.

Felizmente, a situação se modificou consideravelmente na última década, e a TA se tornou um método amplamente utilizado e reconhecido em psicologia e nas ciências sociais e de saúde.

A abordagem mais comumente utilizada da TA – aquela destacada por Virginia e Victoria (Braun & Clarke, 2006, 2012, 2013) – permite uma abordagem acessível, sistemática e rigorosa, para a codificação e desenvolvimento do tema (Howitt, 2010). Esta é a abordagem que temos em foco neste capítulo. Há, porém, duas outras abordagens da TA que foram desenvolvidas, e iremos resumidamente destacar as diferenças entre elas, devido à sua importância.

Nossa abordagem pode ser descrita como uma abordagem "Big Q" da TA. Big Q se refere a pesquisas qualitativas conduzidas com um *paradigma* qualitativo (Kidder & Fine, 1987a). A abordagem Big Q a pesquisas qualitativas compartilha uma rejeição da possibilidade de descoberta de significados universais, pois o significado é entendido como sempre estando ligado ao contexto no qual é produzido. A abordagem Big Q também enfatiza a ação ativa do pesquisador no processo de pesquisa, e a importância de aceitar-se a subjetividade do pesquisador; mais do que ver isso como um "problema" a ser manejado (Braun & Clarke, 2013). Nossa abordagem à TA é Big Q porque defendemos o uso de uma abordagem orgânica à codificação e desenvolvimento do tema, uma vez que esta é formatada por um único ponto de vista do pesquisador, e este é fluido, flexível, e responsivo à evolução do engajamento do pesquisador com seus dados.

Em contraste, pesquisas qualitativas de "pequeno q" ["small q"] utilizam técnicas qualitativas em um paradigma (pós)positivista (Kidder & Fine, 1987a). As motivações-chave para a aplicação de abordagem "pequeno q" em TA incluem o objetivo de tornar os métodos qualitativos aceitáveis aos pesquisadores quantitativos, e a tentativa de "atenuar as diferenças" entre abordagens qualitativas e quantitativas (Boyatzis, 1998). A TA "pequeno q" liga-se a concepções quantitativas de confiabilidade; autores defendem o uso de um (predeterminado e permanente) "livro de códigos", ou tabela de códigos (p. ex., Boyatzis, 1998; Guest, MacQueen & Namey, 2012; Joffe, 2011), os quais são *ajustados* aos dados (a tabela de códigos é normalmente desenvolvida após a familiarização com os dados). O emprego da tabela de códigos facilita o uso de múltiplos codificadores independentes, o que permite o cálculo de pontuações confiáveis intercódigos ou interíndices. Estas pontuações permitem uma medida quantitativa da "precisão" do código, oferecendo segurança na confiabilidade da análise (se o índice kappa calculado for > 0,80). A partir da perspectiva Big Q, a noção de que codificação pode ser mais ou menos "precisa" é problemática. Isto parece se apoiar na ideia de que a análise está *nos* dados, esperando para ser encontrada (cf. a seguir), e que se dois ou mais pesquisadores concordam sobre o código, isto de certo modo é "melhor". A partir de nossa perspectiva Big Q, uma "boa" confiabilidade de pontuação interíndices apenas mostra que os pesquisadores foram treinados para aplicar a tabela de códigos de forma semelhante, não que o código é "confiável" ou "exato" (Braun & Clarke, 2013). Esta ênfase na TA "pequeno q" necessariamente limita sua alegada flexibilidade teórica (Boyatzis, 1998; Guest et al., 2012; Joffe, 2011).

Nossa abordagem Big Q da TA *é* flexível teoricamente, e um dos elementos-chave que a distingue de várias outras abordagens qualitativas é que: o método é melhor que a metodologia. O que queremos significar com isso? Uma *metodologia* se refere a um modo de trabalho formatado teoricamente para a pesquisa; e abordagens qualitativas, como análise fenomenológica interpretativa (IPA), teoria fundamentada em dados, análise do discurso e análise de conversação são metodologias, mais do que métodos. Metodologias são como pacotes de férias – você seleciona um conjunto de programas, não uma atividade individual ou um elemento do pacote. Ao lado das diretrizes para a análise dos dados, metodologias como IPA e análise do discurso são apresentadas completas, com guias teóricos de hipóteses e recomendações ou orientações para tipos particulares de questões de pesquisas, e métodos idealizados para coleta de dados.

QUADRO 10.1 DEFINIÇÕES DE TA REALISTA, REALISTA CRÍTICA E RELATIVISTA

Tipo	Definição	Exemplo de estudo
Realista/essencialista	A realidade está "fora dali", ausente, e pode ser descoberta através do processo de pesquisa; declarações das pessoas permitem acesso direto à realidade.	Rance et al. (2014) e seu estudo de mulheres com anorexia, em que se assume que a anorexia é uma condição real.
Realista crítica/ contextualista	A realidade está "fora dali", ausente, mas o acesso a ela é sempre mediado por significados socioculturais, e, no caso de análises qualitativas, aos recursos interpretativos dos participantes e dos pesquisadores (assim, o acesso *direto* à realidade nunca é possível). As palavras das pessoas proporcionam acesso às suas visões *particulares* da realidade; pesquisadores produzem interpretações desta realidade.	Estudo de Hayfield et al. (2014) relata marginalização de mulheres bissexuais a partir das perspectivas de mulheres bissexuais, mas também deposita suas experiências num amplo contexto interpretativo em que a sexualidade como norma é entendida em termos dicotômicos "e/ou".
Relativista/ construtivista	Não há realidade externa possível de ser descoberta pelo processo de pesquisa. Em vez disso, versões da realidade são criadas na e durante a pesquisa. O pesquisador não consegue olhar através das palavras das pessoas para encontrar evidências da realidade psicológica ou social escondidas atrás delas. Mais do que isso, as palavras se tornam o foco da pesquisa, e o pesquisador interpreta como essas palavras produzem realidades particulares.	Estudo de Braun (2008) explora a estrutura explicativa que descreve as pessoas atendidas pela estatística sobre saúde sexual na Nova Zelândia. Conduzindo uma abordagem construtivista, trata seus dados como refletindo e reforçando uma certa realidade que deve ser levada em conta para que a promoção de saúde sexual seja bem-sucedida.

Em contraste, a TA oferece um *método* – um conjunto de *ferramentas* independentes teoricamente, para análise de dados qualitativos. Isso significa que realizar TA é como planejar suas próprias férias: você escolhe quais voos pegar, onde ficar e como passear. Quando você usa TA, deve decidir quais hipóteses teóricas guiarão sua pesquisa, qual será sua questão a ser pesquisada, que tipo ou tipos de dados serão coletados e como precisamente você irá executar a TA.

Metodologias analíticas qualitativas com frequência têm aspectos individuais que as separam de outras abordagens e as tornam idealmente adequadas para tipos *particulares* de pesquisas qualitativas. Em teoria fundamentada nos dados, por exemplo, é a teoria do desenvolvimento (Birks & Mills, 2011); em IPA, é a *ideografia* (Smith, Flowers & Larkin, 2009). Definir a TA como método significa destacar sua flexibilidade – e você pode fazer isso de muitas formas, guiado por diferentes estruturas de trabalho. A TA pode ser usada para orientar a maior parte dos tipos de questões da pesquisa (cf. Quadro 10.2 a seguir) e para analisar a maioria dos tipos de dados qualitativos, tudo que vier a partir de entrevistas (p. ex., Hayfield & Clarke, 2012) e grupos focais (p. ex., Braun, 2008), a pesquisas qualitativas (p. ex., Moller, Timms & Alilovic, 2009), diários (p. ex., Malinen, Rönkä & Sevón, 2010), nas tarefas de conclusão de histórias (p. ex., Whitty, 2005) e fontes secundárias como artigos de jornal e documentos oficiais (p. ex., Ellis & Kitzinger, 2002). A TA pode ser desenvolvida em uma ampla gama de estruturas de trabalhos teóricos. Podem ser realistas/essencialistas (p. ex., Malik & Coulson, 2008), realistas/contextualistas críticos (p. ex., Hayfield et al., 2014), ou relativistas/construtivistas (p. ex., Braun, 2008) (cf. Quadro 10.1 para mais detalhes). Assim, a independência teórica não torna a TA *não teórica* (como muitas vezes se imagina) ou um método implícito realista/essencialista (outra frequente suposição).

A TA pode ainda tomar uma série de formas diferentes:
- *TA indutiva* se refere a análises primariamente apoiadas nos dados, preferencialmente a teorias e conceitos existentes. Embora indução pura não seja possível na maioria das formas de pesquisa qualitativa – as análises são sempre formatadas pelas hipóteses teóricas do pesquisador, os conhecimentos disciplinares, treinamentos em pesquisas, experiências em pesquisas anteriores, e pontos de vista

pessoais e políticos – a TA indutiva tem por objetivo se aproximar o máximo possível dos significados dos dados.

• *TA dedutiva*, ao contrário, observa os dados através de lentes teóricas, e assim conceitos teóricos existentes formatam a codificação e desenvolvimento do tema, e a análise se move para além dos significados óbvios dos dados. Por exemplo, em nossa área de pesquisa – estudos de sexualidade crítica – um conceito amplamente utilizado tem sido a noção de um "discurso do sexo masculino". Introduzido pela psicóloga feminista Wendy Hollway (1984) para capturar as diversas formas ao redor da sexualidade masculina, foi com frequência apoiada na hipótese de que o homem quer sexo "a qualquer hora, em todo lugar e qualquer lugar" (Farvid & Braun, 2006); este conceito tem provido pesquisadores com um quadro interpretativo que tem guiado os analistas e interpretações de seus dados (p. ex., Farvid & Braun, 2006; Gilfoyle, Wilson & Brown, 1992; Hayfield & Clarke, 2012).

• *TA semântica* enfoca o significado aparente dos dados, as coisas que estão *explicitamente colocadas*. Uma forma de pensar sobre a noção de significados semânticos (em pesquisas envolvendo participantes) é como os participantes comunicam os significados explícitos aos pesquisadores: as ideias óbvias e conceitos nos dados. Ao codificar e analisar semanticamente, o pesquisador procura permanecer próximo aos significados dos participantes, enquanto se mantém atento a que estes são sempre vistos através das lentes interpretativas particulares *deles* (Smith et al., 2009).

• *TA latente* enfoca os significados que estão abaixo da superfície dos dados – hipóteses, estruturas ou visões de mundo que dão sustentação aos significados semânticos. Assim, significados latentes podem ser avaliados como aqueles que os participantes não explicitaram com atenção ou explicitamente comunicaram; são significados que se tornam aparentes a partir do ponto de observação do pesquisador. A análise do significado latente requer trabalho interpretativo maior da parte do pesquisador, incluindo questões como: "Que suposições são requeridas para as coisas fazerem sentido *nesta* maneira?"

• *TA descritiva* se refere a análises que têm por objetivo primário resumir e descrever significados padronizados nos dados.

- *TA interpretativa* vai além da descrição, para decifrar o significado (mais profundo) dos dados e interpretar sua importância.

Esta variabilidade na aplicação de TA significa que ela pode abranger desde análise descritiva relativamente direta, aspectos-chave nos dados, até leituras mais complexas, conceituais, dos dados, que considerem as implicações teóricas da análise. Contudo, não é que as versões latente e interpretativa da TA sejam necessariamente "melhores". A TA que é primariamente semântica e descritiva pode ser altamente sofisticada, e trazer importantes contribuições teóricas ou práticas. Por exemplo, a TA amplamente semântica e descritiva de Rance, Clarke e Moller (2014) sobre a pesquisa em entrevistas de mulheres com história de restrição em sua ingestão de alimentos (cf. como exemplo o estudo no final deste capítulo) tem implicações teóricas importantes para o entendimento da anorexia.

Não importa que, enquanto muitas combinações dessas formas sejam possíveis, comumente elas são agrupadas juntamente em uma ou duas "versões" de TA: (1) abordagem realista/essencialista, indutiva, semântica e descritiva; e (2) abordagem relativista/construtivista, dedutiva, latente e interpretativa.

Formulando uma questão da pesquisa e planejando um estudo

Devido à flexibilidade da TA, o pesquisador tem uma óbvia participação *ativa* nas ações para planejamento de seu estudo de análise temática: selecionar a(s) estrutura(s) teórica(s), as questões da pesquisa, método(s) de coleta dos dados e amostragem, e ainda determinar como exatamente a TA será utilizada, criando uma abrangente composição para o projeto. Isso é um importante princípio para o planejamento de pesquisas qualitativas (Willig, 2001) e proporciona uma âncora no mar de possibilidades que é a pesquisa qualitativa. Completando esta composição, todos os diferentes elementos do projeto de pesquisa devem ser conceitualmente compatíveis. O estudo de Nikki, que discutiremos em profundidade em seguida, foi guiado tanto por um compromisso político, para "dar voz" a mulheres bissexuais, como por um interesse acadêmico em como mulheres bissexuais fazem sentido de suas identidades visuais. Uma abordagem experimental ampla à TA (cf. a seguir), sustentada por uma ontologia realista crítica (Ussher, 1999) e epistemologia contextualista (Madill, Jordan & Shirley, 2000), foi a mais apropriada, como foi a coleta de narrativas individuais detalhadas através de entrevistas qualitativas. Uma abordagem semântica e indutiva para codificação e análise indica que Nikki esteve próxima dos, e pôde "dar voz", aos significados das mulheres.

QUADRO 10.2 EXEMPLOS DE QUESTÕES DE PESQUISA ADEQUADAS PARA ESTUDOS TA

Amplos tipos de pesquisa	Perguntas sobre...	Exemplos de estudos	Amplas abordagens TA em exemplos de estudos
Pesquisa qualitativa experimental – assume que a linguagem é uma ferramenta para comunicar experiências, perspectivas e hábitos das pessoas; a linguagem reflete a realidade	Experiências vividas pelas pessoas, sobre...	Experiências vividas por mulheres sobre crescimento de cabelo (Fahs, 2014)	Essencialista
	Perspectivas pessoais sobre...	Visão de jovens adultos sobre os pelos pubianos (Braun, Tricklebank & Clarke, 2013)	Contextualista (realista crítico)
	Fatores e processos sociais que dão sustentação a um fenômeno particular	O papel da personificação experimental e geral no consumo regular de álcool (Lyons, Emslie e Hunt, 2014)	Contextualista (focaliza a experiência corpórea em uma estrutura construtivista)
	Práticas; as coisas que as pessoas *fazem* no mundo	Práticas do vestir, em jovens lésbicas, *gays* e bissexuais (Clarke & Turner, 2007)	Contextualista
Pesquisa crítica-qualitativa – rejeita assumir que a realidade das experiências das pessoas se situe atrás da linguagem; melhor, a realidade é construída na e através da linguagem	Representação de assuntos e objetos em contextos particulares	A representação do corpo da mulher em lojas femininas, focalizando no discurso "ame seu corpo" (Murphy & Jackson, 2011)	Construtivista (pós-estruturalista)
	A construção social de um tópico ou assunto particular	A construção da conversa masculina sobre controle de peso em fóruns de discussão sobre perda de peso (Bennett & Gough, 2013)	Construtivista

A TA é adequada para uma ampla gama de questões a se pesquisar – desde questões *experenciais* sobre experiências vividas pelas pessoas a perspectivas de questões *críticas* sobre a construção social da "realidade" (o Quadro 10.2 oferece alguns exemplos de questões de pesquisas que focalizam aparência e personificação). Questões de pesquisa que não se adequam bem à TA são aquelas centradas em "prática de linguagem" e "ideografia". Questões sobre práticas de linguagem versam sobre um corpo de conhecimento teoricamente formatado e técnico sobre a ação de orientação da linguagem (Schegloff, 2007; Wiggins & Potter, 2010) – se adaptando a abordagens discursivas (p. ex., psicologia discursiva, análise de conversação). Embora a TA *possa* ser produtivamente combinada com alguma abordagem discursiva (Murphy & Jackson, 2011), e "análise de discurso temática" (Clarke & Braun, 2014), as quais focam em geração de códigos, temas e *discursos* (Taylor & Ussher, 2001) e estão ganhando popularidade, a TA não oferece as ferramentas para uma análise detalhada do uso da linguagem. Tampouco a TA é apropriada para uma pesquisa profunda de narrativas de participantes individuais (Riessman, 2007; Smith et al., 2009). Por se focar em significados padronizados, e por olhar *através* dos itens dos dados para identificar itens que definem temas, ela não é adequada para o uso em casos únicos ou em número pequeno de casos.

A natureza orgânica e flexível da codificação na TA permite ao pesquisador questões que evoluem durante o curso da pesquisa. O estudo de Nikki, por exemplo, começou com uma questão de pesquisa bastante focada: "Como mulheres bissexuais entendem sua identidade visual?" Rapidamente se tornou visível que as participantes queriam falar mais amplamente sobre sua identidade bissexual e suas experiências de marginalização e estigmatização. Como a experiência de bifobia das mulheres ofereceu um contexto amplo para suas identidades visuais (e há poucas pesquisas sobre esse tópico), Nikki ampliou sua pesquisa para incluir experiências de identidade bissexual e marginalização bissexual de mulheres bissexuais. Por exemplo, Victoria Clarke e Katharine Spence (Clarke & Spence, 2013) iniciaram suas análises sobre a prática de vestimenta de mulheres lésbicas e bissexuais perguntando como as mulheres lésbicas e bissexuais entendem suas práticas de vestimenta em relação às suas sexualidades. Durante a codificação e desenvolvimento do tema, suas questões de pesquisa foram refinadas a como mulheres lésbicas e bissexuais negociam pressões para aparentarem um indivíduo autêntico e uma autêntica lésbica.

Coletando dados

Idealmente, você irá coletar "bons" dados para analisar tematicamente. Para a TA, como na maioria de abordagens qualitativas, qualquer que seja o tipo de dado coletado, eles deverão propiciar *insights* detalhados e complexos sobre o tópico em questão. Embora não garanta a qualidade do dado, a preparação cuidadosa e o planejamento da coleta de dados é importante (cf. Braun & Clarke, 2013). Por exemplo, preparar uma ferramenta para a coleta de dados é uma maneira útil de garantir que ela gere dados apropriados e de boa qualidade, especialmente se você está trabalhando com uma amostra pequena.

"Que tamanho de amostra eu preciso?" é uma questão frequente – e controvertida – em TA (e em muitas outras pesquisas qualitativas), e que não tem resposta fácil. Determinar o número ideal de itens nos dados depende de sua questão pesquisada e de sua abordagem teórica, como também de considerações práticas (como o intervalo de tempo para conduzir a pesquisa, o tempo total envolvido entre a coleta de dados e a preparação deles para análise, e a facilidade em recrutar os participantes, se forem utilizados). Também é relevante a riqueza dos itens individuais dos dados. Geralmente, pouco é requerido se os itens individuais dos dados (p. ex., uma entrevista) oferecem dados ricos, detalhados (mas tenha em mente que a TA focaliza a geração de temas *transversais* aos dados); tamanhos de amostra maiores podem, em certa extensão, "compensar" a falta de itens nos dados. O Quadro 10.3 apresenta algumas sugestões para tamanho *mínimo* de amostra para diferentes tipos de dados em relação a projetos de diferentes escopos e tamanhos. Homogeneidade ou heterogeneidade da amostra é outra questão útil a se considerar em relação ao tamanho. Em estudos pequenos de TA, uma amostra mais homogênea, objetiva, pode ajudar na identificação de temas significativos (Braun & Clarke, 2013). Amostras mais heterogêneas são mais praticáveis em estudos TA maiores.

Alguns itens dos dados (p. ex., entrevistas gravadas na forma de áudio) requerem transcrição anterior à análise. Para TA, é necessária a transcrição ortográfica completa, que capture o que foi dito, e possivelmente também algum detalhe básico sobre *como* a coisa foi dita (p. ex., pausas ou ênfases particularmente notáveis) (cf. Braun & Clarke, 2013, para diretrizes).

QUADRO 10.3 TAMANHOS DE AMOSTRA RECOMENDADOS PARA ESTUDOS TA DE VÁRIOS ESCOPOS E DIMENSÕES

Tipos de dados	Projeto pequeno (p. ex., projeto de graduação)	Projeto médio (p. ex., mestrado e especialização)	Projeto amplo (p. ex., doutorado)
Entrevistas	5/6-10	6-15	15-20 (estudo único); 30 ou mais (apenas fonte de dados)
Grupos focais	1-3	3-6	3-6 (estudo único); 10 ou mais (apenas fonte de dados)
Levantamento qualitativo	20-30	30-100	50 ou mais (estudo único); 200 ou mais (apenas fonte de dados)
Tarefas de conclusão de histórias	20-40	40-100	100 ou mais (estudo único); 400 ou mais (apenas fonte de dados)
Fontes secundárias (p. ex., textos da mídia)	1-100	1-200	3/4-400 ou mais

(Adaptado de Braun & Clarke, 2013)

Por exemplo, em um extrato de uma transcrição, nos Quadros 10.5, 10.7 e 10.8 a seguir, sublinhado e utilizado para assinalar ênfase em uma palavra particular, e aspas para assinalar uma conversa notada da pessoa consigo mesma ou com outros.

Com sua coleção de dados coletados e preparados, você está pronto para começar a análise dos dados. Em estudos pequenos, porque o conjunto de dados é pequeno e objetivo, recomendamos aguardar até que todos os dados sejam coletados antes de começar a análise. Em estudos maiores de TA, é possível uma abordagem exploratória, mais orgânica (na qual novas questões são incorporadas e novos eventos explorados durante a coleta de dados), e ainda a coleta e análise dos dados podem ser conduzidas simultaneamente.

QUADRO 10.4 SEIS FASES DA ANÁLISE TEMÁTICA

Familiarização: A análise dos dados é facilitada por um conhecimento em profundidade e entrosamento com o conjunto de dados. A familiarização – ler e reler os transcritos, ouvir as gravações em áudio; tomar notas de qualquer observação inicial – ajuda o pesquisador a dirigir a análise para um foco além do significado óbvio.

Codificação: Um processo sistemático de identificação e rotulagem de aspectos relevantes dos dados (relacionados à questão da pesquisa). A codificação é o primeiro passo no processo de identificação de padrões nos dados, pois ela agrupa segmentos similares de dados.

"Procura" por temas: A "procura" por temas não é simplesmente uma "descoberta"; os temas não estão *nos* dados esperando para serem descobertos por um pesquisador. Melhor, o pesquisador agrupa códigos para *criar* um mapa plausível de padrões-chave nos dados.

Revisar temas: O pesquisador faz uma pausa no processo de geração de temas para avaliar se os candidatos a temas combinam bem com o dado codificado e com o conjunto total de dados, e se cada um tem uma "essência" clara e distinta – ou um conceito organizador central. A revisão pode levar a nenhuma ou poucas modificações, ou ao descarte de candidatos a tema e ao reinício da fase anterior.

Definir e nomear os temas: escrever a definição dos temas (efetivamente um breve resumo de cada tema) e selecionar um nome de tema assegura a clareza conceitual de cada tema e estabelece um roteiro para a redação final.

Escrita final: O pesquisador entrelaça seus extratos de dados analíticos, os de narrativas e os vividos. Os temas proporcionam um esquema organizador para o analista, mas a conclusão analítica é desenhada através deles, intratemas.

(Braun & Clarke, 2006)

Análise

Vamos agora discutir as seis fases – que se repetem – de Braun e Clarke (2006) recomendadas para TA (cf. Quadro 10.4). Cada fase está ilustrada com exemplos de entrevistas do estudo de Nikki com mulheres bissexuais. Acompanhar essas etapas intimamente irá certamente reduzir a ansiedade que analisar dados qualitativos pode gerar em novos pesquisadores! Tenha em mente que cada fase proporciona a base para a outra; quanto mais sólida a base que você prepara em cada etapa, maior confiança você terá no desenvolvimento de suas análises.

Ao começar, é crucial relembrar que a análise não está *nos* dados, esperando para ser descoberta por um pesquisador com a ferramenta correta e habilitado para fazê-lo. Os temas não simplesmente "emergem" dos dados. Melhor, a análise é construída na interseção entre os dados e as hipóteses teóricas, conhecimento disciplinar, destreza e experiência do pesquisador. Para ilustrar isso, vamos considerar um pequeno conjunto de dados que sempre usamos quando ensinamos TA (cf. Braun & Clarke, 2012; cf. Quadro 10.5). São dados provenientes da pesquisa de Virginia e Victoria sobre a experiência na vida universitária de estudantes lésbicas, *gays*, bissexuais e transgêneros (LGBT), e encorajamos você a ler esses dados exatamente agora e tomar notas de cada observação analítica que você tenha.

Ficamos sempre surpresos pela miríade de formas distintas como as pessoas interpretam esse pequeno extrato. Psicólogos, particularmente terapeutas, tendem a focalizar a experiência psicológica de Andreas: como *devia ser* o estar na situação que ele descreve. Psicólogos sociais críticos tendem a focalizar no contexto social amplo, e nas maneiras pelas quais o relato de Andreas é reflexo das *normas* sociais em torno da sexualidade. Pessoas sem experiência pessoal ou profissional acerca da não heterossexualidade, e que estejam enraizadas às estruturas culturalmente dominantes de formação de sentidos acerca de sexualidade (neoliberalismo e libertarianismo; Brickell, 2001), tendem a ver Andreas como completamente receoso e precisando de confiança em sua sexualidade. Por outro lado, pessoas com experiência pessoal ou profissional em não heterossexualidade tendem a ver Andreas como respondendo racionalmente ao ambiente universitário heteronormativo. Essas interpretações (e outras) não são "erradas" nem "corretas"; são observações analíticas baseadas na experiência dos pesquisadores. Quais são as suas observações? Que hipóteses dão sustentação às suas observações?

Fase 1: Familiarização

A familiarização envolve passar um tempo, com qualidade, com seus dados! Você deve ler do princípio ao fim o conjunto *completo* de dados, pelo menos duas vezes. Se você tiver áudios, ouça-os (além de qualquer ouvinte que tenha solicitado para transcrevê-los, embora a transcrição auxilie a familiarização); tente não apenas absorver os dados como você deve absorver informações ao ler uma revista ou ouvir o rádio. Leia de forma *curiosa* e *interrogativa*. Você pode facilitar isso fazendo, a si mesmo, durante a leitura, perguntas como as seguintes:

- Por que eles estão entendendo as coisas *deste* modo (e não *daquele*)?
- Que hipóteses dão sustentação a esses relatos?
- Que tipo de visão de mundo esses relatos implicam ou se relacionam com?
- Como eu me sentiria nessa situação?
- Que implicações esses relatos trazem?

QUADRO 10.5 UM ESTUDANTE MASCULINO *GAY* RESPONDE A UMA QUESTÃO SOBRE SE ELE ESTÁ "POR FORA" NA UNIVERSIDADE

Andreas: Algumas vezes tento [...] não ocultar que esta não é a palavra correta mas [...] vamos dizer estou num seminário e alguém – um [...] um homem me diz "oh olhe pra ela" (Entrevistador: *humm*); eu não vou dizer "oh, realmente eu sou *gay*" (Entr.: *humm* [rindo]); vou só dizer como "oh sim" (Entr.: *humm*) você sabe eu não vou cair em cima do outro e dizer "oh sim" (Entr.: sim) "ela está realmente brilhante" (Entr.: sim) mas eu saio às vezes e então você me machuca com isso porque eu [...] eu não sei como essa pessoa vai reagir porque essa pessoa pode até depois não falar mais comigo ou [...] pode sair e [...] sim (Entr.: sim) ou na próxima vez que nos encontrarmos [...] não [...] não sentar perto de mim ou esse tipo de coisa (Entr.: sim) então eu penso essas coisas [...] e na questão se você está por fora sim mas eu penso qualquer lugar que você vá você sempre tem que começar de novo (Entr.: sim) esse tipo de processo de vida toda de ser corajoso de um jeito ou não.

(Braun & Clarke, 2012)

Faça anotações durante a leitura, registre suas observações e *insights*. Inevitavelmente você começará notando apenas significados superficiais, mas quanto mais você faz a leitura de modo curioso e interrogativo, maior profundidade nas suas conclusões serão alcançadas. Termine essa fase tomando notas de suas observações gerais sobre o conjunto de dados. O Quadro 10.6 apresenta dois exemplos de notas para familiarização a partir do estudo sobre identidade visual de mulheres bissexuais – inicialmente observações a partir de uma entrevista, e depois com o conjunto inteiro de dados.

> **QUADRO 10.6 ANOTAÇÕES PARA FAMILIARIZAÇÃO COM O ESTUDO DE IDENTIDADE VISUAL DE MULHERES BISSEXUAIS**
>
> Anotações para familiarização a partir da Entrevista 8 (Roxy):
> - Não há um jeito de parecer bissexual ou identificar outra pessoa como sendo bissexual.
> - Não parece que tem algumas pessoas bissexuais por perto (invisibilidade bissexual).
> - Ela se sentiu pertencendo a alguma comunidade (não relacionada com sexualidade) e isso era claramente importante para ela (pertencimento/múltiplas identidades – bissexualidade como não sendo a principal identidade).
> - A experiência dela em grupos lésbicos/LGBT é que eles não são inclusivos da bissexualidade, o que a fez se sentir não parte deles. E, além disso, pessoas heterossexuais não entendem a bissexualidade.
> - Ela distancia sua própria identidade sexual de como ela vê a sexualidade como retratada ("bicuriosidade", "ménage à trois" e "promiscuidade").
>
> Anotações para familiarização a partir do conjunto inteiro de dados:
> - A maioria das mulheres afirma diretamente que não é possível comunicar a bissexualidade através de roupa e aparência.
> - Contudo, parece ser mais complexo que isso – as mulheres falaram sobre tentar parecer bissexual ou não heterossexual e não lésbicas, achando que pessoas que se parecem com elas devem ser bissexuais, alguns "looks" (alternativos/"hippy"/gótico) podem dar a entender a possibilidade de bissexualidade.
> - Vestuário e aparência são importantes – para transmitir individualidade, identidade, personificação, comportamento, praticidade/"conforto", construção de feminilidade/masculinidade e androginia.
> - Participantes (algumas vezes de forma relutante) admitiram que avaliam a aparência de outras pessoas em relação à sexualidade e conseguem reconhecer certos "looks" lésbicos (principalmente "talho lésbico").
> - Comunicação da bissexualidade é difícil (pela aparência ou outra maneira) porque muitas vezes outros assumem a sexualidade baseados no gênero do parceiro. E negligenciam a possibilidade de bissexualidade/multiplicidade de parceiros.
> - As entrevistas contêm muitas perspectivas diferentes sobre vivência de bissexualidade, as quais parecem se relacionar com envolvimento com espaços LGBT e comunidades bissexuais/cisgênero e transgênero/monogâmicas e poliamor.
> - Várias conversas sobre identidade bissexual – como uma posição de terceira identidade, "no meio" da heterossexual e lésbica/*gay* ou análise item a item de binários.
>
> *Essas mulheres bissexuais falaram sobre bissexualidade como invisível ou, se visível, como representada em formas não ressonantes com suas experiências ("bicuriosos", não existentes realmente, fase temporária, "em cima do muro", doente, "promíscuo", não monogâmico).*

Fase 2: Codificação

Um processo de codificação sistemático e rigoroso constrói as bases sólidas para o desenvolvimento do tema. Como é tentador pular esta fase e começar a fase de identificação do tema imediatamente, a codificação facilita o engajamento profundo com os dados e a produção de uma análise que vai além daquela imediata ou óbvia. Um código identifica e rotula algo de interesse nos dados em relação à questão da pesquisa. Como notado anteriormente, a codificação pode ocorrer em dois níveis – semântico e latente – e a maioria das análises terá alguma mescla de ambos. Por exemplo, o estudo de Nikki, sua abordagem experimental, levou primariamente a códigos semânticos que ficaram na superfície dos dados (Quadro 10.7 mostra um extrato dos códigos desse estudo). Códigos semânticos do Quadro 10.7 incluem *aparência não bissexual* e *aparência bissexual difícil de compreender*; Gemma comunicou isso diretamente em palavras que usou para falar sobre a aparência bissexual. O código *mulheres femininas, rejeito de lésbicas a feminilidade* é um código mais latente, contudo, pois a afirmativa de Gemma de que lésbicas se "desfeminizam" se apoia na hipótese de que mulheres *são* fundamentalmente femininas, e que lésbicas ativamente *rejeitam* uma feminilidade inerente a fim de estabelecer a aparência lésbica. Esse código latente amplia o que é declarado explicitamente, a considerar as estruturas que os participantes usam para explicar seu mundo.

QUADRO 10.7 UM EXTRATO DOS DADOS CODIFICADOS DO ESTUDO SOBRE IDENTIDADE VISUAL DE MULHERES BISSEXUAIS

Você pensa que existe uma aparência bissexual? (*longa pausa*) Não. (*longa pausa*) Realmente não. Embora eu não esteja 100% segura disso, mas eu (*pausa*) me oponho levemente com o conceito de uma aparência bissexual, porque não sei se isso significa (*pausa*) uma aparência lésbica, como em um clichê, "eu não quero parecer (*pausa*) atrativa aos homens", ou ao que é culturalmente visto como atrativo aos homens, "então vou me desfeminizar" (*pausa*) e diria que existe uma percentagem de lésbicas que gostariam de fazer isso para se identificarem com seu grupo cultural, como comunicar a outras mulheres que sou lésbica através de uma certa aparência e quero deixar claro aos homens que sou completamente não atraente para vocês, o que gostaria de dizer é um jeito lésbico clichê, mas penso que, provavelmente muitas lésbicas fariam, discutem isso (*pausa*) e suponho que essa coisa toda de batons lésbicos é outra parte disso. Mas eu penso que tradicionalmente tem um aspecto de desfeminização das lésbicas. (Gemma)	Não há aparência sexual (resposta inicial). Indecisa sobre (possibilidade ou necessidade de) aparência bissexual. Difícil entender o que é aparência sexual. Aparência bissexual pode ser semelhante à aparência lésbica. Aparência lésbica pode ser um clichê/estereótipo. Aparência como forma de comunicação (da sexualidade). Aparência lésbica com função de comunicar sexualidade aos homens (heterossexuais). Aparências particulares atraem os homens. Mulheres femininas, lésbicas rejeitam a feminilidade. Algumas (não todas) lésbicas aderem ao clichê/estereótipo. Aparência lésbica com a função de comunicar sexualidade a outras lésbicas/formam comunidades. Aparência lésbica é uma escolha ativa. Aparência é construída ativamente. Hesitação em afirmar que existe uma aparência lésbica. Resistência a clichês/"estereótipos". Batons lésbicos. Aparência tradicional lésbica não feminina/masculina – talho lésbico.

(Hayfield et al., 2013)

Será sua decisão a forma como você irá manejar o processo de codificação na prática, e há numerosas técnicas para escolher: anotações nas margens de cada dado dos itens; uso de softwares especializados (Silver & Fielding, 2008) para codificar eletronicamente textos selecionados; criação de um documento em word para cada código e compilação das informações relevantes para cada código; ou a técnica bastante simples de copiar e colar dados em cópias de arquivos no sistema de computador ou em folhas de papel para cada código. A compilação dos dados codificados é essencial para a próxima fase – a maior parte dessas técnicas tem a vantagem de ter a compilação como parte do processo; com anotações simples nos dados dos itens, você deverá fazer a compilação depois da codificação. Qualquer que seja a técnica usada, a codificação é iniciada com uma leitura cuidadosa de todos os dados dos itens. (Para evitar olhar seus dados através da lente do primeiro item que você coletou, nós o encorajamos a iniciar a leitura pelo último item.) Quando você notar algo com relevância potencial para sua questão de pesquisa, você a codifica – isto é, você identifica, rotula o dado selecionado, extraído, com um rótulo especial (o código). Um código é tipicamente uma frase curta (cf. Quadro 10.7) que captura claramente o aspecto-chave que você considera importante naquele conjunto de dados, seja em suas próprias palavras ou usando uma citação do dado. Códigos com apenas uma palavra, como "gênero" ou "realismo", podem fazer sentido quando são anotados junto dos dados, mas quando você estiver trabalhando sem eles, e tentando identificar conexões analiticamente coerentes entre múltiplos códigos, esses códigos vagos são insuficientes para evocar com êxito a relevância analítica daquele código. Bons códigos são aqueles que fazem sentido analítico, sem a necessidade de olhar os dados; eles proporcionam uma "sacada" rápida para o entendimento analítico.

Após gerar seu primeiro código, continue a mover-se através dos dados; cada vez que identificar algo de interesse potencial, você deve decidir se um código já existente captura aquilo que é de interesse ou se um novo código será necessário. Como a TA é flexível e orgânica, você pode ajustar seus códigos já existentes, conforme trabalha com eles, expandindo-os ou contraindo-os, dividindo em dois ou mais códigos, ou colapsando, juntando códigos similares, para qualificar melhor o desenvolvimento de sua análise. Continue a codificar todo o conjunto de dados. Dados extraídos podem ser codificados mais de uma vez (isto não significa colocar o dado num código "correto") (cf. Quadro 10.8 a seguir). A codificação deve ser super – mais do que subinclusiva. Caso esteja em dúvida, codifique! Mas use sua questão de pesquisa para julgar a relevância. Dada a natureza fluida e flexível da codificação na TA, recomendamos pelo menos dois ciclos de codificação da totalidade dos dados, para ter certeza de que seus códigos estão completos. Isto é especialmente importante se você ajustou muito sua codificação durante seu primeiro ciclo de codificação. O segundo ciclo pode ainda facilitar o desenvolvimento de códigos latentes.

Não há número ideal (ou limite) de códigos para seu conjunto de dados: qualquer recomendação para a quantidade de códigos corre o risco de ser interpretada como ordem ou direcionamento. Além disso, a questão "quantos códigos?" não faz sentido – relembre a observação que fizemos anteriormente: você não está procurando *a* análise já evidente nos dados; você está construindo *uma* análise que seja plausível e robusta. Você deve terminar esta fase com seus dados totalmente codificados, e todos os seus códigos, e os dados relevantes de cada código, reunidos, prontos para a próxima fase. O Quadro 10.8 fornece alguns casos de códigos e reunião de dados a partir deste estudo que exemplificamos.

Fase 3: "Procurando" por temas

Você agora subiu a um nível de abstração, da codificação para o desenvolvimento do tema. Embora empreguemos a palavra "procurar" para descrever esta fase, você não está procurando por algo que já existe; melhor, você deve ter o objetivo de *criar* um mapeamento temático plausível e coerente de seus dados. Ao desenvolver temas, você deve "promover" um código denso e complexo da situação de tema (não há distinção *absoluta* entre um código e um tema); mais comumente, você deverá agrupar ou juntar códigos semelhantes. O critério-chave para determinar se um tema potencial *é* de fato um tema é se *ambas* as situações identificam um aspecto coerente dos dados *e* dizem alguma coisa sobre eles, relevante para sua questão de pesquisa. Um tema deve ser fundamentado por um *conceito organizador central* – ou, mais simplesmente, um ponto analítico-chave. Temas mais fracos podem ser formados por conjunto de códigos similares, mas é necessária uma ideia central que unifique os códigos. Considere um candidato a tema que você chamou de *Suporte Social*. Se isto simplesmente reúne as coisas principais que os participantes disseram sobre esse assunto, será preciso um ponto-chave e foco. Apresentar e resumir diversas visões não constitui um tema (especialmente se resumirem respostas dos participantes a uma questão – p. ex., sobre suporte social – porque pouco trabalho analítico foi realizado neste caso). Contudo, se você desenvolveu um candidato a tema acerca da ideia central que unifica várias observações dos participantes sobre suporte social, então pode estar adequado e funcionar. Por exemplo, *Suporte Social Efetivo Facilita Adaptação* nos diz que visões sobre suporte social concordam sobre a relação entre suporte e adaptação – um ponto-chave. Isto também demonstra a importância em se denominar apropriadamente os temas (cf. Fase 5).

É importante refletir sobre a relação entre seus candidatos a temas – eles funcionam juntos para formar uma análise coerente? Os temas podem existir em relações hierárquicas ou laterais, mas recomendamos que existam não mais que três níveis de temas:

- Temas abrangentes tendem a ser usados para organizar e estruturar a análise; eles capturam a ideia que dá sustentação a diversos temas (cf. Braun & Clarke, 2013).
- Temas que relatam em detalhes significados relacionados ao conceito central organizador.
- Subtemas, que capturam e desenvolvem uma faceta importante do conceito central organizador de um tema (cf. Braun, 2008).

Uma análise temática muito complexa, com muitos níveis de temas diferentes, sugere muita fragmentação, análise pouco desenvolvida, que requer um desenvolvimento adicional do tema. Refletir sobre as relações entre os temas também ajuda a determinar as ligações entre cada tema – o que cada um inclui ou exclui. É improvável que bons temas tenham foco muito limitado e restrito (p. ex., baseado em apenas uma ou duas observações analíticas), e nem muito amplo e estendido – necessitando de clareza no foco e com muitos subtemas (cf. Quadro 10.10).

QUADRO 10.8 CÓDIGOS COMPILADOS E EXTRATO DE DADOS ASSOCIADOS A PARTIR DO ESTUDO SOBRE IDENTIDADE VISUAL DE MULHERES BISSEXUAIS

Priorizar praticidade	Amedrontar lésbicas com atitude	Temas sobre tamanho do corpo	Aparência lésbica: cabelo curto	Aparência bissexual: gótica
Betty: Esta é uma de minhas suéteres favoritas no momento, é grossa e quente para o inverno, está muito frio recentemente. *Berni*: Eu não uso *sarongues* pois não consigo andar com eles, e eles me aborrecem e fico preocupada sobre aparecer minhas partes. *Rose*: Eu comprei um par de sapatos de salto quando tinha uns dezessete ou dezoito anos e usei por umas três semanas. Senti muita dor e pensei "isto é insano". Então me livrei deles.	*Elizabeth*: Você sente aquela atmosfera de "não chegue *perto* de mim ou vou te espancar". *Adele*: Uma das maiores coisas é a atitude. Verdade. Tipo: não mexe comigo (*rindo*). E isso antes de eu pintar o cabelo curto. *Emily*: nada do que eu sei tentava fingir que eu era uma lésbica quando eu saía, eu não, mas eu nunca iria circular anunciando... oh sim, eu tinha um namorado em casa, por via das dúvidas, e saía com ele para o bar.	*Lucy*: Eu entendo a atitude das pessoas sobre mulheres, e a imagem das mulheres giram sobre sexualidade, e sobre toda nossa cultura e é fortemente condenável das mulheres. *Sandy*: Sofri *bullying* extensivamente no colégio, então eu perdi muito peso no verão e foi como se virasse outra pessoa, fiquei muito mais confiante e fiz muitos amigos e foram como os dois melhores anos de minha vida.	*Blue*: seu arquétipo moderno, sei, é calça tipo *skinny*, cabelo curto, *tops*, *jeans*, tatuagens. *Berni*: É fácil marcar a lésbica que tem cabelo curto pelo que ela aparenta, mas é isso que estamos marcando, você está estereotipada. *Elizabeth*: Se eu visse alguém na rua e fosse dizer "oh ele é *gay*", essa seria a razão. Então, sim, normalmente cabelo curto, *piercings*. *Adele*: Uma das coisas principais é a atitude. Realmente. Só tipo "não mexa comigo" (*risos*). E isso antes de pintar meu cabelo.	*Ruth*: Eu costumava achar que essas pessoas que pareciam com góticos, ou *skatistas*, ou *emos*, ou tipo *hippie, rock*, independente enfim do espectro cultural dos jovens. Eu pensava que era mais provável que eles fossem bi. *Eddy*: Existe uma enorme série de fêmeas góticas. *Adele*: Especialmente na noite, onde as pessoas andam na moda, isso pode parecer gótico [...] então há muitos corpetes e muitos tipos de *looks* modernos.

(Hayfield, et al., 2013)

Desenhar mapas temáticos – representações figurativas de relações entre códigos e temas potenciais – é uma técnica útil tanto para desenvolver temas individuais quanto para explorar a relação entre temas. Mapas temáticos iniciais são muitas vezes complexos, pois podem registrar muitos padrões potenciais identificados nos dados. Nikki usou seus mapas temáticos iniciais (Figura 10.1) como uma forma de documentar as considerações analíticas e ideias desenvolvidas durante a codificação, e para formar um sentido com todo o conjunto da análise. Contudo, essas ideias foram consideravelmente refinadas com o progresso do desenvolvimento (como mostra a Figura 10.2), com alguns temas descartados e outros conservados e refinados.

Esta fase termina quando você alcança um ponto no desenvolvimento do tema em que está fazendo apenas pequenos ajustes em seus candidatos a tema e sente confiança de que seu mapa temático captura seus dados codificados e oferece uma resposta coerente à sua questão da pesquisa. Quando iniciar e colocar em marcha sua TA, manter sequencialmente as Fases 3 e 4 irá ajudar a construir uma análise robusta. Com experiência, o processo de desenvolvimento do tema e revisão podem se tornar mais repetitivos, fluindo para frente e para trás, entre os dois.

Fase 4: Revisão dos temas

A revisão dos temas deve ocorrer de duas maneiras: primeiro em relação aos dados reunidos, dados codificados para cada tema; em segundo lugar, em relação ao conjunto completo dos dados. O primeiro estágio da revisão focaliza os temas individuais e confere se eles estão de acordo em relação aos dados codificados. Isso envolve a releitura de todos os dados associados aos códigos para cada tema, e perguntando se o candidato a tema está (suficientemente) adequado aos significados evidentes no dado codificado. Se sim, você avança para o próximo estágio da revisão. Se não, você deve revisar seus temas. Isso pode variar desde algum pequeno ajuste até o descarte de todos os temas e reinício do desenvolvimento de temas. No estudo de Nikki, por exemplo, havia o inicialmente candidato a tema relacionado com "tamanho e aparência do corpo", como frequente nas conversas das mulheres sobre seus corpos (cf. Quadro 10.8 e Figura 10.1). Contudo, durante a revisão, ficou evidente que o tema precisava de um conceito central organizador, pois as discussões das mulheres eram diver-

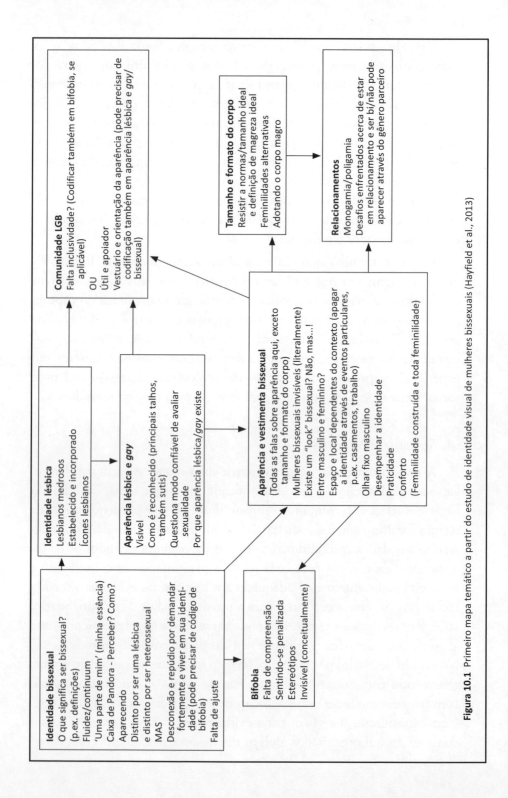

Figura 10.1 Primeiro mapa temático a partir do estudo de identidade visual de mulheres bissexuais (Hayfield et al., 2013)

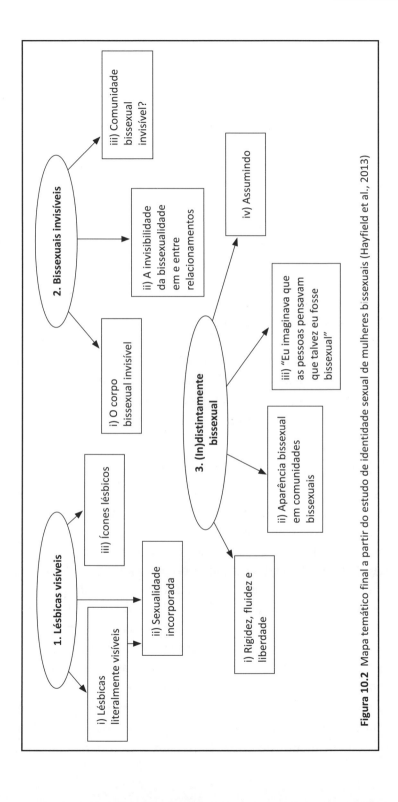

Figura 10.2 Mapa temático final a partir do estudo de identidade sexual de mulheres bissexuais (Hayfield et al., 2013)

gentes: algumas se orgulhavam em desafiar o conceito dominante de "magreza ideal" (Bordo, 1993) e reivindicavam formas alternativas de beleza e feminilidade; outras falavam em estarem felizes ao emagrecerem. Algumas consideravam o tamanho do corpo importante em relação à sexualidade; outras não. E, acima de tudo, várias falaram muito pouco sobre seus corpos e tamanho dos corpos (apesar de terem sido perguntadas sobre isso). A combinação entre necessidade de coerência e quantidade limitada de dados levaram Nikki a desconsiderar isso como candidato a tema.

Uma vez que seu candidato a tema tenha "passado" pela revisão em comparação com os dados codificados, você deve retornar ao seu conjunto total de dados para uma avaliação final. Você quer uma análise que se direcione à sua questão da pesquisa *e* reflita o conteúdo dos dados. Cada fase analítica leva você mais e mais para longe de seus dados. Este estágio da revisão permite uma checagem para assegurar que tanto os temas individuais como a análise como um todo capturam significados-chave e padrões nos dados. O resultado deste estágio da revisão pode variar entre pequenas ou nenhuma mudança, até o descarte de candidatos a tema e retorno ao desenvolvimento de temas. Se ocorrerem muitos desencontros, você pode mesmo precisar retornar à codificação para garantir uma boa combinação entre códigos e os dados que eles contêm.

Fase 5: Definição e nomeação dos temas

Uma vez que você esteja (razoavelmente) confiante de que gerou um mapeamento robusto de seus dados, entendeu tanto o alcance de cada tema e como os temas se relacionam no conjunto, você inicia o processo de elaborar cada tema e caminhar para a redação de seus resultados. Uma etapa muito útil é a redação das definições dos temas. Esta envolve uma pequena descrição (geralmente com umas poucas centenas de palavras) que explique a essência (conceito organizador central), alcance e cobertura do tema, e vínculos com cada tema (cf. Quadro 10.9 para um exemplo). Esta etapa ajuda você a desenvolver e enriquecer sua *narrativa analítica* – seus comentários (interpretativos) sobre os dados. Escrever as definições dos temas ajuda também a pensar sobre a organização e fluxo da análise entre cada tema, estabelecendo efetivamente um roteiro para redação de seus resultados.

Definir o nome de cada um de seus temas é outra parte do processo de desenvolvimento do tema. Bons *nomes de temas* capturam a essência de cada tema – e pode trazer uma citação de dado particularmente persuasivo para isso (cf. Hayfield et al., 2014). Nós gostamos do potencial criativo deste processo, e geralmente desenvolvemos nomes que são engraçados ou fazem referências à cultura popular. Por exemplo, temos denominado temas com ditados populares, títulos de álbuns musicais e canções e até com os "sete pecados capitais" (cf. Braun & Clarke, 2013).

QUADRO 10.9 DEFINIÇÃO DO TEMA LÉSBICAS VISÍVEIS, A PARTIR DO ESTUDO DE IDENTIDADE VISUAL DE MULHERES BISSEXUAIS

O tema *lésbicas visíveis* captura as observações dos participantes de que mulheres lésbicas têm uma identidade visual, se elas assim o quiserem, assim como (alguma) visibilidade cultural. Mulheres bissexuais identificaram e descreveram uma "aparência lésbica", embora hesitantes em fazerem isso e tentaram "repelir" a noção de estereótipos na aparência. O "corte lésbico", que os participantes construíram como masculino e muito visível, foi mais frequentemente identificado como "jeito lésbico". Vários participantes também mencionaram aparências lésbicas mais específicas e matizadas (p. ex., *baby dyke*), refletindo uma consciência cultural de comunidades lésbicas. As mulheres reconheceram a aparência lésbica tanto visível no corpo como incorporada. Não foi só a roupa e cabelo lésbicos que transmitiram sua sexualidade e sim uma combinação disso com um corpo, andar e "atitude" lésbicas. Participantes também citaram alguma visibilidade e exemplos culturais de mulheres lésbicas, identificadas como "ícones" lésbicos em cinema e televisão. Contudo, as mulheres (frequentemente) distanciavam "a si mesmas" de aparências lésbicas, posicionando efetivamente a bissexualidade como diferente da identidade lésbica.

(Apresentado em Hayfield et al., 2013)

Escrita (Fase 6)

Não há uma separação clara entre análise e escrita na TA. Você está escrevendo tão logo inicia sua análise (fazendo as observações iniciais sobre os dados), assim, "redigir" envolve compilar e editar observações analíticas já existentes tanto quanto produzir novas considerações. Como não existem requisitos particulares sobre como esquematizar e contextualizar os estudos TA, recomendamos a seguir um manual geral de redação para pesquisas qualitativas (p. ex., Braun & Clarke, 2013). Na seção de método de seu relatório, você deve identificar como escolheu implementar a TA, e explicar porque suas escolhas são apropriadas. Em resultados, quantos temas você deveria envolver? Não há uma fórmula precisa, pois isso depende da complexidade de seu mapa analítico, da profundidade de cada tema, e do estilo e foco de seu relatório. Assim, consideramos como seis um número máximo possível, e nossas análises em geral apresentam menos. Um assunto-chave a se considerar é a ordem na qual você apresenta seus temas. Se um tema "principal" contextualiza os demais, então deve apresentá-lo primeiramente (cf. Braun & Clarke, 2012).

Suas definições de tema irão ajudá-lo a identificar os pontos-chave na apresentação de seus temas, mas a redação irá desenvolver ainda mais a análise. A redação analítica contém dois elementos: o extrato dos dados e comentários analíticos. Raramente é prático (ou desejável) evidenciar cada observação analítica com exemplos a partir dos dados. Em vez disso, apresente exemplos de suas observações-chave (suas "manchetes" analíticas). Não é raro que alguns participantes sejam particularmente articulados, mas evite ser seduzido e ser levado a apresentar citações sobre eles. No estudo de Nikki, ela manejou isso apresentando longas narrativas sobre as mulheres mais articuladas, equilibrando com pequenos extratos sobre as outras. Assim, embora você não *precise* citar cada dado individual (e isso poderia não ser possível, devido ao tamanho da amostra) faça citação de ampla amostra de itens de seus dados para oferecer evidências fortes de padrões *intra*dados. Existem ainda algumas outras armadilhas a evitar ao redigir e produzir uma boa TA. O Quadro 10.10 apresenta um resumo delas.

QUADRO 10.10 BOAS E MÁS PRÁTICAS NA REDAÇÃO DA TA

Elementos da análise	Más práticas na análise	Boas práticas na análise
Equilíbrio entre narrativa analítica e extrato dos dados	Pequeno na forma da narrativa analítica – em caso extremo, encontramos temas que consistiam de uma sentença resumida, seguida por uma sequência de 20 ou mais resumos de dados.	Bom equilíbrio entre a narrativa analítica e os resumos dos dados. Principais pretensões analíticas apropriadamente evidenciadas. O leitor tem informações suficientes para estimar a validade das interpretações do autor.
	Narrativa analítica sustentada por poucos exemplos de dados – em caso extremo, encontramos relatórios sem qualquer resumo de dados, deixando o leitor sem bases para "validação" das observações analíticas do autor.	

Seleção do extrato dos dados	A maioria ou todos os extratos originados nos mesmos (pequeno número de) itens de participantes/dados.	Os extratos selecionados ilustram eficazmente as pretensões analíticas, e claramente e convincentemente demonstram a padronização de significados nos dados.
	Os extratos apresentados não são particularmente vívidos ou persuasivos (levantando dúvidas sobre a validade das pretensões analíticas).	
	Apenas um extrato dos dados estabelecido para evidenciar um padrão nos dados.	
Concordância entre os dados e pretensões analíticas	Há fraca concordância entre os resumos dos dados e as pretensões analíticas; os resumos não demonstram claramente as pretensões analíticas do autor.	Há boa concordância entre os dados e as pretensões analíticas, e todas as interpretações óbvias dos dados são consideradas.
	Outras interpretações óbvias dos dados não consideradas.	
Caráter dos temas individuais	Alguns ou todos os temas são magros esboços, consistindo de uma ou duas observações analíticas (mais próximos de um código do que de um tema).	Cada tema é sustentado por um conceito organizador central (cada subtema demonstra claramente uma faceta desse conceito central) e tem um escopo adequado.
	O tema simplesmente identifica uma área dos dados, mas não conta ao leitor algo sobre ele; não fica claro se o tema está apoiado por um conceito organizador central.	
	Os temas são de difícil manejo e muito complexos, e assim necessitam de coerência.	
Relação entre os temas	Há muita sobreposição entre os temas, e assim os temas individuais necessitam de identidade particular.	Cada tema é distinto, e juntos os temas proporcionam uma análise convincente em relação à questão da pesquisa.
	Não há relação clara entre os temas apresentados; os temas não formam uma análise coerente.	

Em termos de equilíbrio entre narrativa analítica e extrato de dados, tente obter proporção de cerca de meio a meio (50:50) (ou com maior ênfase na narrativa analítica, próximo de 70:30, ou mesmo 80:20, para análises mais conceituais; para um exemplo, cf. Nicolson & Burr, 2003). O extrato dos dados pode ser usado tanto ilustrativamente como analiticamente (Braun & Clarke, 2013). Quando usado ilustrativamente, o extrato proporciona um exemplo possível de uma observação analítica – cf. Quadro 10.11. O extrato exato pode ser removido, e substituído por outro, sem interrupção da narrativa analítica (p. ex., Braun, Tricklebank & Clarke, 2013). Quando um extrato de dados particular é usado analiticamente, suas características específicas importam, pois as análises se desenvolvem acerca delas e os comentários são diretamente sobre elas (p. ex., Braun, 2008). Algumas abordagens qualitativas (p. ex., psicologia discursiva, análise de conversação) primariamente, ou exclusivamente, utilizam dados analiticamente; outras utilizam dados ilustrativamente (p. ex., teoria de base). Em TA, ambas as formas são apropriadas e uma análise simples pode incorporar ambos os estilos (p. ex., Braun & Clarke, 2012).

Outra consideração importante ao escrever é decidir se quer entremear seus resultados com a literatura existente (uma combinação de resultados e discussão, seguida por uma pequena discussão geral/longa conclusão), ou apresentar seus resultados com pequena ou nenhuma referência à literatura existente, seguida por uma discussão separada onde você contextualiza seus resultados em relação aos conhecimentos existentes (seguido por uma pequena conclusão).

Enquanto que a maioria das abordagens qualitativas encoraja o uso de um formato particular para a apresentação dos resultados, a TA pode trabalhar com as duas formas – a escolha depende da análise (e, algumas vezes, solicitações externas, como o "estilo próprio" de um jornal particular. Se você usou a TA dedutivamente e/ou fez grande uso de codificação latente, é provável que a contextualização de seus dados em relação à teoria e conceitos existentes seja importante (p. ex., Braun, 2008). Se sua análise é mais semântica e descritiva, mas, todavia, você pode marcar pontos de microconexão entre sua análise e a literatura ampla, então um combinado de resultados e discussão é uma boa escolha (p. ex., Huxley, Clarke & Halliwell, 2014). Se as conexões entre sua análise e a literatura são mais macro e relacionadas primariamente com suas conclusões analíticas gerais, então resultados separados da discussão é uma forma mais apropriada (cf. Opperman et al., 2014).

QUADRO 10.11 EXTRATO DO ESTUDO DE IDENTIDADE VISUAL DE MULHERES BISSEXUAIS, MOSTRANDO DADOS USADOS ILUSTRATIVAMENTE

O termo "bicurioso" foi geralmente entendido como resumindo a noção de bissexualidade como uma estratégia de atenção-busca, que as mulheres também dissociavam de sua própria sexualidade "genuína".

> Penso que há um certo tipo de bissexualidade que é visível e eu não acho que isso é bissexualidade verdadeira [...]. Há muito de um foco, um tipo de falsa bissexualidade como sendo algo para atrair homem. A efetiva verdadeira sexualidade está perdida nisso [...]. Penso que a mídia não deseja realmente aceitar ou entender [...] todo tipo de estereótipos, de estereótipos pornográficos, e estereótipo bicurioso é muito depreciativo, e como não é uma sexualidade verdadeira, não é uma coisa real [...] porque o "bi" é muito invisível na sociedade, a menos que você seja bicurioso (Marie).

> Havia como que um milhão de pessoas que eram bicuriosas [no "Facebook"]. E realmente bicuriosos significam apenas quero me relacionar com uma mulher e um homem realmente, não significa [risos] que você deve ser bissexual e deseja explorar esses sentimentos, porque você não estará fazendo isso em um site, vestindo apenas sua roupa de baixo (Roxy).

Isto ressoa com citações de homens e mulheres bissexuais de vários materiais publicados, em que o conceito de bicuriosidade, e aqueles que se identificam como bicuriosos, são vistos como problemáticos por apoiarem mídia negativa e retratos pornográficos da bissexualidade, os quais são identificados como os que dão suporte ao entendimento negativo da bissexualidade (Eisner, 2013). Eisner destaca que esta lógica é problemática, pois representa pessoas associadas a uma forma de bissexualizada marginalizada e uma forma de bissexualizada alternativa, que por sua vez cria noções de "bons bissexuais" e "maus bissexuais" (Eisner, 2013: 185).

(De Hayfield et al., 2014)

QUADRO 10.12 15 PONTOS DE CONFERÊNCIA PARA UMA BOA TA

Processo	N.	Critério
Transcrição	1	Os dados foram transcritos com nível apropriado de detalhes e as transcrições foram conferidas com os originais, para "exatidão".
Codificação	2	Cada item dos dados recebeu atenção equivalente no processo de codificação.
	3	Os temas não foram criados a partir de exemplos pouco vívidos (como uma abordagem tipo anedota), e sim o processo de codificação foi completo, inclusivo e compreensível.
	4	Todos os extratos relevantes de cada tema foram reunidos.
	5	Os temas foram conferidos em relação a cada um dos outros temas, e voltando ao conjunto original de dados.
	6	Os temas são internamente coerentes, consistentes e distintos.

Continua

Continuação

Análise	7	Os dados foram analisados – interpretados, fazem sentido – mais do que apenas parafraseados ou descritos.
	8	Análises e dados combinam entre si – os extratos ilustram as pretensões analíticas.
	9	A análise conta uma história convincente e bem organizada sobre os dados e tópicos.
	10	É apresentado um bom equilíbrio entre a narrativa analítica e os extratos ilustrativos.
Global	11	Tempo suficiente foi empregado para completar adequadamente todas as fases da análise, sem apressar ou dar uma olhada superficial em uma fase.
Escrita do relatório	12	As hipóteses, as abordagens específicas e análises temáticas estão explicadas claramente.
	13	Há boa concordância entre o que você pretende fazer e o que você demonstra ter feito – isto é, a descrição do método e análise relatada são consistentes.
	14	A linguagem e os conceitos empregados no relatório são consistentes com a posição epistemológica da análise.
	15	O pesquisador é posicionado como *ativo* no processo de pesquisa; os temas simplesmente não "emergem".

(Braun & Clarke, 2006: 96)

Conclusão

Como destacamos anteriormente, não concordamos com a noção de que a TA pode ser "confiável" da mesma maneira que pesquisas quantitativas objetivam ser. Contudo, isso não significa que "qualidade" não seja uma preocupação em TA. Neste capítulo nós oferecemos orientações sobre como implementar a TA da melhor forma para produzir análises de "boa qualidade". TA de qualidade não é uma questão de absolutos universais, mas é dependente da subjetividade do pesquisador e de seu conhecimento e rigor. O Quadro 10.12 apresenta uma relação de 15 pontos a serem observados para uma implementação bem-sucedida de TA.

Embora a TA muitas vezes seja vista como um método fundamental ou "inicial", esperamos ter demonstrado que ela não é inerentemente menos sofisticada do que abordagens que fornecem metodologias completamente formatadas (p. ex., teoria de base, análise fenomenológica interpretativa (IPA)). Devido à sua flexibilidade, a TA oferece um ótimo ponto inicial para sua jornada de pesquisa qualitativa, e você pode aplicar a experiência adquirida a partir da TA quando utilizar diversas outras abordagens qualitativas. Como a TA pode ser executada em ampla gama de situações, desde a razoavelmente básica visão panorâmica descritiva de significados semânticos até interpretações conceitualmente informadas altamente sofisticadas de significados latentes, em ambos os casos você pode progredir da TA para outras abordagens, e progredir na implementação da TA, desde uma forma razoavelmente rudimentar até produzir TAs complexas, inovadoras. No Quadro 10.13 apresentamos três bons exemplos de estudos de TA.

QUADRO 10.13 TRÊS EXEMPLOS DE ESTUDOS TA ADEQUADOS

Para ilustrar a extensão de possibilidade da TA, cada estudo oferece uma versão diferente: experimental/essencialista (Rance et al., 2014), realista crítica/contextualista (Hayfield et al., 2014) e crítica/construtivista (Braun, 2008).

Sobre a percepção que clientes com desordem alimentar têm do corpo feminino de suas terapeutas

Mulheres com distúrbio alimentar geralmente observam e avaliam estímulos relacionados ao corpo, mas pouco se sabe sobre se, como e com que consequências isto ocorre num consultório de terapia. Rance, Clarke e Moller (2014) realizaram um estudo TA, indutivo/descritivo, com objetivo de explorar como mulheres diagnosticadas com anorexia, ou com história de restrição alimentar, que receberam conselhos de uma terapeuta feminina, observaram e avaliaram os corpos dessas terapeutas. Nicola Rance conduziu entrevistas com 11 mulheres que se consideravam recuperadas ou "em vias de recuperação". As entrevistas incluíram questões sobre o peso e aparência dos corpos femininos de terapeutas, e três temas foram gerados sobre esse tópico: (1) "Usando óculos do distúrbio alimentar" capturou as formas como as mulheres viam o mundo através das "lentes da anorexia" e tinham ainda a tendência incontrolável de avaliar e comparar a si mesmas, em uma forma desequilibrada ou distorcida, com os corpos de outras mulheres; (2) "Você está fazendo todo tipo de suposições como cliente" explorou como as mulheres usando "óculos da desordem alimentar" informavam suas experiências da terapia, incluindo suposições sobre o corpo de suas terapeutas e, por isso, competência profissional; (3) "Questões de aparência" explorou o impacto das avaliações das mulheres em sua resistência ou engajamento com a terapia. Os resultados sugerem que as terapeutas devem refletir sobre o modo como seus corpos podem ser percebidos e interpretados pelas clientes.

Sobre experiências de bissexualidade e marginalização pela bissexualidade, de mulheres bissexuais

Baseada em entrevistas de Nikki Hayfield conduzidas com 20 mulheres autoidentificadas como bissexuais, a TA de Hayfield, Clarke e Halliwell (2014), indutiva e (amplamente) semântica, realista crítica, focalizou os modos como mulheres conversavam sobre suas expe-

Continua

Continuação

riências de marginalização pela bissexualidade ou "bifobia". Pesquisa anterior indicou que a bissexualidade não é bem-entendida por pessoas não bissexuais, é com frequência conceituada negativamente, e a validade da identidade bissexual algumas vezes foi posta em questão (McLean, 2008; Morrison, Harrington & McDermott, 2010). Os três temas identificados nas considerações destacadas e exploradas das mulheres: (1) como mulheres bissexuais se sentiram excluídas de sociedade heterossexual *e* de comunidades lésbicas, *gays*, bissexuais e trangênero (LGBT), ambas retratadas como necessitando de compreensão de bissexualidade e de pessoas bissexuais; (2) como os outros descartam a bissexualidade como uma identidade autêntica, sendo que as próprias mulheres a experimentam como tal; e (3) como a bissexualidade é tanto (hiper)sexualizada quanto estigmatizada através de representações culturais populares. O artigo recomenda que pesquisas futuras explorem ainda o impacto da marginalização bissexual de mulheres bissexuais (e homens).

Sobre explanações da identidade nacional para saúde sexual em Aotearoa/Nova Zelândia

A Nova Zelândia tem estatística muito pobre sobre saúde sexual. Virginia Braun acompanhou 15 grupos focados de discussão com jovens neozelandeses para identificar o entendimento cotidiano que pode ajudar a melhorar a saúde sexual (Braun, 2008). A TA dedutiva/latente e crítica/construtivista relatada neste artigo enfocou um tema dominante nas observações dos participantes: uma "persona neozelandesa" particular, que foi evocada nas explanações de estatísticas sobre a saúde sexual. Essas explanações, baseadas numa identidade/caráter nacional, foram agrupadas em quatro subtemas diferentes, às vezes contraditórios: (1) neozelandeses abusam do álcool, e, sob essa influência, não se preocupam em praticar o sexo seguro; (2) neozenandeses não são comunicativos, e assim, não querem ou não conseguem se comunicar para proteger sua segurança sexual; (3) neozelandeses são conservadores em relação a sexo, embora ao mesmo tempo altamente e complacentemente sexuais; (4) neozelandeses são inerentemente "descontraídos", percebidos quando dizem algo como "tudo bem", "não se preocupe", o que significa que estão despreocupados sobre o risco *pessoal* da saúde sexual. Uma ênfase sobre a identidade nacional – acima da *pessoal* – significa deslocar do indivíduo a responsabilidade pela saúde sexual, e sugere que ela se deposita nas agências além do indivíduo. A análise sugere que se enfocarmos esforços na promoção da saúde sexual em nível individual, mensagens inadequadas podem levá-los ao fracasso; promoção baseada em uma estrutura de "identidade" nacional pode oferecer um caminho frutífero para a prevenção.

Leituras adicionais

Braun, V. & Clarke, V. (2006). "Using thematic analysis in psychology". *Qualitative Research in Psychology*, 3 (2): 77-101.
Este é nosso artigo original sobre TA.

Braun, V. & Clarke, V. (2012). "Thematic analysis". In: H. Cooper, P.M. Camic, D.L. Long, A.T. Panter, D. Rindskopf & K.J. Sher (eds.). *APA Handbook of Research Methods in Psychology*. Vol. 2 – Research Designs: Quantitative, Qualitative, Neuropsychological, and Biological. Washington, DC: American Psychological Association, pp. 57-71.
Um capítulo que oferece um exemplo de trabalho de TA mais detalhado.

Braun, V. & Clarke, V. (2013). *Successful Qualitative Research* – A Practical Guide for Beginners. Londres: Sage.
Um livro que explica a TA (e pesquisa qualitativa) com muito mais detalhes. Um *website* que acompanha o livro, e que contém uma coleção de dados com os quais se pode praticar TA pode ser encontrado em: www.sagepub.co.uk/braunandclarke

Nosso website sobre análise temática, que inclui uma seção com as perguntas mais frequentes, pode ser encontrado em: www.psych.auckland.ac.nz/thematicanalysis

11 Escolhendo sua abordagem
Michael Larkin

O leitor irá reparar que uma linha estabelecida inicialmente por Peter Ashworth, no capítulo 2, perpassa os capítulos deste livro. A linha está relacionada com identificar e aplicar abordagens (i. é, epistemologias, métodos) que possam nos fornecer alternativas psicologicamente focadas ao empirismo concreto das psicologias cognitiva, comportamental e neurológica. Nos comentários finais de Peter, ele destaca que há, contudo, uma "sensibilidade qualitativa", ainda que, para além desta sensibilidade, haja uma grande diversidade no campo. Assim, por exemplo, algumas das abordagens qualitativas resumidas neste livro nos oferecem alternativas complementares às tendências hegemônicas, com o objetivo de abordar seus pontos cegos; outros se colocam de modo a estarem mais ligados com a construção de considerações paralelas, mantendo uma distância crítica das narrativas disciplinares da psicologia. Neste capítulo, gostaria de iniciar com uma síntese considerando um pouco mais a natureza da *sensibilidade compartilhada*. Isto nos dará uma plataforma para considerar o que é distintivamente psicológico sobre nossas abordagens da pesquisa qualitativa. Em seguida, podemos olhar para as oportunidades fornecidas pelas diferentes abordagens neste livro, e considerar um resumo sobre os respectivos pontos de foco, concluindo com algumas considerações sobre as consequências de nossas escolhas.

Focando no significado

Quando escolhemos uma abordagem para um projeto de pesquisa qualitativa em psicologia, estamos escolhendo uma perspectiva no mundo, e em nossos dados. Estamos escolhendo "fatiá-lo" de uma forma particular. Quando você fatia um objeto, como uma laranja, você dá privilégio especial para a perspectiva que você escolheu tomar. Se você fatiou a fruta horizontalmente, por exemplo, você revela, em corte transversal, a visão do centro de cada segmento. Se você fatia verticalmente, você vê os segmentos de muitas diferentes formas: fatias longitudinais de cada lado da coluna central. Qualquer que seja a forma como você escolheu cortar sua laranja, você não descarta inteiramente a possibilidade de imaginar o que apareceria com a perspectiva surgida por um corte alternativo – mas você certamente evidencia uma visão particular, posta num primeiro plano. Escolher um método é assim: diferentes abordagens chamam nossa atenção para diferentes visões do mundo.

Como vimos, pesquisas qualitativas tendem a focar nos significados, no fazer-sentido e na ação comunicativa: semelhante a como pessoas conseguem *dar sentido* ao que acontece, e qual o *significado* que qualquer acontecimento pode ter. Relaciona-se também com o contexto (Madill, Jordan & Shirley, 2000). Significados nunca são livres do contexto, afinal, e assim todas as abordagens resumidas neste livro deverão – de formas diferentes – afirmar o interesse no contexto. Elas diferem umas das outras em termos de formas de trazerem uma visão particular do dado (e do mundo que o originou) para o primeiro plano, para benefício do leitor, através do esforço do analista.

Assim, por exemplo, abordagens diferentes podem conceber um indivíduo como um *locus* encarnado para a experiência, ou o vetor para um conjunto de relacionamentos interpessoais, ou o narrador de um conjunto de histórias entrelaçadas, ou um agente dentro de uma comunidade, ou uma identidade representada numa estrutura social, ou um ator habilitado ao manejo de recursos culturais. As questões da pesquisa que fazemos, e os apoios conceituais e epistemológicos de nossas perguntas, nos farão trazer à tona diferentes combinações desses interesses. Para escolher uma abordagem apropriada, devemos inicialmente decidir sobre o que estamos interessados. Pesquisas anteriores e trabalhos teóricos nos auxiliam a identificar esse interesse, destacando o que está faltando e o que já é aceito, e nos dirigem na direção de *insights* que podem ser proveitosos e úteis.

Abordando sua escolha

Pesquisadores devem fazer escolhas fundamentadas sobre as abordagens que poderão combinar com seus interesses e questões. Como este livro mostra, uma ampla gama de possibilidades se abre conforme as abordagens estabelecidas, e para o pesquisador confiante e experiente ainda mais opções ficam disponíveis.

As rotas pelas quais se chega a essas escolhas podem depender da história de seu projeto, e de seu relacionamento com ele. Alguns pesquisadores encontram uma forma particular para trabalhar intrinsicamente recompensadora e interessante, e então seguem imersos nela. Com frequência consideram que sua abordagem escolhida está de acordo com seu modo amplo de visão de mundo, e então procuram encontrar novas oportunidades para aplicar aquele método, e entender mais sobre o mundo através de sua lente particular. Esses pesquisadores costumam referir-se às suas abordagens de escolha mais como um *expert* artesão deveria se referir, digamos, um habilidoso lapidador; eles procuram por projetos que permitam aprofundar seus conhecimentos e aumentar sua especialidade no tipo de abordagem escolhida.

Alguns pesquisadores podem ser um pouco mais ecléticos. Podem achar, por exemplo, que o que os atrai é a psicologia qualitativa em geral, ou talvez uma atitude epistemológica particular, e então continuam a explorar e aplicar um grupo de metodologias a partir do ponto inicial. Esses pesquisadores podem se referir à sua pesquisa mais como um explorador se refere ao planejamento de uma nova expedição; procuram projetos que os coloquem no modo geral e escala de exploração, mas devem ter a mente aberta sobre os detalhes para além desse ponto.

Outros pesquisadores verão os métodos muito mais como vemos instrumentos numa caixa de ferramentas: diferentes tarefas exigem diferentes ferramentas. Estes pesquisadores desenvolvem portfólios de trabalho muito ecléticos, em geral porque estão bastante interessados em um tópico particular. Cada projeto se inicia a partir de uma questão diferente a ser pesquisada, e cada questão leva a uma abordagem metodológica apropriada. Muitos desses pesquisadores utilizam também métodos quantitativos.

Finalmente, alguns pesquisadores irão achar que uma dada situação simplesmente irá requerer deles o uso de uma abordagem particular. Se a restrição se referir ao treinamento e supervisão disponíveis, então o tipo de questões a serem pesquisadas será obviamente moldado e limitado por essa dificuldade. Mas algumas vezes a restrição está ligada ao resultado de um estudo particular. Se todas as pessoas com interesse em uma parte particular da pesquisa concordam que seus resultados deverão ser de um tipo particular (p. ex., elas podem concordar que a pesquisa deve produzir um modelo teórico, pois o estágio seguinte do estudo depende da aplicação deste modelo), então, inevitavelmente, isso limitará as opções de escolha do pesquisador. Nessa situação, o relacionamento do pesquisador com o projeto é mais como o de um empreiteiro contratado para a manufatura de um produto: nessas circunstâncias devemos entender o que nosso cliente deseja, e devemos saber que matéria-prima está disponível, e quais técnicas podem ser aplicadas sobre elas.

Como você pode imaginar, alguns pesquisadores qualitativos são fortes defensores de quaisquer das posições que eles ocupem, e podem também ser críticos das outras. Do ponto de vista deste livro, e das opções que ele oferece aos leitores, penso que é importante manter a mente aberta. O que podemos dizer é que cada posição traz consequências e envolve certos riscos. O risco para o lapidador intensamente focado é que ele se torne tão familiarizado com um modo particular de ver o mundo que seu senso de perspectiva fique distorcido; os *insights* oferecidos por outras abordagens podem ficar negligenciados ou desconsiderados. O risco para o explorador eclético é que, enquanto adquire um amplo mapa do território, não tem muitas oportunidades para realmente se engajar com o mundo em profundidade. O risco para o pragmático e suas várias ferramentas é de ele ser sempre – em alguma extensão – um noviço, e ser lento para adquirir o julgamento confiante que chega a partir da prática do uso anterior, por várias vezes, de uma determinada abordagem. O risco para o empreiteiro contratado é de que sua perda do controle do projeto pode corroer a qualidade do processo reflexivo que é muito importante nas diversas formas de análises qualitativas.

Escolhendo sua abordagem

As escolhas metodológicas, como já vimos neste livro, têm a tendência de seguir posições epistemológicas. Com o propósito de fornecer certa orientação simplificada, podemos representar as escolhas como estão caracterizadas no Quadro 11.1. Vemos aqui uma série de questões acerca da experiência da conectividade. Cada uma oferece um exemplo da forma pela qual uma dada técnica pode abordar um tópico relacionado à conectividade (i. é, a lista de modo algum é exaustiva). Hipoteticamente são listados exemplos que nos permitem observar como a formulação de questões da pesquisa liga-se a escolhas de abordagens qualitativas apropriadas.

QUADRO 11.1 COMBINANDO A QUESTÃO COM A ABORDAGEM

Exemplo de questão pesquisada	Característica-chave	Abordagem adequada
Como pessoas que escolheram viver em comunidades de coabitação avaliam suas experiências de pertencimento?	Situar o foco sobre o significado e sentido de um contexto particular, para pessoa que compartilha uma experiência particular.	Análise fenomenológica interpretativa
Que tipos de estruturas narrativas parceiros românticos usam para descrever o momento de seu primeiro encontro?	Situar o foco sobre como narrativas se relacionam com o sentido (p. ex., pelo gênero, estrutura, harmonia ou imagens); isto pode ser relacionado com uma experiência geral ou um contexto específico.	Psicologia narrativa
Através de qual processo famílias adotantes incorporam um novo membro familiar?	Situar os esforços para desenvolver um relato explicativo (fatores, impactos, influências, etc.) do processo social complexo.	Teoria fundamentada nos dados

Quais padrões comunicativos caracterizam os aspectos colaborativos do relacionamento entre psicoterapeuta e cliente?	Situar o foco na conversação como uma forma de atividade colaborativa social a qual pode ser usada para nos ajudar a entender como ou por que um processo se desenrola da forma como acontece.	Análise da conversação
Como as pessoas administram suas identidades quando elas estão "apaixonadas" em um íntimo relacionamento hererossexual?	Situar o foco sobre desempenho e realização mais e acima do conteúdo, a importância de especificar o contexto social, e o cuidado ao inferir alguma coisa sobre o amor.	Psicologia discursiva
Qual é a função relacional dos "pais", construída em uma disputa legal sobre custódia parental e acesso às crianças?	Situar os esforços em usar um conjunto de fontes de dados, e o foco em como as coisas "devem ser entendidas" de acordo com as convenções estruturais de uma situação particular.	Análise foucaultiana do discurso
Como nós podemos colaborar com jovens que foram excluídos da escola a desenvolverem melhor relacionamento com a educação?	Situar a importância de um processo colaborativo que envolva pessoas como coinvestigados, e que muitas vezes almejam alimentar diretamente um processo de mudança local e social.	Investigação cooperativa
Quais são os temas principais que podem ser identificados na população X como conectados com alguém ou alguma coisa?	Note a dificuldade de especificar um foco epistemologicamente claro: isto não é porque a análise temática não deve ter um foco; é porque o foco não é especificado como parte do método (i. é, ele é adaptável).	Análise temática

O Quadro 11.1 captura um amplo espectro de interesses (em termos de perfil de cada análise), desde o ideográfico (no início), passando pelo psicossocial (no meio) até o estrutural (no final). Isto não é preciso ou definitivo (p. ex., estudos de análise fenomenológica interpretativa utilizam *designs* de perspectiva múltipla, expandindo a partir do ideográfico até o nível sistêmico), e há variações internas às abordagens (p. ex., há versões múltiplas da teoria fundamentada nos dados), mas, como uma varredura para caracterização do terreno, se captura algo útil sobre as opções que estão disponíveis para nós. Essas opções são expandidas todo o tempo. Por exemplo, devido à essa flexibilidade, análises temáticas não fazem parte desse conjunto apresentado, mas são excelente suplemento para ele, pois potencialmente proporcionam um mecanismo pelo qual novos agrupamentos de epistemologias podem ser desenvolvidos e aplicados para dados qualitativos.

Assim, a principal razão para a escolha de uma abordagem ou outra deve ser a sua compatibilidade com a posição epistemológica de sua questão em análise:

> Na formulação de qualquer questão da pesquisa está implícita a hipótese sobre o que os dados podem dizer a você. Assim, epistemologia é um assunto conceitual com um impacto prático sobre a pesquisa que fazemos. Isto se torna evidente tão logo temos em mãos os dados transcritos: há infinitas coisas que podemos inferir sobre ação, significados, propósito etc. Como vamos encará-los? *Para que* vamos codificá-los? (cf. Smith, Flowers & Larkin, 2009: 46, com itálicos originais).

Ao lado dessa preocupação, você deve ter um momento de reflexão sobre sua relação com a *teoria*. Em pesquisas de psicologia qualitativa, há Teoria, e há teoria. Quando se fala em Teoria, com "T" maiúsculo, se está invocando o conjunto conceitual e epistemológico que informa a abordagem metodológica em si. Uma Teoria formata a codificação do trabalho analítico, como vimos, mas pode também oferecer uma ampla visão com implicações sobre como os resultados do processo analítico estão ligados à prática, a recomendações sobre trabalhos futuros, ou ao contexto social e político.

Por outro lado, teoria com um "t" minúsculo deve se referir ao sentido psicológico mais comum do conceito; que a teoria é uma explicação (ou explicação proposta) das relações entre fenômenos particularmente observáveis. Teorias psicológicas são usualmente empiristas em suas hipóteses. Como consequência, a maioria das abordagens qualitativas não aplicam teorias, e conceitos teóricos externos normalmente não são aplicados na ação explanatória dentro da análise qualitativa. Elas, contudo, muitas vezes têm papel importante na racionalização do estudo proposto, e são importantes ainda para a discussão e contextualização ampla do estudo *completado*. As conclusões de uma análise devem contribuir para o desenvolvimento de uma teoria nova ou de uma já existente; devem oferecer uma perspectiva crítica ou desconstrutivista em algumas de suas hipóteses; ou devem entrar em um diálogo com elas. É valioso considerar como esses temas irão se acomodar dentro de suas escolhas.

Há ainda temas pragmáticos a se considerar. Eles são secundários no desenvolvimento de uma linha clara e coerente entre as questões, epistemologia e método, mas são importantes. Na seção seguinte, vou considerar alguns desses assuntos.

Competência e complexidade

Pesquisadores qualitativos experientes irão com frequência usar abordagens já prontas para uso e adaptá-las ou ampliá-las para cobrir as necessidades de seus projetos em andamento. Pesquisadores novos neste campo irão preferir iniciar seus trabalhos com as estruturas estabelecidas. Alguns métodos e abordagens (análises temáticas (TA), análises interpretativas fenomenológicas (IPA), teoria fundamentada (GT), algumas formas de análise narrativa (NA) são particularmente boas ao fornecer esse tipo de estrutura, e podem então ser preferencialmente escolhidas pelos novos pesquisadores qualitativos). Contudo, é também importante estar apto a acessar supervisão e apoio apropriados, e este pode ser o fator que defina escolhas quando todas as outras coisas são equivalentes.

Além disso, há o tema do treinamento. Apesar da reconhecida importância dos métodos qualitativos em pesquisa aplicada (p. ex., cf. Shaw, Larkin & Flowers, 2014) e dos grupos com grande número de pesquisadores de métodos qualitativos existentes atualmente em muitas organizações nacionais e profissionais de psicólogos, há ainda grande variação na cobertura dada a experiência com pesquisa qualitativa em cursos de formação em psicologia. Alguns novos pesquisadores poderão sentir que estão bem preparados (conceitual e metodologicamente), enquanto outros poderão sentir que estão entrando em outro mundo! Isso significa que devemos ter uma "zona de tolerância" ao redor dos estágios iniciais da pesquisa em psicologia qualitativa. Em parte, significa que examinadores devem lembrar-se que enquanto dissertações e teses devem se "suficientemente boas" (é claro), haverá ainda áreas para aperfeiçoamentos. Pesquisadores podem introduzir isso atraindo o componente reflexivo do trabalho qualitativo, como forma de mostrar o que foi aprendido e onde está na vanguarda. Uma consequência a mais dessa questão é que, como as abordagens que oferecem mais estruturas tendem a atrair os novos pesquisadores, eles algumas vezes levam a culpa por trabalhos insuficientes que podem realizar. TA, IPA, e GT foram todos criticados por isto, no passado, mas penso que eles são totalmente adequados. Todas essas abordagens podem dar suporte sofisticado e nuanças ao trabalho. Se, algumas vezes, eles parecem produzir trabalhos menos sofisticados, isto se deve ao fato de que métodos e abordagens em pesquisas qualitativas não são protocolos experimentais típicos (Willig, 2013). Isto é, nenhum método ou abordagem irá *garantir* um resultado particular; este somente poderá ser obtido pelo analista. Qualquer método ou abordagem oferece uma direção e um mapa. A analogia é então de exploração ou viagem, não de aprovação ou produção. Pesquisa qualitativa é um trabalho difícil. Com apoio e supervisão construtiva, trabalhos mais sofisticados serão realizados pelos pesquisadores jovens, independentemente da abordagem adotada.

É ainda importante considerar quem é sua "audiência", o que você deve fazer a fim de persuadi-la de sua mensagem, e onde você deve fazê-la, a fim de que ela seja recebida. Se você está escrevendo para publicação em revistas especializadas, então o foco e a identidade disciplinar com o jornal irá auxiliar na forma de suas escolhas. Algumas revistas encorajam análises sofisticadas e reflexivas e nuanças nas sugestões; outras (em geral revistas de "alto impacto") preferem relatos mais concretos e diretos, com uma mensagem mais simples e fundamental. Neste livro os colaboradores se concentraram principalmente no que Kidder e Fine (1987b) chamaram de abordagem "Big Q". O argumento implícito aqui é de que a qualidade, em pesquisas qualitativas, é marcada pela *profundidade*: isto é, atenção criteriosa ao detalhe, reflexão cuidadosa do processo, e sensibilidade de mente aberta ao contexto (p. ex., cf. o cap. 12, de Lucy Yardley). Contudo, há um aspecto concorrente, prevalente em algumas áreas da pesquisa médica, que favorece a *amplitude*, isto é, grandes tamanhos de amostras e considerações do nível explanatório de aspectos relativamente "concretos" dos dados. A ruptura que emerge entre esses dois tipos de pesquisa qualitativa pode ser uma razão para o aparecimento de grande número de "critérios de qualidade", cada vez mais detalhados, que têm sido publicados, e pela confusa mistura de mensagens embebidas com alguns deles, e que são frequentemente elevados a "padrão de ouro" (p. ex., cf. Tong, Sainsbury & Craig, 2007). Se essa cisma pode ser reparada, e se isso tomará a forma de uma linha disciplinar, se verá. Neste meio-tempo, psicólogos qualitativos devem se engajar nesses debates, e serem explícitos sobre seus objetivos e critérios pelos quais eles devem ser avaliados.

Há também implicações práticas e de recursos sobre suas escolhas. Abordagens diferentes terão exigências diferentes com respeito a: o que considerar como dados; como lidar com seu tema "na realidade"; como ter acesso e abordar os participantes; e o que constitui um tamanho de amostra e método de coleta de dados. O capítulo anterior deste livro dará a você um excelente ponto de partida para pensar nesses temas, mas tenha certeza de que os diferentes elementos de seu projeto se alinham coerentemente – entre eles e com os objetivos do projeto.

Finalmente, não inicie seu projeto sem considerar quais as consequências que você gostaria que esse projeto venha a ter. Uma boa questão a fazer a si mesmo é: "Que impacto ele terá?" – sobre os participantes, no contexto de seu trabalho de coleta de dados, no campo em que você irá apresentar suas análises, e para pesquisas futuras. Pense sobre o que você gostaria que fosse diferente. Num projeto cooperativo de investigação, isto deve ser explicitado desde as primeiras etapas, mas outras abordagens podem se beneficiar de alguns desses apontamentos. Observando alguns exemplos do Quadro 11.1, podemos notar que o projeto sobre o entendimento da experiência do pertencimento em um modelo de coabitação em uma comunidade provavelmente terá menos a ver com influenciar a comunidade em que os dados serão coletados do que com mostrar os possíveis benefícios deste *tipo* de comunidade para um público amplo. Pode ter o objetivo de contribuir com debates sobre política habitacional, desenvolvimento ambiental ou saúde pública.

É importante ainda pensar em como você pode envolver pessoas que farão o projeto acontecer, e quem o ajudará a alcançar seus objetivos de forma aceitável, sensível e prática. Existe agora uma rica literatura sobre como utilizar o envolvimento em pesquisa e que poderá ajudá-lo a planejar isso, e há várias organizações às quais você poderá recorrer para obter ajuda. Você deve decidir se deseja envolver "consumidor do serviço" ou "consumidor da pesquisa", ou ambos. Por exemplo, no projeto citado acima, sobre interpretações legais em conflitos entre os pais sobre a custódia e acesso aos filhos, os "usuários da pesquisa" podem ser os formuladores de políticas e do direito, e os "usuários do serviço" podem ser os familiares. Caso haja pessoas, grupos ou organizações com um interesse em sua região, e se você tem a expectativa de que seu trabalho seja proveitoso para eles, então será útil conseguir informações e considerações sobre suas ideias em estágios iniciais da vida do projeto, e ainda discutir com eles como você pode racionalmente esperar beneficiar-se com um possível envolvimento deles no curso da pesquisa.

Para pesquisadores experientes, como vimos, está disponível uma ampla gama de possibilidades, não apenas em relação à abordagem, mas também quanto à concepção do projeto (p. ex., casos isolados, teóricos, propositivos ou amostragem com múltiplas perspectivas) e fontes de dados (p. ex., dados que ocorrem naturalmente, entrevistas realizadas pessoalmente ou via e-mails, grupos de discussão, blogs, análise fotográfica, coprodução etc.). As escolhas se tornam ainda mais complexas com a literatura crescente sobre como elas podem ser combinadas (p. ex., cf. Frost, 2011, sobre pluralismo, ou o número crescente de "híbridos" interdisciplinares, como neurofenomenologia ou encenação de conversação analítica). Estes são tempos empolgantes para a psicologia qualitativa, mas eles devem ser equilibrados com os desafios que envolvem a realização de trabalhos mais sofisticados, acessíveis e compreensíveis para audiências "modernas".

Boa sorte!

12 Demonstrando a validade em psicologia qualitativa

Lucy Yardley

A validade da pesquisa corresponde ao grau em que ela pode ser aceita como correta, legítima e com autoridade, pelas pessoas interessadas nos resultados da pesquisa. Isso incluirá outros pesquisadores (em particular, aqueles que lhe devem julgar o valor para fins de exame ou de aprovação de financiamentos ou publicações), formuladores de políticas públicas e praticantes que utilizem a pesquisa, e o público leigo. Este capítulo, inicialmente, discute por que há a necessidade de estabelecerem-se critérios para avaliação da validade da pesquisa qualitativa, e considera porque estabelecer a validade da pesquisa em psicologia qualitativa pode ser problemático. Uma variedade de métodos específicos que podem ser empregados para aumentar e demonstrar a validade da pesquisa qualitativa é descrita. Finalmente, é apresentado um quadro para avaliação da validade de estudos de psicologia qualitativa, ilustrado com exemplos de boas e más práticas. O quadro não determina exatamente o que você deve fazer para demonstrar que seu estudo é válido, pois cada estudo é diferente e pode ser validado de diferentes modos. Todavia, se você deseja afirmar que sua pesquisa é válida, ele será útil para mostrar que, no seu modo particular, seu estudo encontra um critério-chave neste quadro.

Podemos julgar a validade da pesquisa qualitativa?

Avaliar a validade da pesquisa envolve fazer um julgamento sobre o quão adequadamente ela foi conduzida, e se os resultados encontrados podem ser considerados confiáveis e úteis. Tais julgamentos nunca são fáceis, mas podem colocar problemas particulares para pesquisas qualitativas.

Diferentes perspectivas de validade

A maioria dos pesquisadores qualitativos acredita que pessoas diferentes têm diferentes, e igualmente válidas, perspectivas da "realidade", as quais são formadas por seu contexto, cultura e atividades (cf. cap. 2). Mas se realmente não há uma "verdadeira" perspectiva, então qual das perspectivas deveria ser usada para avaliar a validade de um estudo? Uma solução para esse problema pode ser aceitar todas as perspectivas dos pesquisadores como igualmente válidas e úteis. Há alguns anos eu assisti a uma conferência sobre pesquisa qualitativa que pareceu estar baseada nesse princípio – era como se os organizadores tivessem aceitado todos os estudos que foram submetidos para apresentação. Como resultado, eles aceitaram tantos artigos que tiveram que ser apresentados em 14 seções paralelas. Para organizar esses encontros simultâneos em um só local, houve palestras sendo dadas em todas as salas e até em corredores entre as salas! Ninguém ficou contente com esta solução, pois em várias palestras só um número pequeno de pessoas pode estar presente, e não havia como as pessoas decidirem a quais das palestras valeria a pena estarem presentes.

A partir dessa experiência eu conclui que é necessário fazer julgamentos sobre o valor da pesquisa qualitativa. Sem dúvida, todos fazemos constantemente estes julgamentos, individual e informalmente, por exemplo, quando decidimos se uma palestra "valeu a pena ser vista" – se ela foi convincente, ou pelo menos interessante ou instigante.

Uma solução alternativa para o problema de que cada um de nós temos diferentes visões se um estudo é "realmente" válido é tentar encontrar um critério comum que possa ser empregado para julgar a validade da pesquisa qualitativa.

Contudo, não é fácil identificar um critério que possa ser aplicado a todos os estudos qualitativos, pois há numerosas abordagens diferentes para pesquisas qualitativas, cada uma baseada em diferentes hipóteses e empregando procedimentos bastante diferentes.

Por exemplo, um estudo válido de uma teoria fundamentada poderia teoricamente utilizar uma grande amostragem de pessoas para conseguir desenvolver uma descrição detalhada e explicação do tópico em estudo, baseado em análises de todos os dados obtidos (cf. cap. 4). Em contraste, uma análise discursiva válida (cf. cap. 7) pode ser baseada em uma análise em profundidade de apenas alguns fragmentos de textos esclarecedores. Dentro de cada abordagem ampla, como na análise do discurso, existem ainda muitas diferenças nos conceitos dos métodos a serem apropriados e válidos. Por exemplo, na psicologia discursiva (assim como na análise conversacional) é muitas vezes considerado importante estudar o diálogo que ocorre naturalmente e usar a forma como os falantes respondem a cada vez que tomam a palavra na conversação como uma forma de validar a análise das funções sociais e linguísticas daquilo que previamente o "falante" disse. Em uma análise foucaultiana do discurso válida, não é imperativo o emprego como dados do diálogo ocorrem naturalmente, mas é importante analisar a extensão das implicações socioculturais da conversa.

Utilizando critérios de validade de pesquisas quantitativas

Um problema adicional em psicologia qualitativa é que métodos quantitativos têm sido historicamente dominantes dentro da disciplina, e por isso há uma tendência entre os psicólogos de considerarem que critérios de validade relevantes para estudos quantitativos também podem ser aplicados para os estudos qualitativos. Há três critérios, em particular, que são, com frequência, equivocadamente aplicados a pesquisas qualitativas: objetividade, confiabilidade e generabilidade (estatística). As razões pelas quais esses critérios são relevantes para a maioria dos estudos quantitativos, mas são inapropriados para a maioria dos estudos qualitativos, são apresentadas a seguir (para mais explicações, cf. Yardley, 1997b).

A maioria dos pesquisadores quantitativos procura minimizar as fontes de erros em seus dados a fim de obter, tanto quanto possível, uma observação da realidade acurada e imparcial. Como se sabe que o pesquisador potencialmente pode influenciar informações e análises, e esta influência é vista como "preconceito" ou "erro", grande variedade de métodos são empregados para tentar reduzir a influência do pesquisador. Estes incluem administração impessoal de questionários padronizados (assim o pesquisador não pode influenciar o modo como as questões são feitas) e análise estatística de medições numéricas para reduzir a extensão com que os dados podem ser moldados pela interpretação do pesquisador. Contudo, muitos pesquisadores qualitativos acreditam que o pesquisador *inevitavelmente* influencia a produção de conhecimentos, seja formulando a questão da pesquisa, escolhendo medições e análises particulares, e interpretando os resultados. Além disso, tentar eliminar a influência do pesquisador pode tornar muito difícil aproveitar os benefícios da pesquisa qualitativa, como a revelação de experiências subjetivas em uma entrevista em profundidade, ou a análise de *insights* de significados ocultos ou reprimidos na conversa.

Consequentemente, mais do que tentar eliminar a influência do pesquisador pelo controle rígido do processo de pesquisa, pesquisadores qualitativos geralmente procuram maximizar os benefícios de envolver-se ativamente com os participantes do estudo. Isto significa permitir que os participantes influenciem os tópicos ou dados (p. ex., pelo emprego de questões abertas), enquanto também reconhecendo e analisando como o pesquisador pode ter influenciado os resultados da pesquisa (cf. a seção "Coerência e transparência" a seguir).

O objetivo da maior parte das pesquisas quantitativas é identificar relações causais predizíveis que possam ser observadas ou "replicadas" em diferentes contextos. A confiabilidade das medições é por essa razão outro importante critério de validade em pesquisas quantitativas, pois só é possível replicar uma conclusão se a medição usada fornecer o mesmo resultado quando administrada por e para diferentes pessoas, em momentos diferentes. Uma vez mais, o erro é eliminado, o mais possível, pela padronização da administração e análises das medidas.

Mas, enquanto pesquisadores quantitativos tendem a se focar em leis generalizáveis, os qualitativos estão em geral interessados no efeito do contexto e diferenças individuais. Estes são efeitos reais que são excluídos como "erro de variância" em pesquisas quantitativas. Por exemplo, se você pergunta a alguém quão forte é sua dor, ele pode dar uma resposta diferente, conforme você é seu patrão, seu médico ou membro da família. Isso pode causar problemas se você está fazendo a pergunta para testar o efeito de um tratamento (caso em que você precisa de uma resposta confiável, segura), mas pode fornecer *insights* bastante interessantes se você quer entender o significado e função da conversa sobre dor em diferentes contextos. Na prática, quando levado a falar sobre um tópico, as pessoas raramente produzem respostas "confiáveis"; em vez disso, frequentemente oferecem uma combinação de muito diferentes, e algumas vezes contraditórias, perspectivas. Essa complexidade na visão expressa das pessoas é suprimida e ignorada quando elas são obrigadas a assinalar – ticar – apenas uma resposta de um questionário.

Embora pesquisadores qualitativos estejam interessados em diferenças individuais e variações contextuais, ambos, pesquisadores quantitativos e qualitativos, esperam que suas descobertas sejam generalizáveis. Há pouco propósito em se fazer pesquisa se cada situação for totalmente única, e as descobertas em um estudo não tiverem relevância para nenhuma outra situação! Pesquisadores quantitativos frequentemente tentam assegurar que suas descobertas podem ser generalizadas a partir de uma amostra para a ampla população, realizando suas pesquisas em uma amostra randomizada representativa da população-alvo. Contudo, raramente é prático reunir e analisar dados qualitativos em profundidade de uma população grande o suficiente para ser estatisticamente representativa de uma população extensa. Em todo caso, pesquisadores qualitativos estão tipicamente mais interessados em examinar processos interativos sutis ocorridos em contextos particulares do que fazer generalizações sobre tendências na população, por isso eles tendem a estudar intensivamente um número relativamente pequeno de indivíduos ou casos selecionados cuidadosamente. Pesquisadores qualitativos, portanto, aspiram ao que pode ser chamado de generalizações "teóricas", "verticais" ou "lógicas", preferencialmente a "estatísticas", em suas descobertas (Johnson, 1997).

Isto significa que eles não esperam que suas descobertas sejam exatamente replicáveis em qualquer outra amostra ou contexto, mas esperam que os *insights* derivados de estudos em certo contexto poderão ser úteis em outros contextos que tenham similaridades. Como contextos podem compartilhar algumas características enquanto outras sejam muito diferentes, generalizações em pesquisas qualitativas são potencialmente de largo alcance e flexíveis.

Desenvolvendo critérios de validade para pesquisa qualitativa

Apesar das dificuldades em desenvolver critérios de validade que sejam aplicáveis a todos os tipos de pesquisas qualitativas, há muitas razões pelas quais é necessário tentar encontrar alguns critérios comuns a eles. Como métodos qualitativos não foram amplamente empregados em psicologia no passado, é essencial para pesquisadores qualitativos estarem aptos a demonstrar que seus estudos são corretos e rigorosos, e produzem descobertas tão confiáveis quanto aquelas das pesquisas quantitativas. Todos, inclusive pessoas leigas e jornalistas, podem entrevistar pessoas e relatarem o que elas disseram, e assim, se pesquisadores qualitativos desejam demonstrar o valor de suas pesquisas, precisam mostrar que seus estudos são mais que isso. O processo de harmonizar critérios para o julgamento do valor de pesquisas qualitativas é útil em si mesmo, pois envolve a reflexão crítica sobre como estas devem ser conduzidas e quais ingredientes são essenciais para a boa pesquisa qualitativa. Publicar esses critérios é uma forma importante de disseminar melhores práticas e aperfeiçoar padrões. Publicar critérios pode auxiliar pesquisadores novatos a desenvolverem suas pesquisas de modo a evitar falhas e enganos que pesquisadores mais experientes já aprenderam a antecipar. Finalmente, se estudos podem demonstrar que eles encontraram critérios que devem ser harmonizados e aceitos por especialistas qualitativos, isto deve ser usado como uma garantia de qualidade pelas pessoas que não são especialistas qualitativos. Por exemplo, agentes de políticas públicas, financiadores de pesquisas e editores de jornais com frequência não são especialistas em métodos qualitativos, mas precisam estar aptos a tomarem decisões importantes sobre se estudos qualitativos são falhos, aceitáveis ou notáveis.

Esses motivos levaram, nos anos de 1990 e início do século XXI, ao desenvolvimento e publicação de diversas diretrizes para critérios de validade que estudos qualitativos deveriam seguir, dentro da psicologia qualitativa (p. ex., Elliott, Fischer & Rennie, 1999; Henwood & Pidgeon, 1992; Meyrick, 2006; Stiles, 1993; Yardley, 2000) e em pesquisas sobre saúde e na área social (p. ex., Daly et al., 2007; Malterud, 2001; Spencer, Ritchie, Lewis & Dillon, 2003; Tong, Sainsbury & Craig, 2007). Essas diretrizes permanecem extremamente úteis até nossos dias, como estabelecimento de sugestões para boas práticas, mas os especialistas em pesquisas qualitativas que produziram essas diretrizes enfatizam que elas não devem ser entendidas como regras rígidas para o julgamento de pesquisas qualitativas. Meramente seguir diretrizes não garante boa pesquisa. A pesquisa qualitativa não é simplesmente uma ciência descritiva, mas também se baseia na capacidade de evocar experiências imaginativas e revelar novos significados (Eisner, 2003) – e estas qualidades centrais não são capturadas facilmente por critérios de apenas checagem, como *checklists*. Além disso, a pesquisa qualitativa está em constante evolução, e é importante que o pesquisador esteja capacitado para ser flexível e criativo na forma como desenvolve suas pesquisas, demonstrando que justificam seus afastamentos para participações em convenções sobre boas práticas. O quadro apresentado a seguir, neste capítulo, detalha a validade de estudos qualitativos, e destaca, portanto, características de qualidade que precisam ser tratadas, mas não restringem as formas pelas quais elas podem ser tratadas. Contudo, pesquisadores qualitativos desenvolveram um grupo de procedimentos que podem ser utilizados para melhorar a validade de suas pesquisas, e estes são descritos na próxima seção.

Procedimentos para melhorar a validade

Os procedimentos descritos a seguir não serão adequados para todo estudo qualitativo, e recomendações específicas para procedimentos relevantes com métodos particulares foram descritos em diversos capítulos deste volume. Contudo, as sugestões seguintes oferecem uma "caixa de ferramentas" da qual você pode selecionar procedimentos para melhora da validade que sejam adequados para seu estudo. Vários desses procedimentos são suficientemente flexíveis para adaptarem-se ao uso em ampla gama de abordagens metodológicas. Certamente, eles só irão melhorar a validade de sua pesquisa se você os utilizar atentamente para aperfeiçoar a profundidade, o conteúdo e a sensibilidade de suas análises (cf. Barbour, 2001).

Triangulação

Triangulação é um termo tomado originalmente da navegação, onde se refere à prática de calcular a localização a partir de três diferentes pontos de referência. Como esta metáfora sugere, a triangulação era inicialmente vista como uma maneira de se tentar certificar os resultados de uma pessoa ou grupo utilizando os dados de outras. Por exemplo, para confirmar uma descrição de um participante sobre seus problemas psicológicos como consequência de eventos externos, o pesquisador deveria entrevistar membros da família dele. Contudo, esta abordagem da triangulação é incompatível com a visão de muitos pesquisadores qualitativos de que as perspectivas pessoais podem ser diferentes, mas cada uma deve ter sua validade. A triangulação é igualmente valiosa deste ponto de vista, mas como um método para enriquecer o entendimento de um fenômeno pela observação dele a partir de diferentes perspectivas, mais do que convergindo para uma única e consistente avaliação do fenômeno (Flick, 1992). Por exemplo, o participante pode dar uma avaliação persuasiva e fenomenologicamente reveladora de sua experiência de eventos externos como a causa de seus problemas, mas membros de sua família podem contribuir com detalhes úteis sobre como a personalidade individual e biografia do participante pode ter influenciado suas experiências com aqueles eventos.

O enriquecimento do entendimento através da triangulação pode ser alcançado pela reunião de dados de diferentes grupos de pessoas, ou reunião de dados da mesma pessoa em tempos diferentes, num estudo longitudinal. Também é possível a triangulação entre diferentes teorias e métodos (cf. Quadro 12.1), num método de estudo misto ou "análise composta" (Yardley & Bishop, 2007). Além disso, a triangulação de perspectivas de diferentes pesquisadores pode enriquecer as análises (cf. próxima seção).

QUADRO 12.1 TRIANGULAÇÃO DE PESQUISAS SOBRE ATITUDES DE PESSOAS IDOSAS PARA PREVENÇÃO DE QUEDAS

Pergunta da pesquisa: O que pessoas idosas pensam das recomendações existentes para prevenção de quedas?

Método: Grupo focal e entrevistas realizadas com 66 pessoas com idades entre 61 e 94 anos, propositadamente selecionadas para se garantir ampla gama de funções físicas.

Descobertas: A maioria dos participantes (mesmo aqueles acima de 75 anos que já haviam caído) rejeita a prevenção de quedas como relevante apenas para pessoas idosas, fragilizadas, e acreditam que ela significa restringir a atividade para prevenir quedas (Yardley, Donovan-Hall et al., 2006).

Pergunta da pesquisa: O que motiva pessoas idosas a participarem de programas de prevenção de quedas baseados em treinamentos de força e equilíbrio?

Método: Entrevistas com 69 pessoas com idade de 68 a 97 anos, propositadamente selecionadas em seis regiões para representarem um perfil de experiências de diferentes programas, incluindo pessoas que recusaram ou abandonaram programas.

Descobertas: Motivações-chave para tomar parte foram melhorar as funções físicas para manutenção da independência, benefícios gerais de saúde e prazer (Yardley, Bishop et al., 2006).

Pergunta da pesquisa: Tem a intenção de continuar o treinamento de força e equilíbrio prognosticado pelo perigo previsto (medo de queda) ou provas previstas (compreendendo os benefícios do programa)?

Método: 558 pessoas completaram questionários estimando risco e provas previstas, incluindo crenças sobre treinamento de força e equilíbrio expressas em estudos de entrevistas.

Descobertas: Modelos de equações estruturais mostraram que a intenção de continuar o treinamento de força e equilíbrio foi mais fortemente relacionada com provas previstas do que ao perigo previsto, incluindo a compreensão de benefícios identificados em estudos de entrevista (Yardley et al., 2007).

Análise composta: O primeiro estudo qualitativo revelou os significados negativos que pessoas idosas associavam com "prevenção de quedas"; o segundo estudo qualitativo identificou motivações positivas que poderiam promover a melhoria de programas de prevenção de quedas; e o estudo quantitativo confirmou que estas melhorias foram motivadas pelos benefícios percebidos. O programa "Prevention of Falls Network Europe" (www.ProFaNe.eu.org) e o "Help the Aged" [Rede da Europa de Prevenção a Quedas e Ajuda ao Idoso] concluíram a partir da integração dessas descobertas que para persuadir as pessoas idosas a participarem de programas de prevenção de quedas devemos enfatizar os benefícios positivos imediatos do treinamento de força e equilíbrio para as funções, independência, diversão e saúde. Promover os programas como "prevenção de quedas" pode ser prejudicial, pois as pessoas relutam em considerarem-se tão idosas e frágeis que precisam tomar precauções para evitar quedas.

Comparação de códigos de pesquisadores

Em pesquisas qualitativas, o objetivo de comparar códigos de dois ou mais pesquisadores usualmente é triangular suas perspectivas. Isto garante que as análises não estejam confinadas a apenas uma perspectiva, e façam sentido para outras pessoas. Por exemplo, um pesquisador deve codificar os dados, mas discute os códigos emergentes em encontros repetidos com outros membros da equipe de pesquisadores que tenham lido as transcrições. Essas discussões podem ajudar a identificar temas potenciais nos dados que poderiam ainda não ter sido capturados pelos códigos, e destacar esclarecimentos ou modificações de códigos que podem ser necessários para aumentar a consistência e coerência da análise. Esse tipo de comparação intra-avaliadores é adequado para corroborar esquemas de códigos complexos e sutis.

Algumas vezes um procedimento mais formal é utilizado, em que mais de um pesquisador codifica os dados, e seus códigos são comparados para determinar a "confiabilidade interavaliadores" (*inter-rater reliability*) (Boyatzis, 1998). A forma mais restritiva de confiabilidade interavaliadores requer dois pesquisadores para codificar os dados de forma independente. O nível de concordância entre seus códigos é então calculado pelo coeficiente kappa, de Cohen. Um coeficiente kappa ≥ 0,80 indica um muito bom nível de concordância, indicando que os dados codificados são confiáveis. Esse tipo de cálculo de confiabilidade interavaliadores é apropriado se os códigos serão usados para uma análise quantitativa – por exemplo, para comparar a frequência de sua ocorrência entre dois grupos. Nessa situação, a confiabilidade dos códigos oferece a segurança de que a ocorrência de códigos foi registrada de maneira sistemática e pode ser replicada por um segundo codificador. Contudo, esse tipo de análise de dados qualitativos não é usual (exceto em análises de conteúdo); requer amostras grandes o suficiente para atender aos requerimentos para análises estatísticas; e é adequado apenas para códigos simples que possam ser definidos rígida e facilmente identificados.

Resposta do participante

O *feedback* do participante, algumas vezes chamado de "validação do respondente", é obtido solicitando-se aos participantes que comentem as análises (Silverman, 1993). Esta é uma forma valiosa para engajar os participantes na pesquisa e garantir que suas visões não estão sub-representadas, mas nem sempre é factível ou apropriada. Oferecer aos participantes uma oportunidade de expressar seus pontos de vista é geralmente um importante objetivo da pesquisa qualitativa, mas muitas análises ocorrem evitando isto. Análises podem destacar, por exemplo, diferenças e contradições entre as perspectivas dos participantes, ou os significados e funções suprimidas da conversa. As teorias e métodos que essas análises obedecem podem ser de difícil entendimento para pessoas leigas. Antes de procurar oferecer retorno ao participante, é, portanto, importante considerar se ele estará apto a relacionar-se com a análise, e se esse *feedback* poderá ser usado construtivamente.

Análise de caso discordante

Tipicamente, a análise qualitativa consiste de um processo indutivo de identificar temas e padrões entre os dados. Esse processo é inevitavelmente influenciado pelas hipóteses, interesses e objetivos do pesquisador. Uma vez que esteja identificado o conjunto de temas e padrões, poderá ser muito útil engajar "casos discordantes" no processo complementar de pesquisa, também conhecidos como "casos desviantes" ou "casos negativos". Estes podem ser considerados como o equivalente qualitativo de testes de sua hipótese emergente, e envolvem sistematicamente a busca por dados que *não* se ajustam aos temas ou padrões que foram identificados (Creswell, 1998; Pope & Mays, 1995).

Casos discordantes podem receber cuidadosa atenção e serem relatados sempre que possível. Relatar casos discordantes assegura ao leitor que você levou em conta e apresentou todos os resultados, mais do que apenas selecionou as partes que se ajustavam com o seu ponto de vista. Casos discordantes podem também oferecer um indicador dos limites da generalização da análise. Para ilustrar, imagine que você analisou os dados a partir de participantes que voluntariamente tomaram parte em um estudo sobre os efeitos de exercícios. O retorno dominante de seu tema, a partir de seus entrevistados, consiste de descrições de como exercícios os fazem se sentir felizes, saudáveis e mais no controle de suas vidas. Contudo, apenas duas pessoas descrevem como exercícios as fazem sentirem-se doentes e inadequadas. Estes dois "casos discordantes" são um importante indicador de que exercícios podem não ter sempre efeitos positivos. Sem dúvida, esses dois casos em sua amostra podem representar uma população muito maior de pessoas que não gostam de exercícios, e que, portanto, não quiseram participar de um estudo sobre exercícios. Esses casos podem, assim, sugerir uma próxima etapa valiosa para sua pesquisa – explorar as circunstâncias nas quais as pessoas tiveram ou não tiveram experiências positivas com exercícios.

Rastro de papéis

Embora haja confiança em que os pesquisadores preparam seus relatos de forma a refletir acuradamente os dados obtidos, deveria ser sempre possível providenciarem-se evidências que liguem os dados originais ao trabalho final. Em pesquisas qualitativas isto pode ser feito mantendo-se o que tem sido chamado de "rastro de papéis" [*paper trail*] da análise (Flick, 1998) – embora atualmente este rastro/rastreamento possa ser totalmente eletrônico! Se ocorrer uma auditoria da análise, esse rastro deve permitir ao auditor retraçar todos os estágios da análise, baseado num conjunto completo de transcrições codificadas, juntamente com a descrição do desenvolvimento dos códigos e interpretações (com registros das questões pesquisadas, memorandos, notas e diagramas detalhando as razões que embasaram as decisões analíticas, juntamente com decisões intermediárias e finais dos códigos). O *rastro* não pode ser publicado, mas deve estar disponível para exame de outros pesquisadores, caso eles queiram observar mais de perto suas análises. A disponibilidade do rastro de papéis permite tranquilizar os demais de que você completou e documentou seu estudo cuidadosa e profissionalmente.

Demonstrando a validade da pesquisa qualitativa

Como descrito na seção anterior, pode ser útil estar apto a recorrer a critérios publicados para demonstrar que a pesquisa qualitativa é válida, contanto que esses critérios sejam suficientemente flexíveis para serem aplicados a uma ampla faixa de diferentes métodos e abordagens. A tabela apresentada a seguir (publicada originalmente em Yardley, 2000), traz itens centrais de princípios amplos, resumidos no Quadro 12.2, que são aplicáveis a diversos tipos de pesquisas qualitativas – de fato, embora tenham sidos desenvolvidos para pesquisas qualitativas, podem também ser aplicados em pesquisas quantitativas. Esses critérios cobrem o mesmo conteúdo obtido de uma revisão sistemática de 29 publicações que estabelecem critérios (Cohen & Crabtree, 2008). Algumas ilustrações de diferentes formas pelas quais cada um desses princípios pode ser implementado na prática são dados a seguir, e no Quadro 12.3. Atuando por muitos anos de experiência na supervisão, revisão e edição, eu também apresento algumas ilustrações de erros lamentáveis presentes em pesquisas qualitativas, a serem evitados!

Sensibilidade ao contexto

Enquanto o valor de uma abordagem científica quantitativa reside no teste de hipóteses – o isolamento e manipulação de variáveis predefinidas que permitam a inferência causal –, uma motivação primária para o emprego de métodos qualitativos é permitir o surgimento de padrões e significados a partir de estudo que não deve ter seu progresso estritamente especificado. O extraordinário valor desta abordagem é que ela permite ao pesquisador explorar novos tópicos e descobrir novos fenômenos; para análises sutis, de efeitos da interação de contexto e tempo; e para o envolvimento com os participantes para criar novos entendimentos (Camic, Rhodes & Yardley, 2003). A demonstração de que seu estudo tem essas características vitais é, portanto, central para demonstrar sua validade como um exemplo de pesquisa qualitativa de alta qualidade.

Há numerosas maneiras pelas quais um estudo qualitativo pode ser visto como sensível ao contexto. Um importante aspecto do contexto de todo estudo é a ocorrência de literatura teórica e empírica relevante. Pode ser valioso trabalhar sobre teorias básicas relativas aos significados e conceitos em estudo, recorrendo-se a autores de psicologia e filosofia que realizaram análises fundamentais de significado. Como citado anteriormente (cf. comentários sobre a possibilidade de generalização de pesquisas qualitativas), *insights* a partir de pesquisas qualitativas potencialmente têm relevância teórica em alguns diferentes contextos. Consequentemente, há quase sempre alguma pesquisa qualitativa relevante prévia. Por exemplo, se você está desenvolvendo pesquisa sobre os sentimentos de crianças tomando medicação para o distúrbio de déficit de atenção por hiperatividade, então a pesquisa qualitativa relevante deverá incluir estudos de atitudes de crianças recebendo outros tipos de medicações, assim como estudos de atitudes de crianças e adultos diagnosticados e tratados para outros problemas de saúde mental. Note que pesquisa de muito boa qualidade é relevante para diversas disciplinas, assim você poderá encontrar estudos relevantes realizados por sociólogos, antropólogos e profissionais da saúde e da assistência social. É necessário ter familiaridade com a literatura existente, a fim de formular questões para a pesquisa que encontrem lacunas em nosso conhecimento corrente, mais do que re"descobrir" o que já é conhecido, e que forneçam comparações e explicações que podem ajudá-lo a interpretar suas descobertas.

Pesquisa qualitativa boa deve mostrar que é sensível à perspectiva e ao contexto sociocultural dos participantes. A maneira como os pesquisadores interagem com os participantes pode ter implicações éticas, assim como potencialmente influenciar os dados. Na fase de planejamento, isto significa com frequência considerar o possível impacto das características do pesquisador, ou pesquisadores, sobre os participantes, além do local no qual a pesquisa será realizada. Por exemplo, se os participantes são entrevistados por alguém visto como ligado a eles com autoridade (p. ex., com a escola em que seus filhos estudam), então eles podem respeitar a aparente superioridade do entrevistador expressando apenas visões socialmente aceitáveis, mais do que suas experiências pessoais, e podem também ficar relutantes em revelar informações que podem levar a percepções negativas sobre suas crianças. Outra forma crucial pela qual o desenho da pesquisa qualitativa pode demonstrar sensibilidade às perspectivas dos participantes é pela construção de questões abertas que irão encorajá-los a responder livremente e a falar sobre o que é importante para eles, mais do que ficarem constrangidos pelas preocupações do pesquisador (Wilkinson, Joffe & Yardley, 2004).

Na fase de análise, sensibilidade com a posição e contexto sociocultural dos participantes pode envolver considerações sobre as razões pelas quais visões particulares devem ser expressas ou não expressas e as formas como essas visões são expressas. A atenção aos *insights* da análise do discurso pode ser útil a esse respeito, mesmo se nesse estudo não se desenvolva análise do discurso. Mais importante, a análise deve mostrar sensibilidade aos dados. Isto envolve demonstrar que a análise não só simplesmente ordenou as categorias ou significados dos dados do pesquisador, mas estava aberta a interpretações alternativas e reconheceu complexidades e inconsistências na fala dos participantes.

Compromisso e rigor

Como assinalado na primeira seção deste capítulo, para afirmar que seu estudo tem validade como pesquisa, você não pode simplesmente falar com um pequeno número de pessoas e apresentar algo do que eles disseram – você deve mostrar que desenvolveu uma análise que tem suficiente conteúdo e/ou profundidade para fornecer informações adicionais sobre o tópico pesquisado. As formas pelas quais você conseguirá isso estarão intimamente ligadas ao propósito de seu estudo (cf. a próxima seção "Coerência e transparência"). Por exemplo, se seu objetivo é realizar uma descrição completa de um fenômeno relevante em diferentes contextos, então será necessário demonstrar que foi recrutado um grupo suficientemente amplo de pessoas para que sejam amostradas algumas das perspectivas diferentes que se esperam encontrar. Contudo, se seu objetivo é estudar um fenômeno raro, porém teoricamente importante, então você precisa, de outro modo, mostrar como e por que você selecionou cuidadosamente um ou mais indivíduos com relevância particular para seu problema em questão.

A seleção de sua amostra pode ser menos importante que a profundidade e os *insights* de sua análise – que estão em geral ligados à sensibilidade do contexto. Você pode encontrar resultados singulares devidos à sofisticação teórica de suas análises, ou através de um entendimento empático das perspectivas dos participantes, resultante de um envolvimento profundo e extenso com o tópico em estudo (p. ex., baseado na experiência pessoal ou observação prolongada do participante). Suas análises podem render conclusões através da aplicação meticulosa e habilidosa de métodos analíticos detalhados, como a microanálise em profundidade do diálogo, ou a construção sistemática de uma teoria fundamentada.

Claramente, não é necessário ou mesmo possível para um único estudo apresentar todas essas qualidades, e será útil considerar e explicar por quais formas de rigor seu estudo pretende distinguir-se. Contudo, um nível mínimo inicial de qualidade será relevante mesmo em áreas em que seu estudo não almeja demonstrar excelência. Apesar de o valor primário de suas análises residir na profundidade imaginativa de sua interpretação, você ainda precisa mostrar que tem justificativa razoável para sua seleção dos participantes ou textos em estudo. Similarmente, por mais abrangente que seja seu conjunto de dados, você deve ainda demonstrar competência em sua análise dos dados. Alcançar o rigor demanda, portanto, um comprometimento pessoal substancial, seja para alcançar habilidades metodológicas ou profundidade teórica, ou para se comprometer extensa e cuidadosamente com os participantes ou dados.

Coerência e transparência

A coerência de um estudo significa a extensão na qual ele faz sentido como um todo consistente. Isto é particularmente determinado pela clareza e força dos argumentos que você pode tecer no estudo e a forma com que foi desenvolvido. A clareza e força de seus argumentos, por sua vez, dependerão da relação entre a abordagem teórica adotada, o problema pesquisado, os métodos empregados e a interpretação dos dados. Para desenvolver um trabalho coerente de pesquisa qualitativa é, portanto, necessário ter uma sólida fundamentação nos métodos utilizados e em seu *background* teórico, pois eles o habilitarão a decidir o que é compatível ou não com a abordagem que você escolheu. Isso não significa que estudos qualitativos devam seguir uma fórmula rígida – é vital que os pesquisadores estejam aptos a serem flexíveis e inovadores. Contudo, é necessário um entendimento profundo de que diferentes abordagens empregam diferentes procedimentos, a fim de que os métodos que você irá empregar sejam selecionados, adaptados e justificados coerentemente.

Algumas vezes o uso de um procedimento que poderia realçar a validade em um estudo pode eventualmente reduzir a validade de outro, caso ele seja inconsistente com a abordagem adotada. Por exemplo, se você adotou determinada abordagem interpretativa de seus dados, ela poderia eventualmente ser inconsistente para desenvolver uma estrita checagem de confiabilidade interavaliadores e adotar o coeficiente kappa de Cohen para seus códigos. Isto porque o propósito de se calcular a confiabilidade entre uma abordagem realista é demonstrar que os códigos são independentes da perspectiva do codificador. Mas numa abordagem interpretativa, presume-se que a codificação não consegue nunca ser objetiva, assim, mesmo que duas pessoas codifiquem os dados do mesmo modo, isto simplesmente demonstra que manuais de codificação e processos de treinamento os capacitaram para dividir uma perspectiva particular sobre os dados.

Um engano comum de pesquisadores qualitativos novatos é apresentar suas descobertas de modo incompatível com seus métodos. Um estudo interpretativo qualitativo não pode testar hipóteses e correlações. Consequentemente, conquanto possa ser útil identificar diferenças entre visões dos participantes com diferentes características, ou associações entre pontos de vista particulares, estes não podem ser relatados como se houvesse forte evidência de diferenças do grupo ou relações causais. Similarmente, como pesquisas qualitativas tipicamente oferecem interpretações dos pesquisadores sobre relatos de experiências pessoais, é em geral inapropriado relatar as análises como se elas fossem "descobertas" concretas correspondentes à "realidade". Muitas vezes estas são simplesmente uma questão de utilizar a linguagem precisa: em lugar de afirmar que seu estudo "descobriu que mulheres são motoristas mais cautelosas do que os homens", você deveria relatar que em seu estudo "mais mulheres do que homens descreveram-se a si mesmas como motoristas cautelosas e forneceram exemplos de comportamentos cautelosos ao dirigir".

Incompatibilidades entre formas de validade relevantes a diferentes abordagens metodológicas podem representar problemas para estudos com "métodos mistos" que combinem pesquisas qualitativas e quantitativas.

Pode ser difícil encontrar uma linguagem comum que integre coerentemente descobertas quantitativas e interpretações qualitativas. Por exemplo, para relatar análises quantitativas pode ser necessário tratar as respostas das pessoas aos questionários como medida acurada de suas crenças, enquanto que as análises qualitativas devem destacar os significados complexos e contraditórios e funções das respostas às questões dos pesquisadores. Uma solução para esse problema é relatar estudos que usem diferentes abordagens como partes internamente coerentes de uma "análise composta" (Yardley & Bishop, 2007), as quais triangulam as descobertas obtidas nos estudos que utilizam métodos que não podem ser coerentemente "mesclados" (cf. Quadro 12.1).

A transparência de um relatório de um estudo qualitativo se refere à capacidade do leitor de perceber exatamente o que foi feito, e por quê. Uma argumentação clara e coerente contribui para a transparência, mas é necessário também fornecer detalhes suficientes do método utilizado, muitas vezes apoiado por um rastreamento dos dados (cf. a seção "Procedimentos para melhorar a qualidade"). Uma análise transparente apresenta dados suficientes – gráficos, trechos de textos, e/ou tabelas ou figuras resumindo temas – para mostrar ao leitor em que as interpretações analíticas estão baseadas.

Sendo que a pesquisa qualitativa presume que o pesquisador influencia no estudo, a "reflexão" é geralmente uma importante parte da transparência do estudo. Reflexividade é um termo usado para explicitar considerações sobre os modos específicos em que se espera que o estudo seja influenciado pelo pesquisador. Isso pode significar simplesmente a descrição clara dos aspectos do estudo que podem ter influenciado os dados ou as interpretações (como a formação ou interesses do pesquisador). Algumas vezes pode ser apropriado incluir uma análise reflexiva sobre como esses aspectos podem ter influenciado as conclusões encontradas.

Impacto e importância

Não há razão para o desenvolvimento de pesquisas, a menos que as descobertas tenham o potencial para fazer a diferença – sem dúvida, financiadores de pesquisas demandam crescentemente por evidências de impacto como um indicador-chave do mérito da pesquisa. Seu estudo deve ter implicações práticas, as quais serão imediatamente úteis para os praticantes, os formuladores de políticas, ou a comunidade em geral. Alternativamente, a importância de sua pesquisa pode ser totalmente teórica – ela pode nos auxiliar a entender algo melhor, o que por sua vez levará a aplicações de caráter prático, modificações no mundo real.

Algumas pesquisas qualitativas tiveram profundas influências socioculturais, modificando a forma como pensamos sobre a posição da mulher na sociedade, ou a forma como tratamos as pessoas que apresentam problemas psicológicos. Finalmente, a razão-chave para realizar todos as etapas sugeridas acima para demonstrar que sua pesquisa é válida é que ela poderá ter um impacto. Antes de embarcar em qualquer tipo de pesquisa será útil imaginar como você responderia a um cético que acredita que suas descobertas foram baseadas em métodos seguros, mas apesar disso faça a pergunta: "E daí?" Essa questão nos leva de volta ao tema de ser sensível ao contexto de sua pesquisa: seu estudo terá impacto e importância se for construído sobre o que já é conhecido, para representar um degrau a mais e responder a questões que interessem às pessoas e à sociedade.

QUADRO 12.2 PRINCÍPIOS CENTRAIS PARA AVALIAÇÃO DA VALIDADE DA PSICOLOGIA QUALITATIVA

Sensibilidade ao contexto
- Literatura teórica e empírica relevante
- Situação sociocultural
- Perspectivas dos participantes
- Questões éticas
- Dados empíricos

Compromisso e rigor
- Coleção de dados completa
- Profundidade/conteúdo das análises
- Competência/habilidade metodológica
- Profundidade de engajamento com o tema

Coerência e transparência
- Clareza e força dos argumentos
- Adequação entre teoria e método
- Apresentação transparente de métodos e dados
- Reflexibilidade

Impacto e importância
- Prática/aplicada
- Teórica
- Sociocultural

QUADRO 12.3 ESTUDOS SIMILARES HIPOTÉTICOS QUE DEMONSTRAM OU PERDEM CARACTERÍSTICAS DE VALIDADE

	Estudos em que faltam características de validade	Estudos que demonstram detalhes de validade
Sensibilidade ao contexto de teoria e pesquisas existentes no desenvolvimento do tópico em pesquisa.	Estudo se propõe apenas a "explorar a experiência de depressão pós-natal de mulheres", ignorando teoria relevante (p. ex.: feminismo) e estudos qualitativos anteriores de experiências de maternidade e depressão em mulheres.	Estudo destaca o que já é conhecido pela teoria e pesquisa, formula uma questão específica para pesquisar, que não é endereçada: "Como o contexto familiar influencia as experiências das mulheres após o parto?"
Sensibilidade a como a perspectiva e posição dos participantes pode influenciar se eles se sentirão aptos a tomar parte e se expressarem livremente.	Profissional masculino, sênior, realiza as entrevistas com mulheres com depressão pós-natal em sala da clínica, ignorando a possibilidade de que elas podem se sentir menos dispostas a expressar seus sentimentos a um homem, e podem ficar intimidadas e estressadas pelo ambiente da clínica.	É dada às participantes a escolha de tomar parte em grupos-alvo (permitindo solidariedade com outras mulheres com experiências similares) ou entrevistas em suas próprias casas (maximizando privacidade, segurança e acessibilidade), realizada por mulheres com idades próximas às das participantes.
Comprometimento e rigor no recrutamento de participantes que representem um adequado conjunto de visões relevantes sobre o tópico da pesquisa.	A amostra compreendeu 12 voluntárias autosselecionadas. Em sua maioria, essas mulheres são bem-educadas, ricas e casadas.	Doze mulheres são propositalmente selecionadas para incluir participantes casadas, coabitantes e solteiras, com situação socioeconômica e formação deficiente.
Transparência na análise dos dados.	Apresentada pequena descrição sobre como os temas foram identificados, e não são apresentadas verificações de sua consistência.	Uma detalhada descrição é apresentada sobre como os dados foram inicialmente codificados e como os códigos foram modificados através de comparação em todas as instâncias e discussões entre os pesquisadores.

Coerência entre o planejamento qualitativo e a análise e apresentação dos dados.	Baseado em uma contagem da frequência de ocorrência de códigos, os pesquisadores destacam as descobertas de que dois terços de mulheres solteiras (n = 3), mas apenas um terço de mulheres casadas, queixam-se de falta de suporte social. Fortes declarações deste tipo são inapropriadas quando o tamanho da amostra (n) é tão pequeno e a confiabilidade dos códigos é desconhecida.	Baseado em uma comparação qualitativa dos códigos em todas as instâncias, os pesquisadores notam que houve uma tendência para mulheres solteiras relatarem perda de suporte social. Contudo, instâncias de desconformidade são discutidas como exemplos relevantes de por que mulheres casadas ou coabitantes podem sentir falta de suporte, e como mães solteiras podem ser apoiadas por outras.
Impacto da pesquisa.	Os pesquisadores notam simplesmente que as descobertas são compatíveis com modelos e pesquisas existentes (p. ex., mostrando que mães solteiras sentem que têm menos suporte social).	Os pesquisadores explicam como diferentes estruturas familiares e relacionamentos podem exercer influências positivas ou negativas na experiência da maternidade, sugerindo questões para pesquisas futuras e maneiras para identificar e dar suporte a mulheres em risco de depressão.

Conclusão

Pode ser, à primeira vista, intimidador observar critérios para pesquisa de alta qualidade – e alcançar esses padrões pode parecer desafiador, especialmente para pesquisadores novatos. Nem sempre é possível, por razões práticas, alcançar alguns dos critérios. Pode ser sensato ou necessário fazer alguns atalhos, priorizar alguns tipos de validade, e reconhecer que pode não ser factível em certas circunstâncias concluir outros tipos. Contudo, o quadro resumido acima não pretende intimidar ou inibir pesquisadores, mas simplesmente oferecer um conjunto de princípios que podem ser referência para a tomada de decisões sobre como desenvolver e justificar sua pesquisa. Critérios publicados representam o consenso de pesquisadores qualitativos especialistas avaliando as boas práticas, e assim podem ser utilizados para dar apoio a afirmações que você pode ter feito. Esses critérios continuam a evoluir e a provocar debates – assim como ocorre com os critérios para avaliação de pesquisas quantitativas. Apesar disso, a existência de um amplo conjunto de princípios aos quais podemos recorrer para demonstrar que nosso trabalho tem integridade e valor sinaliza uma nova confiança de que métodos qualitativos são agora suficientemente bem desenvolvidos para colocarem-se lado a lado com os métodos quantitativos em psicologia.

> **Leituras adicionais**
>
> Yardley, L. (2000). "Dilemmas in qualitative health research". *Psychology & Health*, 15: 215-228.
> Este artigo originalmente descreve os princípios para estabelecer validade resumidos neste capítulo, e oferece vários exemplos citados de estudos que ilustram uma variedade de formas pelas quais os critérios podem ser alcançados.
>
> Elliott, R., Fischer, C.T. & Rennie, D.L. (1999). "Evolving guidelines for publication of qualitative research studies in psychology and related fields". *British Journal of Clinical Psychology*, 38: 215-229.
> Outro conjunto de diretrizes publicadas especificamente para psicólogos qualitativos. Este conjunto e o meu foram desenvolvidos independentemente, e ao mesmo tempo, e assim é tranquilizador notar a íntima convergência entre nossas recomendações.
>
> Spencer, L., Ritchie, J., Lewis, J. & Dillon, L. (2003). *Quality in Qualitative Evaluation* – A Framework for Assessing Research Evidence. Government Chief Social Researcher's Office [Disponível em www.civilservice.gov.uk/wp-content/uploads/2011/09/a_quality_framework_tcm638740.pdf (acesso em 27/04/2014)].
> Esse trabalho apresenta um conjunto integrado de critérios baseado em uma revisão de quadros para validade publicados e ampla consulta com especialistas em trabalhos qualitativos.

Referências

Adler, P. & Adler, P. (2011). *The Tender Cut* – Inside the Hidden World of *Self*-injury. Nova York: Nova York University Press.

Allahyari, R.A. (2000). *Visions of Charity* – Volunteer Workers and Moral Community. Berkeley, CA: University of California Press.

Allport, G.W. (1961). *Pattern and Growth in Personality*. Nova York: Holt, Rinehart & Winston.

Allport, G.W. (1962). "The general and the unique in psychological science". *Journal of Personality*, 30: 405-422.

Allport, G.W. (1965). *Letters from Jenny*. Nova York: Harcourt, Brace & World.

Andrews, M. (2008). *Lifetimes of Commitment* – Aging, Politics, Psychology. Cambridge: Cambridge University Press.

Andrews, M., Squire, C. & Tamboukou, M. (eds.) (2008). *Doing Narrative Research*. Los Angeles, CA: Sage.

Arendt, H. (1998). *The Human Condition*. 2. ed. Chicago, IL: Chicago University Press.

Arribas-Ayllon, M. & Walkerdine, V. (2008). "Foucauldian discourse analysis". In: C. Willig & W. Stainton Rogers (eds.). *The Handbook of Qualitative Research in Psychology*. Londres: Sage.

Ashworth, P.D. (1973). "Aspects of the psychology of professional socialisation". University of Lancaster [Tese Ph.D. não publicada].

Ashworth, P.D. (1979). *Social Interaction and Consciousness*. Chichester: John Wiley & Sons.

Ashworth, P.D. (1985). "*L'enfer, c'est les autres* – Goffman's Sartrism". *Human Studies*, 8: 97-168.

Ashworth, P.D. (1996). "Presuppose nothing! The suspension of assumptions in phenomenological psychological methodology". *Journal of Phenomenological Psychology*, 27: 1-25.

Ashworth, P.D. (2000). *Psychology and "Human Nature"*. Hove: Psychology Press.

Ashworth, P.D. (2006). "Seeing one*self* as a carer in the activity of caring: Attending to the lifeworld of the person with Alzheimer's disease". *International Journal of Qualitative Studies in Health and Well-being*, 1 (4): 212-225.

Ashworth, P.D. (2009). "William James's 'psychologist's fallacy' and contemporary human science research". *International Journal of Qualitative Studies in Health and Well-being*, 4 (4): 195-206.

Ashworth, P.D. (2013). "The gift relationship". *Journal of Phenomenological Psychology*, 44 (1): 1-36.

Ashworth, P.D. & Chung, M.C. (eds.) (2006). *Phenomenology and Psychological Science* – Historical and Philosophical Perspectives. Nova York: Springer.

Atkinson, J.M. (1984). *Our Masters' Voices* – The Language and Body Language of Politics. Londres: Methuen.

Atkinson, J.M. & Heritage, J. (eds.) (1984). *Structures of Social Action* – Studies in Conversation Analysis. Cambridge: Cambridge University Press.

Austin, J.L. (1962). *How to Do Things with Words*. Oxford: Clarendon Press.

Aymer, C. (2005). "Seeking knowledge for Black cultural renewal". University of Bath [Tese Ph.D. não publicada].

Baldwin, M. (2001). "Working together, learning together: Co-operative inquiry in the development of complex practice by teams of social workers". In: P. Reason & H. Bradbury (eds.). *Handbook of Action Research* – Participative Inquiry and Practice. Londres: Sage, pp. 287-293.

Baldwin, M. (2002). "Co-operative Inquiry as a tool for professional development". *Systemic Practice and Action Research*, 14 (6).

Bannister, D. & Fransella, F. (1971). *Inquiring Man* – The Psychology of Personal Constructs. Harmondsworth: Penguin.

Barbour, R.S. (2001). "Checklists for improving rigour in qualitative research: A case of the tail wagging the dog?" *British Medical Journal*, 322: 1.115-1.117.

Barbour, R. (2007). *Doing Focus Groups*. Londres: Sage.

Barbour, R. & Kitzinger, J. (eds.) (1999). *Developing Focus Group Research* – Politics, Theory and Practice. Londres: Sage.

Barrett, P.A. & Taylor, B.J. (2002). "Beyond reflection: Cake and co-operative inquiry". *Systemic Practice & Action Research*, 14: 237-248.

Bartlett, F.C. (1932). *Remembering* – A Study in Experimental and Social Psychology. Cambridge: Cambridge University Press.

Baxter, L.A. (1991). "Content analysis". In: B.M. Montgomery & S. Duck (eds.). *Studying Interpersonal Interaction*. Nova York: Guilford Press, pp. 239-254.

Becker, B. (1999). "Narratives of pain in later life and conventions of storytelling". *Journal of Aging Studies*, 13: 73-87.

Becker, G. (1997). *Disrupted Lives* – How People Create Meaning in a Chaotic World. Berkeley, CA: University of California Press.

Benner, P. (ed.) (1994). *Interpretive Phenomenology* – Embodiment, Caring and Ethics in Health and Illness. Thousand Oaks, CA: Sage.

Bennett, E. & Gough, B. (2013). "In pursuit of leanness: The management of appearance, affect and masculinities within a men's weight loss forum". *Health*, 17 (3): 284-299.

Berger, P. & Luckmann, T. (1967). *The Social Construction of Reality*. Harmondsworth: Penguin.

Billig, M. (1991). *Ideology and Opinions* – Studies in Rhetorical Psychology. Londres: Sage.

Billig, M. (1997). "Rhetorical and discursive analysis: How families talk about the Royal family". In: N. Hayes (ed.). *Doing Qualitative Analysis in Psychology*. Hove: Psychology Press, pp. 39-54.

Billig, M., Condor, S., Edwards, D., Gane, M., Middleton, D. & Radley, A. (1988). *Ideological Dilemmas* – A Social Psychology of Everyday Thinking. Londres: Sage.

Binswanger, L. (1963). *Being-in-the-World*. Nova York: Basic Books.

Bion, W.R. (1959). *Experiences in Groups*. Londres: Tavistock.

Birks, M. & Mills, J. (2011). *Grounded Theory* – A Practical Guide. Londres: Sage.

Birren, J.E., Kenyon, G.M., Ruth, J.-E., Schroots, J.J.F. & Svensson, T. (eds.) (1996). *Aging and Biography* – Explorations in Adult Development. Nova York: Springer.

Blaxter, M. (1983). "The causes of disease: Women talking". *Social Science and Medicine*, 17: 59-69.

Bloor, M., Frankland, J., Thomas, M. & Robson, K. (2001). *Focus Groups in Social Research*. Londres: Sage.

Blumer, H. (1969). *Symbolic Interactionism*. Englewood Cliffs, NJ: Prentice-Hall.

Bolton, N. (1977). *Concept Formation*. Oxford: Pergamon.

Bordo, S. (1993). *Unbearable Weight* – Feminism, Western Culture, and the Body. Berkeley, CA: University of California Press.

Boss, M. (1979). *Existential Foundations of Medicine and Psychology*. Nova York: Jason Aronson.

Boyatzis, R.E. (1998). *Transforming Qualitative Information* – Thematic Analysis and Code Development. Londres: Sage.

Bradbury, H. & Reason, P. (2001). "Conclusion – Broadening the bandwidth of validity: Five issues and seven choice-points for improving the quality of action research". In: P. Reason & H. Bradbury (eds.). *Handbook of Action Research* – Participative Inquiry and Practice. Londres: Sage, pp. 447-456.

Braun, V. (2008). "'She'll be right?' National identity explanations for poor sexual health statistics in Aotearoa/New Zealand". *Social Science and Medicine*, 67 (11): 1.817-1.825.

Braun, V. & Clarke, V. (2006). "Using thematic analysis in psychology". *Qualitative Research in Psychology*, 3 (2): 77-101.

Braun, V. & Clarke, V. (2012). "Thematic analysis". In: H. Cooper, P.M. Camic, D.L. Long, A.T. Panter, D. Rindskopf & K.J. Sher (eds.). *APA Handbook of Research Methods in Psychology*. Vol. 2 – Research Designs: Quantitative, Qualitative, Neuropsychological, and Biological. Washington, DC: American Psychological Association, pp. 57-71.

Braun, V. & Clarke, V. (2013). *Successful Qualitative Research* – A Practical Guide for Beginners. Londres: Sage.

Braun, V., Tricklebank, G. & Clarke, V. (2013). "'It shouldn't stick out from your bikini at the beach': Meaning, gender, and the hairy/hairless body". *Psychology of Women Quarterly*, 37 (4): 478-493.

Brentano, F. (1874 [trad. 1973]). *Psychology from an Empirical Standpoint*. Londres: Routledge.

Brickell, C. (2001). "Whose 'special treatment'? Heterosexism and the problems with liberalism". *Sexualities*, 4 (2): 211-236.

Broadbent, D.E. (1958). *Perception and Communication*. Londres: Pergamon Press.

Bruner, J. (1986). *Actual Minds, Possible Worlds*. Cambridge, MA: Harvard University Press.

Bruner, J. (1990). *Acts of Meaning*. Cambridge, MA: Harvard University Press.

Bryan, A. (2000). "Exploring the experiences of black professionals in welfare agencies and black students in social work education". University of Bath [Dissertação Ph.D. não publicada].

Bryant, A. (2002). "Re-grounding grounded theory". *Journal of Information Technology Theory and Application*, 4 (1): 25-42.

Bryant, A. (2003). "A constructive/ist response to Glaser". *FQS: Forum for Qualitative Social Research* 4 (1) [Disponível em www.qualitative-research.net/fqs/www/qualitative-research.net/fqs/-texte/1–03/1–03bryant-e.htm (acesso em 14/03/2003)].

Bryant, A. & Charmaz, K. (2007). "Grounded theory in historical perspective: An epistemological account". In: A. Bryant & K. Charmaz (eds.). *Handbook of Grounded Theory*. Londres: Sage, pp. 31-57.

Bugental, J.F.T. (1964). "The third force in psychology". *Journal of Humanistic Psychology*, 4: 19-25.

Bühler, C. (1971). "Basic theoretical concepts of humanistic psychology". *American Psychologist*, 26: 378-386.

Burr, V. (1995) *An Introduction to Social Constructionism*. Londres: Routledge.

Burr, V. (2003). *An Introduction to Social Constructionism*. 2. ed. Londres: Routledge.

Camic, P., Rhodes, J. & Yardley, L. (2003). "Naming the stars: Integrating qualitative methods into psychological research". In: P. Camic, J. Rhodes & L. Yardley (eds.). *Qualitative Research in Psychology* – Expanding Perspectives in Methodology and Design. Washington, DC: APA Books, pp. 1-15.

Charmaz, K. (1980). *The Social Reality of Death*. Reading, MA: Addison-Wesley.

Charmaz, K. (1991a). *Good Days, Bad Days* – The *Self* in Chronic Illness and Time. New Brunswick, NJ: Rutgers University Press.

Charmaz, K. (1991b). "Translating graduate qualitative methods into undergraduate teaching: Intensive interviewing as a case example". *Teaching Sociology*, 19: 384-395.

Charmaz, K. (1995). "The body, identity and *self*". *Sociological Quarterly*, 36 (4): 657-680.

Charmaz, K. (1999). "Stories of suffering: Subjects' tales and research narratives". *Qualitative Health Research*, 9: 369-382.

Charmaz, K. (2000). "Grounded theory: Objectivist and constructivist methods". In: N. Denzin & Y. Lincoln (eds.). *Handbook of Qualitative Research*. 2. ed. Londres: Sage, pp. 509-535.

Charmaz, K. (2005). "Grounded theory in the 21st century: A qualitative method for advancing social justice research". In: N. Denzin & Y. Lincoln (eds.). *Handbook of Qualitative* Research. 3. ed. Thousand Oaks, CA: Sage, pp. 507-535.

Charmaz, K. (2006). *Constructing Grounded Theory* – A Practical Guide through Qualitative Analysis. Londres: Sage.

Charmaz, K. (2008). "Grounded theory as an emergent method". In: S.N. Hesse-Biber & P. Leavy (eds.). *The Handbook of Emergent Methods*. Nova York: Guilford Press, pp. 155-170.

Charmaz, K. (2009). "Shifting the grounds: Constructivist grounded theory methods for the twentyfirst century". In: J. Morse, P. Stern, J. Corbin, B. Bowers, K. Charmaz & A. Clarke. *Developing Grounded Theory* – The Second Generation. Walnut Creek, CA: Left Coast Press, pp. 127-154.

Charmaz, K. (2011a). "A constructivist grounded theory analysis of losing and regaining a valued *self*". In: F.J. Wertz, K. Charmaz, L.J. McMullen, R. Josselson, R. Anderson & E. McSpadden. *Five Ways of Doing Qualitative Analysis* – Phenomenological Psychology, Grounded Theory, Discourse Analysis, Narrative Research, and Intuitive Inquiry. Nova York: Guilford Press, pp. 165-204.

Charmaz, K. (2011b). "Grounded theory methods in social justice research". In: N.K. Denzin & Y.E. Lincoln (eds.). *Handbook of Qualitative Research*. 4. ed. Thousand Oaks, CA: Sage, pp. 359-380.

Charmaz, K. (2012). "Mixing or adding methods? An exploration and critique". In N.K. Denzin & M. Giardina (eds.). *Qualitative Inquiry and the Politics of Advocacy*. Walnut Creek, CA: Left Coast Press, pp. 123-143.

Charmaz, K. (2014). *Constructing Grounded Theory* – A Practical Guide through Qualitative Analysis. 2. ed. Londres: Sage.

Chowns, G. (2006). "'No – you DON'T know how we feel': Collaborative inquiry with children facing the life-threatening illness of a parent". University of Southampton [Tese de Ph.D. não publicada].

Chowns, G. (2008). "'No – you DON'T know how we feel': Collaborative inquiry using video with children facing the life-threatening illness of a parent". In: P. Reason & H. Bradbury (eds.). *Handbook of Action Research*. 2. ed. Londres: Sage.

Clare, L. (2003). "Managing threats to *self*: Awareness in early stage Alzheimer's disease". *Social Science & Medicine*, 57: 1.017-1.029.

Clarke, A.E. (1998). *Disciplining Reproduction* – Modernity, American Life Sciences and the Problems of Sex. Berkeley, CA: University of California Press.

Clarke, A.E. (2003). "Situational analysis: Grounded theory mapping after the postmodern turn". *Symbolic Interaction*, 26 (4): 533-576.

Clarke, A.E. (2005). *Situational Analysis* – Grounded Theory after the Postmodern Turn. Thousand Oaks, CA: Sage.

Clarke, A.E. (2007). "Grounded theory: Conflicts, debates and situational analysis". In: W. Outhwaite & S.P. Turner (eds.). *Handbook of Social Science Methodology*. Thousand Oaks, CA: Sage, pp. 838-885.

Clarke, V. & Braun, V. (2014). "Thematic analysis". In: T. Teo (ed.). *Encyclopedia of Critical Psychology*. Nova York: Springer, pp. 1.947-1.952.

Clarke, V. & Spence, K. (2013). "'I am who I am': Navigating norms and the importance of authenticity in lesbian and bisexual women's accounts of their appearance practices". *Psychology & Sexuality*, 4 (1): 25-33.

Clarke, V. & Turner, K. (2007). "Clothes maketh the queer? Dress, appearance and the construction of lesbian, gay and bisexual identities". *Feminism & Psychology*, 17 (2): 267-276.

Clayman, S. & Heritage, J. (2002). *The News Interview* – Journalists and Public Figures on the Air. Cambridge: Cambridge University Press.

Clifford, J.L. & Marcus, G.E. (1986). *Writing Culture* – Poetics and Politics of Ethnography. Berkeley, CA: University of California Press.

Cohen, D.J. & Crabtree, B.F. (2008). "Evaluative criteria for qualitative research in health care: Controversies and recommendations". *Annals of Family Medicine*, 6: 331-339.

Colahan, M., Tunariu, A. & Dell, P. (2012). "Lived experience and discursive context: A twin focus". *QMiP Bulletin*, 13: 48-57.

Conrad, P. (1987). "The experience of illness: Recent and new directions". *Research in the Sociology of Health Care*, 6: 1-31.

Corbin, J. & Strauss, A. (2008). *Basics of Qualitative Research*. 3. ed. Los Angeles, CA: Sage.

Couper-Kuhlen, E. (1996). "The prosody of repetition: On quoting and mimicry". In: E. Couper-Kuhlen & M. Selting (eds.). *Prosody in Conversation*. Cambridge: Cambridge University Press, pp. 366-405.

Creswell, J.W. (1998). *Qualitative Inquiry and Research Design*. Thousand Oaks, CA: Sage.

Crossley, M.L. (1999). "Making sense of HIV infection: Discourse and adaptation to life with a longterm HIV positive diagnosis". *Health*, 3: 95-119.

Crossley, M.L. (2000). *Introducing Narrative Psychology – Self*, Trauma and the Construction of Meaning. Buckingham: Open University Press.

Curl, T. & Drew, P. (2008). "Contingency and action: A comparison of two forms of requesting". *Research on Language and Social Interaction*, 41: 1-25.

Daly, J., Willis, K., Small, R., Green, J., Welch, N., Kealy, M. & Hughes, E. (2007). "A hierarchy of evidence for assessing qualitative health research". *Journal of Clinical Epidemiology*, 60: 43-9.

Dapkus, M.A. (1985). "A thematic analysis of the experience of time". *Personality Processes and Individual Differences*, 49 (2): 408-419.

Davies, B. & Harré, R. (1999). "Positioning and personhood". In: R. Harré & L. van Langenhove (eds.). *Positioning Theory*. Oxford: Blackwell, pp. 32-52.

DeFina, A. & Georgakopoulou, A. (2012). *Analysing Narrative – Discourse and Sociolinguistic Perspectives*. Cambridge: Cambridge University Press.

Denborough, D. (2014). *Retelling the Stories of Our Lives – Everyday Narrative Therapy to Draw Inspiration and Transform Experience*. Nova York: W.W. Norton.

Denzin, N. (1995). "Symbolic interactionism". In: J.A. Smith, R. Harré & L. van Langenhove (eds.). *Rethinking Psychology*. Londres: Sage, pp. 43-58.

Derrida, J. (1976). *Of Grammatology*. Baltimore, MD: Johns Hopkins University Press.

Derrida, J. (1981). *Dissemination*. Londres: Athlone Press.

Dey, I. (1999). *Grounding Grounded Theory – Guidelines for Qualitative Inquiry*. San Diego, CA: Academic Press.

Dickson, A., Knussen, C. & Flowers, P. (2008). "'That was my old life; it's almost like a pastlife now': Identity crisis, loss and adjustment amongst people living with chronic fatigue syndrome". *Psychology & Health*, 23: 459-476.

Douglas, C. (2002). "Using co-operative inquiry with Black women managers: Exploring possibilities for moving from surviving to thriving". *Systemic Practice and Action Research*, 14: 249-262.

Drew, P. (2003). "Precision and exaggeration in interaction". *American Sociological Review*, 68: 917-938.

Drew, P. (2005a). "Conversation analysis". In: K.L. Fitch & R.E. Sanders (eds.). *Handbook of Language and Social Interaction*. Mahwah, NJ: Lawrence Erlbaum, pp. 71-102.

Drew, P. (2005b). "The interactional generation of exaggerated versions in conversations". In: A. Hakulinen & M. Selting (eds.). *Syntax and Lexis in Conversation*. Amsterdã: Benjamins, pp. 233-256.

Drew, P. (2012). "Turn design". In: T. Stivers & J. Sidnell (eds.). *Handbook of Conversation Analysis*. Oxford: Blackwell, pp. 131-149.

Drew, P., Collins, S. & Chatwin, J. (2001). "Conversation analysis: A method for research in health care professional-patient interaction". *Health Expectations*, 4: 58-71.

Drew, P. & Couper-Kuhlen, E. (2014a). *Requesting in Social Interaction*. Amsterdã: Benjamins.

Drew, P. & Couper-Kuhlen, E. (2014b). "Requesting – From speech act to recruitment". In: P. Drew & E. Couper-Kuhlen (eds.). *Requesting in Social Interaction*. Amsterdã: Benjamins, pp. 1-34.

Drew, P. & Heritage, J. (eds.) (1992). *Talk at Work*. Cambridge: Cambridge University Press.

Drew, P., Toerien, M., Irvine, A. & Sainsbury, R. (2014). "Personal adviser interviews with benefits claimants in UK Jobcentres". *Research on Language and Social Interaction*. 47: 306-316.

Dunn, J.L. (2002). *Courting Disaster* – Intimate Stalking, Culture, and Criminal Justice. Nova York: Aldine de Gruyter.

Dunn, J.L. (2010). *Judging Victims* – Why We Stigmatize Survivors and How They Reclaim Respect. Boulder, CO: Lynne Rienner.

Eastman, J. (2012). "Rebel manhood: The hegemonic masculinity of the Southern rock music revival". *Journal of Contemporary Ethnography*, 41 (2): 189-219.

Eatough, V. & Smith, J.A. (2006). "'I feel like a scrambled egg in my head': An idiographic case study of meaning making and anger using interpretative phenomenological analysis". *Psychology & Psychotherapy*, 79: 115-135.

Eatough, V. & Smith J.A. (2008). "Interpretative phenomenological analysis". In: C. Willig & W. Stainton Rogers (eds.). *Handbook of Qualitative Psychology*. Londres: Sage.

Edley, N. & Wetherell, M. (2001). "Jekyll and Hyde: Men's constructions of feminism and feminists". *Feminism & Psychology*, 11 (4): 439-457.

Edwards, D. (1995). "Sacks and psychology". *Theory and Psychology*, 5 (3): 579-597.

Edwards, D. (2000). "Extreme case formulations: Softeners, investment and doing non-literal". *Research on Language & Social Interaction*, 33 (4): 347-373.

Edwards, D. & Potter, J. (1992). *Discursive Psychology*. Londres: Sage.

Edwards, D. & Potter, J. (2001). "Discursive psychology". In: A.W. McHoul & M. Rapley (eds.). *How to Analyse Talk in Institutional Settings* – A Casebook of Methods. Londres: Continuum International.

Eikeland, O. (2001). "Action research as the hidden curriculum of the Western tradition". In: P. Reason & H. Bradbury (eds.). *Handbook of Action Research* – Participative Inquiry and Practice. Londres: Sage, pp. 145-155.

Eisner, E.W. (2003). "On the art and science of qualitative research in psychology". In: P.M. Camic, J.E. Rhodes & L. Yardley (eds.). *Qualitative Research in Psychology*: Expanding Perspectives in Methodology and Design. Washington, DC: American Psychological Association, pp. 17-30.

Eisner, S. (2013). *Bi*: Notes for a Bisexual Revolution. Berkeley, CA: Seal Press.

Elbow, P. (1981). *Writing with Power*. Nova York: Oxford University Press.

Elliott, R., Fischer, C.T. & Rennie, D.L. (1999). "Evolving guidelines for publication of qualitative research studies in psychology and related fields". *British Journal of Clinical Psychology*, 38: 215-229.

Ellis, S.J. & Kitzinger, C. (2002). "Denying equality: An analysis of arguments against lowering the age of consent for sex between men". *Journal of Community & Applied Social Psychology*, 12 (3): 167-180.

Fahs, B. (2014). "Perilous patches and pitstaches: Imagined *versus* lived experiences of women's body hair growth". *Psychology of Women Quarterly*, 38 (2): 167-180.

Fals Borda, O. & Rahman, M.A. (eds.) (1991). *Action and Knowledge* – Breaking the Monopoly with Participatory Action Research. Nova York: Intermediate Technology Publications/Apex Press.

Farquhar, C. & Das, R. (1999). "Are focus-groups suitable for sensitive topics?" In: R.S. Barbour & J. Kitzinger (eds.). *Developing Focus Group Research* – Politics, Theory and Practice. Londres: Sage, pp. 47-63.

Farvid, P. & Braun, V. (2006). "'Most of us guys are raring to go anytime, anyplace, anywhere': Male and female sexuality in *Cleo* and *Cosmo*". *Sex Roles*, 55 (5/6): 295-310.

Fechner, G.T. (1860 [trad. partially 1966]). *Elements of Psychophysics*. Nova York: Holt, Rinehart & Winston.

Fern, E.F. (2001). *Advanced Focus Group Research*. Thousand Oaks, CA: Sage.

Fine, G.A. (2010). *Authors of the Storm* – Meteorology and the Culture of Prediction. Chicago, IL: University of Chicago Press.

Fish, J. & Wilkinson, S. (2000a). "Cervical screening". In J.M. Ussher (ed.). *Women's Health* – Contemporary International Perspectives. Leicester: BPS Books, pp. 224-230.

Fish, J. & Wilkinson, S. (2000b). "Lesbians and cervical screening". *Psychology of Women Section Review*, 2 (2): 5-15.

Flick, U. (1992). "Triangulation revisited: Strategy of validation or alternative?" *Journal for the Theory of Social Behaviour*, 22: 175-197.

Flick, U. (1998). *An Introduction to Qualitative Research*. Londres: Sage.

Flick, U. (2002). *An Introduction to Qualitative Research*. 2. ed. Londres: Sage.

Foucault, M. (1971). *Madness and Civilization* – A History of Insanity in the Age of Reason. Londres: Tavistock.

Foucault, M. (1973a). *Birth of the Clinic* – An Archaeology of Medical Perception. Nova York: Vintage.

Foucault, M. (1973b). *The Order of Things* – An Archaeology of the Human Sciences. Nova York: Vintage.

Foucault, M. (1981). *The Will to Knowledge* (*The History of Sexuality*, Vol. 1). Harmondsworth: Penguin.

Fox, F.E., Morris, M. & Rumsey, N. (2007). "Doing synchronous online focus groups with young people: Methodological reflections". *Qualitative Health Research*, 17: 539-547.

Frank, A. (2013). *The Wounded Storyteller* – Body, Illness and Ethics. 2. ed. Chicago, IL: University of Chicago Press.

Freeman, M. (1993). *Rewriting the Self* – History, Memory, Narrative. Nova York: Routledge.

Freeman, M. (2010). *Hindsight* – The Promise and Peril of Looking Backward. Nova York: Oxford University Press.

Freire, P. (1970). *Pedagogy of the Oppressed*. Nova York: Herder & Herder.

French, D.P., Maissi, E. & Marteau, T.M. (2005). "The purpose of attributing cause: Beliefs about the causes of myocardial infarction". *Social Science & Medicine*, 60: 1.411-1.421.

Frith, H. (2000). "Focusing on sex: Using focus-groups in sex research". *Sexualities*, 3 (3): 275-297.

Frosh, S. (2010). *Psychoanalysis Outside the Clinic*: Interventions in Psychosocial Studies. Basingstoke: Palgrave Macmillan.

Frosh, S. & Saville Young, L. (2008). "Psychoanalytic approaches to qualitative psychology". In: C. Willig & W. Stainton-Rogers (eds.). *The Sage Handbook of Qualitative Research in Psychology*. Londres: Sage.

Frost, N.A. (ed.) (2011). *Qualitative Research Methods in Psychology* – Combining Core Approaches. Buckingham: Open University Press.

Frye, N. (1957). *Anatomy of Criticism*. Princeton, NJ: Princeton University Press.

Fulford, R. (1999). *The Triumph of Narrative*. Toronto, ON: Anansi.

Furlong, M. & McGilloway, S. (2012). "The *Incredible Years Parenting Program* in Ireland: A qualitative analysis of the experience of disadvantaged parent". *Clinical Child Psychology and Psychiatry*, 17 (4): 616-630.

Garcia-Lorenzo, L. (2010). "Framing uncertainty: Narratives, change and digital technologies". *Social Science Information*, 49: 329-350.

Garfinkel, H. (1967). *Studies in Ethnomethodology*. Englewood Cliffs, NJ: Prentice-Hall.

Garfinkel, H. (2002). *Ethnomethodology's Program*. Nova York: Rowman & Littlefield.

Garrett-Peters, R. (2009). "'If I don't have to work anymore, who am I?': Job-loss and collaborative *self*-concept repair". *Journal of Contemporary Ethnography*, 38 (5): 547-583.

Gaventa, J. & Cornwall, A. (2001). "Power and knowledge". In: P. Reason & H. Bradbury (eds.). *Handbook of Action Research* – Participative Inquiry and Practice. Londres: Sage, pp. 70-80.

Gee, J.P. (1991). "A linguistic approach to narrative". *Journal of Narrative & Life History*, 1: 15-39.

Geertz, C. (ed.) (1973). *The Interpretation of Culture*. Nova York: Basic Books.

Gergen, K.J. (1973). "Social psychology as history". *Journal of Personality & Social Psychology*, 26 (2): 309-320.

Gergen, K.J. (1989). "Social psychology and the wrong revolution". *European Journal of Social Psychology*, 19: 463-484.

Gergen, K.J. (1994). "Exploring the postmodern: Perils or potentials?" *American Psychologist*, 49: 412-416.

Gergen, K.J. & Gergen, M.M. (1984). "The social construction of narrative accounts". In: K.J. Gergen & M.M. Gergen (eds.). *Historical Social Psychology*. Hillsdale, NJ: Lawrence Erlbaum, pp. 173-190.

Gergen, K.J. & Gergen, M.M. (1986). "Narrative form and the construction of psychological science". In: T. Sarbin (ed.). *Narrative Psychology* – The Storied Nature of Human Conduct. Nova York: Praeger, pp. 22-44.

Gergen, M. & Davis, S. (eds.) (1997). *Toward a New Psychology of Gender* – A Reader. Nova York: Routledge.

Gilfoyle, J., Wilson, J. & Brown (1992). "Sex, organs and audiotape: A discourse analytic approach to talking about heterosexual sex and relationships". *Feminism & Psychology*, 2 (2): 209-230.

Gilligan, C. (1993). *In a Different Voice* – Psychological Theory and Women's Development. Cambridge, MA: Harvard University Press.

Giorgi, A. (1970). *Psychology as a Human Science* – A Phenomenologically-Based Approach. Nova York: Harper & Row.

Giorgi, A. (1997). "The theory, practice and evaluation of the phenomenological method as a qualitative research procedure". *Journal of Phenomenological Psychology*, 28: 235-260.

Glaser, B.G. (1978). *Theoretical Sensitivity*. Mill Valley, CA: Sociology Press.

Glaser, B.G. (1992). *Emergence vs. Forcing* – Basics of Grounded Theory Analysis. Mill Valley, CA: Sociology Press.

Glaser, B.G. (1998). *Doing Grounded Theory* – Issues and Discussions. Mill Valley, CA: Sociology Press.

Glaser, B.G. (2013). *No Preconceptions* – The Grounded Theory Dictum. Mill Valley, CA: Sociology Press.

Glaser, B.G. & Strauss, A.L. (1965). *Awareness of Dying*. Chicago, IL: Aldine.

Glaser, B.G. & Strauss, A.L. (1967). *The Discovery of Grounded Theory*. Chicago, IL: Aldine.

Glynos, J., Howarth, D., Norval, A. & Speed, E. (2009). *Discourse Analysis* – Varieties and Methods. ESRC National Centre for Research Methods.

Goffman, E. (1959). *The Presentation of Self in Everyday Life*. Garden City, NY: Doubleday.

Goffman, E. (1983). "The interaction order". *American Sociological Review*, 48: 1-17.

Golsworthy, R. & Coyle, A. (1999). "Spiritual beliefs and the search for meaning among older adults following partner loss". *Mortality*, 4: 21-40.

Goodwin, C. (1993). "Recording interaction in natural settings". *Pragmatics*, 3 (2): 181-209.

Goodwin, C. (1995). "Co-constructing meaning in conversations with an aphasic man". *Research on Language and Social Interaction*, 28 (3): 233-260.

Gray, R.E., Fergus, K.D. & Fitch, M.I. (2005). "Two Black men with prostate cancer: A narrative approach". *British Journal of Health Psychology*, 10: 71-84.

Gray, R.E., Fitch, M.I., Fergus, K.D., Mykhalovskiy, E. & Church, K. (2002). "Hegemonic masculinity and the experience of prostate cancer: A narrative approach". *Journal of Aging & Identity*, 7: 43-62.

Greenbaum, T.L. (2000). *Moderating Focus Group Research*. Thousand Oaks, CA: Sage.

Greenwood, D.J. & Levin, M. (1998). *Introduction to Action Research* – Social Research for Social Change. Thousand Oaks, CA: Sage.

Greenwood, D.J. & Levin, M. (2006). *Introduction to Action Research* – Social Research for Social Change. 2. ed. rev. Thousand Oaks, CA: Sage.

Guest, G., MacQueen, K.M. & Namey, E.E. (2012). *Applied Thematic Analysis*. Thousand Oaks, CA: Sage.

Gurwitsch, A. (1964). *The Field of Consciousness*. Pittsburgh, PA: Duquesne University Press.

Haaken, J. (2010). *Hard Knocks* – Domestic Violence and the Psychology of Storytelling. Londres: Routledge.

Hammack, P.L. (2008). *Narrative and the Politics of Identity* – The Cultural Psychology of Israeli and Palestinian Youth. Nova York: Oxford University Press.

Harré, R. & van Langenhove, L. (eds.) (1999). *Positioning Theory*. Oxford: Blackwell.

Haworth-Hoeppner, S. & Maines, D. (2005). "A sociological account of the persistence of invalidated anorexic identities". *Symbolic Interaction*, 28 (1): 1-23.

Hayes, N. (1997). "Introduction: Qualitative research and research in psychology". In: N. Hayes (ed.). *Doing Qualitative Analysis in Psychology*. Hove: Erlbaum.

Hayfield, N. & Clarke, V. (2012). "'I'd be just as happy with a cup of tea': Women's accounts of sex and affection in long-term heterosexual relationships". *Women's Studies International Forum*, 35 (2): 67-74.

Hayfield, N., Clarke, V. & Halliwell, E. (2014). "Bisexual women's understandings of social marginalisation: 'The heterosexuals don't understand us but nor do the lesbians'". *Feminism & Psychology*, 24 (3): 352-372.

Hayfield, N., Clarke, V., Halliwell, E. & Malson, H. (2013). "Visible lesbians and invisible bisexuals: Appearance and visual identities among bisexual women". *Women's Studies International Forum*, 40 (5): 172-182.

Heaven, V.M. (1999). "Narrative, believed-in imaginings and psychology's methods: An interview with Theodore R. Sarbin". *Teaching of Psychology*, 26: 300-304.

Heidegger, M. (1927 [trad. 1962]). *Being and Time*. Oxford: Blackwell [Trad. J. Macquarrie & E. Robinson].

Heidegger, M. (1957 [trad. 1993]). "The way to language". In: D.F. Krell (ed.) (1993). *Basic Writings of Martin Heidegger*. 2. ed. Londres: Routledge.

Heider, F. & Simmel, M. (1944). "An experimental study of apparent behavior". *American Journal of Psychology*, 57: 243-259.

Hennink, M.M. (2007). *International Focus Group Research* – A Handbook for the Health and Social Sciences. Cambridge: Cambridge University Press.

Hennink, M.M. (2014). *Focus Group Discussions*. Nova York: Oxford University Press.

Henriques, J., Hollway, W., Urwin, C., Venn, C. & Walkerdine, V. (1984). *Changing the Subject* – Psychology, Social Regulation and Subjectivity. Londres: Methuen [reeditado: 1998].

Henwood, K. & Pidgeon, N. (1992). "Qualitative research and psychological theorizing". *British Journal of Psychology*, 83: 97-111.

Hepburn, A. & Potter, J. (2011). "Threat: Power, family mealtimes, and social influence". *British Journal of Social Psychology*, 50: 99-120.

Hepburn, A. & Potter, J. (2013). "Crying and crying responses". In: A. Peräkylä & M.-L. Sorjonen (eds.). *Emotion in Interaction*. Oxford: Oxford University Press, pp. 194-210.

Hepburn, A. & Wiggins, S. (2005). "Size matters: Constructing accountable bodies in NSPCC helpline interaction". *Discourse & Society*, 16: 625-645.

Hepburn, A. & Wiggins, S. (eds.) (2007). *Discursive Research in Practice* – New Approaches to Psychology and Interaction. Cambridge: Cambridge University Press.

Heritage, J. (1984). *Garfinkel and Ethnomethodology*. Cambridge: Polity Press.

Heritage, J. & Clayman, S. (2010). *Talk in Action* – Interactions, Identities, and Institutions. Chichester: Wiley-Blackwell.

Heritage, J., Elliott, M., Stivers, T., Richardson, A. & Mangione-Smith, R. (2010). "Reducing inappropriate antibiotics prescribing: The role of online commentary on physical examination findings". *Patient Education and Counseling*, 81: 119-125.

Heritage, J. & Maynard, D. (eds.) (2006). *Communication in Medical Care* – Interaction between Primary Care Physicians and Patients. Cambridge: Cambridge University Press.

Heritage, J., Robinson, J.D., Elliott, M., Beckett, M. & Wilkes, M. (2007). "'Reducing patients' unmet concerns: The difference one word can make". *Journal of General Internal Medicine*, 22: 1.429-1.433.

Heron, J. (1971). *Experience and Method* – An Inquiry into the Concept of Experiential Research. Human Potential Research Project, University of Surrey.

Heron, J. (1996a). *Co-operative Inquiry* – Research into the Human Condition. Londres: Sage.

Heron, J. (1996b). "Quality as primacy of the practical". *Qualitative Inquiry*, 2 (1): 41-56.

Heron, J. (1999). *The Complete Facilitator's Handbook*. Londres: Kogan Page.

Heron, J. & Reason, P. (2001). "The practice of co-operative inquiry: Research 'with' rather than 'on' people". In: P. Reason & H. Bradbury (eds.). *Handbook of Action Research* – Participative Inquiry and Practice. Londres: Sage, pp. 179-188.

Heron, J. & Reason, P. (2008). "Co-operative inquiry and ways of knowing". In: P. Reason & H. Bradbury (eds.). *Handbook of Action Research*. 2. ed. Londres: Sage.

Hollway, W. (1984). "Gender difference and the production of subjectivity". In: J. Henriques, W. Hollway, C. Urwin, C. Venn & V. Walkerdine (eds.). *Changing the Subject* – Psychology, Social Regulation and Subjectivity. Londres: Methuen, pp. 227-263.

Hollway, W. & Jefferson, T. (2000). *Doing Qualitative Research Differently* – Free Association, Narrative and the Interview Method. Londres: Sage.

Holton, G.J. (1973). *Thematic Origins of Scientific Thought* – Kepler to Einstein. Cambridge, MA: Harvard University Press.

Hood, J. (2007). "Orthodoxy *versus* power: The defining traits of grounded theory". In: A. Bryant & K. Charmaz (eds.). *Handbook of Grounded Theory*. Londres: Sage, pp. 151-164.

Horne, G., Seymour, J. & Payne, S. (2012). "Maintaining integrity in the face of death: A grounded theory to explain the perspectives of people affected by lung cancer about the expression of wishes for end of life care". *International Journal of Nursing Studies*, 49 (6): 718-726.

Howitt, D. (2010). *Introduction to Qualitative Methods in Psychology*. Harlow, UK: Prentice Hall.

Husserl, E. (1900 [trad. 2001]). *Logical Investigations*. Vol. I, 2. ed. Londres: Routledge [Ed. Dermot Moran].

Husserl, E. (1913 [trad. 1983]). *Ideas Pertaining to a Pure Phenomenology and to a Phenomenological Philosophy*. Vol. I. The Hague: Martinus Nijhoff.

Husserl, E. (1925 [trad. 1977]). *Phenomenological Psychology*. The Hague: Martinus Nijhoff.

Husserl, E. (1931 [trad. 1960]). *Cartesian Meditations* – An Introduction to Phenomenology. The Hague: Martinus Nijhoff.

Husserl, E. (1936 [trad. 1970]). *The Crisis of European Sciences and Transcendental Phenomenology*. Evanston, IL: Northwestern University Press.

Huxley, C., Clarke, V. & Halliwell, E. (2014). "Resisting and conforming to the 'lesbian look': The importance of appearance norms for lesbian and bisexual women". *Journal of Community and Applied Social Psychology*, 24 (3): 205-219.

James, W. (1890). *Principles of Psychology*. 2 vols. Londres: Macmillan.

James, W. (1902). *The Varieties of Religious Experience* – A Study in Human Nature. Being the Gifford Lectures on Natural Religion. Londres: Longmans, Green & Company.

Jefferson, G. (1984). "On the organization of laughter in talk about troubles". In: J.M. Atkinson & J.C. Heritage (eds.). *Structures of Social Action* – Studies in Conversation Analysis. Cambridge: Cambridge University Press, pp. 346-369.

Jefferson, G. (1985). "An exercise in the transcription and analysis of laughter". In: T.A. Dijk (ed.). *Handbook of Discourse Analysis*. Vol. 3. Nova York: Academic Press, pp. 25-34.

Jefferson, G. (2004). "Glossary of transcript symbols with an introduction". In: G.H. Lerner (ed.). *Conversation Analysis* – Studies from the First Generation. Amsterdã: John Benjamins.

Jefferson, G. (2015). *Talking About Troubles in Conversation*. Oxford: Oxford University Press [ed. P. Drew, J. Heritage, G. Lerner & A. Pomerantz].

Joffe, H. (2011). "Thematic analysis". In: D. Harper & A.R. Thompson (eds.). *Qualitative Methods in Mental Health and Psychotherapy* – A Guide for Students and Practitioners. Chichester: Wiley, pp. 209-223.

Johnson, J.M. (1997). "Generalizability in qualitative research: Excavating the discourse". In: J.M. Morse (ed.). *Completing a Qualitative Project* – Details and Dialogue. Londres: Sage, pp. 191-208.

Johnson, R.B., McGowan, M.W. & Turner, L.A. (2010). "Grounded theory in practice: Is it inherently a mixed method?" *Research in the Schools*, 17 (2): 65-78.

Jones, D. (2013). "A family living with Alzheimer's disease: The communicative challenges". *Dementia* [on-line, 18/set.].

Josselson, R. (2013). *Interviewing for Qualitative Inquiry* – A Relational Approach. Nova York: Guilford Press.

Jovchelovitch, S. & Bauer, M.W. (2000). "Narrative interviewing". In: M.W. Bauer & G. Gaskell (eds.). *Qualitative Researching with Text, Image and Sound*. Londres: Sage, pp. 57-74.

Joy, M. (ed.) (1997). *Paul Ricoeur and Narrative* – Context and Contestation. Calgary, AB: University of Calgary Press.

Kamberelis, G. & Dimitriadis, G. (2013). *Focus Groups* – From Structured Interviews to Collective Conversations. Abingdon: Routledge.

Karabanow, J. (2008). "Getting off the street: Exploring the processes of young people's street exits". *American Behavioral Scientist*, 51 (6): 772-788.

Keane, E. (2011). "Dependence-deconstruction: Widening participation and traditional-entry students transitioning from school to higher education in Ireland". *Teaching in Higher Education*, 16 (6): 707-718.

Keane, E. (2012). "Differential prioritising: Orientations to higher education and widening participation". *International Journal of Educational Research*, 53 (1): 150-159.

Kearney, A.J. (2006). "Increasing our understanding of breast *self*-examination: Women talk about cancer, the health care system, and being women". *Qualitative Health Research*, 16: 802-820.

Kelly, G.A. (1955). *The Psychology of Personal Constructs*. 2 vols. Nova York: Norton [reimpressão: 1991, Londres: Routledge.)

Kendall, G. & Wickham, G. (1999). *Using Foucault's Methods*. Londres: Sage.

Kidder, L.H. & Fine, M. (1987a). "Qualitative and quantitative methods: When stories converge". In: M.M. Mark & L. Shotland (eds.). *New Directions in Program Evaluation*. San Francisco, CA: Jossey-Bass, pp. 57-75.

Kidder, M. & Fine, M. (1987b). "Qualitative inquiry in psychology: A radical tradition". In: D. Fox & I. Prilleltensky (eds.). *Critical Psychology*. Londres: Sage.

Kitzinger, C. (2005a). "Heteronormativity in action: Reproducing the heterosexual nuclear family in after-hours medical calls". *Social Problems*, 52: 477-498.

Kitzinger, C. (2005b). "'Speaking as a heterosexual': (How) does sexuality matter for talk-ininteraction?" *Research on Language and Social Interaction*, 38: 221-265.

Kitzinger, C. & Willmott, J. (2002). "'The thief of womanhood': Women's experience of polycystic ovarian syndrome". *Social Science & Medicine*, 54 (3): 349-361.

Kitzinger, J. (1990). "Audience understanding of Aids media messages: A discussion of methods". *Sociology of Health & Illness*, 12 (3): 319-355.

Kleinfeld, J. (2012). *The Frontier Romance*: Environment, Culture, and Alaska Identity. Fairbanks, AK: University of Alaska Press.

Krueger, R.A. & Casey, M.A. (2009). *Focus Groups*: A Practical Guide for Applied Research. 4. ed. Thousand Oaks, CA: Sage.

Kvale, S. (ed.) (1992). *Psychology and Postmodernism*. Londres: Sage.

Laing, R.D. (1965). *The Divided Self* – An Existential Study in Sanity and Madness. Harmondsworth: Penguin.

Langridge, D. (2004). *Introduction to Research Methods and Data Analysis in Psychology*. Harlow: Pearson Education.

Leydon, G., Ekberg, K. & Drew, P. (2013). "'How can I help?' Nurse call openings on a cancer helpline and implications for call progressivity". *Patient Education and Counseling*, 92: 23-30.

Livingston, J.A., Bay-Cheng, L.Y., Hequembourg, A.L., Testa, M. & Downs, J.S. (2013). "Mixed drinks and mixed messages: Adolescent girls' perspectives on alcohol and sexuality". *Psychology of Women Quarterly*, 37 (1): 38-50.

Lofland, J. & Lofland, L.H. (1995). *Analyzing Social Settings*. Belmont, CA: Wadsworth.

Lois, J. (2010). "The temporal emotion work of motherhood: Homeschoolers' strategies for managing time shortage". *Gender & Society*, 24 (4): 421-446.

Lunch, N. & Lunch, C. (2006). *Insights in Participatory Video*. Oxford: InsightShare.

Lykes, M.B. (1997). "Activist participatory research among the Maya of Guatemala: Constructing meanings from situated knowledge". *Journal of Social Issues*, 53: 725-746.

Lyons, A.C., Emslie, C. & Hunt, K. (2014). "Staying 'in the zone' but not passing the 'point of no return': Embodiment, gender and drinking in mid-life". *Sociology of Health & Illness*, 36 (2): 264-277.

MacMurray, J. (1957). *The Self as Agent*. Londres: Faber & Faber.

MacNaghten, P. (1993). "Discourses of nature: Argumentation and power". In: E. Burman & I. Parker (eds.). *Discourse Analytic Research*. Londres: Routledge, pp. 52-72.

Madill, A., Jordan, A. & Shirley, C. (2000). "Objectivity and reliability in qualitative analysis: Realist, contextualist and radical constructionist epistemologies". *British Journal of Psychology*, 91 (1): 1-20.

Maines, D.R. (1993). "Narrative's moment and sociology's phenomena: Toward a narrative sociology". *Sociological Quarterly*, 34: 17-38.

Malik, S.H. & Coulson, N. (2008). "The male experience of infertility: A thematic analysis of an online fertility support group bulletin board". *Journal of Reproductive and Infant Psychology*, 26: 18-30.

Malinen, K., Rönkä, A. & Sevón, E. (2010). "Good moments in parents' spousal relationships: A daily relational maintenance perspective". *Family Science*, 1 (3-4): 230-241.

Malterud, K. (2001). "Qualitative research: Standards, challenges, and guidelines". *Lancet*, 358: 483-488.

Mandelbaum, J. (2014). "How to do things with requests: Request sequences at the family dinner table". In: P. Drew & E. Couper-Kuhlen (eds.). *Requesting in Social Interaction*. Amsterdã: Benjamins, pp. 215-241.

Maslow, A.H. (1968). *Toward a Psychology of Being*. 2. ed. Princeton, NJ: Van Nostrand.

Maughan, E. & Reason, P. (2001). "A co-operative inquiry into deep ecology". *ReVision*, 23: 18-24.

McAdams, D. (1985). *Power, Intimacy, and the Life Story* – Personological Inquiries into Identity. Nova York: Guilford Press.

McAdams, D. (1993). *The Stories We Live By* – Personal Myths and the Making of the Self. Nova York: Morrow.

McArdle, K.L. (2002). "Establishing a co-operative inquiry group: The perspective of a 'first-time' inquirer". *Systemic Practice & Action Research*, 14: 177-190.

Mcintyre, A. (2002). "Women researching their lives: Exploring violence and identity in Belfast, the North of Ireland". *Qualitative Research*, 2 (3): 387-409.

McLean, K. (2008). "Silences and stereotypes: The impact of misconstructions of bisexuality on Australian bisexual men and women". *Gay and Lesbian Issues and Psychology Review*, 4 (3): 158-165.

Mead, G. (2002). "Developing ourselves as leaders: How can we inquire collaboratively in a hierarchical organization?" *Systemic Practice and Action Research*, 14: 191-206.

Mead, G.H. (1934). *Mind, Self and Society*. Chicago, IL: University of Chicago Press.

Merleau-Ponty, M. (1962). *Phenomenology of Perception*. Londres: Routledge & Kegan Paul.

Meyrick, J. (2006). "What is good qualitative research? A first step towards a comprehensive approach to judging rigour/quality". *Journal of Health Psychology*, 11: 799-808.

Miller, G.A., Gallanter, E. & Pribram, K.H. (1960). *Plans and the Structure of Behavior*. Nova York: Holt, Rinehart & Winston.

Mills, J., Bonner, A. & Francis, K. (2006). "The development of constructivist grounded theory". *International Journal of Qualitative Methods*, 5 (1): 25-35.

Mischel, W. (1971). *Introduction to Personality*. 5. ed. Fort Worth, TX: Harcourt, Brace, Jovanovich.

Mishler, E.G. (1986). *Research Interviewing* – Context and Narrative. Cambridge, MA: Harvard University Press.

Misiak, H. & Sexton, V.S. (1973). *Phenomenological, Existential and Humanistic Psychologies* – A Historical Survey. Nova York: Grune & Stratton.

Mitchell, R.C. & McCusker, S. (2008). "Theorising the UN Convention on the Rights of the Child within Canadian post-secondary education: A grounded theory approach". *International Journal of Children's Rights*, 16 (2): 159-176.

Moller, N.P., Timms, J. & Alilovic, K. (2009). "Risky business or safety net? Trainee perceptions of personal therapy: A qualitative thematic analysis". *European Journal of Psychotherapy & Counselling*, 11 (4): 369-384.

Moran, D. (2000). *Introduction to Phenomenology*. Londres: Routledge.

Moran, D. (2005). *Edmund Husserl* – Founder of Phenomenology. Cambridge: Polity Press.

Morgan, D.L. (1988). *Focus Groups as Qualitative Research*. Newbury Park, CA: Sage.

Morgan, D.L. (ed.) (1993). *Successful Focus Groups*: Advancing the State of the Art. Newbury Park, CA: Sage.

Morgan, D.L. (1996). "Focus groups". *Annual Review of Sociology*, 22: 129-152.

Morgan, D.L. (1997). *Focus Groups as Qualitative Research*. 2. ed. Newbury Park, CA: Sage.

Morgan, D.L. & Krueger, R.A. (1998). *The Focus Group Kit*. 6 vols. Newbury Park, CA: Sage.

Morrison, T.G., Harrington, R. & McDermott, D.T. (2010). "Bi now, gay later: Implicit and explicit binegativity among Irish university students". *Journal of Bisexuality*, 10 (3): 211-232.

Morse, J.M. (1995). "The significance of saturation". *Qualitative Health Research*, 5: 147-149.

Murphy, R. & Jackson, S. (2011). "Bodies-as-image? The body made visible in magazine love your body content". *Women's Studies Journal*, 25 (1): 17-30.

Murray, M. (1997a). "A narrative approach to health psychology: Background and potential". *Journal of Health Psychology*, 2: 9-20.

Murray, M. (1997b). *Narrative Health Psychology*. Nova Zelândia: Massey University [Visiting Scholar Series n. 7].

Murray, M. (1999). "The storied nature of health and illness". In: M. Murray & K. Chamberlain (eds.). *Qualitative Health Psychology*: Theories and Methods. Londres: Sage, pp. 47-63.

Murray, M. (2000). "Levels of narrative analysis in health psychology". *Journal of Health Psychology*, 5: 337-348.

Murray, M. (2002). "Narrative accounts of breast cancer". [Interviews with women who had undergone surgery for breast cancer. Dados brutos não publicados].

Murray, M. & Sools, A. (2014). "Narrative research in clinical and health psychology". In: P. Rohleder & A. Lyons (eds.). *Qualitative Research in Clinical and Health Psychology*. Londres: Palgrave Macmillan.

Natanson, M. (1973). *The Social Dynamics of George H. Mead*. The Hague: Martinus Nijhoff.

Neisser, U. (1967). *Cognitive Psychology*. Nova York: Appleton-Century-Crofts.

Nelson, G. & Prilleltensky, I. (eds.) (2005). *Community Psychology*: In Pursuit of Liberation and Well-being. Basingstoke: Palgrave.

Nicolson, P. & Burr, J. (2003). "What is 'normal' about women's (hetero)sexual desire and orgasm? A report of an in-depth interview study". *Social Science & Medicine*, 57 (9): 1.735-1.745.

O'Byrne, R., Rapley, M. & Hansen, S. (2006). "'You couldn't say 'No', could you?': Young men's understandings of sexual refusal". *Feminism & Psychology*, 16 (2): 133-154.

O'Connell, D.C. & Kowal, S. (1995). "Basic principles of transcription". In: J.A. Smith, R. Harré & L. van Langenhove (eds.). *Rethinking Methods in Psychology*. Londres: Sage, pp. 93-105.

Olson, K. (2011). *Essentials of Qualitative Interviewing*. Walnut Creek, CA: Left Coast Press.

Opperman, E., Braun, V., Clarke, V. & Rogers, C. (2014). "'It feels so good it almost hurts': Young adults' experiences of orgasm and sexual pleasure". *Journal of Sex Research*, 51 (5): 503-515.

Packer, M. & Addison, R. (eds.) (1989). *Entering the Circle*: Hermeneutic Investigations in Psychology. Albany, NY: State University of New York.

Palmer, R.E. (1969). *Hermeneutics* – Interpretation Theory in Schleiermacher, Dilthey, Heidegger, and Gadamer. Evanston, IL: Northwestern University Press.

Parker, I. (1992). *Discourse Dynamics* – Critical Analysis for Social and Individual Psychology. Londres: Routledge.

Parker, I. (1994a). "Reflexive research and the grounding of analysis: Social psychology and the psycomplex". *Journal of Community & Applied Social Psychology*, 4 (4): 239-252.

Parker, I. (1994b). "Qualitative research". In: P. Banister, E. Burman, I. Parker, M. Taylor & C. Tindall (eds.). *Qualitative Methods in Psychology*: A Research Guide. Buckingham: Open University Press.

Parker, I. (1997). "Discursive psychology". In: D. Fox & I. Prilleltensky (eds.). *Critical Psychology* – An Introduction. Londres: Sage, pp. 284-298.

Parker, I. (1999). "Critical reflexive humanism and critical constructionist psychology". In: *Social Constructionist Psychology*: A Critical Analysis of Theory and Practice. Buckingham: Open University Press.

Peräkylä, A. (1995). *Aids Counselling*: Institutional Interaction and Clinical Practice. Cambridge: Cambridge University Press.

Piran, N. (2001). "Re-inhabiting the body from the inside out: Girls transform their school environment". In: D.L. Tolman & M. Brydon-Miller (eds.). *From Subjects to Subjectivities* – A Handbook of Interpretive and Participatory Methods. Nova York: New York University Press, pp. 218-238.

Plummer, K. (2000). *Documents of Life*. 2. ed. Londres: Sage.

Polanyi, M. (1962). *Personal Knowledge*: Towards a Postcritical Philosophy. 2. ed. Chicago, IL: University of Chicago Press.

Polkinghorne, D. (1988). *Narrative Knowing and the Human Sciences*. Albany, NY: State University of New York.

Polkinghorne, D. (1996). "Narrative knowing and the study of human lives". In: J.C. Birren, G.M. Kenyon, J.-E. Ruth, J.J.F. Schroots & T. Svensson (eds.). *Aging and Biography*. Nova York: Springer, pp. 77-99.

Pomerantz, A. (1986). "Extreme case formulations: A new way of legitimating claims". In: G. Button, P. Drew & J. Heritage (eds.). *Human Studies (Interaction and Language Use Special Issue)*, 9: 219-230.

Pomerantz, A. & Fehr, B.J. (1996). "Conversation analysis: An approach to the study of social action as sense-making practices". In: T. Van Dijk (ed.). *Discourse as Social Interaction*. Vol. 2. Londres: Sage, pp. 64-91.

Pope, C. & Mays, N. (1995). "Rigour and qualitative research". *British Medical Journal*, 311: 42-45.

Potter, J. (1996). *Representing Reality*: Discourse, Rhetoric and Social Construction. Londres: Sage.

Potter, J. & Hepburn, A. (2005). "Qualitative interviews in psychology: Problems and possibilities". *Qualitative Research in Psychology*, 2: 38-55.

Potter, J. & Wetherell, M. (1987). *Discourse and Social Psychology*: Beyond Attitudes and Behaviour. Londres: Sage.

Potter, J. & Wetherell, M. (1995). "Discourse analysis". In: J.A. Smith, R. Harré & L. van Langenhove (eds.). *Rethinking Methods in Psychology*. Londres: Sage, pp. 80-92.

Prus, R.A. (1987). "Generic social processes: Maximizing conceptual development in ethnographic research". *Journal of Contemporary Ethnography*, 16: 250-293.

Rance, N.M., Clarke, V. & Moller, N.P. (2014). "'If I see somebody... I'll immediately scope them out': Anorexia nervosa clients' perceptions of their therapists' body". *Eating Disorders*, 22 (2): 111-120.

Randall, R. & Southgate, J. (1980). *Co-operative and Community Group Dynamics... Or Your Meetings Needn't Be So Appalling*. Londres: Barefoot Books.

Reason, P. (1988). "Whole person medical practice". In: P. Reason (ed.). *Human Inquiry in Action*. Londres: Sage, pp. 102-126.

Reason, P. (2002). *The Practice of Co-operative Inquiry*. Ed. esp. de *Systemic Practice & Action Research*, 15 (3): 169-270.

Reason, P. (2006). "Choice and quality in action research practice". *Journal of Management Inquiry*, 15 (2): 187-203.

Reason, P. & Bradbury, H. (2001a). "Inquiry and participation in search of a world worthy of human aspiration". In: P. Reason & H. Bradbury (eds.). *Handbook of Action Research*: Participative Inquiry and Practice. Londres: Sage, pp. 1-14.

Reason, P. & Bradbury, H. (2001b). "Preface". In: P. Reason & H. Bradbury (eds.). *Handbook of Action Research*: Participative Inquiry and Practice. Londres: Sage, pp. xiii-xxxi.

Reason, P. & Bradbury, H. (eds.) (2006). *Handbook of Action Research*. Londres: Sage [ed. concisa; brochure].

Reason, P. & Bradbury, H. (eds.) (2008). *Handbook of Action Research*. 2. ed. Londres: Sage.

Reavey, P. (ed.) (2011). *Visual Methods in Psychology*: Using and Interpreting Images in Qualitative Research. Hove: Psychology Press.

Reuber, M., Monzoni, C., Sharrack, B. & Plug, L. (2009). "Using interactional and linguistic analysis to distinguish between epileptic and psychogenic nonepileptic seizures: A prospective, blinded multirater study". *Epilepsy and Behavior*, 16: 139-144.

Ricoeur, P. (1970). *Freud and Philosophy*: An Essay on Interpretation. New Haven, CT: Yale University Press.

Ricoeur, P. (1972). "Appropriation". In: M.J. Valdes (ed.) (1991). *A Ricoeur Reader*: Reflection and Imagination. Toronto, ON: University of Toronto Press, pp. 86-98.

Ricoeur, P. (1984). *Time and Narrative*. Vol. I. Chicago, IL: University of Chicago Press [Trad. K. McLaughlin & D. Pellauer].

Ricoeur, P. (1987). "Life: A story in search of a narrator". In: M.J. Valdes (ed.) (1991). *A Ricoeur Reader*: Reflection and Imagination. Toronto, ON: University of Toronto Press, pp. 423-437.

Ricoeur, P. (1988). *Time and Narrative*. Vol. III. Chicago, IL: University of Chicago Press.

Riessman, C.K. (2008). *Narrative Methods for the Human Sciences*. Thousand Oaks, CA: Sage.

Riley, S. & Scharff, C. (2013). "Feminism *vs.* femininity? Exploring feminist dilemmas through cooperative inquiry research". *Feminism & Psychology*, 23 (2): 207-223.

Robinson, I. (1990). "Personal narratives, social careers and medical courses: Analysing life trajectories in autobiographies of people with multiple sclerosis". *Social Science and Medicine*, 30: 1.173-1.186.

Robrecht, L.C. (1995). "Grounded theory – Evolving methods". *Qualitative Health Research*, 5: 169-177.

Robson, C., Drew, P. & Reuber, M. (2012). "Catastrophising and normalising in conversations between doctors and patients with epileptic and psychogenic nonepileptic seizures". *Seizure*: European Journal of Epilepsy, 21: 795-801.

Rock, P. (1979). *The Making of Symbolic Interactionism*. Londres: Macmillan.

Rogers, C.R. (1967). *On Becoming a Person*: A Therapist's View of Psychotherapy. Londres: Constable.

Rolfe, A., Orford, J. & Dalton, S. (2009). "Women, alcohol and femininity: A discourse analysis of women heavy drinkers' accounts". *Journal of Health Psychology*, 14 (2): 326-335.

Rose, N. (1999). *Governing the Soul*: The Shaping of the Private *Self*. 2. ed. Londres: Free Association Books.

Rudolph, J.W., Taylor, S.S. & Foldy, E.G. (2001). "Collaborative off-line reflection: A way to develop skill in action science and action inquiry". In: P. Reason & H. Bradbury (eds.). *Handbook of Action Research*: Participative Inquiry and Practice. Londres: Sage.

Sacks, H. (1992). *Lectures on Conversation*. Vols. I e II. Oxford: Blackwell [ed. G. Jefferson].

Sarbin, T. (ed.) (1986). *Narrative Psychology*: The Storied Nature of Human Conduct. Nova York: Praeger.

Sarbin, T.R. (1997). "The poetics of identity". *Theory & Psychology*, 7: 67-82.

Sartre, J.-P. (1958). *Being and Nothingness*. Nova York: Philosophical Library.

Schegloff, E.A. (1992a). "Introduction". In: H. Sacks. *Lectures on Conversation*. Vol. 1 – *Fall 1964-Spring 1968*. Oxford: Blackwell, pp. ix-lxii [ed. G. Jefferson].

Schegloff, E.A. (1992b). "Repair after next turn: The last structurally provided-for place for the defense of intersubjectivity in conversation". *American Journal of Sociology*, 95 (5): 1.295-1.345.

Schegloff, E.A. (1993). "Reflections on quantification in the study of conversation". *Research on Language & Social Interaction*, 26: 99-128.

Schegloff, E.A. (1996). "Confirming allusions: Toward an empirical account of action". *American Journal of Sociology*, 104 (1): 161-216.

Schegloff, E.A. (2007). *Sequence Organisation in Interaction*: A Primer in Conversation Analysis. Nova York: Cambridge University Press.

Schutz, A. (1972). *The Phenomenology of the Social World*. Londres: Heinemann.

Scott, J.S. (1997). "Dietrich Bonhoeffer, *Letters and Papers from Prison* and Paul Ricoeur's 'Hermeneutics of testimony'". In: M. Joy (ed.). *Paul Ricoeur and Narrative*: Context and Contestation. Calgary, AB: University of Calgary Press, pp. 13-24.

Seidman, I.E. (2006). *Interviewing as Qualitative Research*: A Guide for Researchers in Education and the Social Sciences. 2. ed. Nova York: Teachers College Press.

Selener, D. (1997). *Participatory Action Research and Social Change*: Cornell Participatory Action Research Network. Ithaca, NY: Cornell University Press.

Seymour-Smith, S., Wetherell, M. & Phoenix, A. (2002). "'My wife ordered me to come!': A discursive analysis of doctors' and nurses' accounts of men's use of general practitioners". *Journal of Health Psychology*, 7 (3): 253-267.

Shaw, R.L., Larkin, M. & Flowers, P. (2014). "Expanding the evidence base within evidence-based healthcare: Thinking differently about evidence". *Evidence-Based Medicine* [on-line].

Shotter, J. (1993). *Cultural Politics of Everyday Life* – Social Construction and Knowing of the Third Kind. Buckingham: Open University Press.

Sidnell, J. (2010). *Conversation Analysis*. Chichester: Wiley-Blackwell.

Sidnell, J. & Stivers, T. (2013). *The Handbook of Conversation Analysis*. Chichester: Wiley-Blackwell.

Silver, C. & Fielding, N. (2008). "Using computer packages in qualitative research". In: C. Willig & W. Stainton Rogers (eds.). *The Sage Handbook of Qualitative Research in Psychology*. Los Angeles, CA: Sage, pp. 334-351.

Silverman, D. (1993). *Interpreting Qualitative Data*. Londres: Sage.

Silverman, D. (1997). *Discourses of Counselling*: HIV Counselling as Social Interaction. Londres: Sage.

Smith, B. (2010). "Narrative inquiry: Ongoing conversations and questions for sport psychology research". *International Review of Sport Psychology*, 3 (1): 87-107.

Smith, J.A. (1996). "Beyond the divide between cognition and discourse: Using interpretative phenomenological analysis in health psychology". *Psychology & Health*, 11: 261-271.

Smith, J.A. (1999). "Towards a relational *self*: Social engagement during pregnancy and psychological preparation for motherhood". *British Journal of Social Psychology*, 38: 409-426.

Smith, J.A. (2007). "Hermeneutics, human sciences and health: Linking theory and practice". *International Journal of Qualitative Studies on Health & Well-being*, 2: 3-11.

Smith, J.A. (2011). "'We could be diving for pearls': The value of the gem in experiential qualitative psychology". *Qualitative Methods in Psychology Bulletin*, 12: 6-15.

Smith, J.A., Flowers, P. & Larkin, M. (2009). *Interpretative Phenomenological Analysis*: Theory, Method and Research. Londres: Sage.

Smith, J.A., Harré, R. & van Langenhove, L. (1995). "Idiography". In: J.A. Smith, R. Harré & L. van Langenhove (eds.). *Rethinking Psychology*. Londres: Sage, pp. 59-69.

Smith, J.A. & Osborn, M. (2007). "Pain as an assault on the *self*: An interpretative phenomenological analysis". *Psychology and Health*, 22: 517-534.

Smith, J.A. & Rhodes, J. (2014). "Being depleted and being shaken: An interpretative phenomenological analysis of the experiential features of a first episode of depression". *Psycholology and Psychotherapy*.

Speer, S. & McPhillips, R. (2013). "'Patients' perspectives on psychiatric consultations in the Gender Identity Clinic: Implications for patient-centred communication". *Patient Education & Counseling*, 91: 385-391.

Spencer, L., Ritchie, J., Lewis, J. & Dillon, L. (2003). *Quality in Qualitative Evaluation*: A Framework for Assessing Research Evidence. Government Chief Social Researcher's Office. [Disponível em www.civilservice.gov.uk/wp-content/uploads/2011/09/a_quality_framework_tcm6-38740.pdf (acesso em 27/04/2014)].

Squire, C. (2013). *Living with HIV and ARVs*: Three-letter Lives. Londres: Palgrave Macmillan.

Srivastva, S., Obert, S.L. & Neilson, E. (1977). "Organizational analysis through group processes: A theoretical perspective". In: C.L. Cooper (ed.). *Organizational Development in the UK and USA*. Londres: Macmillan, pp. 83-111.

Stafford Smith, S. (2010). "Fixed, weighted and misrecognised in space: Young women's body conscious experiences in a co-operative inquiry". University of Bath [Dissertação de Mestrado].

Stainton Rogers, R., Stenner, P., Gleeson, K. & Stainton Rogers W. (1995). *Social Psychology* – A Critical Agenda. Cambridge: Polity Press.

Star, S.L. (1989). *Regions of the Mind* – Brain Research and the Quest for Scientific Certainty. Stanford, CA: Stanford University Press.

Stephens, C. (2010). "Narrative analysis in health psychology research: Personal, dialogical and social stories of health". *Health Psychology Review*, 5: 62-78.

Stephens, C. & Breheny, M. (2013). "Narrative analysis in psychological research: An integrated approach to interpreting stories". *Qualitative Research in Psychology*, 10: 14-27.

Stewart, D.W. & Shamdasani, P.N. (2014). *Focus Groups*: Theory and Practice. 3. ed. Thousand Oaks, CA: Sage.

Stewart, K. & Williams, M. (2005). "Researching online populations: The use of focus groups for social research". *Qualitative Research*, 5 (4): 395-416.

Stiles, W. (1993). "Quality control in qualitative research". *Clinical Psychology Review*, 13: 593-618.

Stivers, T. (2007). *Prescribing under Pressure*: Parent-Physician Conversations and Antibiotics. Nova York: Oxford University Press.

Stokoe, E. (2014). "The conversation-analytic role-play method (Carm): A method for training communication skills as an alternative to simulated role-play". *Research on Language & Social Interaction*, 47 (3): 255-265.

Strauss, A.L. (1987). *Qualitative Analysis for Social Scientists*. Nova York: Cambridge University Press.

Strauss, A.L. (1993). *Continual Permutations of Action*. Nova York, NY: Aldine de Gruyter.

Strauss, A.L. & Corbin, J.A. (1990). *Basics of Qualitative Research*: Grounded Theory Procedures and Techniques. Newbury Park, CA: Sage.

Strauss, A.L. & Corbin, J.A. (1998). *Basics of Qualitative Research – Grounded Theory Procedures and Techniques*. 2. ed. Newbury Park, CA: Sage.

Strauss, A.L. & Glaser, B.G. (1970). *Anguish*. Mill Valley, CA: Sociology Press.

Taylor, G.W. & Ussher, J.M. (2001). "Making sense of S&M: A discourse analytic account". *Sexualities*, 4 (3): 293-314.

Ten Have, P. (1999). *Doing Conversation Analysis*: A Practical Guide. Londres: Sage.

Thomas, J. (1993). *Doing Critical Ethnography*. Newbury Park, CA: Sage.

Thomas, W.I. & Znaniecki, F. (1918). *The Polish Peasant in Europe and America*. Chicago, IL: University of Chicago Press.

Thornberg, R. (2007). "A classmate in distress: Schoolchildren as bystanders and their reasons for how they act". *Social Psychology of Education*, 10 (1): 5-28.

Thornberg, R. (2009). "The moral construction of the good pupil embedded in school rules". *Education, Citizenship and Social Justice*, 4 (3): 245-261.

Thornberg, R. (2010). "A student in distress: Moral frames and bystander behavior in school". *The Elementary School Journal*, 110 (4): 585-608.

Thornberg, R. (2012). "Informed grounded theory". *Scandinavian Journal of Educational Research*, 55 (1): 1-17.

Thornberg, R. & Charmaz, K. (2014). "Grounded theory and theoretical coding". In: U. Flick (ed.). *Handbook of Qualitative Data Analysis*. Londres: Sage, pp. 153-169.

Thornberg, R. & Jungert, T. (2014). "School bullying and the mechanisms of moral disengagement". *Aggressive Behavior*, 40 (1): 99-108.

Timotijevic, L. & Breakwell, G.M. (2000). "Migration and threat to identity". *Journal of Community & Applied Social Psychology*, 10: 355-372.

Todd, Z., Nerlich, B., McKeown, S. & Clarke, D.D. (2004). *Mixing Methods in Psychology*: The Integration of Qualitative and Quantitative Methods in Theory and Practice. Hove: Psychology Press.

Tong, A., Sainsbury, P. & Craig, J. (2007). "Consolidated criteria for reporting qualitative research (Coreq): A 32-item checklist for interviews and focus groups". *International Journal of Quality in Health Care*, 19 (6): 349-357.

Tong, R. (1991). *Feminist Thought*: A Comprehensive Introduction. Londres: Routledge.

Torre, M.E., Fine, M., Boudin, K., Bowen, I., Clark, J., Hylton, D., Martinez, M., Roberts, M.R.A., Smart, P. & Upegui, D. (2001). "A space for co-constructing counter stories under surveillance". *Under the Covers*: Theorising the Politics of

Counter Stories. Ed. esp. de *The International Journal of Critical Psychology*, 4: 149-166.

Toulmin, S. (1990). *Cosmopolis*: The Hidden Agenda of Modernity. Nova York: Free Press.

Tuckman, B. (1965). "Development sequences in small groups". *Psychological Bulletin*, 63: 419-427.

Ussher, J. (ed.) (1997). *Body Talk*: The Material and Discursive Regulation of Sexuality, Madness and Reproduction. Londres: Routledge.

Ussher, J.M. (1999). "Eclecticism and methodological pluralism: The way forward for feminist research". *Psychology of Women Quarterly*, 23 (1): 41-46.

Van Manen, M. (1990). *Researching Lived Experience*: Human Science for an Action Sensitive Pedagogy. Londres, ON: Althouse Press.

Vaughn, S., Schumm, J.S. & Sinagub, J. (1996). *Focus Group Interviews in Education and Psychology*. Thousand Oaks, CA: Sage.

Veale, A. & Stavrou, A. (2007). "Former Lord's Resistance Army child soldier abductees: Explorations of identity in reintegration and reconciliation". *Peace and Conflict* – Journal of Peace Psychology, 13 (3): 273-292.

Wasserman, J.A. & Clair, J.M. (2010). *At Home on the Street* – People, Poverty, and a Hidden Culture of Homelessness. Boulder, CO: Lynne Rienner.

Watson, J.B. (1913). "Psychology as a behaviorist views it". *Psychological Review*, 20: 158-177.

Weingarten, K. (2001). "Making sense of illness narratives: Braiding theory, practice and the embodied life". In: Dulwich Centre Publications (ed.). *Working with the Stories of Women's Lives*. Adelaide, SA: Dulwich Centre Publications [Disponível em www.dulwichcentre.com.au/illness-narratives.html (acesso em 15/05/2014)].

Welford, A.T. (1968). *Fundamentals of Skill*. Londres: Methuen.

Welsh, S., Carr, J., Macquarie, B. & Huntley, A. (2006). "'I'm not thinking of it as sexual harassment': Understanding harassment across race and citizenship". *Gender & Society*, 20 (1): 87-107.

Wertz, F.J., Charmaz, K., McMullen, L.J., Josselson, R., Anderson, R. & McSpadden, E. (2011). *Five Ways of Doing Qualitative Analysis*: Phenomenological Psychology, Grounded Theory, Discourse Analysis, Narrative Research, and Intuitive Inquiry. Nova York: Guilford Press.

Wetherell, M. (1998). "Positioning and interpretative repertoires: Conversation analysis and poststructuralism in dialogue". *Discourse & Society*, 9 (3): 387-413.

Wetherell, M. (2001). "Debates in discourse research". In: M. Wetherell, S. Taylor & S.J. Yates (eds.). *Discourse Theory and Practice* – A Reader. Londres: Sage.

Wetherell, M. & Potter, J. (1992). *Mapping the Language of Racism*: Discourse and the Legitimation of Exploitation. Hemel Hempstead: Harvester Wheatsheaf.

White, M. & Epston, D. (1990). *Narrative Means to Therapeutic Ends*. Nova York: W.W. Norton.

Whitty, M.T. (2005). "The realness of cybercheating: Men's and women's representations of unfaithful internet relationships". *Social Science Computer Review*, 23 (1): 57-67.

Whyte, W.F. (1943/1955). *Street Corner Society*. Chicago, IL: University of Chicago Press.

Wiggins, S. & Potter, J. (2008). "Discursive psychology". In: C. Willig & W. Stainton Rogers (eds.). *The Sage Handbook of Qualitative Research in Psychology*. Londres: Sage, pp. 73-90.

Wiggins, S., Potter, J. & Wildsmith, A. (2001). "Eating your words: Discursive psychology and the reconstruction of eating practices". *Journal of Health Psychology*, 6 (1): 5-15.

Wilkinson, S. (1998a). "Focus groups in health research: Exploring the meanings of health and illness". *Journal of Health Psychology*, 3: 329-348.

Wilkinson, S. (1998b). "Focus group methodology: A review". *International Journal of Social Research Methodology*, 1: 181-203.

Wilkinson, S. (1999). "Focus groups: A feminist method". *Psychology of Women Quarterly*, 23: 221-244.

Wilkinson, S. (2000a). "Breast cancer: A feminist perspective". In: J.M. Ussher (ed.). *Women's Health*: Contemporary International Perspectives. Leicester: BPS Books, pp. 230-237.

Wilkinson, S. (2000b). "Women with breast cancer talking causes: Comparing content, biographical and discursive analyses". *Feminism and Psychology*, 10: 431-460.

Wilkinson, S. (2006). "Analysing interaction in focus groups". In: P. Drew, G. Raymond & D. Weinberg (eds.). *Talk and Interaction in Social Research Methods*. Londres: Sage, pp. 50-62.

Wilkinson, S. (2007). "Breast cancer: Lived experience and feminist action". In: M. Morrow, O. Hankivsky & C. Varcoe (eds.). *Women's Health in Canada*: Critical Theory, Policy and Practice. Toronto, ON: University of Toronto Press, pp. 408-433.

Wilkinson, S. (2011). "Analysing focus group data". In: D. Silverman (ed.). *Qualitative Research*: Issues of Theory, Method and Practice. 3. ed. Londres: Sage, pp. 168-184.

Wilkinson, S., Joffe, H. & Yardley, L. (2004). "Qualitative data collection". In: D. Marks & L. Yardley (eds.). *Research Methods for Clinical and Health Psychology*. Londres: Sage, pp. 39-55.

Wilkinson, S. & Kitzinger, C. (eds.) (1995). *Feminism and Discourse*. Londres: Sage.

Williams, L., Labonte, R. & O'Brien, M. (2003). "Empowering social action through narratives of identity and culture". *Health Promotion International*, 18: 33-40.

Willig, C. (1995). "'I wouldn't have married the guy if I'd have to do that': Heterosexual adults' accounts of condom use and their implications for sexual practice". *Journal of Community & Applied Social Psychology*, 5: 75-87.

Willig, C. (1998). "Constructions of sexual activity and their implications for sexual practice: Lessons for sex education". *Journal of Health Psychology*, 3 (3): 383-392.

Willig, C. (ed.) (1999). *Applied Discourse Analysis*: Social and Psychological Interventions. Buckingham: Open University Press.

Willig, C. (2001). *Introducing Qualitative Research in Psychology*: Adventures in Theory and Method. Buckingham: Open University Press.

Willig, C. (2013). *Introducing Qualitative Research in Psychology*. 3. ed. Buckingham: Open University Press.

Willig, C. & dew Valour, K. (1999). "Love and the work ethic: Constructions of intimate relationships as achievement". Paper presented at the London Conference of British Psychological Society, Londres, 20-21/dez.

Willig, C. & dew Valour, K. (2000). "'Changed circumstances', 'a way out' or 'to the bitter end'? A narrative analysis of 16 relationship break-ups". Paper presented at the Annual Conference of Social Psychology Section of British Psychological Society, Nottingham, 6-8/set.

Winter, D.G. & McClelland, D.C. (1978). "Thematic analysis: An empirically derived measure of the effects of liberal arts education". *Journal of Educational Psychology*, 70 (1): 8-16.

Wittgenstein, L. (1953). *Philosophical Investigations*. Oxford: Blackwell.

Wodak, R. (1996). *Disorders of Discourse*. Harlow: Addison-Wesley Longman.

Woodrum, E. (1984). "Mainstreaming 'content analysis' in social science: Methodological advantages, obstacles, and solutions". *Social Science Research*, 13 (1): 1-19.

Wooffitt, R. (2005). *Conversation Analysis and Discourse Analysis – A Comparative and Critical Introduction*. Londres: Sage.

Wootton, A. (1997). *Interaction and the Development of Mind*. Cambridge: Cambridge University Press.

Wundt, W. (1874 [trad. 1904]). *Principles of Physiological Psychology*. Nova York: Macmillan.

Yardley, L. (ed.) (1997a). *Material Discourses of Health and Illness*. Londres: Routledge.

Yardley, L. (1997b). "Introducing discursive methods". In: L. Yardley (ed.). *Material Discourses of Health and Illness*. Londres: Routledge, pp. 25-49.

Yardley, L. (2000). "Dilemmas in qualitative health research". *Psychology & Health*, 15: 215-228.

Yardley, L. & Bishop, F.L. (2007). "Mixing qualitative and quantitative methods". In: C. Willig & W. Stainton Rogers (eds.). *Handbook of Qualitative Methods in Psychology*. Londres: Sage.

Yardley, L., Bishop, F.L., Beyer, N., Hauer, K., Kempen, G.I.J.M., Piot-Ziegler, C., Todd, C., Cuttelod, T., Horne, M., Lanta, K. & Rosell, A. (2006). "Older people's views of falls prevention interventions in six European countries". *The Gerontologist*, 46 (5): 650-660.

Yardley, L., Donovan-Hall, M., Francis, K. & Todd, C. (2006). "Older people's views about falls prevention: A qualitative study". *Health Education Research*, 21: 508-517.

Yardley, L., Donovan-Hall, M., Francis, K. & Todd, C.J. (2007). "Attitudes and beliefs that predict older people's intention to undertake strength and balance training". *Journal of Gerontology*, 62B: 119-125.

Yaskowich, K.M. & Stam, H.J. (2003). "Cancer narratives and the cancer support group". *Journal of Health Psychology*, 8: 720-737.

Índice

Abordagem
  Big Q 296s., 336
  nomotética 24, 27
  qualitativa e quantitativa 9-15, 81s.
Allport, G.W. 18, 26-28
Análise conversacional 152-190, 333
  análise 166-184
    afirmações e retrações 179-182
    coleções 175
    falas, na conversa 173s.
    padrões 174, 182
    passos iniciais 172s.
  aplicações da CA 152s.
  características 155-157
  coletando dados 161
  conduta social 173
  exemplos:
    choro 189
    interagir com pessoa com Mal de Alzheimer 188s.
    rir ao falar de problemas 189
  gravação em áudio/vídeo 157, 161
  história da 153-155
  metodologia 157s., 175
  práticas socialmente organizadas 175

  questão de pesquisa 159
  redigindo 184-187
  revisão bibliográfica 185
  transcrição 161-166, 281s.
    exemplo detalhado 164s.
    símbolos 162
    transcrição simples 162
Análise de conteúdo 283-287
  apresentada qualitativamente 284s.
  apresentada quantitativamente 286
  codificação 288
  exemplo 284-286
Análise do discurso 11, 33, 40, 191-223
  agência 218-221
  análise
    Etapa 1: construções discursivas 209s.
    Etapa 2: Discursos 210-212
    Etapa 3: orientação da ação 212
    Etapa 4: posicionamentos 213s.
    Etapa 5: prática 214s.
    Etapa 6: subjetividade 216
  aplicações 220s.
  atitudes e atribuições 194s.
  construção do objeto social 195
  contexto social da conversação 193

contradiscursos 206
definição de discursos 206
discursos
  e instituições 206
  e poder 206
e discurso foucaultiano
  análise 191-193
  diferenças 218-220
emergência da análise do discurso 191
  foucaultiana 205
    experiência 219s.
estruturas cognitivas 195
exemplos
  mulheres e a bebida 222
  pacientes masculinos de clínicos gerais 222
  práticas alimentares 222
fenômenos como ações discursivas 196
foucaultiana 205-218, 333
linguagem
  e percepções 194
  e realidade social 194
posicionamento 207, 213
principais preocupações 207s.
psicologia discursiva 33, 192-198, 333
  agência 218s.
  análise 201-205
  background teórico 192-196
  codificação 200s.
  coleta de dados 198
  críticos do cognitivismo 193
  entrevista 198s.
  exemplo: ruptura 198s., 202-205
  experiência 219s.
  leitura 200
  principais preocupações 197
  questão de pesquisa 197
  repertório investigativo 202
  validade 340s.

  questões de pesquisa 207, 218s.
  redigindo 216-218s.
  subjetividade 220s.
  validade 340s.
  cf. tb. Análise conversacional
Análise etnográfica 288-292
  exemplo 290
Análise textual livre 64
Andrews, M. et al. 151
Arendt, H. 26
Atitudes e atribuições
  teoria 194
Atkinson, J.M. e Heritage, J. 190
Audiência da pesquisa 336
Austin, J.L. 191
Auto-observação 16, 19

Barbour, R. e Kitzinger, J. 294
Bartlett, F.C. 21
Becker, B. 126, 139
Behaviorismo 19-22
Benner, P. 48
Berger, P. e Luckman, T.
  A construção social da realidade 33
Billig, M. 202, 217
Bion, W.R. 236
Blaxter, M. 284, 287
Blumer, H. 32, 86-88
Bogardus, E. 267
Braun, V. 298, 326
  e Clarke, V. 305s., 319s., 324, 327
Brentano, F. 16

Broadbent, D.E. 21
Bruner, J. 47
  Acts of Meaning 124
  Actual Minds, Possible Worlds 124
Bryan, A. 254
Burr, V. 192

Caso discordante 349s.
Cérebro
  teoria da localização 119
Charmaz, K. 97, 107, 109, 114-116, 119, 121
Chowns, G. 265
Ciência de pessoas 226-231
Círculo hermenêutico 63
Clarke, A.E
  Situational Analysis 84, 121
Clarke, V. e Spence, K. 303
Códigos/codificando 79, 98-109, 288
  codificação axial 106
  codificação focada 104-108
  codificação linha por linha 100-104
  códigos *in vivo* 108
  confiabilidade 348
  precisão 297
Coeficiente de Cohen 348, 355
Cognições e percepções 194
Conceitos sensibilizadores 88
Conrad, P. 45
Consciência 16-20, 26
  e escolha 17
Construção de teoria 81, 90
Construtivismo 29-31, 33s., 37-40
  teoria fundamentada 82-85

Construtivismo social 14, 39-42
  e grupos focais 271
  e linguagem 194
Contexto 156, 329
  sensibilidade ao 351-354
Cooperação 156
Corbin, J. e Strauss, A. 121
Criança e cuidador 32
Crossley, M.L. 138, 141

Davies, B. e Harré, R. 216
DeFina, A. e Georgakopoulou, A. 151
Derrida, J. 40
Determinismo 25
Dey, I. 108
Dickson, A. et al. 77
Dissertações 88, 225s., 240, 257-262, 335
Drew, P. 153, 184, 190
Drew, P.
  e Couper-Kuhlen, E. 154
  e Heritage, J. 190

Eatough, V. e Smith, J.A. 77
Edwards, D. 154s.
  e Potter, J. 192
Eikeland, O. 228
Elliot, R. et al. 360
Epistemologia 227s., 334
  ampliada 227-229
Escolhendo uma abordagem 329-335
  audiência 336
  combinando questão e abordagem 332-334

competência 335
considerando os resultados 336-338
e epistemologia 334
e necessidade de treino 335s.
envolvendo pessoas 337s.
e questão da pesquisa 332-334
Espírito liberacionista 229s.
Ética
confidencialidade 274
grupo focal 272-275
informe de consentimento 273
Eu e o outro 228
Exemplos de pesquisas
acidente vascular cerebral (AVC) (Joyce) 100s., 105
álcool e sexualidade 294
assédio sexual de trabalhadoras domésticas 294
atitudes de idosos na prevenção a quedas 347
choro 189
desenvolvimento da imagem corporal 264
dilemas de feminilidade 263
dois homens negros com câncer de próstata 150
dor crônica na região lombar 62, 64-72, 74s.
experiência de marginalização de mulheres bissexuais 325s.
experiência de mulheres com câncer de mama 272s., 276, 283-291
experiências de crianças frente ao câncer 265
histórias de câncer de mama 140-148
homem homossexual *out* na universidade 308

identidade e doença crônica 119
identidades de jovens de Israel e Palestina 131
identidade visual de mulheres bissexuais 303, 308s., 314-320
integridade em face da morte 120
interação com paciente com Mal de Alzheimer 188s.
lúpus 93, 98, 100, 105
migração e ameaça à identidade 76
mulheres e bebida alcoólica 222s.
narrativas de câncer e grupos de apoio 150
narrativas empoderando ação social 150s.
pacientes de doença renal em diálise 53s., 61s.
pacientes masculinos 222
percepção que clientes com desordem alimentar têm do corpo feminino de suas terapeutas 325s.
pesquisas com o cérebro e certeza científica 119
pessoas com esclerose múltipla 138
práticas alimentares 222
problemas médicos crônicos 78s., 88
raiva e agressão em mulheres 77
recusa sexual 293s.
rompimentos 198, 200, 203, 205
saúde sexual na Nova Zelândia 326
Síndrome da fadiga crônica 77
viver no deserto do Alaska 130
Existencialismo 25
Experiência 14-17, 24s.
consciente 17
Eysenck, H. 27

Fala e forma de interação 155
Fazendo sentido/interpretando/
 entendendo 29, 46s., 329s.
Fechner, G. 15s.
 Elemente der Psychphysik 15
Feminismo 41
 e feminilidade 263
Fenomenologia
 descritiva 47
 existencial 26s.
Flick, U. 132
Fluxo da consciência 17s.
Foucault, M. 39s., 205
 História da sexualidade 40
Freeman, M. 128
Freire, P. 229, 232
Freud, S. 40

Gee, J.P. 138
Gergen, K. 37s.
 e Gergen, M. 123, 138, 141
Gestalt 18, 41
Giorgi, A. 47s.
Glaser, B.G. 82s., 90-93, 99, 112, 121
 Theoretical Sensitivity 83
Glaser, B.G. e Strauss, A.L. 80, 118, 121
 desafios às visões prevalecentes 81
 The Discovery of Grounded Theory 81
Glynos, J. et al. 221
Goodwin, C. 161
Grade de repertório de constructos de
 papéis (Rep Grid) 31
Gravação em áudio 60-62, 134s., 157,
 160s., 278
 preparação 134s.

Gravação em vídeo 267
Gray, R.E. et al. 150
Greenwood, D. e Levin, M. 229
 Introduction to Action Research 226
Grupo focal 133, 148s., 266-294
 análise(s) 282-292
  de conteúdo 283-287
  de dados 270s.
  etnográfica 288-292
  forma qualitativa e quantitativa 286
 atividades 269-271
 confidencialidade 274, 282
 decidir sobre os parâmetros-limite 269
 entrevistas 267s.
 estrutura teórica 271
 ética 273-275
 exemplos:
  álcool e sexualidade 294
  assédio sexual 294
  experiência de mulheres com câncer
   de mama 272s., 276, 283-291
  recusa sexual 293
 flexibilidade 268s.
 formação de grupos 270
 gravação em áudio/vídeo 277s.
 história do 267
 interação 293
 local das reuniões 277
 materiais suplementares 278s.
 metodologia 266
 moderador 274s.
 pesquisa em saúde 268
 preparação 275s.
 questões da pesquisa 269-273
 recrutar participantes 277
 redigindo 292s.
 sessão do grupo focal 279-281
 tamanho da amostra 304

tópicos sensíveis 293
transcrição 270, 280-282
tratamento dos dados 281
vantagens/desvantagens 272

Haaken, J. 151
Hammack, P.L. 130
Hayes, N. 11
Hayfield, N.
  Clarke, V. 299s.
  et al. 295, 298-300, 310, 314, 316-319, 325
Heidegger, M. 25, 35-37, 45, 47s.
  Ser e tempo 35
Heider, F. e Simmel, M. 127
Hennink, M.M. 294
Henriques, J. et al.
  Changing the Subject: Psychology, Social Regulation and Subjectivity 205
Hepburn, A.
  e Potter, J. 189
  e Wiggins, S. 223
Heritage, J.
  e Clayman, S. 190
  e Maynard, D. 190
Hermenêutica 34s., 45, 47s.
  da suspeita 34
  de restauração do sentido da vida 34s.
Heron, J. 230, 249, 265
  e Reason, P. 265
Hollway, W. 300
Hood, J. 119
Horne, G. et al. 120
Husserl, E. 17, 23-25, 35, 45, 47

Identidade
  e narrativa 123-125, 128s.
  étnica 76
Ideografia 47, 299
Iluminismo 227
Impacto 356s., 359
Intencionalidade 17, 20
Interacionismo simbólico 31s., 36, 46, 85-87
Introspecção 16
Investigação cooperativa (CI) 224-265, 333
  aplicação 231
  ciclo de reflexão e ação 233-235
  comentário de uma professora de Psicologia 232
  competências da investigação 251s.
  desenvolvendo o grupo 235-238
  desenvolvimento de interação humana 235
  dissertações 240, 257-263
  encontro(s)
    do grupo completo discutindo ideias 246
    dos membros do grupo 240-243
  esclarecer o foco da investigação 242-244
  exemplos
    desenvolvimento da imagem corporal 264
    dilemas de feminilidade 263
    experiência com crianças e a morte por câncer 265
  grupo criativo 236-238
    fase de energização 237, 246-253
    fase de estímulo 236, 238-246
    fase de relaxamento 237, 253-255

hierarquia, colaboração e autonomia 238
picos de realização 236s.
iniciando uma investigação 238-246
múltiplas formas de saberes 231
necessidades
  emocionais dos membros do grupo 241, 249
  organizacionais 244-246, 250
primeira proposta 240
redigindo 256
requisitos da tarefa 242
resultados 255s.

James, W. 16, 24
  Principles of Psychology 17s.
  Varieties of Religious Experience 18
Jefferson, G. 154, 189
Jornais 336

Kelly, G. 29-31
Kidder, M. e Fine, M. 336
Kitzinger, C. 269s.
Kleinfeld, J. 130

Liberdade e consciência 26
Linguagem internalizada 32
Livingston, J.A. et al. 294
Lofland, J. e Lofland, L.H. 111

MacMurray, J. 228
McAdams, D. 125, 138s., 141
McArdle, K. 239, 242, 247
Mead, G.H. 18, 31-33, 243s.
Merleau-Ponty, M. 25

Merton, R. et al. 267s.
Metodologias 299
  e métodos 299
  qualitativas 299
Métodos mistos para pesquisa 29, 84, 355
Miller, G.A. et al. 21
Mishler, E. 133
  Research Interviewing: Context and Narrative 124
Modernismo 39
Moran, D. 29, 77
Mullett, J. 232
Mundo-da-vida 26

Nascimento da psicologia 14-17
Natureza social do ser humano 20s.
Neisser, U. 21
Nelson, G. e Prilleltensky, I. 232

Objetividade 19s., 224
O'Byrne, R. et al. 293

Palmer, R.E. 35
Pensamento paradigmático 124
Perspectiva da primeira pessoa 20, 25
Pesquisa
  como processo dinâmico 45
  qualitativa
    cisma profundidade/amplitude 336
Pesquisa-ação
  aplicações 224-226
    em primeira pessoa 230
    em segunda pessoa 230

ciência de pessoas 226-230
espírito liberacionista 229-232
projeto experimental 38
visão de mundo participativa 226s.
cf. tb. Investigação cooperativa (CI)
Psicofísica 15
Psicologia
  cognitiva 21s., 192
    críticas à 193
    estruturas cognitivas 195
  como atividade cultural 37
  humanista 25
  ideográfica 26-28
Questionários 10, 51, 242s., 343
Questões de pesquisa 332-334

Rance, N.M. et al. 298, 301, 325
Randall, R. e Southgate, J. 236, 252s.
Reason, P. 247
Reason, P. e Bradbury, H. 227-229
  Handbook of Action Research 226
Redigindo 320-323
  boas e más práticas na redação 320-322
Reflexividade 37, 356
Relação de comunicação 32
Representacionalismo 38
Ricoeur, P. 126-129, 137
  Freud and Philosophy 34
  Tempo e narrativa 124
Riessman, C.K. 151
Riley, S. e Scharff, C. 263, 265
Risos na fala sobre problemas 189
Robinson, I. 138
Rock, P. 82

Rolfe, A. et al. 222
Rupturas e necessidade de ordem 127
Ryle, G. 228

Sacks, H. 154, 159, 190
Sarbin, T.
  Narrative Psychology: The Storied Nature of Human Conduct 122
Sartre, J.-P. 25
Schegloff, E. 154s.
Schultz, A. 33
Seidman, I.E. 91
Selener, D. 229
Self 17-19, 27s.
  como constructo 31
  e autoconceito 18, 28, 32
Sensibilidade qualitativa 328
Sexualidade e moralidade 40
Shotter, J. 228
Sidnell, J. 190
  e Stivers, T. 190
Significado(s) 14, 20, 85s., 329
  conferido aos objetos 86
  múltiplos 86
  social 86
Smith, J.A. 35, 77
  e Osborn, M. 74s.
  et al. 77, 334
Sofrimento e livre-agência 127
Spencer, L. et al. 360
Squire, C. 151
Stafford Smith, S. 264
Star, S.L. 119

Strauss, A.L. 84, 121
Strauss, A.L. e Corbin, J. 84, 106
  Basics of Qualitative Research 83
Suicídios 154, 159

Ten Have, P. 190
Teoria 334
  dos atos da fala 191
Thurstone, W. 267
Timotijev, L. e Breakwell, G.M. 76
Tópicos sensíveis 266, 293
Torre, M.E. et al. 259, 265
Toulmin, S. 227
Traços 27
Training 334-337
Transcrição 61s., 91, 135s., 161-167, 270
  análise 64-73
  grupo focal 271, 280-282
  símbolos 162s.
Transparência 356
Triangulação 346s.
  ex.: idosos e atitudes frente à prevenção de quedas 347

Valor/validade da pesquisa qualitativa 340s.
Van Manen, M. 48
Variáveis 13, 25, 27
verdade e realidade 38s.
Visões de mundo 330

Watson, J.B. 19
Web of Knowledge 268
Welford, A.T. 21
Welsh, S. et al. 294
Wertz, F. 89
Wetherell, M. 192, 221, 223
Wiggins, S. et al. 222
Wilkinson, S. 294
Williams, L. et al. 150
Willig, C. 223
Wittgenstein, L. 36, 191
Wodak, R. 221
Wundt, W.
  Physiologysche Psychologie 16

Yardley, L. 360
Yaskowich, K.M. e Stam, H.J. 150

Notas sobre os colaboradores

Peter Ashworth é professor emérito de Pesquisa Educacional na Sheffield Hallam University, Reino Unido. Suas publicações focam principalmente a abordagem fenomenológica da psicologia, por exemplo *Phenomenology and Psychological Science* (editado com Man Cheung Chung, Springer). Estudos recentes incluem a fenomenologia da participação social, a crítica da tradição de pesquisa de "abordagens de estudo" na educação superior, e a fenomenologia das relações de dádiva. Atualmente ele se ocupa da fenomenologia de Michel Henry. Dr. Ashworth é um integrante da *British Psychological Society*.

Virginia Braun é uma professora-associada na Escola de Psicologia da Universidade de Auckland, onde ensina sobre psicologia crítica, psicologia e gênero e pesquisa qualitativa. Psicóloga feminista e crítica, sua pesquisa explora gênero, corpos, sexo/sexualidade e saúde. Ela é coautora (com Victoria Clarke) de *Successful Qualitative Research* (Sage). Interessa-se pelas intersecções entre academia e engajamento social/mudança social, inclusive com um projeto em andamento relacionado à pornografia (cf. http://www.sexualpoliticsnow.org.nz/ e via twitter (@ginnybraun)).

Kathy Charmaz é professora de Sociologia e diretora da Faculty Writing Program da Sonoma State University. Ela foi autora, coautora ou coorganizadora de 14 livros, incluindo dois premiados, *Good Days, Bad Days – The Self in Chronic Illness and Time* (Rutgers University Press) e *Constructing Grounded Theory* (Sage), que foi traduzido para o chinês, japonês, coreano, polonês e português [*A construção da teoria fundamentada*, ed. Artmed]. Uma segunda edição muito ampliada de *Constructing Grounded Theory* foi publicada em 2014, assim como uma série coeditada em quatro volumes, *Grounded Theory and Situational Analysis* (Sage). Professora Charmaz faz palestras e *workshops* pelo mundo sobre teoria fundamentada, métodos qualitativos, escrevendo para publicar, sociologia médica e interacionismo simbólico.

Victoria Clarke é uma professora-associada em Estudos de Sexualidade e membro do Centre for Appearance Research no Department of Health and Social Sciences na University of the West of England. Sua pesquisa foca as sexualidades, especialmente em relação com a aparência e o corpo, e relacionamentos e famílias, e seus livros incluem *Out in Psychology* (Wiley), *LGBTQ Psychology* (Cambridge University Press) e *Successful Qualitative Research* (Sage).

Paul Drew é professor de Análise Conversacional na Loughborough University, Reino Unido. Ele publicou extensamente sobre as práticas básicas subjacentes às interações sociais ordinárias, inclusive a reparação, a construção de ações sociais, comunicação indireta e o uso de expressões idiomáticas no manejo de transições de tópico. Seu livro mais recente é uma coletânea coorganizada com Betty Couper-Kuhlen sobre *Requesting in Social Interaction* (Benjamins). Ele também conduz pesquisa sobre um leque de interações institucionais mais especializadas, notadamente cortes criminais, entrevistas com postulantes em agências de emprego no Reino Unido, e especialmente interações médicas em atenção primária e secundária, mais recentemente entre neurologistas e pacientes em clínicas de memória.

Nikki Hayfield é uma conferencista sênior em Psicologia Social no Department of Health and Social Sciences na University of the West of England (UWE), onde leciona psicologia social e métodos de pesquisa qualitativa para estudantes de graduação e pós-graduação. Seu Ph.D. focalizou a aparência e identidades de mulheres bissexuais e ela publicou artigos e capítulos de livros sobre identidades bissexuais e marginalização bissexual. Ela continua a usar e desenvolver metodologias qualitativas. Seus principais interesses de pesquisa são as sexualidades, aparência, relacionamentos e famílias (alternativas) lésbicas, *gays*, bissexuais e heterossexuais.

Michael Larkin é um conferencista sênior em Psicologia na University of Birmingham, Reino Unido, onde trabalha como integrante da equipe de formação em psicologia clínica. Seus interesses de pesquisa incluem a experiência e o contexto do sofrimento psicológico, a experiência da "perda de controle" e o significado dos relacionamentos com familiares e colegas no lidar com o sofrimento.

Michael Murray é professor de Psicologia Social e da Saúde e Chefe da Escola de Psicologia da Keele University, Reino Unido. Publicou extensamente num leque de temas em psicologia social e da saúde, incluindo a teoria narrativa e da representação social e psicologia crítica da saúde comunitária. Ele também escreveu capítulos teóricos e metodológicos sobre psicologia narrativa. Seus livros publicados incluem *Critical Health Psychology* (Palgrave/Macmillan) e *Qualitative Health Psychology – Theories and Methods* (com Kerry Chamberlain, Sage). Muito de sua pesquisa atual utiliza abordagens participativas projetadas para encorajar ações comunitárias transformadoras em prol da saúde e do bem-estar.

Mike Osborn é um psicólogo consultor Macmillan no Royal United Hospital em Bath, Reino Unido, com o trabalho focado na dor crônica e nos cuidados paliativos. Seu principal interesse de pesquisa é a fenomenologia da dor crônica e a relação entre doença crônica, o eu e o mundo social. Ele também lecionou e escreveu sobre as questões práticas que envolvem a realização de pesquisa qualitativa em psicologia.

Peter Reason é um escritor que focaliza particularmente a escrita da natureza para uma ecologia em crise. Seu premiado livro *Spindrift – A Wilderness Pilgrimage at Sea* (Vala Publishing Co-operative, 2014) tece uma exploração do lugar humano na ecologia do planeta através da história de uma viagem de barco. Antes de sua aposentadoria na academia, ele deu importantes contribuições à teoria e prática da pesquisa-ação na escrita, ensino e pesquisa no campo da sustentabilidade. Ele é professor emérito da *University of Bath*.

Sarah Riley é uma professora de Psicologia da Aberystwyth University, onde ensina métodos qualitativos e psicologia social crítica. Sua pesquisa se ocupa da compreensão de como a subjetividade é formada através de lugares culturais complexos, com um interesse especial em gênero e corpo e a aplicação da análise de discurso e pesquisa cooperativa. Ela coorganizou *Critical Bodies – Representations, Practices and Identities of Weight and Body Management* (Palgrave/Macmillan, 2008) e *Doing Your Qualitative Research Project* (Sage, 2012); e escreveu, com Adrienne Evans, *Technologies of Sexiness – Sex, Identity and Consumer Culture* (Oxford University Press, USA, 2014), e com A. Evans e M. Robson, *Postfeminism and Health* (Routledge).

Jonathan A. Smith é professor de Psicologia na Birkbeck University of London, Reino Unido, onde lidera o grupo de pesquisa de análise fenomenológica interpretativa [em inglês, Interpretative Phenomenological Analysis (IPA)]. Ele escreveu muitos artigos aplicando a IPA a um leque de áreas da psicologia da saúde, clínica e social. É autor (com Paul Flowers e Michael Larkin) de *Interpretative Phenomenological Analysis – Theory, Method and Research* (Sage, 2009). Ele também tem um interesse mais amplo na psicologia qualitativa em geral, e coorganizou vários livros na área.

Sue Wilkinson é professora de Estudos Feministas e da Saúde na Loughborough University, Reino Unido. É a editora fundadora da revista internacional *Feminism & Psychology*, e publicou amplamente nas áreas de gênero, sexualidade, saúde e métodos qualitativos. Seus interesses de pesquisa atuais envolvem o uso da análise conversacional para o estudo da interação em serviços de assistência telefônica, e trabalha com várias instituições de caridade – incluindo a *Compassion in Dying, Dementia UK* e *Unlock* – para ajudá-las a avaliar seus serviços de assistência. Ela também está envolvida em pesquisa e campanhas acerca de questões relativas ao fim da vida, em especial em relação à crescente consciência e tomada de decisões avançadas.

Carla Willig é professora de Psicologia da City University London, Reino Unido. Carla tem um interesse de longa data na metodologia de pesquisa qualitativa em geral, e na análise do discurso em particular. Seu livro mais recente, *Qualitative Interpretation and Analysis in Psychology* (McGraw-Hill, 2012), trata dos desafios práticos, conceituais e éticos que pesquisadores qualitativos enfrentam quando lidam com análise de dados qualitativos.

Lucy Yardley é professora de Psicologia da Saúde na University of Southampton, Reino Unido, e lidera o Centre for Applications of Health Psychology. Ela publicou estudos usando uma ampla variedade de tipos de análise qualitativa, incluindo a teoria fundamentada, análise temática, análise estrutural e análise do discurso. Realiza também pesquisa quantitativa, e tem especialização em programas de pesquisa com métodos mistos que combinam estudos qualitativos e quantitativos. Seu interesse prioritário atual é desenvolver e avaliar intervenções de saúde baseadas em rede (web).

LEIA TAMBÉM:

Avaliação psicológica

Aspectos teóricos e práticos

Manuela Ramos Caldas Lins e Juliane Callegaro Borsa
(Organizadoras)

O livro *Avaliação psicológica: aspectos teóricos e práticos* visa discutir questões básicas que permeiam o processo de avaliação psicológica de maneira simples, direta e com linguagem acessível. Foi escrito por renomados autores brasileiros e apresenta informações condizentes com a realidade da área no país, podendo ser usado integralmente em sala de aula, tanto na graduação como na pós-graduação. Com esta obra pretende-se auxiliar psicólogos e estudantes de Psicologia no desenvolvimento das competências e habilidades que caracterizam a formação do profissional que deseja atuar nessa área, minimizando as dúvidas e tornando clara a aplicabilidade da avaliação psicológica em diferentes contextos e campos de inserção.

Psicanálise junguiana

Trabalhando no espírito de C.G. Jung

Editado por Murray Stein

Jung se distinguiu de Freud e Adler, os outros dois pioneiros da psicanálise, e fundou um ramo distinto da psicologia profunda (ou psicologia médica, como era chamada nos seus primeiros tempos), chamado de psicologia analítica. O lar físico e espiritual dessa escola era Zurique, Suíça. Os pontos teóricos e clínicos de diferença entre os três fundadores, especialmente as diferenças entre Jung e Freud, foram amplamente discutidos em muitas publicações e biografias. O autor lembra que, na primeira e na segunda gerações, os junguianos carregaram nas tintas usadas para demarcar as linhas de separação entre eles e os outros, sendo enfatizadas as diferenças nas perspectivas e práticas fundamentais, para que o campo fosse diferenciado do meio circundante. Mais recentemente, a ênfase entre autores junguianos contemporâneos se deslocou para perspectivas de convergência e diálogo. Isso pode ser considerado um sinal de maturidade no campo. Há menos ansiedade acerca da identidade.

Os capítulos do presente volume refletem as mudanças que ocorreram na última década e meia e após a passagem da segunda geração, que em grande parte tinha conhecido e trabalhado com Jung pessoalmente durante os anos de 1930 e 1940. Como uma afirmação do campo, esse livro é muito representativo quanto às várias correntes de pensamento e à rica diversidade de abordagens e de pensamentos que constituem hoje a complexa tapeçaria da escrita e do pensamento analíticos junguianos.

O leitor encontrará um entrelaçamento que talvez hoje chegue ao ponto de uma perfeita integração, dos bem-conhecidos ramos clássico, desenvolvimentista e arquetípico da psicologia analítica, bem como uma gama impressionante de empréstimos de pensadores psicanalíticos modernos, para além das fronteiras da psicologia analítica, e cujas ideias e *insights* não são de modo algum inspiradas por fontes junguianas, mas cujas visões são crescentemente vistas como convergentes e compatíveis.

Os praticantes clínicos na escola que se formou em torno de Jung variadamente se autodesignaram como psicólogos analíticos, analistas junguianos e psicoterapeutas junguianos. Em anos mais recentes, eles cada vez mais reconheceram o parentesco histórico, se não inabalável, com a família maior da psicanálise, e passaram a se denominar psicanalistas junguianos. Daí o título desse livro. Psicanálise junguiana é o nome contemporâneo da aplicação clínica da psicologia analítica.

Murray Stein é analista na International School for Analytical Psychology, em Zurique, na Suíça. Palestrante em diversos países sobre psicologia analítica e suas aplicações no mundo moderno.

Avaliação psicomotora à luz da psicologia e da psicopedagogia

Gislene de Campos Oliveira

O desenvolvimento psicomotor elabora-se desde o nascimento e progride lentamente de acordo com a maturidade neurológica, a vivência e a oportunidade que a criança possui em explorar o mundo que a rodeia. Muitas vezes ela não atinge o que é esperado para sua idade cronológica, e começa então a apresentar algumas defasagens e dificuldades com seu corpo, que podem afetar a aprendizagem escolar. A avaliação psicomotora proposta nesse livro pretende ser uma ferramenta indispensável para todos os profissionais que objetivam avaliar as realizações, habilidades e adaptações psicomotoras da criança. Ela permite que se elabore um perfil psicomotor que servirá de base para estabelecer um plano de orientação terapêutica, que irá propor estratégias para uma educação e reeducação mais adequadas. Por esse instrumento o profissional pode realizar uma análise quantitativa, pormenorizada de todas as habilidades psicomotoras, mas também poderá realizar uma análise quantitativa indispensável para se chegar à idade psicomotora da criança.

Gislene de Campos Oliveira é psicóloga e professora universitária, doutora em Psicologia Educacional pela Unicamp – Universidade Estadual de Campinas. É membro do Gepesp – Grupo de Estudos e Pesquisa em Psicopedagogia da Unicamp. Tem pesquisado e publicado artigos em livros e revistas especializadas e participado de congressos nacionais e internacionais em Psicologia, Psicopedagogia e, particularmente, em Psicomotricidade. É autora do livro *Psicomotricidade – Educação e reeducação num enfoque psicopedagógico*, autora de capítulos e uma das organizadoras dos livros *Leituras de Psicologia para formação de professores* e *Atuação psicopedagógica e aprendizagem escolar*, editados pela Vozes. Atualmente trabalha em clínica psicológica e psicopedagógica, sendo coordenadora e professora do Curso de Especialização em Psicopedagogia Construtivista pela Escola de Extensão da Unicamp.

CULTURAL
Administração
Antropologia
Biografias
Comunicação
Dinâmicas e Jogos
Ecologia e Meio Ambiente
Educação e Pedagogia
Filosofia
História
Letras e Literatura
Obras de referência
Política
Psicologia
Saúde e Nutrição
Serviço Social e Trabalho
Sociologia

CATEQUÉTICO PASTORAL
Catequese
  Geral
  Crisma
  Primeira Eucaristia

Pastoral
  Geral
  Sacramental
  Familiar
  Social
  Ensino Religioso Escolar

TEOLÓGICO ESPIRITUAL
Biografias
Devocionários
Espiritualidade e Mística
Espiritualidade Mariana
Franciscanismo
Autoconhecimento
Liturgia
Obras de referência
Sagrada Escritura e Livros Apócrifos

Teologia
  Bíblica
  Histórica
  Prática
  Sistemática

REVISTAS
Concilium
Estudos Bíblicos
Grande Sinal
REB (Revista Eclesiástica Brasileira)

VOZES NOBILIS
Uma linha editorial especial, com importantes autores, alto valor agregado e qualidade superior.

PRODUTOS SAZONAIS
Folhinha do Sagrado Coração de Jesus
Calendário de mesa do Sagrado Coração de Jesus
Agenda do Sagrado Coração de Jesus
Almanaque Santo Antônio
Agendinha
Diário Vozes
Meditações para o dia a dia
Encontro diário com Deus
Guia Litúrgico

VOZES DE BOLSO
Obras clássicas de Ciências Humanas em formato de bolso.

CADASTRE-SE
www.vozes.com.br

EDITORA VOZES LTDA.
Rua Frei Luís, 100 – Centro – Cep 25689-900 – Petrópolis, RJ
Tel.: (24) 2233-9000 – Fax: (24) 2231-4676 – E-mail: vendas@vozes.com.br

UNIDADES NO BRASIL: Belo Horizonte, MG – Brasília, DF – Campinas, SP – Cuiabá, MT
Curitiba, PR – Fortaleza, CE – Goiânia, GO – Juiz de Fora, MG
Manaus, AM – Petrópolis, RJ – Porto Alegre, RS – Recife, PE – Rio de Janeiro, RJ
Salvador, BA – São Paulo, SP